中国社会科学院创新工程学术出版资助项目

族群冲突与治理

基于冷战后国际政治的视野

ETHNIC CONFLICTS
AND GOVERNANCE
in International
Political Dimension

王剑峰 著

社会科学文献出版社
SOCIAL SCIENCES ACADEMIC PRESS (CHINA)

前　言
冷战后时代的民族主义

当今世界，与全球化趋势相悖，民族主义、民族和宗教成为强大的政治力量之一。这些因素不仅对一国一地是否稳定和谐产生重大而复杂的制约，而且，某种程度上还对全球范围内的结构性的和平与战争同样有决定性影响。各国学界甚至预言：区域之间、文化之间以及文明之间由于民族和宗教不同均有可能会发生残酷战争。自21世纪前的冷战平息以来，众多期盼世界和平与稳定的人们，面对一系列新的事端，开始密切关注并重新探讨明天是和平还是战争，是稳定还是动荡，是自由的国际主义还是文化的冲突。当然，我们刚刚熬过20世纪上半叶两次惨烈的世界大战和有些荒唐的冷战，此时探讨这些新现象好像有些令人沮丧，似乎还有些不合时宜。

事实说明，民族主义一直是19世纪、20世纪影响最深远、最有力、最持久的政治理念，而且至今依然如此。在把统治者的合法性基础从王权原则转变为民族自决原则的过程中，民族主义理念具有工具意义。这一理念最早出现在18世纪晚期的欧洲，逐渐传播到19世纪早期的拉丁美洲，并继而在20世纪反帝反殖运动中充当了意识形态的旗帜和精神支柱。人民需要承认集体自我，需要包容集体认同，需要把归属感、依附感理性化，需要建立一个不属于他者的形象。所有这一切解释了民族主义将继续成为一种诉求。

民族主义是一把双刃剑，它既为被压迫民族的自由和解放做出了精神贡献，但是，在有些情况下，其负面效应又会掩盖或减损其建设性的贡献，那些恶劣的侵犯人权的罪行，例如种族屠杀、宗教极端主义，以及民族分裂主义等，就是在民族主义的名义下进行的。20世纪的纳粹主义和法西斯主义，这两个极端排外主义的意识形态，给人类记忆留下了难以磨灭的印记。尽管世界各国承诺不会重蹈覆辙，但是在纳粹主义被击败后的半个世纪里，世界上许多地方仍然有极端民族主义的出现。这使我们不得不开始关注政治结构的正向力量能否抑制或大幅减少各种类型的纳粹主义和形形色色的歧视行径。

冷战结束以后的一段时间，族群冲突在发展中国家沉渣泛起，形成与全球化大潮相背离的国际现象。放眼望去，苏联分裂后新建立的国家内部族群冲突已凸显出来，但有的仍处于休眠状态；非洲一些国家的族群冲突从未停止过，南亚和海湾地区的教派冲突、巴勒斯坦和以色列的冲突未现和平的曙光；全球范围内出现土著人权运动；发达国家有时也会爆发由移民问题引发的族群冲突；等等。这些冲突其影响有时会超越一国范畴，进而对人权、人道主义以及国际安全构成威胁，需要国际社会共同努力，以实现和平解决。因此，冷战结束后，各民族、各族群和各国家的民族主义的确给现实世界增加了不确定因素。

进入21世纪，建立一个什么样的世界秩序来管理由各国家各民族所构成的国际社会，我们尚无定论，但可以确信，在20世纪最后25年出现的全球民主化浪潮已重新泛起。世界上大约有60%的独立国家都正式宣布自己是民主国家。如果算上自由市场经济在转轨国家的实践，我们可以看到，世界正处在是否接纳自由国际主义作为全球信条的分水岭上。然而，令人吃惊和困惑的是，民族主义这股裹挟于人类社会中狭隘、内向、似乎古老却有新因素的政治力量，在许多国家作为主流意识形态涌现出来。

民族主义的正面影响包括在个体层面强化认同感，以肯定个体生存的价值感和生活意义，应对日益失范和迷茫的世界。在群体层面，民族自决运动在过去的100多年里已经赢得了广泛的合法性，并且在民族自决原则基础上，建立了许多国家。① 从世纪之交的世界民族问题发展态势中可以判

---

① 根据新华网公布的数据，截至2011年，联合国共有会员国193个。其中亚洲39个，非洲54个，东欧及独联体国家28个，西欧23个，拉丁美洲33个，北美、大洋洲16个。另外，有2个常驻联合国观察员国：梵蒂冈和巴勒斯坦（地位高于梵蒂冈）。按年代划分，20世纪40年代有51个国家加入联合国，20世纪50年代有23个，20世纪60年代有41个，20世纪70年代有25个，20世纪80年代有7个，20世纪90年代有30个，2000年至2011年7月14日有6个国家加入联合国：图瓦卢、东帝汶、塞尔维亚、黑山、瑞士和南苏丹。实际上，世界上有196个国家被国际普遍承认（截至2009年），另有11个缺乏普遍国际承认。其中3个是被国际部分国家承认的，均未加入联合国，不过在国际习惯法中被视为国家：撒拉威阿拉伯民主共和国、科索沃、巴勒斯坦；8个是几乎不为国际普遍承认的，均未加入联合国，但已经宣布独立：北塞浦路斯、阿布哈兹、纳戈尔诺—卡拉巴赫、德涅斯特河沿岸摩尔达维亚共和国、邦特兰、索马里兰、南奥塞梯、西南索马里；另外，还有已经宣布独立的私人国家，但基本没有外交关系，如西兰公国等。

断，那种造成国家裂变的族群冲突高潮已经过去，除少数热点地区仍存在僵持外，其他地区基本上得到了控制，寻求以和平方式解决矛盾和冲突已经成为各国的普遍选择。但是，解决族群认同、民族认同等这些人类无法回避的基本问题从来都是持久而复杂的，因此，人们必须看到，世界族群冲突问题得以长期缓和并最终实现持久解决的道路还很漫长。一个看似很小却可小中见大的例子是，新兴的保护濒危文化和语言的运动潜在地点燃了族裔民族主义的火花。因此，民族问题并不是一个可以期望在短期内能够得到彻底解决的简单问题，世人应对其复杂性、严重性和长期性保持足够的警惕和清醒的认知。

于是，在我们的视野中研究民族主义与族群冲突问题，仍然十分必要且具现实意义。近些年国外有关民族主义文献的大量出版也反映了这一问题以及相关学科的重要性。中国国内关于民族主义与族群冲突的研究近十几年来也纷纷涌现，尤以中国社会科学院为重，其中不乏真知灼见，多分布在世界民族问题、国际关系和国际政治以及国际区域问题研究领域。这些丰富的知识贡献成为本研究赖以立足的巨人的肩膀。

单就民族或族群冲突问题来看，人们的关注点往往更多地集中在引起族群冲突的国内因素及国内治理，而对国际因素和国际治理的关注尚不足以反映变化的国际政治环境，本研究在借鉴国内相关研究的基础上，侧重对关键的国际因素进行探讨。这里将提出有关民族主义和族群冲突的四个问题，并尝试予以解释：①族群冲突为什么会发生。②国际体系，即国际社会、国际组织以及各个国家对族群冲突做出怎样的反应。③为什么有些族群冲突会变得国际化，而有些则没有。④采取什么措施解决这类冲突和问题，是否需要外部干预。

本书共分两部分，内容分 10 章。具体组织安排如下：为了更好地理解民族主义和族群冲突，本书第一部分提供了概念性的工具或方法；第二部分则运用这些工具对近期族群冲突进行案例研究。第一部分包括 4 章内容。第一章论述什么是族群冲突，冲突的根源是什么，它与其他类别的冲突有何不同。自 20 世纪 90 年代以来，族群冲突为什么会卷土重来，这需要我们格外用力进行探究。第二章分析族群冲突与国际关系的联系，并对构成族群冲突的范式语境进行探讨，即对一个国家的内部冲突，国际社会引入主权和不干涉原则，以抑制对分离主义者宣称的承认。同时，本章也探讨某一群体脱离既有国家并建立一个新国家的合法性的道德基础。第三章分析导致族群冲突国际化的多种因素，这些因素包括从他国族裔亲属的支持到通过毒品贩运来筹措军事行动的资金等。这里我们将着重点放在冲突变化的历时态上。第四章研究族群冲突怎样通过国际第三方的行动得以解决。这里将评估外部力量干预民族争端的原因和后果，而不刻意追究这些干预是来自某个国家或是国际组织。在此笔者提出一个重要问题，即外部干预究竟有助于族群冲突的解决，还是起阻碍甚至叠加作用。

本书的第二部分主要由案例研究构成。每一个案例试图具体地告诉人们族群冲突为什么会发生，国际体系有着怎样的反应，为什么有的冲突会国际化，而有的则没有，外部干预和不干预的原因，等等。案例的选择综合反映了民族或者族裔分离主义者的要求以及外部干预的企图。这里包括三个没有发生分离的案例：车臣试图摆脱俄联邦控制的民族独立主义运动、魁北克脱离加拿大的自治运动、泰米尔伊拉姆猛虎组织争取独立于斯里兰卡的运动。还有两个导致国家分裂的案例：厄立特里亚脱离埃塞俄比亚、南斯拉夫分裂成六个主权国家。① 这五个案例中有三个明显存在第三方军事干预（苏联在埃塞俄比亚、印度在斯里兰卡、西方在南斯拉夫），而其他两个案例则不存在这个问题（魁北克、车臣）。我们虽然无意在这有限的几个案例中明确概括出什么理论，但是它可以让我们用事实解释族群冲突与国际反应之间的关系，并加以理论化。

本书中的案例选择还考虑到它们在当代的重要性，在全球各洲的代表性（欧亚大陆交接地带、北美、亚洲、非洲、欧洲），以及从中应该吸取的经验教训。当然，我们认为族群冲突国际化的其他案例也应该纳入分析的视野，包括东帝汶、克什米尔、库尔德地区等。另外，西方一些标榜自由民主的国家也遭受着分裂倾向的震荡，例如法国、西班牙以及英国，这些国家内部的族群矛盾也被当作分离问题对待。我们希望本研究中的案例能够激发读者有足够的兴趣去探求发生在当代世界其他地方的族群冲突问题。

第五章聚焦于俄罗斯与车臣冲突，并试图解释其原因。此案例中尽管

---

① 未包括科索沃，其在 2008 年单方面宣布独立，但未得到国际社会的广泛认可。

缺乏国际支持，但是车臣的分离行动对俄罗斯联邦构成了巨大挑战。本章涉及的主题是苏维埃联盟的解体怎样加速了民族主义苏醒以及族群冲突的浪潮，民族主义浪潮怎样蚕食和侵扰大国的权力。

第六章分析了由魁北克主权运动引起的加拿大宪法危机。这里提出一个更为普遍的问题，即通过法律手段进行分离（例如全民公投）是否会给西方自由民主国家带来分裂的危险。

第七章主要分析斯里兰卡僧泰冲突。本章的主题聚焦于长期的族群冲突是怎样形成的；长此以往，为冲突的国际化提供了哪些契机；通过第三方行动来解决问题的希望为什么更为渺茫。因而，尽管前两个案例极少出现第三方干预的情形，但斯里兰卡确实出现过这类干预。这里，我们将分析冲突演变是以何种方式进行的，又如何导致第三方印度的干预。

第八章分析在发展中国家发生的一个极为罕见的成功分离的案例，即厄立特里亚脱离埃塞俄比亚。这里，第三方的作用对于结果至关重要——苏联不再支持埃塞俄比亚中央政府以及美国代表厄立特里亚反叛集团的外交行动。这两个因素足以使这个长期的冲突以分裂者的胜利而宣告结束。但令人惊异的是，几年以后战争转移到非洲之角，而厄立特里亚如何生存的问题又真真切切地凸现出来了。

第九章分析最后一个案例，即南斯拉夫兄弟民族塞尔维亚人、克罗地亚人和穆斯林之间的敌对怎样走向国际化，分析新扩张的北约集团干预南斯拉夫内部冲突并使其国际化，它们如何激起而不是平息巴尔干人民的民族主义情绪，从而为西方国家利益服务。

第十章剖析美国对世界范围内族群冲突的反应。鉴于美国的全球影响力，对于远在天边的复杂的族群冲突问题是干预还是不干预，它经常要主动或被动地做出外交抉择。毫无疑问，美国的利益通常直接或间接地包含在地区民族主义冲突中，但并非总是这样，任何国家或多或少都会这么做。本章将尝试回答美国是在何种范围内和何种程度上做出怎样的外交抉择。

通过分析不同条件下的族群冲突，第二部分的各个章节将揭示当代民族主义运动的各种形式，以及由此引发的国际社会的不同反应，并探讨为什么族群冲突通常在或大或小的程度上，都迫切需要第三方参与解决。

我们认为民族主义既不是大多数族群冲突的唯一解释，也不是在时间和空间尺度上必具的潜在的动员常数。实际上，我们倾向于认为只有几种类型的民族主义有可能长期坚持下去。在国际政治领域，更多的是权力、安全和财富而不是民族主义意识形态决定着一个国家的"民族利益"，甚至"民族利益"更多的时候也是一个错误的叫法，因为它通常指"国家利益"。在一个国家里，国家的目标总是优先于某一民族或族群的利益。这里的前提和结果都体现在：世界上80%的国家都是多民族或多族群国家，由若干个民族或族群组成。这一点毫不令人意外。

既然民族主义意识形态基本上是对权力、安全和财富的要求，那么如果民族主义者所属的民族相对而言并不是一个大民族，抑或是虽然小却有个性，它可能就会说"让我们成为强者吧！"当一个国家内部或者相临国家的两个族群用这样的方式相互定义它们各自利益所在时，族群冲突就在酝酿中了。本书在民族主义、族群冲突与国际政治的交汇点上提出了有关族群冲突与治理的创新看法。

目　录

第一章
族群冲突分析的理论视野

第一节　冷战后时代的族群冲突新特征

"在已经过去的 20 世纪，对于人类来说具有特殊意义。在 20 世纪的百年中，现代人类社会的两次热战和一次冷战"[①] 给世界政治格局带来重大影响，"其中世界范围的民族问题也随着世界政治格局的演变而消长，形成一战、二战和冷战结束前后的三次全球性的民族主义浪潮。从一定意义上说，20 世纪世界民族问题形势的三次重大变化"[②] 也给国际体系和世界政治秩序带来冲击和影响。"在人类社会进入 21 世纪以后，无论是国际社会致力于构建新的国际政治秩序，还是世界人民对和平与发展前景的希冀，都无法回避日益增多的全球性问题"[③]，例如贫困、资源枯竭、环境恶化、武器扩散、毒品贩卖、金融危机以及重大疾病的全球传播等。特别是新世纪开端之年美国发生的"9·11"事件，以及由此引发的以打击恐怖主义为名义的局部战争，给世界范围内的族群冲突带来了新的维度。因此，如果人们凭借冷战的结束便得出结论，认为一个新的和平的世界秩序即将到来，可能还为时尚早，或者说还不成熟。坦率地说，冷战刚结束的一段时期内，

[①] 郝时远：《20 世纪世界民族问题的消长及其对中国的影响》，载周伟洲主编《西北民族论丛·第二辑》，中国社会科学出版社，2003。

[②] 郝时远：《20 世纪世界民族问题的消长及其对中国的影响》，载周伟洲主编《西北民族论丛·第二辑》，中国社会科学出版社，2003。

[③] 郝时远：《20 世纪世界民族问题的消长及其对中国的影响》，载周伟洲主编《西北民族论丛·第二辑》，中国社会科学出版社，2003。

关于国际政治领域内的世界秩序，同时存在两个相互抵触的趋势：一个是希望，一个是恐惧。可以说，这是 20 世纪国际关系历史上最重要的转变时期。

当然，就其正面意义来说，冷战结束以后，其余波带来的一些棘手的地区冲突出现令人欢欣鼓舞的解决迹象，因而在更大范围内出现了一丝和平的曙光。此期间类似的案例包括：中东和平进程的到来；安哥拉、莫桑比克、危地马拉、萨尔瓦多和柬埔寨等国签订和平协定，结束内战（也许是暂时的）；印巴关系逐渐改善（1998 年核试验以前）；朝韩关系逐步缓和（但间或紧张仍然存在）；等等。① 同样，南非种族隔离制度的结束，全球民主化浪潮的高涨，都激发了人们对国际和平、繁荣与和谐的幻想和渴望。还有人走得更远，在特定意义上甚至预言了"历史的终结"②。显著但有些虚幻的景象是，冷战结束，随之而来的是国际政治多极化和全球相互依赖的增强，人们期望大国联手，共同解决全球性问题，维护全球秩序，并加强国际组织、国际机构和国际法的力量。1991 年海湾战争期间各国联合起来共同打击伊拉克萨达姆·侯赛因政权，以及在联合国框架下的若干维和使命，在某种程度上印证了人们的期盼。

即使存在这些进展，20 世纪 90 年代以来出现的对世界和平的新威胁以及仍然存在的旧威胁，依然引起国际社会的密切关注。例如，后冷战时代大规模杀伤性武器的严重扩散（化学武器、生物武器以及核武器）。随着超级大国全球干预的减少，未来区域问题可能很快会升级成灾难性的冲突，并产生破坏性的影响。伴随危险性武器扩散的威胁以及全球性毒品泛滥和犯罪的增长，恐怖主义网络正在形成和扩展。由于缺少冷战时代的"监督制衡"机制，武器交易者、毒品走私者以及恐怖主义者都对大规模杀伤性武器垂涎欲滴，给国际安全带来更加不可预测的危险。另外，贫困、饥饿、文盲、人口增长、疾病、环境恶化、资源短缺、政府倒台以及原教旨主义意识形态等全球性问题综合起来，有时一些族群会以爆发的方式，在发达

---

① Fen Osler Hampson and Brian S. Mandell, "Managing Regional Conflict: Security Cooperation and Third Party Mediatiors", *International Journal*, 45, 2, Spring 1990, p. 191.

② 〔美〕弗朗西斯·福山：《历史的终结及最后之人》，黄胜强、许铭原译，中国社会科学出版社，2003。

国家和发展中国家的许多地方点燃冲突的火种。① 最后，苏联地区的不稳定因素继续存在，俄罗斯民族主义和威权主义倾向不断增长，欧盟在涉及进一步整合所面临的步伐和方向（2008 年金融危机爆发以来围绕希腊等国家债务危机问题这一现象尤为突出）以及欧盟扩大等问题上仍然存在经济和政治的分歧，欧盟、美国和日本之间的货币和贸易争端，以及以美国为首的西方大国与中国就汇率、贸易、人权和武器贸易问题产生的摩擦等，这些因素在减少紧张、促进世界和平与稳定的过程中可能会使大国合作的范围、广度和深度受到局限。

许多观察家认为，对后冷战时期的国际秩序构成最大的挑战来自于国内和国外的族群冲突。可以肯定，族群冲突已经成为二战结束以后国际舞台上一个经久不衰的角色，并且自冷战结束以来族群政治冲突的爆发方式多种多样。实际上，这种趋势早在 20 世纪 60 年代就开始了，并一直持续到现在。② 然而，跟冷战时期相比，冷战结束以后的族群冲突具有明显不同的特点：它不仅表现出全球性，而且还表现出激烈性和突出的政治性。③ 泰德·戈尔（Ted Gurr）在其著作《风险中的少数人》（*Minorities at Risk*）中也肯定了这种趋势。在分析了 233 个族群之后，他发现从 1950 ～ 1955 年到冷战的最后 5 年（1985 ～ 1989 年），世界上族群冲突的数量大约增加了 4 倍④，而且这些冲突在第一世界、第二世界、第三世界都有发生。⑤ 在第一世界，即西方民主国家，族群性政治化主要采取"族群复活"的形式，这种形式又进一步增加了各个少数族群之间的政治觉醒，例如西班牙巴斯克

① Robert D. Kaplan, *The Coming Anarchy: Shattering the Dreams of the Post Cold War* (New York: Random House, 2000); Thomas F. Homer - Dixon, "On the Threshold: Environmental Changes as Causes of Acute Conflict", *International Security*, 16, 2, Fall 1991, pp. 76 - 116; and "*New World Order or Utopia? Prospects for Democratization after the Cold War*" (Washington, DC: United States Institute of Peace), May 30, 1991.

② Ted Robert Gurr and Barbara Harff, *Ethnic Conflict in World Politics* (Boulder, CO: Westview Press, 1994), p. 13.

③ Milton J. Esman, *Ethnic Politics* (Ithaca, NY: Cornell University Press, 1994), p. 2.

④ Ted Robert Gurr (with contributions by Barbara Harff, Monty G. Marshall, and James R. Scarritt), *Minorities at Risk: A Global View of Ethnopolitical Conflicts* (Washington D. C.: United States Institute of Peace Press, 1993).

⑤ Stephen Ryan, *Ethnic Conflict and International Relations* (Aldershot: Dartmouth, 1990), pp. x - xi.

人（Basques）和加泰隆人（Catalans）、法国的布列塔尼人（Bretons）和科西嘉人（Corsicans）、比利时的瓦隆人（the Walloons）和弗拉芒人（Flemish）、英国的苏格兰人（Scots）、威尔士人（Welsh）和爱尔兰人（Irish）、美国的非裔美国人（African Amercians）和西裔美国人（Hispanics），以及加拿大的魁北克人等。另外，部分地由于反移民情绪的高涨，法国、德国、英国以及美国（情况较轻）等国的移民群体已经组织起来，以便更好地保护和提高自己的政治、经济以及社会文化权利。德国大街上、奥地利选举中、约旦河西岸犹太人定居点里，甚至在个人自由、社会平等和文化开明等方面位居世界前列的挪威①，右翼民族主义正在崛起，而且显示出越来越多的排外特点。可见，一旦风吹草动，条件具备，民族主义就会被很多族群拾起（各自共同体的人数未必很多），成为认同的力量、排他的工具。

东欧的自由化及其带来的快速变化也激发了这一地区族群之间的紧张关系，例如罗马尼亚人与匈牙利人之间关于特兰西瓦尼亚（Transylvania）地区马扎尔人（Magyar）的身份和地位之争②；捷克与国内吉卜赛人之间的矛盾；自二战以来南斯拉夫塞尔维亚人（Serbs）、克罗地亚人（Croats）和穆斯林之间的族群暴力冲突在欧洲达到前所未有的激烈程度；随着民族主义运动浪潮的高涨，苏联中央权力接连崩溃；俄罗斯的车臣动乱还未看到最终和解的曙光；散居的俄罗斯人反抗拉脱维亚人、摩尔多瓦人和乌克兰的统治；阿布哈兹人（Abkhaz）反抗格鲁吉亚统治、亚美尼亚人反抗阿塞拜疆统治；塔吉克斯坦被族群化的内战所困扰，而此时乌兹别克斯坦也浮现新的族群紧张。2014 年，我们又见证了俄罗斯与乌克兰之间因克里米亚

① 最新的事件：2011 年 7 月 22 日挪威发生的爆炸案至少夺去了 7 人的生命，同时发生的枪击事件造成 84 人死亡。两起事件使全世界为之震惊。据官方调查，造成 84 人死亡的屠杀者系挪威本土右翼极端分子。另据挪威有关部门的评估报告，2010 年，挪威国内的右翼极端主义情绪有所上升，右翼极端分子一直和犯罪集团保持着联系，这增加了他们制造暴力事件的可能。而作为欧洲的国家，挪威一向以和平、民主、自由、包容而著称。
② 特兰西瓦尼亚原为匈牙利王国之领土，在土耳其攻占布达佩斯后，成为匈牙利贵族的避难所，抗拒土耳其文化入侵。一战后，因 1920 年签订的《特里亚农条约》，成为罗马尼亚一部分。根据 2002 年的人口普查，该地区人口共有 720 多万人，其中罗马尼亚人占多数。此外特兰西瓦尼亚还有一定数量的匈牙利人（即马尔扎人，全罗境内共有 140 万人）、罗姆人以及特兰西瓦尼亚撒克逊人群体。

独立而引发的紧张关系，甚至战争危险。

在许多发展中国家，后两极时代出现越来越多的族群标志，族群认同得以强化，族群纷争时涨时消，而暂停背后也许酝酿着更大、更强烈的爆发。在许多国家，族群政治化和族群暴力曾经是殖民主义的传统，正是殖民主义忽视文化差异和民众意愿造成了人为的边界甚至国家的划分。因此，在后殖民政治历史时期，小族群，有时甚至是大族群一旦认为自己受到不公正对待，或者把新的主要文化群体当成新的殖民主义者时，很多这样的国家不得不直面族裔民族主义动乱的发生。在这类族群冲突中，有些至今尚未得到应有的关注，彻底解决更似乎遥遥无期，例如刚果、尼日利亚、塞拉利昂、苏丹、黎巴嫩、阿富汗、印度、巴基斯坦、斯里兰卡、缅甸等。[①]

这类族群"反叛"的起因、性质、程度、目标、后果，以及主张各不相同，国际社会对此的反应也各不相同。然而，总体来说，这些冲突带给人类最悲惨最痛苦的情状，也给一个时代染上了沉重的色彩，呈现一幅人类未来的凄凉画面，同时检验了政治家、行动者及利益攸关方的耐心和技巧。这就是为什么20世纪90年代末期以来在全球范围内新的族群战争的爆发总体出现明显下降，许多正在进行的战争也出现从战斗到对话的转变，国际社会对此表现出谨慎乐观，民族主义的烈焰开始减弱。[②]

族群纷争消退的迹象看似遍布全球。这方面 Gurr 给出了三个理由：第一，由苏联和东欧地区发生的政治转变和国家解体带来的混乱大都已经解决。因此，虽然这些地区仍有一些怀有不满的族群寻求某种形式的政治行动，但机会的大门已经主动或被动地关闭。第二，许多老的民主国家和新的民主国家在处理族群诉求挑战的内部反应机制中表现出越来越高的效率和越来越强的能力。那些以傲慢态度采取同化或者压制策略的民主精英们也大为减少，而更多地采用承认、多元主义及自治政策来处理族群诉求和族群关系紧张状态。第三，其他一些因素，例如出于自己的安全考虑、媒体紧密的关注、非政府组织的行动，以及来自公共的和私人的压力等。这些因素都使国家和国际组织有更多的意愿去着手采取防御性措施，或者一

---

① Stephen Ryan, *Ethnic Conflict and International Relations* (Aldershot：Dartmouth, 1990), pp. x–xi.

② Ted Robert Gurr, *People's Versus States：Minorities at Risk in New Century* (Washington D. C. United States Institute of Peace, 2000), p. xiii.

且出现突发性族群关系危机的早期预警信号，就立即采取补救性措施，同时，也有更多的意愿去改善与少数族群的关系和人权状况。[1]

上面的分析让我们多一些地怀有谨慎乐观，但是诸多值得关注的问题仍然存在。首先，从整体来看，族群政治冲突的紧张程度或许已经下降，但若干个别冲突仍有激化趋势，甚至引发连锁反应，带来区域性冲突，时而变得狂暴和惨烈，例如车臣、克里米亚、克什米尔、斯里兰卡、菲律宾，以及中非、非洲之角国家的内部冲突，另外，还有 2010 年底以来由阿拉伯之春引发的北非、中东地区某些国家的内部冲突。对于那些卷入纷争的大多数少数族群来说，"认同政治的最为重要的基础就是对不平等和历史错误的持续的不满"，因而这些冲突中的多数有可能在不远的未来继续存在。[2]其次，其他若干案例，例如科索沃、刚果、卢旺达、布隆迪，以及印度尼西亚，这些国家在 90 年代末期和平的实现或许只能说是脆弱的和短暂的，如果处理不好，有可能重蹈覆辙，复现族群之间的流血冲突。这里潜在的危险是：那些促使族群冲突得以和平、民主、谈判解决的斡旋力量，即第三方（包括外部国家以及国际和区域组织），在和平协议签订及选举开始之后一走了之，这种情况的出现经常使冲突在短暂的平息之后卷土重来。我们已经目睹阿拉伯之春以后埃及、利比亚和叙利亚内部冲突的持续发酵。外部力量的介入是解决了内部冲突还是引发了更大的冲突？外部力量是否应该介入、何时介入、怎样介入？这些问题可能因个案而异，但也是学界和政界争议最大的问题。有学者提出，未能提供持久的政治和物质资源，最终埋下了新一轮冲突的祸根。[3] 这一判断的假设是应该干涉冲突，但干涉的目的和干涉的公正性也值得考量。最后，虽然出现了全球性的"族群多样性管理框架"[4]，但它也存在诸多不完善的地方，还没有在全球范围内统

---

① Ted Robert Gurr, *People's Versus States：Minorities at Risk in New Century* (Washington D. C. United States Institute of Peace, 2000), pp. xiii – xiv.

② Ted Robert Gurr, *People's Versus States：Minorities at Risk in New Century* (Washington D. C. United States Institute of Peace, 2000), p. xiv.

③ Ted Robert Gurr, *People's Versus States：Minorities at Risk in New Century* (Washington D. C. United States Institute of Peace, 2000), p. xv.

④ 指一揽子用以缓和冲突的广泛而明确定义的理论、实践、原则、策略和协定，用以治理多民族国家中的族际关系，并对如何更好地应对族群政治危机和冲突给予指导。

一执行，或者说还不具备有效性。[①]

第二节　族群认同的形成和持久性

关于族群认同的界定，国际学界比较推崇弥尔顿·伊斯曼（Milton Esman）的定义。他把"族群认同"定义为"个体认为自己属于某一族裔群体成员的一套意义体系，包括使他们成为群体一员并使他们有别于周围环境中其他群体的那些特征"[②]。虽然多数学者一致认为族群冲突是对当代国际秩序构成的最严重的挑战之一，但是在族群认同如何形成以及族群认同为何那么持久地存在的问题上，他们的观点却不尽相同。大体来说，可以分为三类：一类是原生论，一类是工具论，一类是建构论。

原生论认为，族群认同是一个天生的或者自然的现象。[③] 在这个意义上，族群"建构一个人类个体诞生的网络"，这里"不论你是婴儿抑或少年，每个人都能感到自己是某一亲属群体或某一相邻群体的成员"，因而，开始与群体其他成员共享他们原本共有的客观的文化特征。[④] 这些共同的客观文化特征包括语言、宗教、习俗、传统、饮食、服饰和音乐。[⑤] 与此同时，原生论者也强调与自我－群体相关的独特认同感的主观或者心理方面，以及被其他群体认知的主观或者心理方面，被其他群体认知也是族群认同

---

① Ted Robert Gurr, *People's Versus States：Minorities at Risk in New Century* （Washington D. C. United States Institute of Peace，2000），p. 287.

② Milton J. Esman, *Ethnic Politics* （Ithaca, NY：Cornell University Press，1994），p. 27.

③ 对于原生主义方法论，参考 Clifford Geertz, *Old Societies and New States：The Quest for Modernity in Asia and Africa* （Glencoe, IL：Free Press，1963）; Harold Isaacs, "Basic Group Identity：The Idols of the Tribe", *Ethnicity*，1，1974，pp. 15－42。

④ John Rex, "Ethnic Identity and the Nation State：The Political Sociology of Multi－Cultural Societies", *Social Identities*，1，1，1995，pp. 24－25; Judith Nagata, "In Defense of Ethnic Boundaries：The Changing Myths and Charters of Malay Identity", in Charles F. Keyes, ed.，*Ethnic Change* （Seattle, WA：University of Washington Press，1981），p. 89.

⑤ Anthony H. Richmond, "Migration, and Race Relations", *Ethnic and Racial Studies*，1，January，1978，p. 60; Anthony Smith, *Theories of Nationalism*，2nd. Ed.（New York：Holmes and Meier，1983），p. 180; Uma Narayan, "Eating Cultures：Incorporation, Identity and Indian Food", *Social Identies*，1，1，1995，pp. 63－86.

形成及认同持久化的一个重要的决定因素。① 这些心理感受的确切特征目前尚不清楚。例如，雷克斯（Rex）认为在心理学层面有三个因素对群体的形成具有重要意义：第一个是情感满足或者热情，它来自对某个群体的归属感；第二个是信仰共同的起源神话或者历史及历史英雄，这一点很重要，因为它划定了群体的边界；第三个是群体成员必须把他们生活于其中的社会关系视为神圣，这种社会关系不仅仅包括生者，还包括死者。② 因此，原生论者的族群认同是一个在客观文化特征基础上的主观上共有的认同。③

安东尼·史密斯（Anthony Smith）就是应用这种方法的典范。他谈到了族群认同的六个基础：①作为一个族裔群体必须有自己的名字，这样可以使自己和他者把这个群体看作一个独特的群体；②有共同祖先的信仰和神话的存在；③群体成员之间有共同的历史记忆（被群体成员世世代代解释和传播，通常以口头形式）；④共同的文化（包括服饰、饮食、音乐、工艺和建筑、法律、习俗和制度、宗教，以及语言）；⑤附属于某一地域；⑥存在团结一致的社会风尚。④ 当谈到促进族群形成和生存的条件时，史密斯指出：现代以前，有四个因素推动族群形成和生存。第一，具有某一特定地域（或者后来又失去），当某一群人属于这块土地时，这块土地也被认为属于某一群人；⑤ 第二，跟各种敌人斗争的历史不仅使他们具有群体感，而且还成为鼓舞和感召后辈的源泉（通过历史神话和信仰）；第三，一些有组织的宗教形式不仅对从事人际沟通和记录历史的专门人才的出现是必需的，而且对于创造仪式和传统也是必要的，这些仪式和传统是一个族裔群体延绵不断的渠道；⑥ 第四，一个族群持久存在的可能原因是"上帝选民"（Ethnic Chosenness）神话的诞生和力量。⑦ Smith 认为，当代促使一个人族

---

① Nathan Glazer and Daniel P. Moynihan, *Beyond the Melting Pot: The Negroes, Puerto Ricans. Jews, Italians and Irish of New York* (Cambridge, MA: MIT and Harvard University Press, 1963), pp. 13 – 14.

② John Rex, "Ethnic Identity and the Nation State: The Political Sociology of Multi – Cultural Societies", *Social Identities*, 1, 1, 1995, p. 25.

③ Timothy M. Frye, "Ethnicity, Sovereignty and Transitions from Non – Democratic Rule", *Journal of International Affairs*, 45, 2, Winter 1992, p. 602.

④ Anthony Smith, "The Ethnic Sources of Nationalism", *Survival*, 35, 1, Spring 1993, pp. 50 – 51.

⑤ Anthony Smith, "The Ethnic Sources of Nationalism", *Survival*, 35, 1, Spring 1993, p. 52.

⑥ Anthony Smith, "The Ethnic Sources of Nationalism", *Survival*, 35, 1, Spring 1993, p. 53.

⑦ Anthony Smith, "The Ethnic Sources of Nationalism", *Survival*, 35, 1, Spring 1993, p. 53.

群认同感产生的因素已经变得越来越有影响力。最为重要的影响就是现代国家的文化和公民行动得以提高，族群内部知识分子和知识界的行动得以增加，民族主义意识形态得以发展——尤其是有别于区域或公民民族主义的族裔民族主义的发展。①

族群研究的工具主义方法论认为，族群是个人、群体，或者精英分子获得更大的通常是实质性目的的一个必要的工具。② 从这个观点来看，族群认同作为若干认同基础之一，当族群事业家或族群精英出于进攻或防御的目的，或者为了应对自己或群体所面临的威胁或机会时，为了掀起政治运动，他们可能会利用那些被精心挑选的族群符号，于是族群认同便拥有了重要的社会和政治意义。③ 此时此刻，通过有选择地使用族群符号，族群就可以最大限度地充当群众动员的工具和焦点，族群性的政治化因而成为精英分子的创造，为了保护他们的福祉或生存，或者为了给自己的群体或自己取得政治和经济的优先权，他们描绘、歪曲，有时甚至从群体的文化中制造出他们所希望展示的东西。④

建构主义者则坚决反对族群认同是自然的或者说是天生的观点，也不认为它是族群事业家为了个人和集体目的而被激起和利用的工具。他们指出，族群具有天然属性的假设混淆了族群形成背后的人类手段与动机，认为族群认同正经历着社会建构，也就是说，它是人类行动和选择的产物，而不是生物学意义上与生俱来的既定意识。⑤ 在族群认同问题上，马克

---

① Anthony Smith, "The Ethnic Sources of Nationalism", *Survival*, 35, 1, Spring 1993, pp. 53 - 55.

② David Lake and Donald Rothchild, "Spreading Fear: The Genesis of Transnational Ethnic Conflict", in Lake and Rothchild, eds., *The International Spread of Ethnic Conflict: Fear, Diffusion, and Escalation* (Princeton, NJ: Princeton University Press, 1998), p. 5.

③ David Lake and Donald Rothchild, "Spreading Fear: The Genesis of Transnational Ethnic Conflict", in Lake and Rothchild, eds., *The International Spread of Ethnic Conflict: Fear, Diffusion, and Escalation* (Princeton, NJ: Princeton University Press, 1998), p. 6; Gurr, *Peoples Versus States*, p. 4.

④ Paul R. Brass, *Ethnicity and Nationalism: Theory and Comparison* (Newbury Park, CA: Sage, 1991), p. 8.

⑤ Peter Jackson and Jan Penrose, "Introducing: Placing 'Race' and Nation", in Jackson and Penrose, eds., *Constructions of Race, Place and Nation* (London: UCL Press, 1993), p. 1. 亦可参阅 Jan Penrose, "Reification in the Name of Change: The Impact of Nationalism on Social Constructions of Nations, People and Place in Scotland and the Unite Kingdom", in Jackson and Penrose, eds., *Constructions of Race, Place and Nation*, p. 28.

斯·韦伯（Max Weber）是强调社会建构的早期学者之一。Weber 把族群看成是信仰共同祖先的"人类群体"，尽管其起源大多数是虚构的，但是这种信仰的力量非常强大，它创造了一个共同体。① 如此可以得出结论：族群成员身份本身并不必然导致族群形成，它只是在恰好的条件下，为被恰好的政治行动动员成为的一个群体提供了资源。②

建构主义的另一种观点认为，族群认同来源于遗传的文化构建，其代表人物是查尔斯·克尔斯（Charles Keyes）。Keyes 的遗传论由两方面构成：一是社会遗传，二是基因遗传。③ 社会遗传是血缘选择的一种形式，人类通过血缘选择的形式寻求跟他们认为是"自己同类"的人团结一致。基因遗传则是由基因传递生物特征构成。④ Keyes 认为，正是社会遗传的文化建构导致族群认同的形成，因为它最终决定着那些表示谁属于或者不属于跟自己同类人的特征。⑤ 然而他也注意到，群体会利用哪些文化差异作为族群差异的象征并不存在一成不变的模式。⑥ 相反，那些被当作族群认同象征的文化标志物，其分类依赖于如何解释神话中的祖先或者历史上的祖先的经验和行为。⑦ 这些解释经常以历史上符号化的神话或传说的面貌出现，而这些神话和传说可以在故事、音乐、艺术作品、戏剧，以及各类仪式中见到。⑧但是，无论这些神话和传说怎样被创造和展示，族群认同的符号在成为引导人们社会行动的基础之前，必须被个体拥有和内化。⑨

原生主义者、工具主义者以及建构主义者，他们之间最有争议的问题是族群认同形成中的文化作用，这一点在上述讨论中已经愈益明显。早期的原生论者，例如格尔茨（Geertz）、伊萨克（Isaacs）、纳罗尔（Naroll）、

---

① John Stone, "Race, Ethnicity, and the Weberian Legacy", *American Behavioral Scientist*, 38, 3, January 1995, p. 396.

② John Stone, "Race, Ethnicity, and the Weberian Legacy", *American Behavioral Scientist*, 38, 3, January 1995, p. 396.

③ Charles F. Keyes, "The Dialectics of Ethnic Change", in Keyes, ed., *Ethnic Change*, p. 5.

④ Charles F. Keyes, "The Dialectics of Ethnic Change", in Keyes, ed., *Ethnic Change*, p. 5.

⑤ Charles F. Keyes, "The Dialectics of Ethnic Change", in Keyes, ed., *Ethnic Change*, p. 6.

⑥ Charles F. Keyes, "The Dialectics of Ethnic Change", in Keyes, ed., *Ethnic Change*, p. 7.

⑦ Charles F. Keyes, "The Dialectics of Ethnic Change", in Keyes, ed., *Ethnic Change*, p. 7.

⑧ Charles F. Keyes, "The Dialectics of Ethnic Change", in Keyes, ed., *Ethnic Change*, p. 9.

⑨ Charles F. Keyes, "The Dialectics of Ethnic Change", in Keyes, ed., *Ethnic Change*, p. 9.

戈登（Gordon）、米切尔（Mitchell）、艾博斯丁（Epstein），还有弗尼维尔（Furnivall），都认为族群是一个生物学意义上的既定现象，它围绕着客观标志而组织起来（例如共同文化特征等）。① 这一观点，即把原生性归因于族群认同形成中的文化，这一观点在 20 世纪 60 年代受到了批判。里奥·库伯（Leo Kuper）是诘难原生论基本假设（文化群体和社会政治群体之间存在依赖关系，包括族裔群体）的首批学者之一。② 因此，当代的"学者们倾向于拒绝这样的观点，即族群性是摆在那里的某种永久性的东西，当它挣脱绳索的束缚时，其兴起可以说是很自然的事情"。③ 随后，巴斯（Frederick Barth）以及格拉泽（Glazer）和莫伊尼汉（Moynihan）对族群性的主观和客观基础之间的区别做了分析研究。④ 社会建构主义者则把文化归结为族群认同形成中第二位的元素。在这一点上，工具主义者们走得更远，他们认为文化标志物可以被人们利用，以使族群和族群认同的存在理性化。⑤

第三节　定义纷争：族群、民族与民族主义

关于族群认同形成和持久的争论，反映了与族群政治相关的主要术语和概念定义的难题。在这个问题上专家和学者之间并没有达成一致的观点，但是由于分析族群冲突的前提是必须理解与之相关的主要概念和术语，因

---

① Geertz, *Old Societies and New States*；Isaacs, "Basic Group Identity", pp. 15 – 42；Raoul Naroll, "On Ethnic Unit Classification", *Current Anthropology*, 5, October 1964, pp. 283 – 312；Milton Gordon, *Assimilation in American Life：The Role of Race, Religion and National Origins*（New York：Oxford University Press, 1964）；J. Clyde Mitchell, *The Kalela Dance：Aspects of Social Relationships Among Urban Africans of Northern Rhodesia*（Manchester：Manchester University Press, 1956）；A. L. Epstein, *Politics in An Urban African Community*（Manchester：Manchester University Press, 1958）；J. S. Furnivall, *Netherlands India：A Study of Plural Economy*（NY：Macmillan, 1944）.

② Kuper 对原生论批评的详情，请参考 Leo Kuper, "Plural Societies：Perspectives and Problems", in Leo Kuper and M. G. Smith, eds., *Pluralism in Africa*（Berkeley, CA：University of California Press, 1969）, pp. 7 – 26。

③ 王剑峰：《多维视野中的族群冲突》，民族出版社，2005，第 31 页。

④ Frederick Barth, *Ethnic Groups and Boundaries：The Social Organization of Cultural Difference*（London：Allen and Unwin, 1970）；Nathan Glazer and Daniel P. Moynihan, eds., *Ethnicity：Theory and Experience*（Cambridge, MA：Harvard University Press, 1975）.

⑤ Nagata, "In Defense of Ethnic Boundaries", p. 90.

此我们也必须就某些关键的术语和概念做出界定。

族群（包含英文语境下的 Ethnic Group 和 Ethnic Community）指的是这样一群人：他们认为自己是一个被共同的一脉相承的文化、一致的种族特征、共同的宗教以及共同的历史、共同祖先的信仰所联结起来的共同体，不管他们生活在落后社会还是在先进社会。这些特质有些是"客观"的，也有一些是"主观"的，特别是人们对其民族（Nationality）的认知和感情。这些或大或小的人类群体，他们可以生活在发达社会，也可以生活在落后社会。族群可以被分为两种类型：一类是故土聚居型，一类是移民散居型。① 故土聚居型族群长期生长生活在某一地域，因而宣称自己是这块土地唯一的并且道义上也是合法的拥有者。通常这类宣称也有实际的或者杜撰的历史和考古证据的支撑。这种宣称背后的政治热情有可能依故土聚居型族群的规模和他们所在那个国家的性质而有所变化。例如，在一个多族群国家，故土聚居型族群的政治要求可能从区域自治到以独立建国为导向的分离等变化不一。移民散居型族群大多数分布在本土以外的国家或地区，他们的形成是人口移民的结果。不管这些移民是由于母国的压制，还是为了获得更好的人生机会。他们通常愿意保持自己独特的群体认同和习俗，其原因大概部分地是由于自己的不同而带来的独特性，从而被排挤在寄主国的成员身份和参与资格之外。②

移民散居型族群可以划分为三种类型：第一类是他们一旦到达外国的疆土，由于数量、军事以及技术上的优势，很快便组织起来，而原住民成为他们的属民，或者被驱赶，或者被消灭，因而入侵族群从移民身份转变为"土生土长的人"或者故土族群。第二类是生活在外国土地上的中产阶级移民，他们通常拥有高水准的教育程度和技术，因而，他们也经常成为本地人（即原住民）的目标。第三类是劳工移民群体，他们通常从贫穷、动荡、人口过剩、劳动力闲置的国度移入经济繁荣而劳动力短缺的国家。③ 在异国他乡，中产阶级移民和劳工移民不能宣称对某一地域的控制，但他们通常要求作为个体能够不受歧视地参与公共事务，在教育、就业、住房、商业贸易以及公共服务等领域不受歧视，而且要求官方承认他们保持自己

① Milton J. Esman, *Ethnic Politics* (Ithaca, NY: Cornell University Press, 1994), p. 6.
② Milton J. Esman, *Ethnic Politics* (Ithaca, NY: Cornell University Press, 1994), p. 7.
③ Milton J. Esman, *Ethnic Politics* (Ithaca, NY: Cornell University Press, 1994), p. 8.

文化传统及其相关制度的权利。①

当一个族群（Ethnic Group）向民族（Nation）发展时，政治和国家的理念就在其中产生了。现代国家是一个法律概念，它是指一个社会群体拥有一定的地域并在共同的政治制度和有效的政府治理下组织起来。② 因此，国家是一个治理社会的权力机构，在一定的领土内拥有外部和内部的主权。国家拥有合法使用暴力的垄断权。因而，国家包括了一些机构，如武装部队、公务人员或是国家官僚、法院和警察。在国际关系的理论上，只要一个国家的独立地位被其他国家所承认，这个国家便能踏入国际生活领域，而这也是证明其自身主权的关键。国家地位的法律标准是不明确的，相关的法律通常都被政治形势所左右。在这方面，引用最多的是 1933 年签订的《蒙特维多国家权利义务公约》（*Montevideo Convention on the Rights and Duties of States*），这份公约的第一款条文声明，在国际法上的国家实体应该必须拥有以下条件：①相对稳定的人口；②既定的国界；③政府；④与其他国家发展关系的能力。理论上，国家是一个民族独立于其他民族而维系和管理自我的愿望的自然结果。③ 因此，那种认为民族的形成先于现代国家（即民族国家）的观点是合乎逻辑的。④

一方面，对一个族群来说，这样的政治和国家理念的基础也许就是建立在共同的公民身份、共同的司法和行政制度、一个中央政府、人民主权基础上的民族自决的信仰——拥有主权国家的民族权力⑤，这些基础也是国

① Milton J. Esman, *Ethnic Politics* (Ithaca, NY: Cornell University Press, 1994), p. 9.
② Jack C. Plano and Roy Olton, *The International Relations Dictionary*, 4th ed. (Santa Barbara, CA: ABC – Clio, 1988), p. 366.
③ John T. Rourke, *International Politic on the World Stage*, 3rd ed. (Guilford, CT: Dushkin, 1991), p. 142.
④ 至于欧洲，则民族建构先于国家建构。在欧洲历史上，紧随族裔民族形成之后的是公民民族的形成，从而形成现代民族国家。但是在亚洲和非洲，大致来说，国家建构走在了民族建构的前面。在非洲和亚洲，殖民化导致人为地划分国家的疆界，而不考虑民族分布，也未重视各个民族的政治热情。因此，当这些国家的反殖民情绪高涨到最终变成要求政治独立的工具时，这种情绪就更具有反殖民剥削与殖民统治的功能，而不是各民族政治意愿的表达。这样，去殖民化并没有改变亚洲和非洲国家的边界，并没有使它们与族群和民族的边界相吻合。其结果是国家结构包括了不同的民族群体（部落、族群和民族）的状况得以继续，而他们一旦获得独立，当共同的敌人（殖民当局）离去，就会发现他们之间并不存在把各自维系在一起的东西。因而这些国家天生就缺少内聚力和制度稳定性，这使民族建构的任务和过程非常艰难。
⑤ Carlton J. H. Hayes, *The Historical Evolution of Modern Nationalism* (New York: R. R. Smith, 1931), pp. 10 – 11.

家权力的基础。在这种情况下，该族群可以说已经转化为一个公民民族（Civic Nation）。① 正如法国著名历史学家埃尔奈斯特·勒南（Ernest Renan）在 1882 年所做的题为 "*Qu'est - ce qu'une nation?*"（什么是民族?）的演讲中指出的那样，公民民族就是"每日投票"，这意味着只有在一定地域上的人口感觉自己是一个民族并且把公民身份视同民族身份的时候，民族才存在。②

公民民族之理念的起源最初产生于法兰西、英格兰、美利坚等民族的形成过程中。这里，18 世纪、19 世纪政治的发展把民族的理念转变成具有政治觉悟的公民群体，他们在社会和经济地位、族裔起源和宗教信仰等相关法律面前一律平等。③

另一方面，这一政治和国家理念的基础或许可以说是文化群体的精神，而这种文化群体则是基于共同的祖先、共同的语言、共同的宗教、共同的习俗和共同的历史记忆。在这种情况下，该族群可以说已经演变成了族裔民族（Ethnic Nation）。一个族裔民族几乎没有给其个体任何机会去选择他们属于哪个民族，因为一个民族中的个体成员身份是由其特征和历史决定的。④

虽然公民民族与族裔民族之间存在着概念性的差别，但有时两者之间的差异也非常模糊。例如，如果使用族裔民族的概念，那么阿尔萨斯人（Alsatians）⑤ 就是德意志民族的一部分，因为他们有着共同的文化、历史和语言；如果使用公民民族的概念，那么阿尔萨斯人就一定被认为是法兰西

---

① Peter Alter, *Nationalism*, translated by Stuart Mckinnon – Evans (London: Edward Arnold, 1998), p. 15.
② Peter Alter, *Nationalism*, translated by Stuart Mckinnon – Evans (London: Edward Arnold, 1998), p. 14.
③ Peter Alter, *Nationalism*, translated by Stuart Mckinnon – Evans (London: Edward Arnold, 1998), p. 15.
④ Peter Alter, *Nationalism*, translated by Stuart Mckinnon – Evans (London: Edward Arnold, 1998), p. 15.
⑤ 指法国阿尔萨斯和洛林地区的居民，属欧罗巴人种。阿尔萨斯人通用德语和法语，也说德语的阿勒曼尼方言和法兰克方言。多为天主教徒，部分人信奉基督教中的路德教派和加尔文教派。阿尔萨斯人主要由公元前居住在当地的克尔特部落和 4 世纪到来的阿勒曼尼人、法兰克人结合而成。阿勒曼尼人与法兰克人均属日耳曼部落群，前者主要进入阿尔萨斯地区，后者主要进入洛林地区，曾同为法兰克王国的臣民。843 年法兰克王国分裂后分别归属不同国家，17 世纪又同为法国的一部分。阿尔萨斯人的族源与德意志人相近，文化上则受法国影响很大。随着资本主义的发展，经济上与法国关系密切，在法国大革命时期取消了与法国各地区之间的封建关税壁垒，在行政建制上也进一步实现了统一。1871 年普法战争结束后直到 1918 年，阿尔萨斯和洛林东部地区被划归德国。在此期间阿尔萨斯人对德意志帝国的统治和强迫日耳曼化政策进行了反抗。1919 年该地区回归法国，第二次世界大战中，阿尔萨斯人对德国法西斯的入侵进行了斗争。

民族，因为他们愿意成为法国的公民，他们认为自 1789 年法国大革命和拿破仑时代以来，自己就与这个国家息息相关，虽然以前并不是这样。[①] 族裔民族与公民民族之间的界限在有些情况下也可以是交叉的，例如一个国家包括众多族裔民族，但是他们并非都自愿地忠诚于基于公民理念的国家。这类国家不是民族与国家相一致的民族国家，而是多民族国家（Multinational States），因为他们所包含的族裔民族不止一个，这类国家占世界的绝大多数。相反，世界上也有许多族裔民族与多个国家边界相叠。库尔德人就是一个极好的例证。这类"非国家的民族"（Non‑state Nations）由于在民族和国家之间缺少调适机制，经常成为国际冲突的根源。

一个族群把自己转变为民族，并表现出对它的忠诚和情感，就可以说这个族群具备民族主义精神。

过去的 200 年中，民族主义作为一种政治力量，在形塑世界历史上所扮演的角色，远比诸如自由或者民主等其他思想要强大得多。20 世纪初期，英国的公众人物诺曼·安奇尔（Norman Angell）就曾经戏剧性地论道，"对我们这个时代的欧洲人而言，政治民族主义是全世界最重要的东西，不但比人道精神、礼节、慷慨、同情更重要，甚至于比自己的生命本身都还重要"[②]。

然而，关于民族和民族主义的定义到底是什么，相关内容应该是什么，在历史上又曾经有过什么变化，却一直是众多学者争论不休的问题。[③] 多数学者都同意，民族主义是一种自决的政治主张。但是，到底什么样的人类

---

① Peter Alter, *Nationalism*, translated by Stuart Mckinnon‑Evans (London: Edward Arnold, 1998), p. 16.

② Louis L. Snyder, *Encyclopedia of Nationalism* (London: St. James Press, 1990), p. vii.

③ 由于中国"民族"概念在时空上的特殊性，很难与欧美"民族"和"族群"概念对接。20 世纪 80 年代以来，这两个概念使用混乱，不仅学界众说纷纭，各执一端，而且也给政策层面带来困扰，一直延续至今。进入 21 世纪，争论达到一个高峰。这段时期的主要研究包括郝时远：《对西方学界有关族群（Ethnic Group）释义的辨析》（2002）、《中文语境中的"族群"及其应用泛化的检讨》（2002）、《答"问难"族群》（2003）、《重读斯大林民族（нация）定义》（2003）、《中文"民族"一词源流考辨》（2004）、《先秦文献中的"族"与"族类"观》；朱伦：《走出西方民族主义古典理论的误区》（2000）、《西方的"族体"概念系统——从"族群"概念在中国的应用错位说起》（2005）；马戎：《理解民族关系的新思路》（2004）、《关于民族研究的几个问题》（2000）；纳日碧力戈：《问难"族群"》（2003）；周大鸣：《关于中国族群研究的若干问题》（2009）；等等。当然还有其他更多的著述，由于篇幅原因，难免挂一漏万。

群体可以被授予这种自决的权利，在什么样的情况下才可以宣称这种自决的权利，却一直是一个争辩中的问题。当尝试要替民族主义下一个定义的时候，德国学者奥特（Alter）就无奈地表示，"在当今的政治分析的词汇当中，'民族主义'是最令人混淆的概念之一"①。凯克门诺维克（Kecmano-vic）也认为，"从来就没有两个作者会用同样的方式来定义民族主义，不论他们是社会学家、历史学家、政治学家，或者是心理学家"②。

相关学者之所以无法对民族和民族主义的基本定义产生共识，有以下几个原因。

一是高度的政治意涵。一个最根本的原因，当然是这些语汇充满了高度的政治意涵。盖尔纳（Gellner）就曾经这样表示，"理论上'研究民族主义'最困难的地方，就在于我们必须在视民族主义为'民族的'（National）和'自然的'（Natural）的虚假解释（通常它们都只是虚构出来用以正当化民族主义的），与视民族主义为受到时间和脉络制约的真正解释之间，做一个清楚的划分"③。

事实上，尽管 Gellner 区分"民族主义宣传"和"民族主义研究"的谆谆教诲尤在耳际，但是，民族主义的研究却在本质上和知识的实践脱离不了关系。正如詹姆斯（Paul James）所提醒，第一，所有从事民族主义研究的人，在"定义"上就已经是在从事一种知识的实践了。即使你有意识地坐在平静的研究室中和政治运动者相互隔离，你的研究成果却无可避免地会影响到你的研究对象——和这个民族主义运动相关的每一个活生生的人。第二，从民族主义过去的发展历史来看，文化精英——尤其是社会科学的工作者，一直都处在民族主义风暴的最前沿。无论是官方版的民族主义，还是处在社会反对运动中的民族主义，几乎都是通过知识分子在意识形态上掌旗和操盘的。第三，自从民族主义在 19 世纪末开始席卷整个世界以来，通过国家机器所掌控之教育体系的运作，知识分子一直都在"民族文化"

① Peter Alter, *Nationalism.* 2nd ed, translated from German by Edward Arnold（New York: Edward Arnold, 1994）, p. 1.

② Dusan Kecmanovic, *The Mass Psychology of Ethnonationalism*（New York: Plenum Press, 1996）, p. 15.

③ Ernest Gellner, *Nations and Nationalism*（Ithaca, N. Y.: Cornell University Press, 1964）, p. 151.

的生产和复制上扮演着重要的角色。①

　　二是它所涉及的经验现象纷繁复杂、形式多样。朱伦指出："世界各地族际政治互动的历史经验不同，由此形成的族际政治理论或理念也不相同。西方民族主义古典理论所宣扬的'一个人民，一个国民，一个国家'之理念，是对西欧族际政治经验的片面总结，不合乎西欧族际政治的事实，更不合乎世界各地普遍是多族体国家的事实。民族主义古典理论并未如理想的那样解决了族际政治问题，相反却是引发族际冲突的诱因。"② 事实上，我们常常将在不同的时间和不同的空间里面所发生的不同形式之经验现象，一律统称为"民族主义"。比如说，不论是布列塔尼人（Bretons）的分离运动，还是泛阿拉伯民族主义，通通被贴上同一个标签——民族主义，虽然这二者不但有着完全不同的历史路径，而且也发生于完全不同的政治社会结构当中。因此，Alter 就曾明确提出：

　　　　事实已经清楚地摆在眼前，民族主义——作为一种涵盖多种情形的标签以及正当性来源——本身就隐藏了极度的矛盾。它可以被视为一种解放，但同时却也可以被视为一种压迫。就此而言，民族主义是一个同时存放着危险和机会的地方。……如果我们要宣称这个词汇真正代表什么，或者应该指涉什么的话，我们一定要将具体的历史脉络指陈出来。或许我们可以有这样的一个初步结论，民族主义并不是只有一种形式，而是有很多不同的民族主义。也就是说，我们应该用复数，而不是单数，来描摹这个词汇。③

　　三是它的跨学科本质。④ 最早沉浸于这个领域的是历史学者，但是，由

---

① Paul James, *Nation Formation: Towards A Theory of Abstract Community* (Thousand Oaks, Calif.: Sage Publications, 1996), p. 193.

② 朱伦：《走出西方民族主义古典理论的误区》，《世界民族》2000 年第 2 期。

③ Peter Alter, *Nationalism.* 2nd ed, translated from German by Edward Arnold (New York: Edward Arnold, 1994), p. 2.

④ Stephen Iwan Griffiths, *Nationalism and Ethnic Conflict: Threats to European Security* (New York: Oxford University Press, 1993), p. 11; Eric J. Hobsbawm, *Nations and Nationalism since* 1780: *Programme, Myth, Reality.* 2nd ed. (Cambridge: Cambridge University Press 1992), p. 10; James G. Kellas, *The Politics of Nationalism and Ethnicity* (New York: St. Martin's Press, 1991), p. 1.

于和民族相关之经验现象的多重性和变异性，人类学家、政治学家、社会学家、社会心理学家、语言学家、国际关系学家，以及其他社会科学和人文科学领域的学者，也都陆续加入了民族主义研究的行列。事实上，当代民族主义研究最重要、也最多产的学者之一，英国学者史密斯就曾经表示，与民族主义研究相关的题目至少包括以下这些子题：族群的起源和形成，造成族群中心主义的相关条件，族群社群（Ethnic Community）的本质，族群认同的性质，民族（Nation）的起源和形成，民族认同的本质，民族的社会、政治和文化基础，民族和现代性的关联，民族主义意识形态和民族运动在性别、阶级以及文化等方面所展现出来的特质，民族主义知识分子在民族运动中所扮演的角色，世界上现有的民族国家（Nation State）在文化和社会层次所可能造成的影响，民族和民族主义对地缘政治所造成的影响等。[①]

面对这一长串题目，我们当然相信，某一个学术领域的学者通常只能探触到这些现象的某一部分。如果要对民族主义这个经验现象有比较完整的掌握的话，一个跨学科取向的研究设计可能会是一个无法避免的结果，对从事相关研究的学者而言，这当然是一个巨大的挑战。

四是方法论上的困难。当我们把像民族或民族主义这样的概念放在一般社会科学研究的因果关系模型中的时候，注定会遭遇很多方法论上的困难。比如说，在分析民族主义起源的时候就会发现，很多时候，民族主义同时扮演着原因和结果的角色。寇克力（Coakley）就曾经这样表示，"民族主义微妙的地方，就在于其因果关系十分难以确定。民族主义本身就难以捉摸，它不但对其他社会现象造成影响，而自己又同时是这些社会现象的结果"[②]。

"民族主义"这个词已经被概念化并用各种方式进行定义。例如恩斯特·哈斯（Ernst B. Haas）把民族主义看作"地域忠诚和政治忠诚的重合，

---

①　Anthony D. Smith, *Nationalism and Modernity: A Critical Survey of Recent Theories of Nations and Nationalism* (New York: Routledge 1998), p. 222.

②　转引自 Dusan Kecmanovic, *The Mass Psychology of Ethnonationalism* (New York: Plenum Press, 1996), p. 211。

而与亲属、职业、宗教、经济利益、种族，或者语言等附属特征的竞争无关"[1]。而安德森（Benedict Anderson）则把"民族"（Nation）定义为符号化的、想象的政治群体。[2] 经济史学家达德利·西尔斯（Dudley Seers）则认为民族主义是指推动国家在全球经济中自治的一种特殊形式的经济政策（在他的案例中指发展规划）。[3] 安东尼·史密斯（Anthony Smith）则把民族主义看成是团结一致的最重要的意识形态，并与其他意识形态（例如自由主义、社会主义、法西斯主义）相竞争。[4]

民族主义主要是一种政治原则，这一思想得到 Gellner 的赞同。他认为民族主义作为一种政治信条，要求政治单元和民族单元的统一。他还进一步得出民族主义情感与民族主义运动的区别。前者包括对违背民族主义原则的愤慨或者对实现民族主义的满足感，而后者则把民族主义情感具体化。[5]

艾利·凯多里（Elie Kedourie）的观点则与众不同。他认为民族主义理念在逻辑上荒唐，且不具有合法性，因为它用看不见摸不着的文化标准来划定政治边界，而且还要在涉及政治义务方面做出抉择。[6]

但大多数学者同意汉斯·科恩（Hans Kohn）的观点，即民族主义首先并将永远是一种心灵的国家，是一种意识的行动。[7] 换句话说，民族主义主要是一种本性的情感或者是情怀。[8] 在我们复杂的文明中，个体赖以归属的

---

[1] Ernst B. Haas, "What Is Nationalism and Why Should We Study It?", *International Organization*, 40, 3, Summer 1986, p. 709.

[2] Benedict Anderson, *Imagined Communities: Reflections on the Origin and Spread of Nationalism* (London: Verso Editions & NLB, 1983).

[3] Dudley Seers, *The Political Economy of Nationalism* (New York: Oxford University Press, 1979).

[4] Anthony D. Smith, *Nationalism In the Twentieth Century* (New York: New York University Press, 1979).

[5] Ernest Gellner, *Nations and Nationalism* (Ithaca, NY: Cornell University Press, 1983), p. 11.

[6] Kedourie, *Nationalism*, 3rd ed. (London: Hutchinson, 1996).

[7] Hans Kohn, *The Idea of Nationalism: A study in its Origins and Background* (New York: Macmillan, 1951), p. 8; Kohn, *Nationalism: Its Meaning and History* (Princeton, NJ: D. Van Nostrand, 1955), p. 9.

[8] 民族主义的情感或情怀特质也反映在其他两位相关专家的著作中，一个是 Carlton Hayes，一个是 Boyd Shafer。他们关于民族主义的详细观点，请参考 Carlton J. H. Hayes, *Essays on Nationalism* (New York: Macmillan, 1982); and Boyd C. Shafer, *Nationalism: Myth and Reality* (New York: Harcourt, Brace and World, 1955), and *Faces of Nationalism* (New York: Harcourt, Brace and Jovanovich, 1972)。

群体的数量已呈现快速增长之势。尽管 Kohn 注意到"在这些多元的、有时甚至矛盾的各种各样的群体意识中,通常会有那么一种群体意识被人们认为是最高级的和最重要的,因而,一旦某人遇到在这种群体意识的忠诚上发生冲突时,他就会愧对最高的忠诚"。[①] 这一最高的群体就是"民族",它对民族的意识和忠诚就代表民族主义的取向。

如果民族主义是人们对民族的意识和忠诚,那么把自己转变为一个民族(Nation)的族群就会承认公民民族主义(Civic Nationalism)或者族裔民族主义(Ethnic Nationalism)理念。族裔民族主义根据血缘和传统文化把个体的成员身份界定于某一民族中,并把这个民族视为个体的忠诚对象。公民民族主义根据公民身份、共同法律、政治参与来定义民族并确定民族成员身份及其效忠对象。[②] 因而,在一个基于族裔民族主义理念的国家中,个体属于不同的族群,即便他们居住在这个国家并且也是这个国家的公民,但他们并非能够成为这个民族群体的一部分。[③] 反过来,在一个以公民民族主义为根基的国家中,任何公民不分族群,都是一个民族,具有一个民族身份,属于同一个民族群体,而不考虑其族群身份和血缘传统。[④]

当一个族裔社群转而蜕变成一个政治竞争者,并试图与族裔对手进行战斗,或者要让国家议程认识到以族裔定义的利益的重要性的时候,就会出现族群向族群政治运动的转型。[⑤] 理论上讲,族群政治运动组织企图代表"整个群体的集体意识和热望,但是实践上族群政治运动可能会分裂为几种倾向或者几个实体组织,他们每一个都在争取该群体的支持和拥护,争取排他性的代表权力"。[⑥] 总体来说,族群政治运动的力量依赖于族群内的族

① Hans Kohn, *The Idea of Nationalism: A study in its Origins and Background* (New York: Macmillan, 1951), p.11.

② Smith, "The Ethnic Sources of Nationalism", p.55; and Charles A. Kupchan, "Introduction: Nationalism Resurgent", in Kupchan, ed., *Nationalism and Nationalities in the New Europe* (Ithaca, NY: Cornell University Press, 1995), p.4.

③ Charles A. Kupchan, "Introduction: Nationalism Resurgent", in Kupchan, ed., *Nationalism and Nationalities in the New Europe* (Ithaca, NY: Cornell University Press, 1995), p.4.

④ Charles A. Kupchan, "Introduction: Nationalism Resurgent", in Kupchan, ed., *Nationalism and Nationalities in the New Europe* (Ithaca, NY: Cornell University Press, 1995), p.4.

⑤ Milton J. Esman, *Ethnic Politics* (Ithaca, NY: Cornell University Press, 1994), p.27.

⑥ Esman, *Ethnic Politics*, p.27.

裔认同和族裔团结的力量，即成员对于群体的责任和义务。

第四节　族群政治动员

族际政治和族际冲突大多数发生在多族群社会里。对此，弥尔顿·伊斯曼（Milton Esman）注意到：绝大多数政治体系边界内的族裔多元是当代世界的一个基本事实。从这个基本事实出发便出现一个重要问题，即共存的关系和条件，这种关系和条件是强制性的或者是一致同意的，它们被这些族群以及统治这些国家的政治当局所制定的规则和付诸的行动所塑造和维系。[①]

当代多数国家族群多元的现实归因于四个主要因素：一是多族群社会的形成是过去若干年征服和兼并的结果。二是 18 世纪、19 世纪欧洲殖民主义以及 20 世纪亚非拉地区在去殖民化过程中任意地划分国家边界从而创造出族群多元的国家。三是贯穿整个人类历史的人口流动也对多族群国家的形成具有重要的影响。四是一战使民族自决原则政治化，而随后的二战则使民族自决原则国内化，这样就冻结了世界族群政治的版图，从而使族裔多元国家合法化，并直接影响了族群政治——尤其当这种政治强调少数族群要求独立的国家身份的时候。我们将在第二章详细讨论民族自决的概念。

尽管族群政治具有突出的影响，但二战之后的若干年里，全面理解族群政治、族群冲突以及族裔分离主义趋势并没有得到很好的开展，以至于冷战结束以后，苏联和东欧地区又掀起第三次民族主义浪潮，其余波至今虽有暂时缓和的现象，但明显的消失趋势还未呈现。

冷战结束以来，族群冲突似乎已取代意识形态竞争成为国际以及国内冲突的源头，尤其是那些民主化的转型国家。我们已经目睹了 2010 年底以来北非和西亚的阿拉伯国家以及其他地区的一些国家在"民主化"旗帜下发生的一系列令人遗憾的暴力冲突事件。族群暴力冲突经常看似是一般愤怒的随机爆发，没有什么精心的策划与组织，但实际上通常都包含一定程度计划性、组织性的行动，以及策略性的筹谋。当一定数量的人处心积虑

---

① Esman, *Ethnic Politics*, p. 2.

地决定用暴力手段追求其目标时，族群冲突就会发生。国外许多案例表明，族群冲突是长期以来政治组织方式沿族群路线的后果。这一长期的过程可以称之为"族群动员"：领袖们决定替自己的族群说话，从该族群面对的所谓看得见摸得着的现实中抽象出思想，并号召和组织族群成员参与政治行动。但如此动员并不意味着必然导致暴力冲突。罗杰斯·布鲁贝克（Rogers Brubaker）和戴维·莱廷（David Laitin）认为，"与一般的可能情形相反，族裔民族主义暴力冲突的实际例子很少见"。① 在许多情况下，族群动员严格地限定于和平的民主政治竞争中。② 这既不意味着人们未能深刻地感知到类似政治行动所激发的先于动员过程而存在的不满，也不意味着人们未被其他族群真正地激怒。但是，从不满到族群斗争的过程绝不能简单地视为从原因到结果的一种自动的线性过程。族群动员是一个复杂而多向、不必然趋同或不必然内聚的过程。

这里笔者从三个方面梳理西方社会科学领域有关族群动员研究的新思想和新进展，尤其是冷战结束以来的新动态。首先，阐明"动员"的概念，在对政治动员和社会运动进行学术探索的大框架下，定位族群政治的文献。其次，梳理族群动员研究的理论脉络，从而区分文化主义论、反应论、竞争论以及制度主义论的各派观点。最后，探求动员结果的差异问题，即什么因素导致族群诉求的极端化，使族群动员转向族群暴力。西方学者对族群暴力冲突的解释并没有达成共识，他们认为暴力发生的因素多种多样，且相互作用，单一元素的解释很难有说服力。

一　何谓族群动员？

族群动员是政治动员的一种形式。政治动员可以定义为政治角色鼓励人们参与某种形式的政治行动的过程，其具体表现可以有多种形式。一般来看，政治动员者会说服人们投票、请愿、抗议、集会，或者加入某一政

---

① Brubaker, R. & D. D. Laitin, "Ethnic and nationalist violence", *Annual Review of Sociology*, 1998, 24, p. 424.

② Habyarimana, J., M. Humphreys, D. Posner & J. Weinstein, "*Better Institutions, Not Partition*", Foreign Affairs, July – August 2008, http：//www. foreignaffairs. com/articles/64457/james – habyarimana – macartanhumphreys – daniel – posner – jeremy – weinst/is – ethnic – conflict – inevitable.

党、工会或某一政治上积极的公民组织。①

所有政治动员都有其共性，即它由寻找集体事业追随者的动员机构发起。这些机构试图说服潜在的追随者参与公共行动，以捍卫自己的事业。因此，政治动员往往具有其明确的集体面向。动员者明白自己的动员对象数量庞大，所以他们试图影响这样一大批公民的行动，以实现自己明确的政治目标，虽然这些目标可能会变化。那些被认为可以较好地服务于集体事业的公共行动种类繁多，当然也有许多策略用以说服人们参与其中。

为了在更广泛的社会政治语境下充分地定位族群冲突现象，还需要给出一个更为宽泛的"政治动员"概念，一个超越仅为选举政治的概念。在西方社会传统范畴内，政治动员经常被认为跟选举有着密切的联系，② 例如，对政治动员的研究集中于选举运动的影响力③，或者试图解释选民投票率的波动④。在这个意义上，政治动员被视为精英们从事的旨在掌控支持者并说服他们通过投票表达自己亲疏远近观念的那些行动。学者们传统上一直在探寻的问题包括：什么因素决定投票者的决策？选举动员的成功在何种程度上取决于精英的组织能力、说服理念以及精英与支持者之间已有的密切联系？进一步说，研究族群选举动员对于衡量族群选票潜在的不同来源具有相对重要的意义，这些来源包括文化附属、政治精英的操控，以及已有的与族群边界重叠的社会经济划分。⑤

一般来说，政治行动有各种形式，从和平抗议到暴力革命，它们通常发生在选举过程之外。然而，如果政治学者不把这些形式纳入自己的视野，

---

① 政治动员的更多定义参考 Johnston, H., "Mobilization", G. Ritzer (ed.), Blackwell Encyclopedia of Sociology, Blackwell Reference Online, 2007, http://www.blackwellreference.com. Vermeersch, Peter, "Political mobilization", G. T. Kurian et al. (eds), *The International Encyclopedia of Political Science* (Washington DC: CQ Press, 2010), pp. 1047 – 1052。

② Rosenstone, Steven J., and Hansen, John Mark, *Mobilization, Participation, and Democracy in America* (New York: Macmillan, 1993).

③ Shanto I. and A. F. Simon, "New Perspectives and Evidence on Political Communication and Campaign Effects", *Annual Review of Psychology*, 2000, 51, pp. 149 – 169.

④ Franklin, M. N., *Voter Turnout and the Dynamics of Electoral Competition in Established Democracies since* 1945 (Cambridge: Cambridge University Press, 2004).

⑤ Leighley, J. E., *Strenght in Numbers: The Political Mobilization of Ethnic and Racial Minorities* (Princeton: Princeton University Press, 2001).

他们的分析或许只能在狭义范畴内理解族群动员过程。因此，出于研究族群动员复杂性的需要，有必要接受一个更为宽泛的政治动员定义。这样，政治动员的概念必须加以扩展，从而包括非常规的政治行动领域或者有时被称之为"抗争政治"（Contentious Politics）的东西。目前，许多人把选举之外的政治行动视为政治动员的固有内容。这类非选举行动（包括抗议游行和公民抗命，也包括游说、策略诉讼，以及新闻发布会等）可能对决策产生深刻的影响，即便研究者们对这些影响有多大持有不同的看法。[①] 尽管存在分歧，但是一般来说，政治学家们还是一致认为这类非常规的表达正在成为常规政治的一部分。这是一种自现代化出现以来就没有消失的政治形式。实际上，尤其在高度民主化的国家，它们正日益被视为政治的"常规"特征。因而政治动员涵盖了广泛的公共行动范畴，从隐秘活动到引发公开的混乱，从制度化到非制度化。

对选举政治之外的政治动员的研究与政治社会学有着很深的渊源，尤其是对民众抗议以及社会运动的研究。[②] 政治动员的社会学观点使分析家在选举运动之外去寻找其他因素。这些研究分析了抗议浪潮和社会运动出现的方式、它们如何演化以及对政策结果或社会变迁带来什么样的影响。相对政治学家的关注而言，他们给政治动员的研究带来了若干新的维度：隐藏于集体行动之下的社会不满、资源的重要性、意义操控和观念的作用，以及影响这类行动的政治语境（机会和限制），例如当代研究者们并没有把美国黑人公民权利运动简单地视为对社会不满的一种自发的大众反应。[③] 他

---

① 这些不同看法的例子，如 Amenta E., N. Caren, E. Chiarello and Y. Su, "The Political Consequences of Social Movements", *Annual Review of Sociology*, 2010, 36, pp. 287 – 307; Baumgartner, F. R. and C. Mahoney, "Social Movements, the Rise of New Issues, and the Public Agenda", In: D. S. Meyer, V. Jenness and H. Ingram (eds.), *Routing the Opposition: Social Movements, Public Policy and Democracy* (Minneapolis: University of Minneapolis Press, 2005), pp. 65 – 86; Skocpol T., *Diminished Democracy: From Membership to Management in American Civic Life* (Norman: University of Oklahoma Press, 2003)。

② 这类研究包括：Amenta et al, "The Political Consequences of Social Movements", *Annual Review of Sociology*, 2010, 36, pp. 287 – 307; Della Porta, D. and M. Diani, *Social Movements: An Introduction* (Oxford: Blackwell Publishers, 1999); Edelman, M., "Social Movements: Changing Paradigms and Forms of Politics", *Annual Review of Anthropology*, 2001, 30, pp. 285 – 317。

③ 这类研究的例子，如 McAdam, D., *Political Process and the Development of Black Insurgency, 1930 ~ 1970* (Chicago: University of Chicago Press, 1982)。

们分析了影响这类运动的政治机会结构、支撑它的资源、赋予怎样的理念，以及主张和要求普适性的人权原则在全球的传播。[1]

可以说，对社会运动的研究极大地改变了政治学者对动员中的政治的理解。一方面是政党的政治重要性和国家制度中的利益代表的政治重要性；另一方面是社会运动的社会和文化的权重（假设其政治性较弱），政治科学家现在越发倾向质疑社会科学家曾经在两者之间所做的明确区分。当然，社会运动具有重要的社会和文化内涵，但是，他们也具有潜在的政治色彩，尤其是当他们推广的方法对政治和社会稳定与和谐具有破坏性影响的时候，例如暴乱或种族清洗等，实际上有时的确如此。有些情况下，动员人们参与非选举和非制度化的公共行动可能导致稳定的政治利益新一轮的分裂。这些利益分裂反过来会成为选举动员的新基础。

所以说，族群动员远远超越以族性为基础的选举运动。它不仅仅发生在选举的时刻，也出现在其他合适的时机，最有可能发生在大众行动的基础形成的时候，其形式或许是集体的街头抗议，或许是形式不太明显的请愿。

二　族群动员理论

回顾政治科学文献，人们可能吃惊地发现：族群动员的理论化历史并不是很长。传统上，政治科学家并没有把注意力放在政治动员的族群方面。族群政治不仅在整体上不被重视，学者们还通常认为族裔团结政治将随着现代化的发展和自由民主价值的传播而消失。[2] 还有一些学者认为（主要是20世纪60年代以前），族性是某种过渡现象或某种过去乃至将来都不会给正式的政治体系带来任何影响的因素。[3] 在某些程度上，这一观点受到马克

---

① Jackson, T. F., *From Civil Rights to Human Rights：Martin Luther King*, Jr., and the *Struggle for Economic Justice* (Philadelphia：University of Pennsylvania Press, 2006).

② Kymlicka, W., "Nation – Building and Minority Rights：Comparing West and East", *Journal of Ethnic and Migration Studies*, 2000, 26 (2), p.184.

③ Taylor, Rupert, "Political Science Encounters 'Race' and 'Ethnicity'", *Ethnic and Racial Studies*, 1996, 19 (4), p.886.

思主义理论的启发。马克思主义认为，在与资本主义的斗争中，阶级认同将战胜其他的认同形式。另外，还有一些人也忽视了这一问题（特别是 20 世纪 80 年代），甚至预言由于自由民主的推进，族群忠诚将会衰落。Glazer 和 Moynihan 称这一过程为"自由预期"（Liberal Expectancy）[1]，族群认同仅被视为是昙花一现的东西，终将消失在不断扩大的大都市的族群熔炉中。[2]

20 世纪 70 年代，西欧地区基于区域的语言群体崛起，其政治动员日盛，例如对法国的布列塔尼人（Bretons）和科西嘉人（Corsicans）、大不列颠持凯尔特语人的动员，以及比利时弗拉芒人（Flemish）和瓦龙人（Walloon）的分裂，这一现象与经典社会理论形成鲜明对照。一国之内族群差异并没有随着时间的推移而消失，这一现象使人们感到有必要从理论上对族群动员进行重新解释。然而，正是 20 世纪最后 10 年族群冲突的浪潮深刻地改变了有关族群冲突的观点。这一历史的变化唤醒人们有必要重新思考族群与政治的关系。事实上，20 世纪 90 年代以来政治学家们也写出了相当数量的有关这一现象的文献。

族群动员研究可以追溯至 20 世纪 60 年代，但是，其真正的发展壮大是在 20 世纪 90 年代。因此，相关的文献从广义文献来讲可以粗略地划分为四种不同的理论观点：一是文化主义观（Culturalist Perspective），它强调族群动员路径形成过程中族群内部强烈的主观联系和价值的重要性。二是族性反应论（Reactive Ethnicity），它用经济学的观点，得出族群动员的基本原因在于族群联系和相对剥夺的巧合。三是竞争观（Competition Perspective），它强调在争取资源和权力的过程中，族群领袖处心积虑地利用认同刺激族性。四是政治过程观（Political Process），它强调宏观政治语境的作用，包括制度环境、主流政治语境。如何解释族群动员的形成，这四种理论观点各有一套说辞。虽然这四种观点仅提供给我们一个粗略的分析工具，但是由此出发我们可以组织文献，洞察理论家们建构解释变量的模式，而这些变量恰恰是理论家们认为是引发族群动员的关键之所在。

---

[1] Glazer, *N. and D. P. Moynihan*, "*Why Ethnicity*?" Commentary, 1974, 58（4）, p. 33.

[2] Moynihan, D. P., *Pandaemonium*: *Ethnicity in International Politics*（Oxford: Oxford University Press, 1993）, pp. 27 – 28.

（一）文化主义方法

文化主义论与其他理论的最大区别在于它们强调族群动员过程中的文化作用。文化主义者把文化社会化过程看成是解释族群动员的最基本的因素，换句话说，族群成员享有共同的文化，这是族群动员模式的决定性因素。这一观点与原初主义极为相近。在詹姆斯·费伦（James Fearon）看来，原初主义认为族群天然地具有政治属性，这是因为族群有其生物根源，或者说它深深地扎根于历史和文化中，具有不变的社会和政治生活赋予的属性。换句话说，原初主义者假定特定的族群分类总是具备社会相关性，而政治相关性自动地紧随社会相关性而来。[1]

族群内聚或族群团结有其生物基础，多数学者否认这一观点，但是族群认同是建立在文化联系基础上，而文化联系绝对地掌控情感的和非理性的特质，这一观点日益得到广泛的接受。[2] 例如，国际关系领域中有一种观点，提出应当把文化看成是解释经济和政治发展的关键变量。[3] 它认为，经过很长一段历史时期，文化属性（例如宗教或社区传统）对人类的影响非常深，使得人们很容易卷入基于这些属性的集体行动甚至冲突过程。

主导这类文献的基本假设是族群动员是文化结构的自然反映，从而得出一个显而易见的结论，即来自同一族群的人们将会具备某些类别的基本联系，因为他们拥有共同的文化，因而他们可以用相同的方法被组织起来。在某种程度上，其政治的或经济的地位可以推动或压制那类动员，但是，最终还是文化的内容构成动员过程的脊梁。行动是文化的表达，以此假设为基础得出判断：每一个族群都应具备独特的动员模式。[4] 人们认为处于不同社会的同一族群会采取大致相同的动员模式。

---

① Fearon, J., "Ethnic Mobilization and Ethnic Violence", P6., 2004 年发表于哥伦比亚国立大学官网。

② Allahar, A., "Primordialism and Ethnic Political Mobilisation in Modern Society", *New Community*, 1996, 22 (1), pp. 5 – 21; Oberschall, A. "The Manipulation of Ethnicity: From Ethnic Cooperation to Violence and War in Yugoslavia", *Ethnic and Racial Studies*, 2000, 23 (6), pp. 982 – 1001.

③ Harrison, L. E. and S. P. Huntington (eds.), *Culture Matters* (New York: Basic Books, 2000).

④ Ireland, P., *The Policy Challenge of Ethnic Diversity: Immigrant Politics in France and Switzerland* (Cambridge: Harvard University Press, 1994), p. 8.

当然，针对文化主义的观点，也出现一些批评的声音。第一个批评认为：文化主义者过于想当然地认为族群是以共享文化为特征的。还有一些评论认为文化概念太过发散而繁杂，确定一个族群的文化精髓非常困难，因而它无法成为有价值的解释变量。内森·格莱泽（Nathan Glazer）在研究纽约各类移民时，就曾提出过这样的疑问：关于典型的意大利移民，意大利大体告诉我们什么？贫穷、来自南方、未接受教育？我们要把他当作地中海的、农民生活的、欧洲天主教的文化和文明的代表吗？所有这一切是否可以视为其标志性特征？①

第二个批评认为：族群动员的文化主义解释有重复累赘之嫌。文化主义观点认为族群认同是由文化决定的，但同时又提出群体中的个人由于其共同的族群认同而具有共同的文化。很显然如此的逻辑推理必然导致对族群动员的解释循环往复，以因推果，然后又以果证因。

第三个批评认为：文化主义的描述未能重视"代理"的作用。由于这些理论排除了代理的作用，它们明显未能说明个体和群体可以有意或无意地改变自己的文化和认同，或者转移他们的认同，使其可以具有不同的内涵和意义。这要看具体的政治环境。现实世界若干族群冲突的案例表明，领导人和策略已对族群联系和族群运动模式施加了很大的影响力。②

（二）族性反应

族性反应论把族群动员兴起的原因归为资源沿族群路线被不平等地划分。术语本身与 20 世纪 70 年代早期迈克尔·赫克特（Michael Hechter）关于不列颠与边缘的凯尔特之间关系的政治学研究密切相关。③ 在他看来，反应性族性意味着一国境内族群区域忠诚与冲突得以强化是由于核心区域与特定的族群边缘区域之间经济不平等程度的增加。Hechter 的分析方法明确

① Glazer, N., "Disaggregating Culture", *Culture Matters*, ed. L. Harrison and S. Huntington（New York：Basic Books, 2000), p. 223.

② Ireland, P., "Reaping What They Sow：Institutions and Immigrant Political Participation in Western Europe", *Challenging Immigration and Ethnic Relations Politics：Comparative European Perspectives*, ed. R. Koopmans and P. Statham（Oxford：Oxford University Press, 2000), p. 270.

③ Hechter, M., *Internal Colonialism：The Celtic Fringe in British National Development*, 1536 – 1966（London：Routledge and Kegan Paul, 1975).

地指向对某一特定区域的族群认同的解释，但在解释族群动员时一些学者使用了同样的方法，虽然这类动员明显与核心－边缘的划分联系较少。伯纳切克（Bonacich）的劳动市场划分理论就是这类推理的例子。他认为同一行业劳动力市场的价格不同引发的竞争导致族群仇视。此版本之族群动员赖以存在的基础就是不同族属的劳动者阶层之间的经济竞争。[①] 还有一些观点或许可以认为与族性反应论相似，也被用以解释美国贫民区革命[②]以及西欧少数民族移民群体之间族群动员模式。[③]

　　当然，这种理论也受到诸多批评。第一，很明显，经济劣势并非族群动员发生的充分必要条件。有些经济上处于劣势的族群并没有参与这类动员，找出这样的例子并不是很难。动员的程度似乎并不依赖于经济的发展水平。反过来，一旦发生族群动员，也并不必然伴随着经济劣势。例如，一些学者指出：一国境内经济上相对于其他地区来说具有较大优势的地区性族裔团结卷土重来。[④] 第二，社会运动学者提出相对剥夺的变化与集体抗议的步调和时机之间并不存在任何关联，或者相关性较少，可以忽略不计。[⑤] 因而，许多社会运动学者转而关注运动组织与运动领袖从事政治行动（包括族群行动）所需要的资源，他们的研究取向就是现在众所周知的"资源动员理论"（Resource Mobilization Theory）。诸如金钱、专业人士等资源，是进入网络、接近人脉所必需的，这些资源可以支撑社会运动行动者采取策略决策，目标是为社会和政治的变迁而动员。把社会运动行动者视为一种理性角色，这种方法为研究族群动员的理论家们提供了重要的启发，而族群动员的焦点则是领袖的角色。这就是本文所称的"族群竞争观"。

①　Bonacich, E., "A Theory of Ethnic Antagonism: The Split Labor Market", *American Sociological Review*, 1972, 37 (5), pp. 547–559.

②　Blauner, R., "Internal Colonialism and Ghetto Revolt", *Social Problems*, 1969, 16, pp. 393–408.

③　Drury, B., "Ethnic Mobilisation: Some Theoretical Considerations", *Ethnic Mobilisation in a Multi-cultural Europe*, ed. J. Rex and B. Drury. Aldershot: Avebury, 1994, p. 16.

④　Coughlan, R. and S. W. R. d. A, *Samarasinghe Economic Dimensions of Ethnic Conflict: International Perspectives* (New York: St. Martin's. 1991), p. 4.

⑤　Piven, F. F. and R. A. Cloward, "Collective Protest: A Critique of Resource-Mobilization Theory", *Social Movements: Critiques, Concepts, Case-Studies*, ed. S. M. Lyman (London: Macmillan, 1995), pp. 137–167.

（三）族群竞争

竞争型社会模式认为社会反反复复地围绕稀缺资源的争夺而运行。它提出并不是经济剥夺本身或者至少不是它自己单打独斗地把人们动员起来。相反，以前被动地处于劣势的群体一旦经济得以发展可能引发群体之间冲突的加剧。据此，由于经济发展，群体之间竞争同一资源，此情况就可以带来冲突；而当精英和大众都感觉到不平等的增加时，竞争将会扩大。① 另外，一些竞争观的支持者强调族群政治中"野心家"的角色：集体行动过程中的族群动员如何受追求政治事业的领袖们的影响。② 此观点还把关注点着重放在精英政治事业家对经济和政治环境反应的能力上。这一观点通常很少关注有着共同起源或共同文化的大众信仰，但它认为一个族群的意识在社会学意义上是指族性认知模式和资源分配模式（把资源按官方认定的族群进行分配）的叠加。在最广泛的意义上，经济资源的分配仅仅是其中一个重要事项。③

与大多数文化主义论和族性反应论相比，竞争论通常并不十分把族群认同视为某一早已存在的东西，而是在族群动员过程中新生的或者至少使其获得新的意义的现象。出于捍卫物质利益的目的，自诩的群体领袖激发起族群认同或者把新的意义和基于利益的内涵加到业已存在的族群术语中去。如此，认同和利益就得以相互强化，相得益彰。

因此，从这一观点来看，族群的存在并非必然，它是一个辨识和联系的框架，是使一种标签更加突出、更具相关性的行动的结果。族群的形成并非依赖于预先存在的群体本身的抽象的集体性，而是借助于特定的角色，包括各类组织以及族群政治行动者个人。在某种程度上更为激进的说法是，族群是族群行动者或者族群政治事业家的创造，而不是其他什么方式。在丹尼尔·贝尔

---

① 类似的观点，参见 Langer, A., "Horizontal Inequalities and Violent Group Mobilization in Côted'Ivoire", *Oxford Development Studies*, 2005, 33 (1), pp. 25 –45。

② Barth, F., "Enduring and Emerging Issues in the Analysis of Ethnicity", The Anthropology of Ethnicity, Beyond "*Ethnic Groups and Boundaries*", ed. H. Vermeulen and C. Govers (Amsterdam: Het Spinhuis, 1994), p. 12.

③ Crowley, J., "The Political Participation of Ethnic Minorities", *International Political Science Review*, 2001, Vol. 22, No. 1, pp. 99 –121.

（Daniel Bell）看来，最好把竞争理论视野中的族性理解为个体策略性的选择——如果换一个环境，个体也会选择其他群体的成员身份作为获得某些权力和优势的手段；而不要理解成某一固有的现象，在这种现象中根深蒂固的认同一定会重新燃起星星之火。[①] 这里的假设是政治并不是族群划分的自动反映，相反，族群划分是在反对边缘化和不平等的政治斗争中形成的。举例来说，某些领袖一旦觉得一个群体被置于工作场所中的某一特定处境，经历同一种歧视，或遭受收入的不平等，他们就可能认为围绕某一共同的族群认同组织一个群体就很容易。一些学者从这个观点出发研究族性，并强调指出，不仅经济条件对建构某些少数族群动员模式具有贡献，政治权力的差异分配同样也起作用。[②]

实际上，竞争论受到工具论对原生主义批评的启发。工具论不赞同原生主义的假设，即族性主要是由共同的祖先和传统决定。他们把注意力转向族性的另一面，即政治精英把族性作为社会、经济和政治利益来考量。例如，内格尔（Joane Nagel）认为少数族群动员的出现是由于个体不断地评估形势和听众，根据功效或实用性的某些标准强调或弱化族性的特定维度。[③] 一些理论家认为族群认同直接源于精英竞争，其中一个重要代表人物就是社会人类学家弗里德里克·巴斯（Fredrik Barth）。早在 1969 年 Barth 在谈到族群与边界问题时，就含沙射影地提到了政治竞争的元素，但直到 1994 年他才正式提出政治因素更值得关注。他认为族性的产生不应该只被视为是发生在个人之间的事情，它也依赖于集体行动（Barth 称之为 "Median Level"）。[④] 对于政治学者来说，Barth 观点的重要意义主要在于它为研究族群边界建构过程中精英的作用及其策略行动开辟了道路。换句话说，这与 Bar-

---

① Bell, D., "Ethnicity and Social Change", *Ethnicity Theory and Experience*, N. Glazer, and D. Moynihan（eds.）, Cambridge MA（London: Harvard University Press, 1975）, p. 171.

② Oberschall, A., "The Manipulation of Ethnicity: From Ethnic Cooperation to Violence and War in Yugoslavia", *Ethnic and Racial Studies*, 2000, 23（6）, pp. 982 – 1001.

③ Nagel, J., *American Indian Ethnic Renewal: Red Power and the Resurgence of Identity and Culture*, New York（Oxford: Oxford University Press, 1996）, p. 23.

④ Barth, F., "Enduring and Emerging Issues in the Analysis of Ethnicity", The Anthropology of Ethnicity, Beyond *"Ethnic Groups and Boundaries"*, ed. H. Vermeulen and C（Govers. Amsterdam: Het Spinhuis, 1994）, p. 11 – 32.

th 在 1969 年的文章中所引入的元素互动分析相比，向前迈出了很大的一步，从而进入政治竞争理论的视野。在许多政治科学家的论著中，竞争模式非常突出，例如保罗·布拉斯（Paul Brass）、阿伯纳·柯恩（Abner Cohen），以及迈克尔·赫克特（Michael Hechter）等。[①] 他们以不同的方式或多或少地接受了族群认同形成的工具论观点，花许多精力关注为政治权力、扩大优势和理性选择而斗争的精英们的作用。还有诸多学者致力于研究做出策略型抉择的各种环境。Barth 自己也越来越意识到这一点。1994 年，他提出应该把国家作为决定动员模式的一个重要因素纳入考量范畴。[②] 由此引发若干学者注意力的转向——族群认同依赖于族群划分，而族群划分则是由政治精英和国家推进的。

（四）族群动员的政治过程方法：机会结构与架构

政治过程观试图把对竞争的关注与对社会建构语境的关注融合起来。政治过程观把很多组织元素当作关键要素，包括把自己表现为少数族群领袖的行为、他们的资源、他们以少数民族的名义提出公共诉求的能力、他们驾驭大众支持的努力等。这一点与竞争观不谋而合。但是政治过程观又特别关注另外两个元素：政治机会结构和架构（Framing）。集体行动不仅仅只是策略的和工具的理性的结果。[③] 这一灵感来自有关社会运动的文献。社会运动是围绕明晰的认同以及权力关系对认同形成带来影响的意识而展开的。

社会里的划分并非简单地反映在政治中，也不光是策略行动的结果。划分是通过社会里主流感知语境中的政治而建构的。同文化主义观和竞争观相比，族群动员的政治过程观认为，在政治行动和利益之间存在一个双

---

① Brass, P. R., *Ethnicity and Nationalism: Theory and Comparison* (Newbury Park: Sage, 1991); Cohen, A. "Ethnicity and Politics", *Ethnicity*, ed. J. Hutchinson and A. D. Smith (Oxford: Oxford University Press, 1996), pp. 83 – 84; Hechter, Michael., "Explaining Nationalist Violence", *Nations and Nationalism*, 1995, 1 (1).

② Barth, F., "Enduring and Emerging Issues in the Analysis of Ethnicity", *The Anthropology of Ethnicity, Beyond "Ethnic Groups and Boundaries"*, ed. H. Vermeulen and C. Govers (Amsterdam: Het Spinhuis, 1994), p. 19.

③ Cohen, J. L. and A. Arato, *Civil Society and Political Theory*; Cambridge, MA: MIT Press, 1995, p. 510.

向的关系。利益不只是就摆在那里等待族群领袖以它为中心进行组织，它同时受到制度环境和主流话语语境的影响。

竞争观把关注点放在资源竞争这一影响族群动员模式的最重要的因素上，而政治过程观则侧重制度环境（政治机会结构）和动员之象征维度、话语维度（架构过程）。鉴于这两个领域的影响力，社会运动的比较研究已经把两者纳入分析视野。动员的目的在于获得政治权力、物质资源和代表控制，而社会运动则利用认同作为动员的基础。可见这一理论把族群认同置于更为广大的社会运动图景之下。本文由此讨论政治机会结构与架构。

政治机会结构是正式的和非正式的政治条件的混合体，它一旦被激活，一场运动（含族群运动）必然会在其中爆发。① 人们通常认为制度环境具有持续的影响作用，而政治机会结构就含有这种东西，例如对压迫给予国家补偿或开放制度化的体制（以族群运动为例，就是官方对族群的认定或设立族群代表专门渠道）。它也包含不那么稳定的因素，例如精英同盟的出现或不出现，或政治结盟的转变等（例如族群运动中其他认同群体的政治立场等）。

西德尼·塔罗（Sidney Tarrow）为政治机会结构下了一个简明的定义：政治机会结构包含持续的，但并非必然是正式或永久的政治环境维度，这种政治环境激励人们从事某一集体行动，从而影响他们对成功或失败的预期。② 过去经常使用的定义则是汉斯皮特·克瑞埃西（Hanspeter Kriesi）和马克·圭尼（Marco Guigni）给出的③，认为政治机会结构由四部分组成。

一是国家分裂结构，即一国业已存在的根深蒂固的冲突将必然给新生

① McAdam, D., "Conceptual Origins, Current Problems, Future Directions", *Comparative Perspectives on Social Movements: Political Opportunities, Mobilizing Structures and Cultural Framings*, ed. D. McAdam, J. D. McCarthy, and M. N. Zald, Cambridge (Cambridge University Press, 1996), pp. 23 – 40; Tarrow, S., *Power in Movement: Social Movements, Collective Action and Politics* (Cambridge: Cambridge University Press, 1994).

② Tarrow, S., *Power in Movement: Social Movements, Collective Action and Politics* (Cambridge: Cambridge University Press, 1994), p. 18.

③ Kriesi, H. and M. G. Guigni, "Introduction", *New Social Movements in Western Europe: A Comparative Analysis*, ed. H. Kriesi, R. Koopmans, J. W. Duyvendak, and M. G. Guigni (London: UCL Press, 1995), pp. xiii – xvi.

的运动带来重要的限制。

二是正式的制度结构，即政治体制建构中稳定的制度构成元素，例如国会、公共管理，或其他更为直接的民主程序。

三是处理社会运动问题比较盛行的非正式策略，即政治体制一贯利用策略成员处理社会运动。

四是联盟结构，即政治体制中周期变化的要素，例如是否存在有很大影响力的联盟或统治结盟的转变。

政治机会结构的观点主要由社会运动研究的语境发展而来。在 20 世纪 50 年代和 60 年代盛行的结构—功能主义看来，任何社会行动都可以被视为一场大规模社会运动的副产品，毫无计划和理性。[①] 资源动员理论批评了这一观点[②]，正如它批评集体行动理论一样。集体行动理论把社会运动视为对环境变化的集体反应，而资源动员理论则把集体运动视为某种形式的政治行动，由于物质资源和非物质资源的有限性，集体行动的成本和收益要由行动的推动者精心计算。社会运动因而不再被视为是简单的集体现象或由于抱怨而引发的集体现象，而是行动者精心组织的专业化的自觉行动，以期在政治体制中做出理性选择。[③] 当然，资源动员理论也受到批评，因为它忽视了抗争政治（Contentious Politics）的结构性语境。政治的和制度的环境，尤其是制度性的政治行动者和社会抗议之间的关系是那些以政治过程理论而著称的学者们主要关注的。[④] 他们论证逻辑的关键点在于外部环境的某些特征，尤其是政治系统的闭或合与社会运动的发展相关。[⑤] 而对于麦克亚当（Doug McAdam）和西德尼·塔罗（Sidney Tarrow）等学者来说，政治

① Della Porta, D. and M. Diani, *Social Movements: An Introduction* (Oxford: Blackwell Publishers, 1999), p. 7.

② Oberschall, A., *Social Conflict and Social Movements* (Englewood Cliffs: Prentice-Hall, 1973); Zald, N. M. and R. Ash, "Social Movement Organizations: Growth, Decay, and Change", *Social Forces*, 1966, 44, pp. 327-341.

③ Della Porta, D. and M. Diani, *Social Movements: An Introduction* (Oxford: Blackwell Publishers, 1999), p. 9.

④ Della Porta, D. and M. Diani, *Social Movements: An Introduction* (Oxford: Blackwell Publishers, 1999), p. 9.

⑤ Eisinger, P. K., "The Conditions of Protest Behavior in American Cities", *American Political Science Review*, 1973, 67, pp. 11-28.

机会结构既指某一既定政治体系对社会挑战者发起的集体争议的一般接受
度①，同时也指他们拥有的利用政治系统的制度的正式切入点②。在"新社
会运动"传统中，在很多比较研究的设计中，研究者使用了"政治机会结
构"概念，试图说明对于可以进行比较的运动而言，其表象和组织形式等
方面由于国家政治体系的属性不同而产生了跨国差异。③。

政治机会结构观为研究族群动员的形成提供了一个重要的支点。在这个
视角下，研究少数族群动员的学者们一直在留意推动或抑制某一运动认同形
成的政治语境的特征。另外，这一理论令人信服的理由在于，它是对"社会
运动即将开始"这一直觉的反应，而这场运动则迎合了既定政治系统中它们
所要面对的制度机会和制度抑制。类似的观点也与马弛（James March）和奥
尔森（Johan Olsen）所标榜的"适宜逻辑"（The Logic of Appropriateness）相
关④。依此逻辑，行动者的策略和偏好皆由制度决定和创造。"制度创造了或在
社会意义上建构了行动者的认同、归属、对现实的定义，以及共有的含义。"⑤

一些学者试图理解西欧民主社会中少数民族移民的政治动员，而有意
思的是，政治机会结构观一直是这一新兴研究传统灵感的源泉。⑥ 这些研究
者共同的推断是：制度政治语境的形成是影响和推动少数人族群动员的关
键变量。

然而，我们应该注意到，当前的研究应用政治机会结构理论作为起点

① McAdam, D., *Political Process and the Development of Black Insurgency, 1930 – 1970* (Chicago: University of Chicago Press, 1982); Tarrow, S., *Struggling to Reform: Social Movements and Policy Change During Cycles of Protest*, Ithaca (New York: Cornell University, 1983).

② McAdam, D., "Conceptual Origins, Current Problems, Future Directions", In: *Comparative Perspectives on Social Movements: Political Opportunities, Mobilizing Structures and Cultural Framings*, ed. D. McAdam, J. D. McCarthy, and M. N. Zald (Cambridge: Cambridge University Press, 1996), pp. 23 – 40.

③ McAdam, D., J. D. McCarthy and M. N. Zald (eds.) *Comparative Perspectives on Social Movements: Political Opportunities, Mobilizing Structures and Cultural Framings* (Cambridge: Cambridge University Press, 1996), p. 3.

④ March, J. G. and J. P. Olsen, *Rediscovering Institutions: The Organizational Basis of Politics* (New York: The Free Press), 1989.

⑤ Rothstein, B., "Political Institutions: An Overview", In: *A New Handbook of Political Science*, ed. R. Goodin and H. – D. Klingemann (Oxford: Oxford University Press, 2000), p. 147.

⑥ Martiniello, M. and P. Statham "Introduction", *Journal of Ethnic and Migration Studies*, 1999, 25 (4), pp. 565 – 573.

进行实证分析并非完全没有问题。哈森·鲍赛塔（Hassan Bousetta）指出，当我们排他性地使用政治机会结构观进行分析的时候，发生在族群运动内部并做出某些策略选择的正式和非正式的组织过程就会经常被研究者忽略。[①] 换句话说，组织内部过程应该被看作是少数族群政治动员整体的一部分，但是当我们把重点仅仅放在"制度化的过程"时，这些过程通常是隐而不见的。在一个群体运动的组织范畴内部，行动者之间围绕策略选择、代表以及群体边界问题可能会发生斗争。这些斗争将对运动如何演化产生一定影响，同时，作为一个研究领域也需要把它们进一步概念化。

当然，政治机会结构观也受到一些批评，这是因为它过分强调作为因果变量的制度的政治语境，而弱化或许已经对机会的形成做出贡献的其他因素的重要性。应当看到，机会和抑制并不是简单地出现在你面前。机会在发挥作用之前，它们首先必须被感知到，但如何被感知和传播，这就需要"架构"（Framing）。

许多社会运动的研究者一致认为，政治机会观一旦与"架构"文献中形成的洞见整合在一起，这些问题在某种程度上就可以避免。[②] 在近年来的社会科学研究中，架构视角越来越受到人们的重视。各种研究中，在最普遍的意义上，"架构"术语一直被用来表达解释的框架。"所谓'架构'（framing），是指人们对世界中的人、事、物进行组织的一种方式，这种组织方式往往突出人、事、物的某一方面而有意无意地忽视其他方面。架构是政治家、社会运动组织者、规范创导者、媒体等行为体出于某种目的——为了操纵舆论或主动帮助人们理解世界某种事物——而经常采取的一种方式。"[③] 其实，架构视角很早以前就出现在社会心理学和人类学的研

---

① Boussetta, H., "Immigration, Post – Immigration Politics and the Political Mobilisation of Ethnic Minorities. A Comparative Case – Study of Moroccans in Four European Cities", *Unpublished Doctoral Dissertation*, KU Brussel, 2001, pp. 19 – 20.

② McAdam, D., J. D. McCarthy and M. N. Zald (eds.), *Comparative Perspectives on Social Movements: Political Opportunities, Mobilizing Structures and Cultural Framings* (Cambridge: Cambridge University Press), 1996.

③ 曾向红：《美国对埃及的应对效应——基于架构视角的考察》，《国际安全研究》2013 年第3 期，第52～74 页。

究领域，20 世纪 70 年代由美国著名社会学家欧文·戈夫曼（Erving Goffman）将其运用到组织行为的研究中，作为一种新的研究视角开始在社会科学的研究中得到广泛运用并提出自己的定义。

Goffman 提出"架构分析"概念（Frame Analysis）①，并用"基本框架"（Primary Framework）表示他称之为"概念结构"的东西，用以归纳和组织各种解释。这一概念很快成为热衷于社会运动的学者们灵感的重要来源。② 相对而言，这些学者把注意力从作为纯粹认知的"架构"离开，开始集中研究作为动员一部分的组织和集体过程内的"蓄意架构"（Deliberate Framing）的影响力。③ 这样看来，"架构"不仅承担了 Goffman 所谓的解释功能，它也成为运动领袖的发明创造，目的很明确，就是为了动员潜在支持者和组成者，争取旁观者的拥护，消解反对者。④

总之，社会运动的学者已经对"架构"表现出盎然兴趣。如果我们把这个概念理解为运动行为主体向被动员者传播他们对社会现实的理解方式，就会明白社会运动学者为什么使用这个概念。不同学者关注"架构过程"（Framing Process）的方面不同。一些人强调个体对架构过程的控制。这方面的研究聚焦于行为主体积极给社会事实赋予意义、促进对现实的理解，以及有意识地选择某种动员框架的能力。他们把"架构"定义为"群体们为了塑造对世界和对自己的共同的理解而采取的自觉的策略行动，以激励集体行动并使之合法化"。⑤ 还有一些人强调架构过程并不是空中楼阁，架构总是协商的结果，并在一定程度上由复杂的、跨组织的、跨制度的环境

① Goffman, E., *Frame Analysis: An Essay on the Organization of Experience* (Harmondsworth: Penguin Books, 1975).
② McAdam, D., J. D. McCarthy and M. N. Zald (eds.), *Comparative Perspectives on Social Movements: Political Opportunities, Mobilizing Structures and Cultural Framings* (Cambridge: Cambridge University Press), 1996.
③ Johnston, H., "A Methodology for Frame Analysis: From Discourse to Cognitive Schemata", *Social Movements and Cultures*, ed. H. Johnston and B. Klandermans (London: UCL Press, 1995), p. 217.
④ Snow, D. A. and R. D. Benford, "Ideology, Frame Resonance, and Participant Mobilization", *International Sociological Movement Research*, 1998, 1, p. 198.
⑤ McAdam, D., J. D. McCarthy and M. N. Zald (eds.), *Comparative Perspectives on Social Movements: Political Opportunities, Mobilizing Structures and Cultural Framings* (Cambridge: Cambridge University Press), 1996, p. 6.

所塑造。① 在他们看来，研究不应该抛弃这一事实。这些作者强调架构扩散（如何扩散）和架构共鸣（架构如何起作用）受文化和政治环境的影响。如此，罗伯特·本福特（Robert D. Benford）和大卫·斯诺（David A. Snow）把"架构"定义为运动行为主体把动员和反动员的思想和意义进行创造和扩散，是一个被文化语境和政治语境推动和抑制的过程，包括权力精英的架构或反架构。② 在这个意义上，"架构"概念既为检验族群认同建构中的选择要素（有意架构的使用），也为认定要素（反动员架构的出台或既定语境中架构的反应能力或反应无能）创造了机会。

"架构"概念为族群动员研究做出了贡献。关于运动认同，可以说这类认同是通过"架构"创造的。选区在经过认同架构而被定义之前，它实际上是不存在的。③ 认同框架是少数族群动员过程的核心，当然在动员过程中其他相关框架也有可能被使用。实际上，这正像 Benford 和 Snow 等社会运动学者认为的，不同类型的架构过程有助于塑造社会运动并对其产生影响。在他们看来，任何运动都有一系列的核心架构任务：诊断式架构（问题甄别和归类）、处方式架构（如何解决问题的观点），以及激励式架构（为行动提供理论）。④

三 族群动员的不同结果

为什么某些形式的族群动员会出现极化和冲突，而有些则依然保持温和态势并维系在已有的国家体系范畴之内？不同的理论有不同的解释。一种观点认为，民主化对族群冲突的发生负有绝对的责任。例如政治学家迈克尔·曼（Michael Mann）通过对 20 世纪民主化国家的一项历史研究发现，谋杀式的族群清洗是民主时代的危害，因为在多族群环境里，由人民统治

① Benford, R. D. and D. A. Snow, "Framing Processes and Social Movements: An Overview and Assessment", *Annual Review of Sociology*, 2000, 26, pp. 611–639.
② Benford, R. D. and D. A. Snow, "Framing Processes and Social Movements: An Overview and Assessment", *Annual Review of Sociology*, 2000, 26, pp. 611–639.
③ Jenson, J., "Social Movement Naming Practices and the Political Opportunity Structure", *Working paper*, Instituto Juan March de Estudios e Investigaciones, Madrid. 1998, p. 5.
④ Benford, R. D. and D. A. Snow, "Framing Processes and Social Movements: An Overview and Assessment", *Annual Review of Sociology*, 2000, 26, pp. 611–639.

的理想开始把公民与占人口多数的族群纠缠在一起，带来民族与国家的有机概念，而民族国家概念在理论意义上则是对内部少数族群的清洗。[①] 保罗·科利尔（Paul Collier）2009 年的著作似乎给出相同观点的当代证据。他通过分析当代内战，提出在世界最危险的国度实施选举与和平方案可能不会带来长久的和平，而更多的是冲突，如果民主的错误特质在这些地方得以推广的话。尤其是民主引入"少数人"和"多数人"概念，而一旦对代表没有确切地检验与平衡，没有选对合适的代表方法，如此"多与少"的划分将很快在多数人与少数人之间种下仇恨的种子。当这些"多数人"与"少数人"被以族群特征定义时，族群战争就很可能为期不远了。在有关印度族群骚乱的研究中，埃束托实·瓦施尼（Ashutosh Varshney）发现民主态度——尤其是更多地参与公民生活——是族群冲突有效的预防机制。[②] 因而，尽管民主作为一种制度性的体制可能会带来族群暴力的发生，但培育民主态度或许是规避暴力冲突的较好方式。Varshney 以印度教徒和穆斯林城市社区为例，认为在整个社区边界内发挥作用的公民参与网络（其形式有商业组织、工会、政党以及其他专业团体）是控制族群冲突爆发的关键因素。

　　尽管在没有民主价值传统的国家突兀地引入民主体制可能会成为引发族群冲突的因素，但如果把关于这类主题的文献进一步扩大，那么一系列其他因素就会走进分析的视野。这就是笔者要说的另一个观点，即没有单一因素可以解释为什么平衡木会向冲突一端倾斜。这是当前大多数学者的判断。他们不再一门心思地专注于民主化的研究，而是转向寻找一系列因素的互动，诸如制度语境、政治气候、某些特征，以及参与其中的政治角色的利益等。例如卡尔·科德尔（Karl Cordell）和斯蒂芬·沃尔夫（Stefan Wolff）的分析框架认为，动机、手段与机会这三个因素之间的相互作用具有重要意义。[③] 如果这三个因素具备了，而且其中两个因素与行动者具有相

[①] Mann, M., *The Dark Side of Democracy*: *Explaining Ethnic Cleansing* (Cambridge: Cambridge University Press, 2005).

[②] Varshney, A., *Ethnic Conflict and Civic Life*: *Hindus and Muslims in India* (New Haven and London: Yale University Press, 2003).

[③] Cordell, K. & S. Wolff, *Ethnic Conflict*: *Causes*, *Consequences*, *Responses* (Cambridge: Polity, 2010), p. 44.

关性（手段与动机），一个因素在相当程度上属于语境类的条件，则族群冲突爆发的机会就出现了。

实际上，在这一分析框架下研读族群冲突的理论文献可能会更有收获。很明显，通过这种分析，发现一些研究者倾向于强调与行动者关联的因素，其他研究者则坚持与环境相关的因素具有重要的影响。在那些继续强调语境的学者中，一些人认为一旦权力出现真空或一个族群害怕权力被剥夺时，族群诉求更有可能极化；还有一些人认为精英对冲突负有更多的责任。例如精英竞争理论考察权力拥有者和族群领袖的动机。这些理论提出，变化的出现是由于动员起来的精英之间动机的变化。理性选择方法则建立在这类分析的基础之上。艾睿·珍妮（Erin Jenne）在调查和比较中欧和东南欧族群动员中的一系列不同事件后，提出我们需要一种理论来解释由于行动者之间的讨价还价而产生的族群动员的结果差异。① 她的族群谈判模式（Ethnic Bargaining Model）主要强调公认的少数民族代表、国家制度、外部游说团体之间的讨价还价。通过分析这些行动者在谈判游戏中是如何相互关联的，就可以更为准确地预知何时以及为什么少数族群动员者会把他们的诉求极化。

族群冲突具有多维性，它的出现不是单一因素所致，恰恰是由于若干不同因素的相互作用，引发了族群动员向族群暴力冲突演变。对这一假设的共识尽管日益增多，但究竟什么元素才能归入明确的致因清单之列，这一点并没有取得共识。社会科学家在拿出这样一个清单之前，毫无疑问还需要做更多的实证研究。此外，如果要做这样的尝试，必须按重要性的先后次序给出一个严肃的清单，还有必要在经常被人们随意称之为"族群冲突"的具体案例中洞察业已存在的元素分类。族群冲突是一个非常多面的现象，复杂而多维。它不仅包括一股脑随机出现的单个事件，还包括一系列不同类型的行动、过程和事件。因此，简单而草率的结论不但无助于解决问题，反而会带来更多的问题。

四 族群政治动员的对象和目标

这一领域的大多数学者都同意族群政治和民族主义政治之间存在差异。

---

① Jenne, E., *Ethnic Bargaining: The Paradox of Minority Empowerment* (Ithaka and London: Cornell University Press, 2007).

例如，詹姆斯·克拉斯（James Kellas）指出民族主义的核心是民族（国家）自决或者民族（国家）区域内的自我统治。相比之下，族群政治大多和一个当下国家的内部群体成员的权利保障密切相关，而并不宣称某一地域是其故土或者祖国。[①] 提摩西·弗瑞（Timothy M. Frye）也提到，一个族群或许有民族主义情感，抑或没有，也就是说，他们可能寻求在特定土地上建立自己的民族——国家，也有可能不想这样做。民族感具有地域特征，而没有族群特征，因为旅居海外的某一族群的成员，除了对自己原来的国家具有依恋感外，与在祖国的同一族群仍享有共同的认同感。但是，在所有这些差异何时得以克服以及是否可以克服、族群政治与民族主义政治是否会相互重叠等问题上，学界无法达成一致。

笔者认为，虽然族群政治和民族主义政治存在不同，但如果一个族群的政治目标与民族主义的政治对象重合在一起，这些不同是可以克服的。换句话说，一个族群只有在他们的政治议程取决于族裔民族自决和在他们相应的故土上建立自己的民族国家时，才会表现出自己的民族主义情感。这一解释可以在 Gurr 的理论中找到支持。他把族裔民族主义群体定义为"政治化的人民大群体"（Large Politicized Groups of People），他们聚居在一起，具有共同的语言和族群特征，且有要求政治自治或者独立建国的历史。[②]

如果我们把族裔民族主义理解为族群政治的一种类型，即一个族群开展自决运动（要求政治自治或者在自己的故土上建国），那么很明显，族群政治运动可以被分为不同的类型。在《风险中的少数民族》（*Minorities at Risk*）一书中，Gurr 描述了族群政治运动的各种类型，这些运动在当今世界仍然活跃。他的研究原本目的是为了探求文化的、经济的以及政治的因素是否决定着族群之间的相互区分，但是，通过分析群体的不平等，他开发了一套族群冲突潜在的早期预警系统。这样一来，国家、国际组织、非政府组织就可以预先采取措施，避免冲突的发生。

Gurr 用"非国家社群"（Non – State Communal Groups）来指称那些具有

---

① James G. Kellas, *The Politics of Nationalism and Ethnicity*（New York：St Martin's Press, 1991），p. 6

② Gurr, *Minorities at Risk*.

共同语言、族群特征、居住地以及历史，但不必然地构成民族或国家的人民（Peoples）。因此，社群是文化的、心理的存在，而不是界限分明的政治团体。① 政治上突出的社群是那些受难于或受益于制度性歧视的社群，或者那些从事政治动员以提高自己认定的利益的社群。Gurr 又进一步把政治化的社群划分为"民族群体"（National Peoples）和"少数人群体"（Minority Peoples）。"民族群体"可以是族裔民族主义群体，即那些曾经有过有组织的政治自治和分离运动历史、地理上聚居的规模较大的人民；也可以是原住民，即那些在自己祖先的土地上生活的被征服的子孙们。"少数人群体"由以下三部分构成：①族裔阶级，通常是那些社会地位低下但具有明显族裔特征的人们。②军事派别或者宗教信仰捍卫者群体。③社群竞争者，或者那些渴望分享国家权力，具有明显文化特征的群体。与其他群体相比，社群竞争者也许具有一定优势，因而代表了占优势的少数人；他们也许处于劣势，遭受各种各样的歧视，因而被迫卷入族群斗争。

Gurr 研究了 1945~1989 年的 324 个社群，其中 2/3 是"民族群体"，包括 81 个族裔民族主义群体（例如克罗地亚人、魁北克人等），83 个原住民群体（例如美国原住民、澳大利亚原住民等）；45 个族裔阶级，他们分别是分布在北美、拉丁美洲的非裔美国人，分布在法国的穆斯林，以及分布在日本的朝鲜人等；49 个军事派，他们中绝大多数是穆斯林少数人群体，比如德国的土耳其人，泰国的马来人等；25 个所谓的"优势少数人"（Advantaged Minorities），例如布隆迪的图西人，伊拉克的逊尼派穆斯林；41 个劣势社群竞争者，比如撒哈拉以南地区的诸多部落群体等。

为了评估这些群体的劣势在何种程度上是由于精心设计的社会政策和社会习惯造成的，Gurr 在群际差异和公然歧视之间做出了区分。在一个比较大的社会里，差异是用来区分此群和彼群的那些特征。文化差异通常以六个具有重要社会意义的元素进行衡量：族属、语言、宗教、习俗、起源，以及居住（乡村或城镇）；政治差异则主要体现为社群之间在权利和公共服务的分享、征兵和警察选拔、选举权、结社权，以及平等而合法地受保护的权利等方面存在哪些差异；经济差异通常表现在收入分配、土地及其他

---

① Gurr, *Minorities at Risk*, p. 10.

财产方面的不平等，以及在受教育、商业机会、专业领域和政府公职等方面的不平等。Gurr 基于自己建立的跨国数据库，得出结论认为，通常对于精英们来说，赋予弱势群体以政治权利和使其享有某些权利，比减少经济不平等更容易。①

在刻意的社会实践和精英政策的基础上，文化的、政治的和经济的差异就有可能出现并得以强化。因而，当今世界上一些经济的和政治的不平等是恶意的或忽视性的社会实践长期存在的累积后果。其他因素虽然跟刻意的行为丝毫没有关系，但当那些被孤立而处于现代社会边缘的群体被迫（通常是违背自己意愿）跟那些比自己更强大、技术更娴熟的群体接触时，这些因素就会变得很突出。②

衡量经济歧视一般有两个维度：一是对某一群体产生影响的重要的物质不平等（包括自然资源、设施、财产等）；二是对这些不平等负有责任的政策。同样，政治歧视可以表现为在某些领域里代表的严重不足，包括政治参与、在某些领域拥有的职位以及排斥性的政策等。

除了族群差异和歧视以外，一个社会里少数人群体还受到 Gurr 所谓的人口和生态压力的影响。人口压力的状况和严重程度可以通过以下条件进行评估：较高的人口出生率、较高比例的年轻人口、较差的公共卫生条件。生态压力的状况和严重性也可以通过以下条件进行评估：与其他群体共同竞争未开发而行将开发的土地或者居住地、其他群体剥夺自己拥有的土地而对自己的再安置认为具有损害性。移民通常用城乡之间大规模的人口迁移、大规模的海外移民以及大量的海外同族群体的流入（例如难民）等指标进行衡量。

过去，在一些先进的工业化国家，人口压力非常明显，在某种程度上，这是少数族裔阶层高出生率和糟糕的公共卫生的结果。生态压力在亚洲和拉丁美洲最为严重，那里原住民的土地和资源被认为受到了主体族群扩张的威胁。而移民现象则在受饥饿和战争困扰的地区比较普遍，例如苏丹和埃塞俄比亚。

---

① Gurr, *Minorities at Risk*, p. 42.
② Gurr, *Minorities at Risk*, p. 42.

Gurr 并没有发现差异和歧视之间具有强烈的相关性，而通过对比，发现政治差异和经济差异之间具有相关性，即一个社会群体的政治地位可能与其经济地位接近。在某种程度上，文化差异或许可以解释某一特定少数民族群体政治和经济地位的不平等，尤其是巨大的文化差异比缺少赋权[①]更可以解释少数民族贫困问题[②]。但是他也强调忽视性的政策和刻意的排斥对当今不平等的持续存在负有很大责任。[③]

Gurr 研究的最后一个问题与我们这里的讨论相关，即少数族裔群体承受的客观劣势与他们的政治要求之间的张力联系。如果处于劣势的群体已经成为长期以来被故意歧视的牺牲品，如果他们在自我防卫领域已经动员起来，认为自己所遭受的损害是主体族群造成并要求补偿，但他们的诉求屡屡不能如愿，这似乎成为分离主义付诸实践的典型案例。

然而，Gurr 的实证数据显示了群体要求的不同模式。原住民和族裔阶层两者都遭遇了严重的经济劣势，因此，他们不满经济权利的表现最为突出。军人集团更多的时候是要求社会权利。而族裔民族主义者则经常提出政治自治的要求。这些自治要求五花八门，极其分散，因而 Gurr 认为几乎所有自治要求的共同特点是"我们曾管理过自己的事情"的历史事实和信仰。[④] 但是，关于分离主义研究的最大发现就是任何一种歧视的严重性与分离主义情感的强烈性之间并不存在全球性的或者区域性的关联。[⑤] Gurr 得出结论，认为全球的证据表明：两种不同的动力驱使当代少数族裔群体产生政治不满，即政治的和经济的劣势促使各类族群要求更多地参与政治体制和分享更多的经济机会，尽管政治自治的历史导致某些群体进行分离尝试。[⑥]

总之，悠久的族群历史和明显的族群地位可以强化一个群体对自己

---

① 赋权乃是个人、组织与社区借由一种学习、参与、合作等过程或机制，获得掌控与自己本身相关事务的力量，以提升个人生活、组织功能与社区生活质量。因此，赋权是一个范围较广泛的过程，其中含有"公民参与"（Citizen Participation）、"协同合作"（Collaboration）、"社区意识"（Sense of Community）等概念。

② Gurr, *Minorities at Risk*, p. 58.

③ Gurr, *Minorities at Risk*, p. 59.

④ Gurr, *Minorities at Risk*, p. 76.

⑤ Gurr, *Minorities at Risk*, p. 79.

⑥ Gurr, *Minorities at Risk*, p. 86.

的不满具有合法性的认知，并在此基础上付诸行动。需要特别指出的是，群体认同的高度及内聚力的增强程度影响一个群体的动员潜力，再加上主体族群实施高压控制，这些形成 Gurr 对少数民族为什么会反叛的回答：

> 一个群体越具有族群或者民族特征，不平等或者劣势的因素在激发分离主义过程中所起到的作用就越处于次要第位（或者换句话说，不平等对于必然引发分离的程度就越低）。反过来，一个群体越缺少族群或者民族认同的诱惑，不平等所起到的作用就越具有决定性。大多数分离主义运动遵循上述两个假设中的一个。①

唐纳德·霍洛维兹（Donald Horowitz）的研究发现：那些在教育和职业获得方面表现较差，或者被刻板地定义为非成就导向的落后群体，与那些其成员大部分在机关、专业以及商业领域就业且收入也高于平均水平的先进群体之间存在明显的不同，于是他得出群体构成与分离偏好两者之间的不同联系。落后群体倾向于用一些与人口相关的比例概念的偏差来测量自己的劣势；先进群体则利用与价值相关的比例概念来衡量歧视带来的剥夺。② 另外，他通过增加额外的序列差异聚类变量（涵盖从落后地区到先进地区），得出结论：迄今，落后地区的落后群体在分离主义者中的数量最大，但是他们在维护国家完整中所占的份额不大。③ 这样的群体包括菲律宾的摩罗斯人（Moros）、印度的那加人（Nagas）、缅甸的克伦人（Karens）等。Horowitz 的研究与 Gurr 的发现不谋而合：在出现频率最高、最早熟的分离主义者中，即落后地区的落后群体中，经济损益所起的作用最小，而族群焦虑的作用最大。④ 用我们的话说，即人们并不沉醉于当下利益之获得，他们总是避免不了地预期未来。

劳夫·普瑞马达斯（Ralph Premadas）也强调导致族裔分离主义运动的文化作用。分离可能源于若干基本原因，这些原因有的具备事实基础，有

---

① Heraclides, *The Self – determination of Minorities in International Politics*, p. 19.
② Horowitz, *Ethnic Groups in Conflict*, p. 259.
③ Horowitz, *Ethnic Groups in Conflict*, p. 236.
④ Horowitz, *Ethnic Groups in Conflict*, p. 259.

的则基于神化和想象，有些恰恰指向定义群体认同的深刻的社会差别。[1] 这些原生性的根本原因包括语言、宗教信仰、种族、价值、文化、地域或者故土。[2] 第二性的因素则是制造出来的，它指政治经济差异、群体近期经历过的歧视，例如被忽视、被剥削、被占领、内部殖民主义、压制与歧视，以及被迫合并等[3]。Premadas 认为，仅仅靠原生的和第二性的因素并不能自动地把一个族群运动变成一个分离主义运动。

如果使一个族群政治运动变成一个分离主义运动，需要把原生性的元素转变成一种集体意识。这时，一个族群开始有意识地把自己看成一个具有独特的语言、种族、宗教或者区域特点的群体，并且认为第二性的某个因素构成对自己的威胁。[4] 安托尼·博西（Anthony Birch）同样关注文化作为潜伏在族裔分离主义运动下的一个常因。[5] 但是他也强调历史变量在族群政治化以及族裔分离主义运动出现过程中的激励作用。

并非所有的学者都赞同对分离主义的文化解释。例如，政治学者杜奇科（Ivo Duchacek）则强调分离主义的地域因素，尤其是当分离主义者几乎并不与族群、宗教或者社群相关联的时候。他认为这类分离主义运动既是意识形态的又是地域的，问题不是哪一个群体的政策在国家中占上风，恰恰是地域社会的概念至关重要。国家已经分裂为两个或者更多的群体，其中某一个群体渴望分道扬镳，各走各路，或者至少争取在获得的地域上实

---

① Ralph Premadas, "Secessionist Mivements in Comparative Perspective", Premadas, S. W. R. de A. Samarasinghe, and Alan B. Anderson, eds., *Secessionist Movements in Comparative Perspective* (New York: St. Martin's Press, 1990), p. 22.

② Ralph Premadas, "Secessionist Mivements in Comparative Perspective", Premadas, S. W. R. de A. Samarasinghe, and Alan B. Anderson, eds., *Secessionist Movements in Comparative Perspective* (New York: St. Martin's Press, 1990), p. 22.

③ Ralph Premadas, "Secessionist Mivements in Comparative Perspective", Premadas, S. W. R. de A. Samarasinghe, and Alan B. Anderson, eds., *Secessionist Movements in Comparative Perspective* (New York: St. Martin's Press, 1990), p. 22.

④ Ralph Premadas, "Secessionist Mivements in Comparative Perspective", Premadas, S. W. R. de A. Samarasinghe, and Alan B. Anderson, eds., *Secessionist Movements in Comparative Perspective* (New York: St. Martin's Press, 1990), pp. 22 – 23.

⑤ Anthony H. Birch, *Nationalism and National Integration* (London: Hyman, 1989), p. 69; Anthony H. Birch, "Minority Nationalist Movements and Theories of Political Integration", *World Politics*, 30, 3, April 1978, pp. 325 – 344.

现高度自治。① 对于 Duchacek 说，一个群体在地理上跟中央疏远不仅导致分离主义情绪的产生，而且也提高了对一个新的地域社会（一个自治省或者一个主权国家）满足感的期望值，而他们所期待的东西恰恰是当下地方当局已经拒绝或者已经证明不能做的事情。② 一个地域群体之所以不满并寻求新的地域政治安排，其最常见的原因就是他们认为自己被压制、被忽视、受到不公正待遇……或者简单地说就是中央政府与地域群体之间出现日益增长的利益分歧。③

研究民族理论的政治科学家和跨学科的专家们长期以来一直在思考关于分离的问题，而经济学家则在很大程度上忽视了这个议题。一篇发表于1995 年的论文对此感到困惑：虽然自由贸易和现代技术与经济的联系比以往任何时候都密切，但政治敏感似乎看起来正朝着相反的方向前进。④1990 ~ 1994 年成立了 20 个新国家，很显然政治独立的愿望超过了苏东国家的解体，但却没有任何研究说明对于一个国家来说究竟多么大的规模在经济上才是最适宜的。对于国际体系来说，问题是：仅仅几个大国存在就足矣，还是需要建立越来越多的小国家？哪一个选择更具有较好的经济意义？

哈佛大学的政治经济学教授艾尔波托·艾莱斯那（Alberto Alesina）和布朗大学的政治经济学教授恩瑞科·斯波勒亚（Enrico Spolaore）尝试回答了这些问题。他们认为那些生活在一起比较密切的人们，对于政府作用以及应该怎样花钱通常拥有相似的观点。⑤ 在一些比较大的国家中，由于相互之间居住遥远，人们对政府的偏好也表现出差异性。尤其是在民主体制国家，如果一个人口占多数的族群控制着国家政权，那么居住在偏远地区的

---

① Ivo D. Duchacek, *Comparative Federalism*：*The Territorial Dimension of Politics*（Lanham, MD：University Press of America, 1987）, p. 67.

② Ivo D. Duchacek, *Comparative Federalism*：*The Territorial Dimension of Politics*（Lanham, MD：University Press of America, 1987）, p. 67.

③ Ivo D. Duchacek, *Comparative Federalism*：*The Territorial Dimension of Politics*（Lanham, MD：University Press of America, 1987）, p. 67.

④ "A Wealth of Nations", *The Economist*, April 29, 1995, p. 90.

⑤ Alberto Alesina and Enrico Spolaore, "On the Number and Size of Nations", （Cambridge, MA：National Bureau of Economic Research, Working Paper No. 5050, 1995）. Cited in "A Wealth of Nations," *The Economist*, April 29, 1995, p. 90.

少数族群就有理由建立他们自己的政府。这样下去，由于世界变得越来越民主，它将分裂为若干比较小的政治区域。实际上，从经济效率的总体观点来看，世界也许会分裂成许多较小的国家。[1]

Alesina 和 Spolaore 认为，民主化趋势和国际经济整合为那些仍然在当下国家内的地区寻求分离提供了激励。关贸总协定（GATT）早期，那时候国家之间的贸易壁垒还很森严，这使得一个区域的经济意义仍然停留在一个大国的范畴，因为它拥有一个比较大的市场。但是随着倡导自由贸易的世界贸易组织（World Trade Organization）框架于 1995 年建立，小地区有希望成为政治上独立、经济上相互依赖的单元。仅就欧洲市场来说，它刺激了西班牙的加泰罗尼亚人（Catalans）、英国的苏格兰人（Scots）、意大利的北方联盟（The Northern League）要求政治自治。两位经济学家最后得出结论，政治民主化和经济全球化所造成的独立国家可能会越来越多，而不会越来越少。我们也许可以再加上一句：20 世纪 90 年代早期以来，即冷战结束以来给国际政治带来很大影响的民族主义和分离主义浪潮部分地也是这样一个经济数学逻辑的结果。[2]

美国著名的经济学家和社会学家加里·贝克尔（Gary Becker）也得出相同的结论。他指出：二战以后国际贸易的快速增长（平均每年增长率为5% ~ 10%）已经大大降低了独立的经济成本。他认为国家的经济繁荣不再依赖于拥有庞大的国内经济。相反，在今天的国际经济里，小国家倒是具有四个独特的优势：第一，鉴于经济效率的若干原因，为了在国际上竞争市场，小国家的经济集中在几个产品和服务，从而形成专长于某些领域的生产和服务，而这些领域通常很小很独特，大国难以填补。第二，小经济体内部更具有同质性，因此不太可能成为特殊利益群体之间较大规模冲突的牺牲品。第三，小国家生产的商品和服务受贸易配额和其他限制的机会比较少，因为其数量和规模通常不足以影响大国的制造商。第四，小国更有可能被吸纳成为经济集团和联盟的成员，例如欧盟，因为其产品不会对

---

[1] "A Wealth of Nations", *The Economist*, April 29, 1995, p. 90.

[2] 关于这个问题，亦可参考 Sabrina P. Ramet, "Profit Motives in Secession", *Society*, 35, 5, July – August 1998, pp. 26 – 29; Deirdre McMurdy, "Politics for Profit", *Maclean's*, 2 October 1995, p. 41。

已有成员国构成威胁。①

Becker 进一步分析,像中国香港、新加坡、摩纳哥,以及毛里求斯等,这些小经济体成功的故事使世界诸多地方的族裔民族主义者和分离主义者欢欣鼓舞。他们得出如此结论,即通过成立独立的国家,为世界经济提供某些专门的商品和服务,他们可以把经济搞得更好。② 斯洛文尼亚和爱沙尼亚就是小国成功的案例。"在当代世界,经济体之间通过国际贸易相互联结,小也可以成为劳动划分的一种资产,民族主义刚好搭上世界贸易的快车朝建立新的民族国家进军。"③

从本章论及的许多研究及发现中,可以得出一个合乎逻辑的结论,即当今世界出现了越来越多的族裔民族主义群体,正因为他们数量可观,就容易提出从当下国家中分离出来的要求,一旦认为条件适宜,就"抓住机遇"不时付诸行动。出人意料的是,从总体来看,发出独立的诉求人并不是那些"地球上受苦的人"④,即那些遭受西方统治、文化侵略和种族歧视而默默无言的受害者,而是那些身处相对剥夺境遇的协约民族(Compact Nations)。因此,关于族裔民族主义最有可能在哪里形成的问题,我们在得出任何结论之前都应该十分谨慎。

第五节 冷战后时代族群冲突加剧的解释

20 世纪末期,我们见证了冷战结束,也目睹了南斯拉夫和苏联的解体、中东欧地区及部分非洲、亚洲和拉丁美洲国家的转轨,与此同时,这些地区的许多国家也爆发了诸多族群暴力冲突,包括车臣、纳戈尔诺和卡拉巴

---

① Gary S. Becker, "Why So Many Mice are Roaring", *Business Week*, November 7, 1994, p. 20.

② Gary S. Becker, "Why So Many Mice are Roaring", *Business Week*, November 7, 1994, p. 20.

③ Gary S. Becker, "Why So Many Mice are Roaring", *Business Week*, November 7, 1994, p. 20.

④ 法农(Frantz Fanon, 1925~1961 年),诗人、人道主义者和现代思想家,著有《地球上受苦的人》(*The Wretched of the Earth*, New York: Grove Press, 1965)。在此书中,他对非洲民族资本主义剥削非洲民族无产阶级和农民,而成为寄生的阶级进行了尖锐的批判,并对殖民主义和遭受殖民统治的民族及其文化所产生的影响进行了分析。这里借用法农(Frantz Fanon)的 "the Wretched of the Earth" 术语,代表所有遭受西方统治、文化侵略和种族歧视而默默无言的受害者。

赫（简称纳卡地区）、波斯尼亚和黑塞哥维那（简称波黑地区）、科索沃、苏丹、索马里、卢旺达、布隆迪、刚果、塞拉利昂、印度尼西亚、克什米尔、阿富汗等。20世纪80年代晚期和20世纪90年代爆发的这些冲突及其进入21世纪的余波，究竟什么因素可以为此解释？学术界对这些问题的争论众说纷纭，但如果做细致研究，便可以大致得出以下几种认知和解释。

一 族群冲突：古老的历史仇恨

对族群暴力冲突的解释之一就是古老的仇恨。这一解释主要归功于新闻记者的创造，他们观察欧洲、非洲、亚洲的各类冲突和战争，由近及远，由今溯古，寻找历时性的因果链条。这一解释的核心的观点是：参与蓄意谋杀战争的族群之间具有长期的冲突历史。历史上，强大的中央权威使用奖赏和制裁等手段，极力维护群体之间脆弱的和谐关系，因而族群之间也曾有过相对和平的时期。但令人遗憾的是，一旦中央权威弱化，族群之间的关系就会出现敌对和暴力。例如在传统社会主义下的南斯拉夫，短时期内族群之间的平衡关系一直在铁托强有力的统治和个人魅力感召下得以调控。然而，当中央权力本身变得软弱以至于在20世纪90年代早期崩溃时，塞尔维亚人、克罗地亚人、斯洛文尼亚人、科索沃人、马其顿人、波斯尼亚人、穆斯林、黑山人等族群就重拾起了新一轮的暴力手段。

对古老仇恨解释的论证之一，是随着两极超级霸权斗争的结束，超霸们逐渐从对遥远地方的代价高昂的"责任"中抽身而去，因为这些地方不会立即影响自己的国家利益。因此，过去的族群仇恨再次浮现，过去的旧账还要重算。这一论证的前提是冷战期间超级霸权之间的两极政治冲淡或遏制了族群冲突。同时不幸的是，两个超级大国通过拉拢支持对方的敌对族群来搞对抗，从而埋下危险而又更复杂的火种。一般来说，超霸们会抽身于内部族群冲突之外，除非他们认为干预的成本和风险在比较低的合理范围内。[①] 霸权能够扼制族群冲突的另外一个原因是全球两极联盟体系结构的形成。每一个超级大国牢牢控制着其成员国。国内政治角色的重点和行

---

① Frederick L. Shiels, *Ethnic Separatism and World Politics* (Lanham, MD: University Press of America, 1984), p. 11.

为被超级大国的竞争所湮没。冷战结束，诸如此类的因素走向前台，致使世界许多地方出现了经常令人吃惊的不稳定。在中东、南亚和中亚、非洲以及欧洲的部分地区，各种类型的国内冲突重新登上历史舞台，至今持续不断。

这里举阿富汗这个令世人纠结多年的例子。随着苏联支持的纳吉布拉（Mohammad Najibullah）政府（1987 年 9 月 30 日~1992 年 4 月 16 日）的倒台以及苏联本身的解体，阿富汗实际上分裂成若干个半自治的地区，成为20 世纪 90 年代早期南亚和中亚地区潜在的不稳定的来源。[①] 权力真空诱使地区大国比如巴基斯坦、沙特阿拉伯及伊朗等国家利用阿富汗族群和宗教的分裂状态在该地区扩大各自的影响。伊朗支持非普什图（Pashtun，也称帕坦人）少数民族，即使这些群体中的许多人并不是什叶派穆斯林，而普什图原教旨主义圣战者则接受来自巴基斯坦和沙特阿拉伯的支持。[②] 与此同时，北方的塔吉克人继续得到俄罗斯的援助。[③] 因此，族际关系的不稳定、分裂以及暴力为宗教激进主义意识形态及其穆斯林圣战者的快速增长创造了条件。从 20 世纪 90 年代早期开始，在阿富汗受训的伊斯兰战士开始加入这一地区（例如克什米尔、塔吉克斯坦）甚至更远地区（例如阿尔及利亚、埃及、也门、车臣）的反叛力量[④]，阿富汗很快变成另外一个版本的黎巴嫩，而且还要大得多。1997 年塔利班掌权以前，政府的软弱不仅造成纷争，而且面对国内各种武装力量的斗争也无法维护自己的权力。同时，作为一个半瘫痪的国家，当时的阿富汗还成为毒品走私、非法武器贸易、地区反

---

① 关于阿富汗政治混乱的状况，参考 Salamat Ali, "Uneasy Truce." *Far Eastern Economic Review*, September 17, 1992, p. 30, and "Pound of Flesh", *Far Eastern Economic Review*, August 6, 1992; Jayanta Bhattacharya, "Killing Field", *Sunday*, September 13 – 19, 1992, pp. 52 – 53; Edward A. Gargan, "Afghanistan, Always Risen, Is Breaking Into Ethnic Parts", *The New York Times*, January 17, 1993; "Leaders of Afghan Factions Seem Closer to Peace", *The New York Times*, March 4, 1993。

② Ahmed Rashid, "Pulls and Pressures: President's Peace Offer Marred by Ethnic Violence", *Far Eastern Economic Review*, April 2, 1992, p. 18.

③ Raymond C. Taras and Rajat Ganguly, *Understanding Ethnic Conflict: the International Dimension*, 2nd ed. (New York: Longman, 2002), p. 26.

④ P. S. Suryanarayana, "Afghan Support to Pak. in the Event of War", *The Hindu*, International Edition, October 15, 1994, p. 3; and Chris Hedges, "Many Islamic Militants Trained in Afghan War", *The New York Times*, March 28, 1993.

叛的乐园,其影响至今尚未消除。

中亚政治也成为冷战结束后相关问题丛生的典型。在这一地区,伊斯兰情感的崛起和国外势力争夺影响力的角逐在乌兹别克斯坦和塔吉克斯坦表现得尤为明显。历史上塔吉克斯坦的伊斯兰文化就非常发达,独立前后伊斯兰教的影响迅速扩大。清真寺在 1989 年为 79 座,到 1992 年已猛增至 2870 座。乌兹别克斯坦受沙特阿拉伯资助,仅在费尔干纳山谷就建造了 600 多个清真寺。[①] 伊朗,这个讲波斯语的塔吉克斯坦的邻居,在长期内战中投入大量金钱支持伊斯兰反叛力量与中央政府斗争。[②] 阿富汗族群混战的威胁已经波及中亚地区。尽管像乌兹别克斯坦、塔吉克斯坦和土库曼斯坦这些国家更愿意看到自己的族群亲属控制北方阿富汗而不是普什图原教旨主义者,但伊斯兰圣战者以及后来的塔利班利用"民族主义"的口号激起"大乌兹别克斯坦"和"大塔吉克斯坦"的幽灵,则有吞噬阿富汗的趋势。这种恐惧在普什图人中弥漫,点燃了他们民族主义的烈焰,以抗衡国内塔吉克、乌兹别克及其他少数族裔群体。

冷战结束以后,塔吉克与乌兹别克之间的潜在危机也显现了出来。塔 - 乌冲突的起源我们可以追溯到 1925 年,斯大林取消了突厥斯坦(Turkestan)以及布哈拉和花剌子模人民共和国(Republics of Bukhara and khorezm),成立了塔吉克斯坦和乌兹别克斯坦两个共和国。然而在划分乌 - 塔边境时,却把乌兹别克人居住的城市胡占德(Khozhent)划给塔吉克斯坦,而把两个拥有古老的塔吉克文化的城市撒马尔罕(Samarkand)和布哈拉(Bukhara)划给乌兹别克斯坦。[③] 随着苏维埃联盟的解体,一些激进的塔吉克民族主义者要求乌兹别克斯坦归还撒马尔罕和布哈拉,这无疑增加了两国之间的紧张。[④] 诸如此类,中亚新独立伊斯兰国家的崛起给这一地区带来一种不可预知的新力量:如果苏维埃时期人为的边界划分带来跨国的

① Raymond C. Taras and Rajat Ganguly, *Understanding Ethnic Conflict*: *the International Dimension*, 2nd ed. (New York: Longman, 2002), p. 26.

② Raymond C. Taras and Rajat Ganguly, *Understanding Ethnic Conflict*: *the International Dimension*, 2nd ed. (New York: Longman, 2002), p. 26.

③ Michael Kort, *The Handbook of the Former Soviet Union* (Connecticut: Millbrook Press, 1997), p. 132.

④ Steven Erlanger, "*Tamarlane's Land Trembles*: *Bloodshed at Gates*," The New York Times, February 15, 1993.

族际纷争，那么这场混乱可能迅速从阿富汗扩展到巴基斯坦，那里恰恰是许多跨国居住的同一族群的故乡。实际上，危险已经端倪初露。中亚的族群冲突也许会使宗教激进主义力量在整个地区扩大，这一区域从阿尔及利亚、埃及和沙特阿拉伯一直延伸到印度西北边境。

二 族群冲突：国际冲突的泛波

后两极时期族群冲突的另一种解释是：围绕跨境族群问题而引发带有民族统一主义者与反民族统一主义者性质的国家间冲突，在族群关系和国家统一方面可能会产生严重的影响。这种影响既可以出现在修正主义国家（即民族统一主义者国家），也可以出现在要求维持现状的国家（反民族统一主义者国家）①。

邻国进行的民族统一斗争一开始就会以三种方式给要求维持现状的国家内部族群的关系造成紧张。第一，邻国民族统一主义者政权不断对邻国亲属族群的状况表示出关切并提出各种要求，而这些族群亲属有可能是现状国家中的少数族群。这将提高他们加入民族统一主义者邻国的可能性的预期，因为那里有自己的亲属族群，或者期望在邻国民族统一主义者国家的支持下，至少他们能够建立自己的独立国家。② 由于这个少数族群形成了如此这般的期望值，他们就会在当下国家中抵制任何试图整合自己的努力。其结果是，少数族群与当下国家政府之间的敌对关系可能会进一步恶化。

第二，如果民族统一主义者政府要求修改边界，坚持属于自己的那部分领土，现状国家很可能开始把国内的少数族群视为"特洛伊木马"，是本国领土完整的巨大风险。在这种情况下，现状政府可能被迫同时做出两个方向的努力：一是有可能加速同化计划，使少数族群成员"民族化"（即国

---

① 现状国家，来自国际关系领域中权力转移理论的一个概念：status quo states。与修正主义国家看待国际体系观点不同，它认为应该把国际法乃至自由市场经济当作国际领域应有的完整的组成部分。根据西方学者的观点，一些在国际关系中具有举足轻重地位的强势国家通常可以被归类为现状国家，比如英国、美国、法国以及日本等，而像朝鲜、伊朗这类国家在国际舞台上经常被归类为修正主义国家。

② Myron Weiner, "The Macedonian Syndrome: An Historical Model of International Relation and Political Development", *World Politics*, 23, 4, July 1971, p. 673.

民化或公民化），并通过各种手段要求他们承认和效忠民族国家政府。二是也有可能增加对少数族群的监视政策，封闭有麻烦的边界，对国内少数族群采取压制措施。[①]

第三，现状国家如果采取高压手段，其结果必然是大量的少数族群成员可能把现状国家政府视为压迫者，是通向与民族统一主义国家的合并（那里的人民跟自己同族）或者是走向完全独立道路的障碍。在这种情况下，少数族群可能选择接受既定边界现实，争取在现状国家框架内寻求改善自身地位的方式；他们也可能决定支持民族统一主义国家的统一要求，强调自身对于统一者的优势；或者，如果这个族群对两个国家来说都是少数族群，他也有可能选择加入自己的同族阵营，为摆脱这两个国家而斗争。当然，要对自己的认同特点以及对其他族群的亲疏远近进行仔细考虑和判断，最终做出哪种选择将视研判的结果而定。[②]

除非少数族群做出第一种选择，否则现状国家可能会增强手中的压制手段。在这种情形下，族群内部分化（特别是年轻人和学生）带来的威胁是：滋生针对现状国家的有组织的反叛运动。此类运动无疑会受到来自民族统一主义国家的实质性的帮助，并使现状国家陷入冲突升级的危险之境。面对不断升级的叛乱，现状国家将别无选择，只好诉诸严厉的镇压，而这将引发民族统一主义者的政权军事干预，以保护自己的亲属族群免遭杀戮。如果暴力进一步升级也可能引发国家间族群战争的全面爆发。

两个国家间爆发的民族统一主义和反民族统一主义的冲突与族群问题叠加在一起，也可能导致修正主义国家内部的族群分化。面对现状国家里的同族人民遭受迫害，修正主义国家可能把视线转向边界修订，其结果是国家的经济和政治发展可能受挫。一旦边界修订为修正主义国家领袖所痴迷，还会影响其国家的政治文化。一方面，国内的忠诚与爱国主义也许会增加，但潜在的危险是，公众情绪或许转向好战。另一方面，对于持不同政见者来说，国家制度的容忍性也可能降低，对持不同政见者的压制极有

---

① Myron Weiner, "The Macedonian Syndrome: An Historical Model of International Relation and Po-litical Development", *World Politics*, 23, 4, July 1971, p. 674.

② Myron Weiner, "The Macedonian Syndrome: An Historical Model of International Relation and Po-litical Development", *World Politics*, 23, 4, July 1971, p. 674.

可能增加。①

如果现状国家当局在边界问题上态度强硬，修正主义国家的领袖和大众都会感到彻底失望。后者可能会为战争做准备工作并武装在争议边界地区的人民。一旦染上军事复兴主义的“毒瘤”，修正主义政权甚至会发动对现状国家的进攻。如果军事行动失败，修正主义国家的公众不满可能会达到高峰，进一步演化为国内冲突。② 受挫的民族统一主义者的诉求甚至会导致修正主义国家体制的变化。另外，“如果民族统一主义政府已经把边界地区的人民武装起来并实施边界驱逐政策，或者允许旁观者给他们提供武器，那将有一种巨大的可能性，即如果他们认为自己的国家不能贯彻实施完全的侵略扩张政策，这一被武装的少数族群可能会反戈一击”③，正所谓“搬起石头砸自己的脚”。

这种解释框架对理解巴尔干地区、亚美尼亚和阿塞拜疆之间（围绕纳戈尔诺－卡拉巴赫地区问题）、索马里与埃塞俄比亚之间以及印巴之间（关于克什米尔争执）的族群暴力冲突最具说服力。

三　族群冲突：安全困境和未来集体恐惧

冷战结束以后一个不断增长的现象就是帝国与国家的解体。苏联分裂成 15 个独立的国家，而这些国家中的某些仍面临着分裂的威胁。另外，非洲也有几个国家已经完全分裂，或者处在分裂的威胁之中，例如苏丹、索马里、利比里亚、埃塞俄比亚、安哥拉，以及刚果。中亚一些国家也面临相同的挑战，例如阿富汗、塔吉克斯坦，以及伊拉克。在东欧，随着冷战的结束，南斯拉夫联邦及其后继者接连解体。与叛乱、政变、暴乱或者其他类型的政治暴力相比，帝国或者国家的解体是一个更具有深刻意义的现象。美国学者威廉·扎特曼（William Zartman）认为“必须对碎片化的结

---

① Myron Weiner, "The Macedonian Syndrome: An Historical Model of International Relation and Political Development", *World Politics*, 23, 4, July 1971, pp. 276 – 277.

② Myron Weiner, "The Macedonian Syndrome: An Historical Model of International Relation and Political Development", *World Politics*, 23, 4, July 1971, pp. 676 – 677.

③ Myron Weiner, "The Macedonian Syndrome: An Historical Model of International Relation and Political Development", *World Politics*, 23, 4, July 1971, p. 678.

构、权威（合法的权力）、法律，以及政治秩序进行某种形式的重构才能结束这种状态，不管是老的还是新的"。① 但是，国家或者帝国的崩溃必然会导致在解体的废墟上引发族群暴力冲突吗？

巴里·波森（Barry Posen）应用"安全困境"这一现实主义概念，认为实际上有这种可能性。② 在无政府状态下（苏联及东欧地区），继任者个体（国家以及那些渴望国家身份的族群）主要关心的是安全。因为这些个体被推入权力的自然竞争，个体安全是第一位的事情，而安全的关键是权力，这就会引发安全困境，导致继任者个体之间爆发族群冲突。③

安全困境以两种方式得以强化：一是当继任者个体之间各自进攻性力量和防御性力量均衡时，他们难以彰显自己的防御意图（这是最低目标）。因为后继者的军事技术和军事组织可能刚刚处于初始阶段，他们的军事力量在很大程度上具有团结与凝聚的功能。但是，正因为所有各方现在都强调各自的团结与凝聚，每一方看起来都是对他者的威胁。在这些情形下，评估其他群体意图的唯一方法就是使用历史。但是当前的政治条件将导致对历史的民族主义的解读。波森认为，其结果是每一个群体都认为其他群体是自己的敌人，这真是一个"最糟糕的情况分析"④。

二是紧张的安全困境进一步被各自群体的机会感或脆弱感所激化。发动军事进攻，一方面或可充分利用暂时的军事优势；另一方面，趁对方还没有时间提振其军事力量之前先发制人，或许可以获得某种军事优势。一句话，先下手为强！大国和国际组织在是否对棘手之地进行干预的问题上犹豫不决也可能使侵犯性军事行动有恃无恐。⑤ 国家和帝国解体后的无政府状态导致了安全困境，使得后继者实体之间存在发生族群暴力冲突的可能

---

① I. William Zartman, "Introduction: Posing the Problem of State Collapse", in Zartman, ed., *Collapsed States: The Disintegration and Restoration of Legitimate Authority* (Boulder, CO: Lynne Rienner, 1995), p. 1.

② Barry R. Posen, "The Security Dilemma and Ethnic Conflict", *Survival*, 35, 1, Spring 1993.

③ Barry R. Posen, "The Security Dilemma and Ethnic Conflict", *Survival*, 35, 1, Spring 1993, pp. 27 – 29.

④ Barry R. Posen, "The Security Dilemma and Ethnic Conflict", *Survival*, 35, 1, Spring 1993, pp. 29 – 31.

⑤ Barry R. Posen, "The Security Dilemma and Ethnic Conflict", *Survival*, 35, 1, Spring 1993, pp. 34 – 35.

性。波森的研究具有特殊的重要意义，因为他提出了一个动态模型，即把来自外部环境的随机输入（在其案例中，外部输入影响国家或者群体安全）和国家或者群体之间激烈的民族主义爆发与侵略性行动联系起来。而这些国家或群体正是在帝国和国家的废墟上崛起的。

史蒂芬·赛德曼（Stephen Saideman）对族群冲突与安全困境之间的关系进行了概念化梳理。他集中研究了过渡国家（Halfway House States）：这类国家介于理想国家（Ideal States）和崩溃国家（Collapsed States）之间。理想国家没有族群问题，因为国家垄断着暴力的使用，并保障所有族群的安全和公平。崩溃国家不存在任何国家权威，各个群体必须依靠维护内部群体的团结以及充分利用自己所拥有的任何军事优势来保护自己的安全。他认为，不同群体之间之所以开展对国家控制的竞争①，是因为国家可以是某一群体的最大同盟，也可以是其最大的对手。在这种政治环境中，某一族群通常会认为如果自己不去掌握国家权力，那么其他群体就会这么做，那样自己的命运就会任人摆布。赛德曼认为这就构成了过渡国家里各个族群无法回避的安全困境的核心问题：

> 如果国家不能保护所有族群的利益，那么每一个族群都将试图控制国家，这将减少其他群体的安全，降低国家为群体提供安全的能力。其后果是以往国际政治中出现的诸多动因在国内出现了。例如，每一个群体都会认为自己的利益和行动是有限的和善意的，而其他群体则视之为无法调和的敌意。②

赛德曼进而把族裔不安与族群政治联系起来，因为选举人的偏好和政治家的偏好与战略通常受他们所认知的安全感的影响。政治家行为的重要性在于他们决定着一国之内族群们的安全环境："如果政治家的基本立场站在某些族群一边而牺牲其他族群的利益，安全氛围就会恶化。另一方面，如果政治家淡化族群认同，构建多族裔支持机制，培养公民或者其他非族

---

① Stephen M. Saideman, "The Dual Dynamics of Disintegration: Ethnic Politics and Security Dilemmas in Eastern Europe", *Nationalism and Ethnic Politics*, 2, 1, Spring 1996, pp. 22 - 23.

② Stephen M. Saideman, "The Dual Dynamics of Disintegration: Ethnic Politics and Security Dilemmas in Eastern Europe", *Nationalism and Ethnic Politics*, 2, 1, Spring 1996, p. 23.

裔意识形态，那么，族群将会感觉更加安全。"① 族群不安与族群政治之间的互动决定着族群政治的结果。如果族群之间的不安总是维持在较高程度，并且如果政治家选择族裔导向的政策（在支持者的压力下他们也许会这么做），族群之间的暴力冲突就会发生。②

戴维·莱克（David Lake）和唐纳德·罗斯柴尔德（Donald Rothchild）与巴里·波森（Barry Posen）、史蒂芬·赛德曼（Stephen Saideman）也有相同的观点。他们认为，族群通常有自己的追求目标、所要达到的目的和通过已有的政治渠道以和平方式表达的利益。族群分化和对立通常仅仅发生在"族性与尖锐的社会不确定性、冲突的历史，而且实际上与对未来将带给自己什么的恐惧联系在一起"③ 的时候。对莱克和罗斯柴尔德来说，族群所面临的"对未来的集体恐惧"有很多表现形式，但其中有两种恐惧看起来尤为明显：一种是国家推行的政策可能导致自己被主流文化同化。另一种恐惧是身体的生存和安全，尤其在多族裔的背景下，各类群体差不多势均力敌，没有任何一个群体能够在政治、经济、文化上包容其他群体。④ 一旦这两种恐惧合并，族群冲突不可避免：

> 由于各个群体开始为自己的安全感到恐惧，那些危险的难以解决的战略困局就出现了，其中就潜伏着巨大的暴力成分。由于信息失灵、承诺可信度，以及安全困境等问题变得十分突出，各个群体变得忧心忡忡，再加上国家衰弱，冲突更具可能。对不安全和社会对立的恐惧成为族裔活动家、政治野心家族群内部操控的基础。政治记忆和政治热情也加剧了焦虑，驱使各个群体分道扬镳。不论是群体之间的互动，还是群体内部的互动，这些加在一起，制造出不信任和怀疑的有毒化

---

① Stephen M. Saideman, "The Dual Dynamics of Disintegration: Ethnic Politics and Security Dilemmas in Eastern Europe", *Nationalism and Ethnic Politics*, 2, 1, Spring 1996, p. 25.

② Stephen M. Saideman, "The Dual Dynamics of Disintegration: Ethnic Politics and Security Dilemmas in Eastern Europe", *Nationalism and Ethnic Politics*, 2, 1, Spring 1996, pp. 25 – 26.

③ David A. Lake and Donald Rothchild, "Spreading Fear: The Genesis of Transnational Ethnic Conflict", in Lake and Rothchild eds. , *The International Spreading of Ethnic Conflict: Fear, Diffusion, and Escalation* (Princeton, NJ: Princeton University Press, 1998), p. 7.

④ David A. Lake and Donald Rothchild, "Spreading Fear: The Genesis of Transnational Ethnic Conflict", in Lake and Rothchild eds. , *The International Spreading of Ethnic Conflict: Fear, Diffusion, and Escalation* (Princeton, NJ: Princeton University Press, 1998), p. 8.

合物，酝酿着暴力谋杀。①

四 族群冲突：精英对大众的操控和利用

国际关系理论已经对族裔民族主义情感与国际及国内冲突之间的随机联系进行了一些解释。成员之间强烈的族群情感以及族群对外部安全的担忧（族群精英利用这种担忧以煽动族群热情），这完全可以解释族群暴力冲突为什么爆发，但对此种解释一些专家认为仍然不能令人信服。② 因而，像盖格南（V. P. Gagnon）这样的批评家提出，国际族裔暴力冲突主要是由国家内部群体冲突引发的。③ 在这个基调下，"虽然在评判和描述外部冲突时我们是从与其他群体的关系的角度，并且它们也在这个语境内发生，但其主要目标还是在国内，在同一族群的成员之间"。④ 换句话说，盖格南认为，沿族裔裂隙或者族裔断层而发生的族裔暴力冲突通常是由族裔精英分子动员支持者而引发的，从而回避了国内政治挑战者。这一策略是统治精英对国内政治结构和经济权力发生转变的一个反映：以群体受到威胁来建构个体利益，如此这般，陷于危险的精英分子就可以避开国内挑战者，因为他们试图动员群众反抗当下国家。这样统治精英就可以趁机改善自己的境地以更好地迎接未来的挑战。⑤

考夫曼（Stuart Kaufman）对族裔战争的解释也与之相同。他应用美国

① David A. Lake and Donald Rothchild, "Containing Fear: The Origins and Management of Ethnic Conflict", *International Security*, 21, 2, Fall 1996, pp. 41–42.

② 国际关系研究中，从族裔民族主义情感视野，把民族主义和外交政策之间的联系进行了概念化，这些研究包括 Alexis Heraclides, *The Self-determination of Minorities in International Politics* (London: Frank Cass, 1991) 和 William Bloom, *Personal Identity*, *National Identity and International Relations* (London: Cambridge University Press, 1990)。而倾向于对外部安全关注的角度的研究包括 John Mearsheimer, "Back to the Future: Instability in Europe After the Cold War", *International Security*, 15, 1, summer 1990, pp. 55–56, 和 Barry Posen, "Nationalism, the Mass Army, and Military Power", *International Security*, 18, 2, Fall 1993, pp. 80–124。

③ V. P. Gagnon, Jr., "Ethnic Nationalism and International Conflict: The Case of Serbia", *International Security*, 19, 3, Winter 1994/95, p. 131.

④ V. P. Gagnon, Jr., "Ethnic Nationalism and International Conflict: The Case of Serbia", *International Security*, 19, 3, Winter 1994/95, p. 131.

⑤ V. P. Gagnon, Jr., "Ethnic Nationalism and International Conflict: The Case of Serbia", *International Security*, 19, 3, Winter 1994/95, p. 132.

学者肯尼思·华尔兹（Kenneth Waltz）在国际关系中经典的三层次分析理论，提出从以下三个层次的分析中观察因果互动，族裔战争就能够得以获得最好的理解和解释：大众偏好（第一层因素）、族裔精英行动（第二层因素）、族群互动赖以存在的国际体系规则（第三层因素）。① 他继续论述道，族群内部出现大众敌对情绪、族群精英抬高政治筹码和抢占先机，以及安全困境不断增强人们对未来的集体恐惧等因素综合在一起，引发了族裔战争。当所有三个因素同时出现时，族群暴力就会发生：好战的领袖挑起大众敌对，敌对的大众拥戴好战的领袖，两者合作共同构成对其他群体的威胁，从而带来安全困境，刺激产生越来越多的大众敌对和好战领袖。②

第六节　族群冲突与国际关系

族群运动和族群冲突虽然是全球政治风景线上的一个亮点，但一直没有得到国际关系专家们的多少关注，直到冷战结束以后族群冲突的爆发，当然有很多原因可以解释这种忽视。其一，现代化范式认为族群认同不会永久存在。迈隆·韦纳（Myron Weiner）指出国际关系专家把"族群和宗教原教旨主义视为社会表象（也就是说，它是更基本的群体认同的一种表现，例如阶层）或者是与时代格格不入的东西，在经济相互依存和世俗化的时代它将很快消失"③。该范式认为，通信的发展、大工业化和城市化的提高将使少数族群同化进入主流文化，从而产生共有的认同并消除族群冲突的根源。因此，族群认同和族群冲突仅仅是一种昙花一现的令人烦恼的东西。

其二，现代化范式的缺陷并不是理解族群冲突持久性的唯一障碍。20世纪70年代早期，一些国际关系学者关注过"族群复兴"现象，接受了一种不同于发展理论的框架。他们研究的内容包括国际资本主义对政治的影响（依赖理

---

① Stuart J. Kaufman, "An 'International' Theory of Inter – ethnic War", *Review of International Studies*, 22, 1996, pp. 149 – 150.

② Stuart J. Kaufman, "Spiraling to Ethnic War: Elites, Masses, and Moscow in Moldova's Civil War", *International Security*, 21, 2, Fall 1996, p. 109.

③ Myron Weiner, "Peoples and States in a New Ethnic Order?" *Third World Quarterly*, 13, 2, 1992, p. 317.

论），阶级结构对社会的影响（新马克思主义），以及统治精英的决策过程（政策研究）。研究结果是："族群和文化的作用被降低到社会副现象的地位。"①

　　其三，在东西方意识形态战争的背景下，不管是西方自由主义者还是东方马克思主义者都倾向于忽视族群情感问题。史蒂芬·瑞恩（Stephen Ryan）注意到，西方自由主义者一直谨慎地以文化群体的视角来审视世界，这点看起来与他们重视个体的风格大相径庭……而马克思主义者总倾向于把民族主义视为不是其他什么东西，只不过是走向共产主义道路上的一个不幸的抉择。② 意识形态的先入之见对学界忽视族群与民族主义研究起到推波助澜的作用。

　　其四，对族群冲突不感兴趣的另外一个原因：迄今，国际关系专家主要关注的问题包括东西和南北争端、国家之间的冲突、裁军和战略问题、革命和反殖民解放运动，以及全球经济，这些问题被认为是比较急迫。③ 对国家之间整合问题的长期思考以及对如何看待功能主义、联邦主义、超国家主义等比较重大过程的重视妨碍了人们关注由于族裔特殊性问题而引发的国家内部分裂的可能性。④ 其结果，国际关系的学者几乎很少发表任何关于族裔冲突、分离主义运动，或者难民和移民等问题的言论。

　　最后，在国际关系研究中，英国传统和美国传统之间在方法论和认识论上的差异也部分地说明了对族群和民族主义的忽视。美国学者关注的焦点在整合与相互依赖的问题上，而英国传统则使国家之间的关系成为这一领域关注的主要焦点，把国内问题留给比较研究或区域研究。史蒂芬·瑞恩（Stephen Ryan）注意到与此相关的问题：诸多族裔冲突并不简单地归类为这两个类别，他们与分类体系原则相悖。⑤

　　后两极时期族群冲突的爆发吸引了国际关系专家的注意。由于族群冲突终究跟战争与和平、人权、去民主化，以及全球秩序相关，因此，它现在已经成为国际关系研究中的重要问题之一。正如我们所见，族群冲突的

---

① David Brown, "Ethnic Revival: Perspectives on State and Society", *Third World Quarterly*, 11, 4, October 1989, p. 2.

② Ryan, *Ethnic Conflict and International Relations*, p. xix.

③ Weiner, "Peoples and States In a New Ethnic Order?" p. 317; and Heraclides, *The Self - determination of Minorities in International Politics*, p. xv.

④ Ryan, *Ethnic Conflict and International Relations*, p. xxi.

⑤ Ryan, *Ethnic Conflict and International Relations*, p. xxi.

复振把三个相互关联的问题摆在国际社会面前。在本书后面的章节中，这些问题中的每一个我们都将详细讨论。这里仅提供一个简短的介绍，以便我们更好地理解以后章节中的逻辑关系和个案研究。

第一，族群冲突的重现给国际社会提出某些规范性的基本问题，这些问题至今没有得到令人满意的回答。必须认识到，国际社会基本上是一个国家们的社会（但并不是唯一的），国际准则框架也反映了这一现实。这些框架包括在制度内对国际成员身份的定义以及指导成员间互动的国际体系法律和规则。越来越多的族群（属于非国家角色）寻求进入国际社会，成为国际社会一员，但是没有统一的国际法或者政治准则用以允许或拒绝他们加入，这时，问题就出现了。在缺乏政治准则的情况下，国际社会一般在族群冲突中往往站在国家身份优先的立场上，也就是说，他往往支持当下的国际和政府，反对族群叛乱。在极少的案例中，国际社会没有站在成员国任何一方的立场上，而是支持国内族群挑战者。这是在特殊的政治环境和政治考量下做出的决定，而没有使用任何一致的政治法律准则来裁定，比如赋予巴勒斯坦解放组织（PLO）以国家身份。但是，如果把国际准则中现有的国家身份优先的偏见一致推广的话，就会对那些从道义上看有理由进行反抗和叛乱的族群不公。这就是在族群运动相关的问题上出现困局的关键，而国际社会必须关注这些问题，以保护风险中的少数民族。我们将在第二章详细探讨这一问题。

第二，族群冲突的爆发带来某些风险，尤其是关系到战争与和平、维护国际安全、国际秩序和稳定等问题。这些风险不管是冲突扩散、族裔恐怖以及外部干预，还是难民危机，国际社会都必须设计解决问题的路线图。第三章我们将解释族群冲突扩散化和国际化的各类途径、各种原因和影响，以及处理这些影响的方法。另外，我们试图分析 20 世纪 90 年代早期以来国际关系领域出现过的关键过程和事件及其对国内族群骚乱的影响。

第三，如何找到关于族群和分离主义冲突的可持续的解决办法，这是国际关系领域一个争议的问题。这一问题非常急迫，一方面，因为并非所有国家身份的要求都能得到满足；另一方面，破坏性的族裔暴力冲突也不会被接受。由于斗争的双方都不可能是冲突解决的候选代理人，因此，国际第三方的行动可能具有很大的重要性。第四章将着重讨论这一困局。

第二章
族群冲突与国际准则

第一节　一个提示：准则与事实

在国际关系领域，族群冲突研究的一个重要方面是国际体系（即所谓的国际准则框架）内普遍认可的准则、规定、程序和行为原则与族裔政治运动之间的相互关系。一战结束以后，美国总统伍德罗·威尔逊（Woodrow Wilson）提出"十四点"（Fourteen Points），其中有几个观点涉及行使民族自决权问题。[①] 他在国际上寻求支持，其意图是想把这"十四点"当成国际准则而让全世界接受。演化到后来，1996 年美国总统比尔·克林顿签署《全面禁止核试验条约》（Comprehensive Test Ban Treaty，简称 CTBT），旨在促进全面防止核武器扩散，促进核裁军进程，从而增进国际和平与安全。它要求"停止一切核武器爆炸试验和其他一切核爆炸"，以实现"遏制研制核武器和提高核武器质量，结束研制新式先进的核武器[②]。《全面禁止核试

---

① 第一次世界大战结束前，为了建立一个新的世界秩序，同时也为了对抗苏维埃政权的影响，1918 年 1 月 8 日美国总统威尔逊在国会发表演说，提出"十四点原则"作为"建立世界和平的纲领"，包括：①无秘密外交。②航海自由。③消除国际贸易障碍。④限制军备。⑤平等对待殖民地人民。⑥德军撤出俄国领土。⑦恢复比利时之独立性。⑧德国归还阿尔萨斯及洛林予法国。⑨根据民族性原则，重塑意大利边境。⑩奥匈帝国的民族自决。⑪鄂图曼帝国的民族自决。⑫同盟国撤出罗马尼亚、塞尔维亚和黑山。⑬恢复波兰之独立性。⑭成立国际联盟以维持世界和平。"十四点原则"后来成为美国在巴黎和会中的主张，在国际关系中被视为理想主义的典范之一。

② CTBT 需由 44 个"附件 2"国家签署和批准后才能生效，这 44 个国家指的是在 1996 年条约初次签署时拥有核武器或核技术的国家。截至 2010 年 5 月，尚未批约的国家有中国、埃及、印度、印尼、伊朗、以色列、朝鲜、巴基斯坦和美国。美国虽然是 CTBT 的积极倡导者和参与者，但当时美国参议院以 51 票反对、48 票赞成的表决结果拒绝批准 CTBT。参考 http://www.ctbto.org/fileadmin/user_upload/Art_14_2009/CTBT – Art. XIV – 2009 – 6 – C. pdf。

验条约》要求的放弃核试验是国际准则框架的一个重要组成部分。

国际准则框架由法律的和政治的准则、规定、程序，以及治理国家之间关系体系与管理体制内成员的原则构成。然而，国际体系基于民族自决和民族国家的原则，因而国际准则框架新近建树的不少内容便显现着对族裔民族主义分子和族裔分裂主义分子持有强烈的否定态度。20 世纪 80 年代晚期至 20 世纪 90 年代中期全球族裔民族主义复兴的高峰即是如此，而复兴者们则利用同样的原则为自己的运动辩护。我们将在本章提出为什么会出现这种情况，思考新世纪全球族群冲突与国际准则框架之间张力的发展态势，国际社会是否有可能建立和实施一套统一的标准用以评价国家与族群之间的关系以及有无能力妥善应对各个族群提出的自治与分离的诉求。本章的第二部分，我们将针对族裔分离主义运动的道义问题展开分析，提出某一族群从一个国家脱离成立另一个国家的可能的道义基础。我们把这一探讨同现行的国际体系联系起来。总体来说，现行的国际体系敌视变化，然而又在道义上为变化辩护。于是，这一章作为研究基础的现象描述，看起来有些交杂，实际上是族群冲突的事实与被订立的国际准则之间存在着张力。

第二节 国际准则影响族裔民族主义和分离运动

族裔政治运动的目标或许是分离，但也有可能不是。政治学者威廉姆·萨佛兰（William Safran）研究中所持的事实显示，有许多选择并不是分离性质的，但也能满足族裔政治要求，例如政治的联合安排、地方自治、多元文化、族群吸纳、肯定性行动等。[①] 然而，对于多数族裔政治运动来说，它们想获得的头彩是分离并取得独立的国家身份，而不是以上策略性的满足。

族群向所在国提出分离的要求通常冒犯国际体系的两个基本原则：国家主权原则和民族自决理念。所在国利用第一个原则为自己作为统一的国

---

① William Safran, "Non – Separatist Policies Regarding Ethnic Minorities: Positive Approaches and Ambiguous Consequences", *International Political Science Review*, 15, 1 January 1994, pp. 61 – 80.

家而辩护，而寻求分离和独立的族裔民族主义者则拿起第二个原则为自己争取国家身份而辩护。[①]

一 国家主权理论

主权国家构成当代国际体系的单元，这一原则首先在 1648 年的《威斯特伐利亚和约》（*the Peace of Westphalia*）中获得确立[②]，并在 300 年之后写入联合国宪章。最初，这个体系只限于欧洲。威斯特伐利亚体系赖以存在的主要原则就是主权这一合法的、绝对的、并且是唯一的存在。主权是合法的，因为在国际法中主权国家不附属于任何其他国家；主权是绝对的，因为它要么存在，要么不存在，并不存在某种中间的状态（简短的过渡时期除外）；主权是唯一的，因为主权国家在其管辖范围内可以行使至高无上的权威。

在威斯特伐利亚体系时代，主权与国家权力几乎相等。威斯特伐利亚体系倾向于使国家摆脱任何形式的束缚，不管是法律的还是道义的，也倾向于使用暴力机器证明自己的主权。同时，每一个国家在其边界内都具有主权力量，因而威斯特伐利亚体系拒绝国家之间关系中的层级原则，取而代之的是国家主权平等原则。

世人把主权视为国际体系的基石，但近期一些学者对此提出了质疑。建构主义国际关系大师尼古拉斯·奥努弗（Nicholas Onuf）提出一个尖锐的问题："冷战已经走向结束，长期存在的稳定的主权概念也走向终点。"随着国家期望成为民族认同的第一要素，19 世纪的民族主义如何培育国家与民族之间的认同？对此，他进行了对比研究。但是，"在我们所处的时代，

---

① Alexix Heraclides, *The Self - determination of Minorities in International Politics*（London: Frank Cass, 1991), p. 21.

② 《威斯特伐利亚和约》结束了世界历史上第一次大规模的国际战争——三十年战争（1618～1648 年），它是欧洲中世纪各种矛盾的集体清算，而 17 世纪分裂的德国则成了国际矛盾的焦点。1648 年战后签署的《威斯特伐利亚和约》重新划定了欧洲各国的边界，有利于欧洲的和平和安定，形成了以国家主权原则为基础的威斯特伐利亚体系。《威斯特伐利亚和约》结束了中世纪的宗教斗争，开启了一个新的以主权利益（经济或领土）为主的王朝或民族战争时代。在国际政治中，主权原则主要指国与国之间的主权平等，尤其强调互不干涉内政。但随着时代的变迁，在全球化的大背景下，这个体系遇到了巨大的挑战。有学者提出要摆脱这个体系的束缚，如何看待这个问题则是一个值得关注的课题。

民族主义倾向于提升一种截然相反的敏感性。发育完好的民族—国家极为罕见。一旦国家与民族未能吻合，民意将走向民族，威严不再属于政治国家。因而逐渐地将由作为人民的民族而不是土地界定规则的范畴"①。

对于诸多尚未获得主权的族裔分离主义运动来说，这可能是一种无谓的慰藉。因为目前被广泛接受的国家主权平等原则，具有三个特点。这三个特点为分离主义者设下了障碍。第一个特点是国家领土主权原则和建立新的国家的合法性的国际准则。第二个特点就是要求体系内的所有成员相互承认主权，而对于分离主义分子来说，从业已存在的国家那里获得国家身份的认可，已经证明难以实现。国家之间的体系阻碍族裔分离主义的第三个特点就是要求互不干涉内部事务，这一特点也涵盖了太多的充满矛盾的内容。以下我们来逐个分析这些问题。

1. 国家的创立和领土

英国国际法学家布莱利（J. L Brierly）1963 年在其著作《万国公法》（*The Law of Nations*）中提到，一旦某个共同体由于具备可能永久存在的合理性，从而获得作为一个国家的重要特征：名义上是一个有组织的政府、有特定的领土，以及具备在其他国家控制下独立开展自己国际关系的能力，那么，一个新的国家就形成了。② 这些条件的获得可以通过以下途径：批准独立、承认已经存在的事实上的独立、从联盟解体中独立、两个或更多的单元（前殖民地或者帝国的某些部分）的合并或者国家的合并、经相互协商而分裂成两个或更多的国家、通过占领而获得独立。③

对于那些渴望成立自己主权国家的族裔政治运动来说，要想获得独立的国家身份，最直接的方法要么是通过相互协商分割已有的国家，要么是通过武力占领获得独立。如果一个独立的国家是通过相互协商并同意分割而形成的，这在国际法的框架内是可以被承认的。但是，几乎毫无例外，

---

① Nicholas Onuf, "Intervention for the Common Good", In Gene M. Lyons and Michael Mastanduno, eds., *Beyond Westphalia? State Sovereignty and International Intervention* (Baltimore: John Hopkins University Press, 1995), p. 52.

② J. L Brierly, *The Law of Nations: An Introduction to the International Laws of Peace*, 6th ed. (London: Oxford University Press, 1963), p. 137.

③ Heraclides, *The Self - determination of Minorities in International Politics*, p. 24.

国际准则体系谴责由暴力占领的独立。因此，国际法看似为族裔分离主义获得独立的国家地位提供了一条容易的道路，但实际上并非如此。最大的困难就是暴力分离与相互协商的分裂之间是有区别的。

在帝国统治的中世纪社会，政治的主要目的是拥有统治人民的权力。但是随着基于国家主权原则的威斯特伐利亚国际体系的诞生，领土或者土地成为政治生活的最终目标。[①] 在这个体系里，主权国家可能永远也不会牺牲的价值就是政治独立。事实上，这意味着国家不会放弃领土完整，除非出现个别的极特殊情况。[②] 因此，几乎没有任何国家会默许族裔分离主义行为而放弃领土，因为如果这样做，就会违反国家主权的基本原则：领土完整。

除了现实的困难，关于领土主权问题（通过证明自己对领土的全权拥有从而实践自己对每一片领土行使权威）的国际法原则亦对族裔分离主义分子不利。传统国际法有关领土主权的取得和变更的方式一向沿用罗马法中关于私有财产权的观念，一般认为主要方式有五种：先占（Occupation）、时效（Prescription）、添附（Accretion）、割让（Cession）和征服（Conquest）。"先占"也称占领，是指国家通过占领而有意识地取得当时不在任何其他国家主权之下的土地的主权的行为。西方国际法学把它作为国家取得领土的一种原始方式。先占的主体是国家，先占必须是以国家的名义占取。国际法上，作为领土取得方式的"时效"，是指国家长时期地、持续稳定地占有某一土地，从而取得该土地的主权。"添附"是指一国的领土由于自然的原因或者人为的措施而新增加。"割让"是指一国的领土根据条约转移给另一国，割让分强制性的和非强制性的。"征服"是指国家以武力占领他国领土的部分或者全部，战后经过兼并而取得领土主权。[③]

这五种获得领土主权的办法中，仅实际占有领土和分离的情况相关。但根据国际法的原则，先占是指国家取得当时不属于任何其他国家的领土。这就决定了族裔分离运动获得自己的疆域几乎是不可能的。首先，先占必

---

① James Mayall, *Nationalism and International Society* (Cambridge：Cambridge University Press, 1990), p. 19.

② James Mayall, *Nationalism and International Society* (Cambridge：Cambridge University Press, 1990), p. 20.

③ 李广民、欧斌、余丽萍、王新中：《国际法》，清华大学出版社，2006，第92~93页。

须是以国家的名义进行，先占实施的主体必须是国家。族裔分离分子肯定不具备这些资格。其次，目前全球几乎全部的陆地都已经各有其主，再次占领土地的机会基本为零。但是，关于通过先占获得领土的国际法原则仍然具有重要性，因为过去的占领经常引发现在的边界争端。

先占获得领土的法律已经被国际联盟体系之下的常设国际法院①确立下来。在"东格陵兰法律地位"案②中，常设法院规定对某一领土的主权必须基于两个要素：首先，申诉人必须证明其对领土行使主权的意图和意愿，其次，申诉人必须拿出在该领土范围内实质地行使或者展示主权权威的某些证据。③

---

① 常设国际法院（Permanent Court of International Justice）是第一次世界大战后国际联盟创立的通过运用法律手段解决各个国家之间争端的国际联盟的司法机关。1922 年 2 月在海牙正式宣告成立。第二次世界大战后在 1946 年被联合国领导下成立的国际法院（International Court of Justice）所取代，是联合国的主要司法机构。

② 格陵兰岛全岛都是丹麦的领土。但 1931 年 7 月 10 日，挪威政府发表了一项公告，宣布对从北纬 71°31′到北纬 75°40′的东格陵兰地区拥有主权，其法律根据是该地区属无主地而不是丹麦的领土。丹麦对此随即提出抗议，并根据常设国际法院规约的任何强制条款向该法院提起了诉讼，要求法院判决挪威的公告是违法的、无效的。常设国际法院审理了此案，并于 1933 年 4 月 5 日判决丹麦胜诉。承认丹麦对东格陵兰的主权而否定了挪威公告中宣布的对东格陵兰地区的主权主张。法院认为，挪威在 1931 年 7 月 10 日宣布的对东格陵兰的占有行为和与此相关的任何步骤都是非法的、无效的。理由有两个：一个是从历史上考察，在 1931 年 7 月 10 日之前没有任何国家对丹麦的格陵兰全岛的主权提出异议，丹麦连续并稳固地在该地行使着主权。1380 年丹麦和挪威结为共主联邦时，丹麦国王在格陵兰的权利即已相当主权。17 世纪初，丹麦还曾派探险队到该岛，并排斥外国人在该地区的经商活动。1721 年，丹麦在该岛建立了殖民地，更加显示和行使了主权。根据 1814 年签订的基尔条约，丹—挪政合国将挪威割让给瑞典，格陵兰依然属于丹麦，由它继续行使着权力，如 1863 年丹麦发布了一系列的关于授予英国人泰勒在格陵兰东岸从事贸易、狩猎和开矿的专属权的特许文件；1915~1921 年丹麦政府向外国发函，请求承认其对格陵兰主权的效力；1921 年 5 月 10 日还颁布了法令以加强它对格陵兰的统治。上述事实说明丹麦对整个格陵兰，当然包括东格陵兰实行着有效统治，因此应确认丹麦对东格陵兰地区的领土主权。另一个是，挪威的行为表示它认可了格陵兰属丹麦领土。如挪威通过成为有关格陵兰归属问题的国际协定的当事国而对丹麦的权利作了保证，在这些条约中说明了格陵兰属丹麦的殖民地，或说明允许丹麦把格陵兰排除于条约的效力范围之外。另外，挪威的外交大臣爱赫伦，于 1919 年 7 月 22 日在接见丹麦驻克里斯蒂安尼亚公使时曾口头声明（此声明经他本人记录在案），表示挪威政府对丹麦拥有的格陵兰的主权不予阻挠，不占领格陵兰的一寸土地。法院认为这一声明对挪威是具有拘束力的，至少挪威承担了不对丹麦在全格陵兰岛的主权提出异议的义务。

③ J. L. Brierly, *The Law of Nations: An Introduction to the International Laws of Peace*, 6th ed. (London: Oxford University Press, 1963), p. 163.

对于族裔分离主义者来说，考验的第一步不是很大的障碍，因为他们通常可以证明对应该属于自己的土地行使领土主权的意图和政治意愿。问题在于第二步，因为常设法院在案例中认为，在缺少另一方竞争要求的情况下，哪怕是最小的主权行使都会是赋予拥有领土主权的充分条件。[①] 但是，为了防止例外条件的出现，族裔分离主义运动提出领土要求时通常都不可能不受国家的挑战。在这种情况下，族裔分离主义者对其宣称的领土行使实际权威的证据必须是确凿的，但这几乎是不可能的。进一步说，相对于族裔分离主义分子来说，当下的国家拥有更多的力量来证明自己对这片土地的主权。看起来族裔分离主义分子通过第二关的唯一办法就是赢得决定性的军事胜利，跟目标国对抗，以此实现对自己要求的土地实施控制，行使真正的权威，并维持相当长的一段时期。这种情况非常少见，更不用说占有领土了，因此，从国际法来看，通过占领获得国家身份几乎没有任何保证。

2. 承认

承认（Recognition）是国际法上特有的制度，在各国的国内法中并无相似的制度。在国内法上，一个自然人、法人或不具法人资格的会社，是否为国内法上的主体，均由法律规定；如有纠纷，由法院裁判解决，没有什么承认的问题。但在国际法上，一个政治实体（Political Entity）是否具有国家的资格，并无一个国际机构来做有拘束力的决定[②]，而是由国际社会中的其他国家分别决定，这一决定的方式就是承认，因此国际法上有国家承认的问题。如果一国发生政府不经宪法程序更换的情况，如革命或政变，旧政府被推翻或流亡国外，并没有一个国际上的机构来决定新政府是否有权代表该国，而是由国际社会的其他国家来决定，而决定的方式就是承认，因此国际法上有政府承认的问题。承认，是一种政治行为，但可以产生法

---

① J. L Brierly, *The Law of Nations: An Introduction to the International Laws of Peace*, 6th ed. (London: Oxford University Press, 1963), p. 164.

② 有一个例子可以说明：2008 年科索沃单方面宣布独立，从塞尔维亚分离。2010 年国际法庭对此的裁决称，现行国际法并不禁止某一地区"宣布独立"，因此，科索沃的举动"不违反国际法"。这一裁决是一种咨询意见，只具建议性质，不具备法律约束力。但却是一个危险的信号。

律效果。由于国家没有承认之义务，而且承认与否纯属政治上的考虑，因而是政治行为。

承认一个国家，意味着另一个国家承认一个处于被讨论中的政治实体具有国家的特征。承认是赋予其在国际上具备一个合法的国家资格，允许其加入由国家们组成的家庭"俱乐部"，享有作为国家的全部权利、特权并履行责任和义务。族裔民族主义者倘若想得到独立的国家身份，必须先获得国际认可，否则他们顶多是一个"无赖的国家"。事实证明，有关承认问题的国际法规定对族裔分离主义分子的请求是一个巨大的障碍。

国际法有关承认的规定多半是国际习惯法，但也有些条约规定了承认问题。不过必须注意，虽然国际法上有关国家的要素已有共识，即人民、领土、政府，以及与他国建立交往关系的能力①；而国家在决定一个政治实体是否可以被承认为"国家"时，理论上应该以是否符合这四要素来决定②，但实践上国家是否承认一个政治实体为国家时，通常是以自己国家的利益及政策考虑为主的③。

国际实践中，有三个政治法律原则用以决定哪些实体可以被承认为主权国家。第一个是意识形态标准。它决定着一个新国家或者其政府是否可以通过政治资格的审查。实际上，承认取决于未来的国家是否可能成为承认一方的友好政府。二战结束后的30年间，美国拒绝承认中华人民共和国，其原因既不是构成问题，也不是宣言问题，而是意识形态问题——拒绝承认通过革命取得政权的新政府。一直到20世纪70年代，代表美国利益的亨利·基辛格博士的现实政治跨越了意识形态的障碍，把承认的范围扩大到毛泽东领导的社会主义中国。

第二个是构成说。它认为唯有"承认"才能创造国家之身份，才能赋予一个新政府在国际社会的权威或地位。换言之，"承认"乃是国家或政府

---

① 见1933年12月26日签订的"美洲间国家权利义务公约"（Inter - American Convention on Rights and Duties of States），第一条。League of Nations Treaties. Series （LNTS），Vol. 165, p. 19，另请参阅 Henkin, 2nd ed., pp. 229, 233, Starke, p. 95。

② 如劳特帕特就此主张。H. Lauterpacht, *Recognition in International Law* （Cambridge, United Kingdom：Cambridge University Press, 1947），pp. 32 – 33。

③ 丘宏达：《现代国际法》，三民书局，1995，第314页。

之构成要素；实际存在之国家或政府在未获他国承认前，就不能称之为国家或政府。根据承认构成说，承认行为本身就创造了国家身份，赋予某一政府以权力。在国际法中，国家通过承认之行为获得一个合法的国家身份。承认行为不仅仅是构成要素，而且也是互惠的，就是说，它也带来作为国家的权利和义务，而这在被承认之前是不存在的。1918 年国际社会承认波兰和捷克斯洛伐克是两个独立的国家，便是构成学说的两个案例。

构成学说虽然提出了通向国家身份之路的最低门槛，但面对复杂的国际事务，里面仍然有含混不清之处。比如，到底有多少国家是通过被授予国家身份的认可而获得合法存在的？对此，人们并不确定。1991 年，波罗的海诸国独立，冰岛是第一个公开承认其独立身份的国家，但是，直到获得诸多西方国家承认之前，冰岛的承认不具实质意义。这些是摆在族裔分离主义分子面前的难以克服的巨大障碍。构成理论作为族群获得国家身份的一道门槛不具有弹性。布莱利（J. L. Brierly）注意到，严格执行构成理论意味着一个不被承认的国家在国际法中既没有权利也没有责任。[①] 这似乎有点荒唐，因为像波罗的海诸国这样的国家，在它们获得广泛承认之前确实都不稳定，但都合法地存在着。族裔民族主义分子有时虽然能够证明自己具备作为国家的所有其他特征，但被承认的条件和要求可以使之受挫。他们甚至可以赢得内战的胜利，但仍然不会被承认。

第三个是宣示理论。有人认为承认问题的构成论存在缺陷，因而承认行为并不是一个构成要素，而是一种宣示行为。一些国际法专家接受了这个理论。宣示理论认为国家之国格或政府之权威是先于"承认"而独立存在的；"承认"只是对既存事实正式予以认知而已。[②] 或者说："承认"只是国家或政府存在之证据。所以宣示说又叫"证据说"（Evidentiary Theory）。宣示或证据说曾在有关国家及政府承认之案例中获得适用[③]。宣示理

---

① Brierly, *The Law of Nations*, p. 138.

② 俞国赐：《国际法新论》，启英文化公司，2002，第 118 页。

③ 例如，"德波混合仲裁法庭"（The German - Polish Mixed Arbitral Tribunal）赞成大多数国际法学家之意见，认为对于国家之"承认"没有"构成"性质，而仅系宣示而已。或者说，"承认"只是对国家之存在加以宣告而已，并不具备有被承认国是否是一个国际社会所认可的国家之国际法效力。只要合乎国家构成的那四个法律要素——领土、人民、有效统治的民主政府以及与其他国家建立交往关系的能力，那就是国际法上所认定之国家了。

论的核心是一个国家或政府治理和控制人口与领土的能力，但是这个理论仍然困境重重。例如，"控制"如何加以测量？对国家身份的正式承认并不会给以前不存在的国家带来存在的合法性。① 相反，宣示理论假定，一个国家或可先于被承认而事实上存在，如果真是如此，不管它是否被其他国家正式承认，它有权利被它们当作"国家"对待。② 从宣示理论来看，承认的主要目的是：承认迄今尚未明确的东西是某种事实，即宣布一个国家的实体的独立；声明承认国已经做好准备接受这一事实带来的正式影响，即它是国际交往的普通国家。③

虽然宣示理论把国家们的承认视为国际体系中其他国家的一种政治行为，但事实上，获得其他国家的承认通常很难、很微妙，尤其在一个当下国家竭力把自己区别于其他国家时。④ 在缺乏固定规则的情况下，承认一个正在发生冲突的叛乱地区独立，或许操之过急，从而被当成其他国家对该国内部事务的不公正的干涉，比如1994～1996年的车臣战争。

另外，在某一境内族裔分离分子明显赢得胜利的国家中，仅凭它是一个老国家就极力维护它，并不构成拒绝承认分离和新国家成立的充足理由。⑤ 在这个语境下，希雷克利帝斯（Heraclides）也认为，"即使承认是一种选择性的行为，但如果一个实体具备国家身份的一般特征，特别是如果它实际控制某一地区，并由一个有组织的政府统治其居民，在这种情况下，如果其他国家的选择忽视了国家关系的基本责任，那么它们就把自己置于风口浪尖之上"⑥。但是，正常情况下，一国内部发生的叛乱属该国内部事务，与其他国家无关。

有两种例外的情况其他国家可以采用，以规避偏袒冲突中的某一方的指控，同时又可以承认政治的和军事的现实，那就是在国际法之下，承认"叛乱身份"（Status of Insurgency）或者"战争身份"（Status of Belligerency）。对这两个身份的承认意味着对族裔分离主义者的要求给予"半承认"⑦，因为这

---

① Brierly, *The Law of Nations*, p. 139.
② Brierly, *The Law of Nations*, p. 139.
③ Brierly, *The Law of Nations*, p. 139.
④ Brierly, *The Law of Nations*, p. 138.
⑤ Brierly, *The Law of Nations*, p. 138.
⑥ Heraclides, *The Self - determination of Minorities in International Politics*, p. 25.
⑦ Heraclides, *The Self - determination of Minorities in International Politics*, p. 25.

两种情形反映了"对一国内部存在战争的国际承认"①。承认一个国家内部存在战争也意味着有关战争问题的国际法准则适用于它。②

某一群体与其所属国家爆发内战，如果赋予该群体以"叛乱身份"，不管是默许还是明示，都表示承认国把"叛乱者"视为合法的对手，而不是法律的违反者。诚然，这并非自动地要承担起中立的法律责任，可能的情况是承认国仍自由地为合法政府提供帮助，或许进行非法干预，如果它为叛乱分子提供物质援助的话。③ 因此，虽然这两种情况防止叛乱分子免遭违法者的待遇，但赋予他们"叛乱身份"绝不是给予叛乱者以"国家身份"。

相应地，衡量叛乱群体是否具备"战争身份"，它必须满足某些标准，也就是所谓的实际测试：第一，必须是在一国境内存在武装冲突。第二，叛乱必须实际占领和控制境内的一块领土。第三，叛乱必须具备战争法认定的战争行动，这种战争行动必须在明确的一系列指挥下，依靠有组织的武装力量进行。第四，外部国家必须承认叛乱行为为战争状态。④

但是，承认战争状态也不能简单理解为就是承认分离群体为国家。赋予这一身份纯粹是暂时的，它把交战双方全都置于国家地位，仅仅是出于某些目的和战争长短的考量。⑤ 一方面，其他国家承认叛乱行为处于战争状态可能对发生叛乱的国家来说是有利的，因为承认行为自动地向其他国家开脱自己对内部反叛问题所采取的行动的责任。⑥ 另一方面，承认反叛者处于战争状态经常是他们展示自己所属的国家的第一步。而承认是否合宜，他们对此的判断可能有别于承认国的判断。⑦ 赋予交战身份，虽然本质上暂

---

① Rosalyn Higgins, "Internal War and International Law", in Cyril E. Black and Richard A. Falk, eds., *The Future of the International Legal Order*, vol. III: *Conflict Management* (Princeton, NJ: Princeton University Press, 1971), p. 88.

② James E. Bond, *The Rules of Riot: Internal Conflict and the Law of War* (Princeton, NJ: Princeton University Press, 1974), p. 49.

③ Rosalyn Higgins, "Internal War and International Law", in Cyril E. Black and Richard A. Falk, eds., *The Future of the International Legal Order*, vol. III: *Conflict Management* (Princeton, NJ: Princeton University Press, 1971), p. 88.

④ Higgins, "Internal War and International Law", p. 88; Bond, *The Rules of Riot: Internal Conflict and the Law of War*, p. 34.

⑤ Brierly, *The Law of Nations*, p. 142.

⑥ Brierly, *The Law of Nations*, p. 142.

⑦ Brierly, *The Law of Nations*, p. 143.

时的，但确实给叛乱分子以某种程度的合法性。面对试图瓦解自己领土完整的运动，几乎没有哪个国家愿意给予这样的分裂运动以合法性，不管这种运动的目标多么有限，冲突的持续有多短。

因此，谈到领土所有权问题，不管是赋予全部的国家身份，还是赋予相对有限的起义身份、反叛或交战身份，都已经证明这是国际体系设计的，需要族裔分离主义者跨越但又几乎不可能跨越的障碍。

3. 不干涉和不使用武力

国家主权平等原则是国际体系的基础。国家只有在其边界内享有司法垄断权，而且这一权力是被体系内所有国家承认的。因此，在这个体系里，国家被赋予在其边界内行使主权而不受外部干涉，这是符合逻辑的，否则将会使"主权"变得毫无意义。因而，对一国内部事务不干涉原则是国际法的核心原则之一，也可以视为对禁止他国使用武力的支持[1]，因为干涉暗含使用武力或者威胁使用武力，而这是违反国家领土主权至上原则的，与国际法相冲突。

各个国家有义务不干涉其他国家的内政外交，这在1946年联合国国际法委员会的《国家权利义务宣言草案》（Draft *Declaration on the Rights and Duties of States*）第一条和第三条中有规定，而第九条规定：各国有责任不把战争作为实施国家政策的工具，并不得使用威胁或武力，或以与国际法律秩序相抵触之任何其他方法侵害他国领土完整或政治独立。《联合国宪章》第二条规定：各会员国在其国际关系上不得使用威胁或武力，或以与联合国宗旨不符之任何其他方法，侵害任何会员国或国家之领土完整或政治独立。

在下列条件下，国际法精神允许违背不干涉原则：出现特殊情况和原因，例如防御、和平与安全（在这种情况下可以通过政府间组织或者通过成员国按照某种解决办法进行集体干涉）；出现罕见的人道主义灾难，尤其是出现诸如臭名昭著的制度化的种族主义和针对多数人的暴力，以及典型的殖民主义。[2]

---

① Heraclides, *The Self-determination of Minorities in International Politics*, p. 26.
② Heraclides, *The Self-determination of Minorities in International Politics*, p. 26.

2003 年发生在苏丹达尔富尔地区的种族屠杀事件，让我们似乎可以找到更多的理由为国际干涉辩护。这些理由从纯粹的现实主义的（权力）考量（例如"强权就是公理"以及出于保护自己的需要而进行干涉），到国际认可的正当理由（例如目标政府同意、目标国家统治当局垮台、国际社会达成的共识等），再到纯粹的全球主义的解释（例如遵守超国家机构做出的普遍的准则或者决定等）。① 因而，有研究得出结论：总而言之，我们可能会看到国际社会不断努力逐步瓦解一个国家的主权自治。②

然而，不干涉和不使用武力仍旧是国际法的基本准则，所以，在传统的法律解释之下，族裔分离主义分子不具有寻求外部支持甚至邻国亲属族群支持的合法权利。从严格意义上讲，不干涉意味着针对国家的不介入，而不是不干预对其支持。③ 传统国际法之下，在与第三国的关系中，与骚乱分子相比较，一个合法政府处于优势地位，至少在战争状态被承认之前是这样。④ 它至多可以带给族裔分离主义分子和国家之间以平等，但战争状态被认可极为罕见，而且它本质上又是临时性的⑤。

显而易见，与合法的政府相比，不干涉和不使用武力的规范性原则使族裔分离主义分子在获得外部支持的道路上处于很大的不利地位。理查德·法克（Richard A. Falk）强调了在国家们的体系中政府之间在各自执政的任期内具有怎样的相互利益关系，因此，对"革命"挑战的制度偏见是"主权国家"基本理念的一种符合逻辑的表达，这种理念认为只有主权国家

---

① Gene M. Lyons and Michael Mastanduno, "State Sovereignty and International Intervention: Reflections on the Present and Prospects for the Future", in Lyons and Mastanduno, *Beyond Westphalia*, p. 261.

② Gene M. Lyons and Michael Mastanduno, "State Sovereignty and International Intervention: Reflections on the Present and Prospects for the Future", in Lyons and Mastanduno, *Beyond Westphalia*, p. 264.

③ Gene M. Lyons and Michael Mastanduno, "State Sovereignty and International Intervention: Reflections on the Present and Prospects for the Future", in Lyons and Mastanduno, *Beyond Westphalia*, p. 264.

④ Rosalyn Higgins, "Internal War and International Law", in Cyril E. Black and Richard A. Falk, eds., *The Future of the International Legal Order*, vol. Ⅲ: *Conflict Management* (Princeton, NJ: Princeton University Press, 1971), pp. 93 - 94.

⑤ Richard A. Falk. Ed., *The International Law of Civil War* (Baltimore: Johns Hopkins University Press, 1971), p. 12.

才能对领土行使排他性的控制。① 虽然这些法律性准则和现实政治因素看似并不具备百分之百的说服力，但国家之间相互约定的义务和战略考虑增强了国际体系形成针对分离主义分子的防范与禁止。

二 民族自决和族裔分离主义运动

1. 自决原则的起源

虽然 17 世纪的威斯特伐利亚体系建立了主权至上的合法性准则，用以治理国家与国家之间关系，但它并没有回答主权究竟在一个国家的哪里存在这一关键问题。② 之后一个时期，合法性的王朝原则的实质仍然完好无损，那就是统治者有权决定各自领土上的政府的权力和政府的组成。③

18 世纪民族主义的崛起修正了原来的模式。在民族主义的影响下，王朝主权原则被人民主权原则（主权归人民全体所有，政府应由人民产生并服从人民的意志）所替代，意味着至少在理论上，有关政府的问题应该由原来被统治的人民所决定。④ 人民主权的理念提出：政府的基础是人民的意志，而不是君主的意志，人民如果不满意他们所属的国家的政府，就应该放弃它，并按照自己的意愿重新组织。⑤

人民主权的理念来自于自决原则。在 19 世纪的欧洲，自决原则与民族主义的理念结合在一起，继而产生民族自决原则，根据这一原则，人民由于他们形成了一个民族，那么他们就有权决定自己的政治命运。本杰明·纽伯格（Benjamin Neuberger）分析了这一理念的理论基础和分析视野："民族自决的呐喊源于反抗民族压迫，反抗'各民族监狱'的帝国统治，反对人为的边界划分，因为它割裂了'自然的'族裔文化民族。在民族自决的

---

① Richard A. Falk. Ed. , *The International Law of Civil War* (Baltimore: Johns Hopkins University Press, 1971), p. 13.

② James Mayall, *Nationalism and International Society* (Cambridge: Cambridge University Press, 1990), p. 26.

③ Benjamin Neuberger, *National Self - determination in Postcolonial Africa* (Boulder, CO: Lynne Rienner, 1986), p. 4.

④ John Stuart Mill, Utilitarianism, Liberty, Representative Government. In Mayall, *Nationalism and International Society*, p. 27.

⑤ A. Rigo Sureda, *The Evolution of the Right of Self - determination: A Study of United Nations Practice* (Leiden, The Netherlands: A. W. Sijthoff, 1973), p. 17.

背后是新秩序的视野，在这个视野里，政治的和族裔的边界将重合，基于自然的民族—国家的体系将利于并确保国际和平与稳定。"①

欧洲率先感受到民族自决理念的影响，然后是其他地区。在19世纪上半叶，拉丁美洲的民族解放运动是一场争取民族权力的斗争，而19世纪下半叶在大英帝国统治的范围内，加拿大和澳大利亚相继成为主权独立的国家。

第一次世界大战期间，美国总统威尔逊一方面出于国家利益（主要原因）；另一方面也为了维护世界民主安全和民族自决，带领美国参战，重申了民族自决原则；而列宁出于俄国国内斗争的需要，带领苏维埃摆脱战争，宣布民族原则是社会主义世界秩序的新的指导原则。② 威尔逊和列宁的民族自决原则虽然赋予人民决定自己命运的权利，但并没有充分考虑业已存在的国家边界和政治结构，更不用说历史和文化传统了。民族自决包含两个重要内容：分离权利和建立独立国家的权利。十月革命胜利后，列宁领导的苏维埃政府在《俄罗斯各族人民权利宣言》等文献中一再重申民族自决权原则，并阐明了这一理论。但在威尔逊看来，民族自决与民主之间，以及这些概念与集体安全的自我管制体系理念之间并不存在鸿沟。③

威尔逊赋予民族自决原则具有普遍性的重要意义，但这一分析视野与以下三个障碍相抵触，而这三个障碍没有一个可以完全跨越。第一个障碍是，在现实世界，严格执行民族自决原则就得分裂已有的国家，这一问题所涉及的内部震荡不说，困难还在于需要得到主要大国的默许。虽然欧洲大国（例如英国和法国）原则上愿意接受民族自决，但它们并不愿意把这一权力扩大到本土或者附属领地。如，英国政府不愿意赋予爱尔兰人完全的自决权，认为这会破坏国家完整、安全与主权。只是到了都柏林复活节起义（1916年）六年之后的1922年，英政府才准备承认这个衰弱的爱尔兰自由政府，但并不是全部的主权，北爱尔兰仍然被排除在外。

民族自决原则无法克服的第二个障碍是少数民族的地位和身份问题。少数民族问题注定会出现，因为如果不考虑政治版图的划分，少数民族不

---

① Neuberger, *National Self-determination in Postcolonial Africa*, p. 4.

② Neuberger, *National Self-determination in Postcolonial Africa*, p. 5.

③ Mayall, *Nationalism and International Society*, p. 44.

满的问题将会在每一个国家出现。另外，由于欧洲的许多少数民族群体跨境分布，如果严格遵照民族自决原则行事，那么将会出现新的国家激增或者大批的移民人口。

民族自决原则普遍化道路上的第三个障碍是欧洲霸权希望在亚洲和非洲继续保留自己的殖民地。而赋予殖民地上的各民族以民族自决无疑违背了欧洲霸权的一己私利，它们仅仅支持在有限的范围内实施这一原则，因此，民族自决原则仅限于欧洲。[①]

第一次世界大战以后，主要大国拾起民族自决话语——也就是把它视为一种原则而接受而不是一种权力，并从现实性和政治利益的考量出发，重新描绘了欧洲地图，但这个地图仅仅粗略地反映了民族原则，并不包含任何固定程序的内容。[②] 因此，民族自决原则甚至在《国联盟约》（*Covenant of the League of Nations*）中都没有体现[③]。唯一的影响就是该原则从选择的领域被搬到自然和本原的领域，自决行动的理念被民族自决主义的理念所取代。[④]

一直到第二次世界大战结束，民族自决才扩展到殖民地，这显然是一个悖论。1918 年以后，英国和法国这两个大国都是当时拥有广袤领土的帝国，也都属于自由宪政主义根基最为牢固、民族统一推进最为深远的国家之列。最初，自由帝国主义者试图解决自由民主的政治价值与民族意义上（并且最终以种族意义上）定义的帝国秩序理念之间的矛盾，而帝国秩序定义的依据是在概念上划分出两个世界，即文明化国家和野蛮人国家。但是，

---

① Mayall, *Nationalism and International Society*, pp. 44 – 45.

② Mayall, *Nationalism and International Society*, p. 54.

③ 在 1919 年召开的国际联盟事务委员会全体会议上，对日本提出的种族平等修正案进行表决。参加会议的 17 名委员中，包括中国代表顾维钧在内，投赞成票的高达 11 人。而在和会中起主导作用的美、英两国，却投下反对票，主持会议的美国总统威尔逊表示，因为来自大英帝国的反对意见过于激烈，因此除非得到全票赞同，否则这一修正案不应加入国联盟约。而英国对此的反对，主要考虑到它的嫡亲小兄弟澳大利亚对此议案表现出了几乎歇斯底里的反对：参与和会的澳大利亚总理休斯（William Morris Hughes，又称 Billy Hughes）宣称，如果该议案被通过，澳大利亚将立即退出巴黎和会。因为小小的澳大利亚，在惨烈的第一次世界大战中，为大英帝国贡献了巨大的力量，仅战死于欧洲战场的将士就有 6 万名。休斯曾经质问威尔逊：我代表着 6 万英灵，你又代表多少呢？

④ Mayall, *Nationalism and International Society*, p. 54.

詹姆斯·梅奥尔（James Mayall）注意到，由于自由价值最终根植于普遍人权的启蒙发现里，这一矛盾可能不再被看作自然秩序的一部分。因此，通过一段时期的启蒙教育和自我管理政府的准备，野蛮人国家可以发展从而迈入文明化的国际社会之列，有人认为设想这样一个过程是有必要的。① 这就是典型的"白人负担"② 论据。

2. 联合国框架下的民族自决

民族自决作为国际生活诸多理论中的一种基本的民主原则，1945 年开始在联合国体系内受到越来越多的关注。可以肯定，当初几个大国在美国敦巴顿橡树园起草《联合国宪章草案》时，并没有包括自决权内容。但是在旧金山会议上，在苏联以及拉丁美洲国家和阿拉伯世界的压力下，自决权被写入宪章，并在宪章中两次提到。第一次是在第 1 章宗旨和原则中的第 1 条第 2 款中：发展国际间以尊重人民平等权利及自决原则为根据之友好关系，并采取其他适当办法，以增强普遍和平③。第二次出现在第 9 章国际经济及社会合作第 55 条中：为造成国际间以尊重人民平等权利及自决原则为根据之和平友好关系所必要之安定及福利条件起见，联合国应促进：（子）较高之生活程度，全民就业，及经济与社会进展。（丑）国际间经济、社会、卫生及有关问题之解决；国际间文化及教育合作。（寅）全体人类之人权及基本自由之普遍尊重与遵守，不分种族、性别、语言或宗教。④

民族自决，在联合国宪章里得到承认，但问题依然备受争议。在两次世界大战间歇期（1919～1939 年），把自决当成"政治原则"使用还是当成"法律权利"执行，对这类问题仍然不很明确。联合国倾向于把自决视为一种政治原则来确定其作用：①应在联合国宪章基本原则上进行阐释，主要通过联合国决议（例如，1970 年通过的《联合国友好关系原则宣言》，2625 号决

---

① Mayall, *Nationalism and International Society*, pp. 45 – 46.
② 《白人负担》（*The White Man's Burden*）最初是英国诗人约瑟夫·鲁德亚德·吉卜林所做的一首诗，发表于 1899 年。吉卜林通过含蓄的辞藻劝告英王不要过度扩张，以致需要教导殖民地那些没有文化的人，而美国的一些帝国主义者把这首诗理解为帝国主义的特征。在英殖民时代，"白人负担"主要借指基于政治经济利益，也基于欧洲白人以一种优越民族身份去"教化"他们认为属于次等的有色人种的思想。
③ http://www.un.org/zh/documents/charter/chapter1.shtml.
④ http://www.un.org/zh/documents/charter/chapter9.shtml.

议）和国际法院的咨询意见（例如关于纳米比亚和西撒哈拉的意见①）执行。②对普遍人权制度进行详细解释，1966 年《国际人权公约》（*Covenants on Human Rights*）标志着这一制度的建立。③关注殖民问题，具有决定性意义的决议是 1960 年的《给予殖民地国家和人民的独立宣言》（1514 号决议）。

通过研究我们发现，从国际法的角度看，在民族自决与分离主义相关问题上，联合国有 3 个非常重要的决议：1960 年的第 1514 号决议、1970 年的第 2625 号决议和 1966 年的《国际人权公约》，除了重申去殖民化的国际宣言原则上只适用于仍在托管的前殖民地和没有形成自治政府的领土外，都强调了只有在 3 种情况下可以支持民族自决：殖民主义统治、外国占领和强加的政治统治以及种族主义政权，同时申明支持民族自决并不表示鼓励现存主权国家内部少数民族的分离和独立之要求。像绝大部分国际法的文件一样，这 3 个重要决议在强调民族自决、反对殖民主义、支持民族独立的原则前提下均特别包括了对国家主权原则的保护条款。比如在第 1514 号决议的七条条款中，前五条条款确认了在世界人权宣言基础上的基本原则，包括民族自决权，而后两条条款特别强调了任何在整体或部分上破坏国家统一和领土完整的行为都违背了联合国宪章。第 2625 号决议则强调：决议中有关主权平等和民族自决的原则，不能被理解为相关国际条约给予许可或者鼓励任何整体或部分地破坏现存的主权独立国家的国家统一和领土完整的行为，当然同时决议也申明这些主权独立的国家应代表国内的全体民众而且不能实行对不同族群的歧视政策。

我们还可以看到，从 20 世纪 60 年代以来，联合国有相当一部分决议特

---

① 纳米比亚（西南非洲）在 1990 年独立以前，是唯一尚未置于国际托管制度之下也未取得独立的国联委任统治下的领土。关于该国地位问题，国际法院曾提出好几次咨询意见，答复联合国大会向其提出的问题。1974 年 12 月联合国大会要求法院对西撒哈拉问题发表咨询意见，因为摩洛哥和毛里塔尼亚都对西撒哈拉提出了领土要求。法院在考虑了 14 个国家的书面或口头意见之后发表了咨询意见，法院得出结论：它所收到的资料不足以证明摩洛哥王国或毛里塔尼亚实体与西撒哈拉领土之间有任何领土主权关系。因此，法院并不认为这类性质的法律关系会影响在西撒哈拉非殖民化过程中通过该领土人民自由地、真实地表达其意愿实行自决的原则。

别限制对国家主权和内部事务的任何干涉和侵犯行为。[①] 现在非殖民化已经基本完成，几乎所有曾由联合国托管的前殖民地和没有实现自治政府的领土也都已经实现了独立自治，而且这些新独立国的建国过程绝大部分是在共识、谈判、签订条约的基础上实现的，很少是通过暴力手段赢得独立战争的方式取得的。[②] 因为非殖民化任务的基本完成，所以民族自决的重点现在更多的是指向现存主权国家中的少数族群包括少数民族和原住民。[③] 特别是 1993 年日内瓦《人权宣言》，将自决权的问题在完成非殖民化目标的情况下做了一定的调整和重新定义。一方面强调民族自决在现存主权国家内更多的是指少数民族区域自治、多元文化主义、反对任何形式的种族主义和种族歧视；另一方面强调普世的人权原则，在国家行为方面强调"主权即责任"的人权保护原则，因此削弱了对主权国家的外部干涉行为的限制，引入了国际人道主义干涉的概念，在分离主义问题上注入了新因素。[④]

因此，如果理论上把自决原则扩大到所有人民，那么在实践上就只能被那些处在殖民统治下的人们所利用。希雷克利帝斯指出，这些人只能行使这个权利一次，并直到永远，绝不会有第二次，不可以打乱殖民地的领土完整。[⑤] Lee Buchheit 对这一方法的武断性提出看法，并追问：为什么殖民地人民希望摆脱政府控制在道义上就行得通，而且也有法律权力，而一个附属于某一独立国家并具有明显特征的少数民族偶然间发现自我，却必须永远没有获得自决原则的机会呢?[⑥]

很明显，联合国一个没有公开的目的就是：一旦去殖民化过程结束，就冻结世界政治和领土版图。[⑦] 这一目的受到曾经是西方殖民地的非洲和亚洲国家的支持，也受到其他国际和区域组织的青睐。对于联合国和政府间组织来说，追随这一政策的理由很明显，当它们自己所属的成员国的完整

---

① 朱毓朝：《有关分离主义的国际法、国际政治分析》，《国际政治科学》2005 年第 2 期。
② 朱毓朝：《有关分离主义的国际法、国际政治分析》，《国际政治科学》2005 年第 2 期。
③ 朱毓朝：《有关分离主义的国际法、国际政治分析》，《国际政治科学》2005 年第 2 期。
④ 朱毓朝：《有关分离主义的国际法、国际政治分析》，《国际政治科学》2005 年第 2 期。
⑤ Heraclides, *The Self - determination of Minorities in International Politics*, pp. 21 - 22.
⑥ Lee C. Buchheit, *Secession: The Legitimacy of Self - determination* (New Haven: Yale University Press, 1978), p. 17.
⑦ Mayall, *Nationalism and International Society*, p. 44.

和统一受到攻击，或者为此辩护时，如果它们要用这种方式解释自决，它们将把自己置于几乎是不堪一击的位置。[①] 同样，对于亚洲和非洲新兴国家来说，主权、领土完整、国家安全的迫切性妨碍了它们按族裔或者文化路线实践自决。所以，虽然非洲和亚洲的许多民族主义者很早就提出重划由西方殖民帝国创造的"人为的边界"，但是他们一旦获得了独立，就变成维护领土完整的热情的支持者。

联合国的政策是反对这种从既有的独立国家中脱离的非殖民地性质的分离主义行为。1970 年的《友好关系宣言》明确反对和拒绝任何威胁独立国家民族统一和领土完整的分离主义运动。除了殖民地以及其他类似的非自我管理政府地区，自决权只能适用于被占领地区以及那些受种族主义制度（例如种族隔离）统治的多数人，而不是那些相同政策下的少数民族。[②]总而言之，理论上，自决的基础已经以地区的原则取代族群和文化原则，在实践上，自决意味着仅仅是摆脱西方殖民地统治而独立。[③]

对自决和分离这两个具有局限性的解释，希雷克利帝斯指出了两者之间的联系：在国际法中自决基本上限定于反殖民地性质的自决（外部方面）、多数人统治（内部方面），也包括反种族主义者和反占领性质的自决，而不是人口较少的少数人分离主义性质的自决或者"民族"（族裔）性质的自决。因此，对分离主义实体的承认是不被允许的，分离（与分治相对应）并不是建立国家。[④]

Allen Buchanan 也认为，分离将意味着国际无政府状态的出现，他还分析了这种恐惧如何导致把自决权的认可与分离权的认可割裂开来的企图。[⑤]实际上，这经常意味少数人的权利与少数人的政治目标的分离。

1992 年 12 月，联合国颁布 47/135 号决议，升级管理当代国家体系中的少数人地位的准则。《个人隶属民族、族群、宗教或语言性少数族群权利

---

① Heraclides, *The Self-determination of Minorities in International Politics*, p. 23.

② Alexis Heraclides, "Secession, Self-determination and Nonintervention: In Quest of a Normative Symbiosis", *Journal of International Affairs*, 45, 2, Winter 1992, pp. 404 – 405.

③ Heraclides, *The Self-determination of Minorities in International Politics*, p. 22.

④ Alexis Heraclides, "Secessionist Conflagration: What Is to Be Done?" *Security Dialogue*, 25, 3, 1994, p. 284.

⑤ Allen Buchanan, "Self-determination and the right to Secede", *Journal of International Affairs*, 45, 2, Winter 1992, p. 350.

宣言》（*Declaration on the Rights of Persons Belonging to National or Ethnic，Religious or Linguistic Minorities*）规定了保护少数人权利的最低国际标准，例如，少数民族母语发展指导建议措施以及推广少数民族传统文化知识的建议措施等。但是，在诸多联合国决议中，虔诚的目标表达并没有使成员国拿出多少实际权力赋予少数民族。[①] 由于忽视少数民族具有建构自己国家愿望的可能性，1992 年的决议反映出坚持反对分裂主义的一贯风格。

这一历史的背景有助于我们进一步理解为什么当代国际准则框架对族裔分离主义者持否定态度。国家形成和认可的国际法律框架、不干涉准则，以及对自决原则的解释，这一切都在共谋抵制分离主义行径。另外，希雷克利帝斯指出，宪法性的法律通过一种几乎跟国际法一样的方式运作，对分离进行抵制。战后只有三部宪法承认分离的权利：1947～1974 年的缅甸宪法、南斯拉夫宪法，以及苏维埃联盟宪法。[②]

对于国际准则框架来说，当然也有一些例外的情况，但这些只用来强调已有的规则。虽然多数国家支持当代对自决权的解释，但是也有一些国家例如索马里承认分离是这一权利的组成部分；一些伊斯兰国家也一样，尤其是在那些穆斯林群体为自决而战的国家。[③] 同样，1971 年印度承认孟加拉国独立，20 世纪 60 年代一些非洲国家承认比夫拉[④]，南斯拉夫和苏联解体以后成立的新兴国家也很快得到西方世界的欧洲国家的承认。相对于已有的国际准则框架来说，这些都是例外情况。

当我们意识到分离成功的案例少得可怜时，承认分离这一例外情况才

---

① Patric Thornyberry, "International and European Standards on Minority Rights", in Hugh Kiall, ed. *Minority Rights in Europe：Prospec for a Transitional Regime* (New York：Council on Foreign Relations press, 1995), pp. 14 – 21.

② Heraclides, *The Self - determination of Minorities in International Politics*, p. 23.

③ Heraclides, *The Self - determination of Minorities in International Politics*, p. 23.

④ 比夫拉（Biafra）原为尼日利亚南部的一省，1966 年在葡萄牙、南非及以色列的支持下，于 1967 年 5 月 30 日宣布独立，进行为期短暂，甚至惨烈的独立运动。当时的尼日利亚政府在英国及苏联支持下，对比夫拉宣战，并对该地区进行禁运，1967 年 6 月 5 日发动战争攻击比夫拉临时政府与人民。1969 年，尼日利亚政府禁止国际红十字会所有人道援助工作，比夫拉因禁运出现大规模饥荒，并导致经济及军事崩溃，至 1970 年 1 月 15 日灭亡。总统奥朱古上校流亡海外，比夫拉重新并入尼日利亚。在这场战争中大约死了一百万人，是近代史上代价最大的人类悲剧之一。

显得那么惹眼。1945～1990 年，虽然有许多分离主义运动，但只有一个是成功分离，那就是孟加拉。众所周知，20 世纪 90 年代早期国际上发生了诸多分离事件，多集中在苏联和东欧地区实行联邦制的转型国家阵营。为防止对其他分离的法律认可，在承认与不承认之间有一条很清楚的界线，即使有的分离运动取得了军事胜利，例如俄罗斯的车臣、摩尔多瓦东部德涅斯特地区、格鲁吉亚阿布哈兹地区、阿塞拜疆的卡拉巴赫等。因此，20 世纪 90 年代分离运动的连锁反应预示着关于分离的国际准则体系的修订，但仅限于某种程度，即它正式承认一个政治集团失去冷战的重要影响。

本部分研究认为，国际法框架、准则和现实的国家实践共同抵制族裔分离主义分子。在下一部分，我们将分析族裔分离主义群体寻求分离的惯用的理由。我们的问题集中于国际准则体系对特别严重的民族压迫情况和陷入族裔分离情感的少数民族是否应该表现出敏感性，或者还是应该遵循惯例，拒绝所有族裔分离的诉求，而不考虑其中具体情况。

第三节　分离的辩护理由

一　辩护者的一般论据：国家过时

在通常情况下，族裔分离主义运动所追求的分离目标不大可能在国际社会找到很多支持。即便如此，处在风险中的少数人这一形象仍然会引起国际社会对这类群体的同情。似乎一个少数人群体其分离、独立、主权、国家地位等这一系列行为（这些词语所描述的并不总是一个群体政治独立运动特定的各个阶段）的道义理由越有力，越值得国际支持，他所处的风险就越大，所遭受的委屈就越严重；而随着时间的推移，满足他的要求就越具有现实性和弹性。[1] 当代世界诸多分离运动的案例显示，为争取分离和国家地位而进行的"斗争"取得什么样的结果，通常是由武装斗争决定的，但是，考虑分离运动的道义世界和国际体系的道义世界两者之间的对抗也很重要，而这个国际体系正是分离主义者希望加入的。

---

① 关于主权观念及其同自决的区别，参考 Ruth Lapidoth, "Sovereignty in Transition", *Journal of International Affairs*, 45, 2, Winter 1992, pp. 325 - 346。

最近若干年，关注分离的道义性问题的文献大量涌现，甚至道德哲学家也已经开始意识到同现有的国家权力进行抗争的族裔民族主义运动饱受批评的状况。这类文献对分离的道义原则问题进行阐述。分离的理念把一个民族群体取消某一政治联合的企图当成迈向自己主权的前奏。可以肯定，摆脱某一联合的原因可能并不总是跟要求国家身份的那些原因相同。对于第一种情况来说，歧视的诉求更具有说服力，而对于第二种情况来说，历史命运的诉求则更具有说服力。然而，一般来说，群体通常千方百计地开展道义上最具说服力的辩护，以证明自己的行动的正义性。

明确要求分离和独立国家身份，部分地是对自决的理解过于短暂和随意的结果。实际上，族裔分离主义运动增加的一个间接原因，就是由于上述法律框架中的规定，自决已经大大被削弱，并没有任何实际作用。20世纪30年代希特勒以德意志民族在奥地利和捷克斯洛伐克的抱负为由，为第三帝国的侵略行为辩护，更使这一原则名誉扫地。因而，从威尔逊主义起源开始，自决概念就沦为国际政治的工具，而不是与万国法律相关的人道主义原则。[①] 今天，分离的道义理由类似于殖民时代自决以后的道义情况。

上面提到，最令人信服的分离辩护似乎是关于处于风险中的少数人，但是何谓少数人？何时他们才真正处于风险，这些都是模棱两可的模糊概念：

> 关于族裔少数人（Ethnic Minorities）和民族少数人（National Minorities）并没有一个普遍接受的规范性定义。由此，许多国家可能并不承认具有少数人权利的少数人群体的存在，虽然他们选择把自己定义为问题中的"少数人"。另一个问题是，几乎很少有国家准备把这种权利视为"群体权利"。[②]

如果一个国家对在自己管辖的领土上是否存在某种少数人群体存有争议，那么风险群体的分类就几乎没有任何实际意义。

法律界和学界也对哪一个群体有权实施自决的条件存在分歧。在《国家：

---

① Robert A. Friedlander, "Self – determination: A Legal – Political Inquiry", in Yonah Alexander and Friedlander, eds., Self – determination: National, Regional, and Global Dimensions (Boulder, CO: Westview Press, 1980), p. 318.

② Heraclides, "Secessionist Conflagration", p. 287.

合法性权力》（*The Power of Legitimacy Among Nations*）一书中，Thomas Franck 提出"权利平等"（Entitlement to Equality）的广泛原则作为自决的基础。在他看来，自决是一种可以适用于任何不同地区的权利，如果那里的居民并没有同这个国家其他地方的居民享有平等的权利。[①] 这样，Franck 就回避了与定义"少数人群体"相关的概念性难题，把注意力转向基本条件的不平等。

Buchheit 在其开拓性研究《分离：自决的合法性》（*Secession：The Le-gitimacy of Self - determination*）一书中分析了自决是否构成一种源自于自然法并代表普遍人权原则的自然权利。他通过研究几个有关自然权利的理论家的思想，例如 Thomas Hobbes，Hugo Grotius，Emmerich von Vattle 以及 John Locke，得出结论：在自然权利思想演进中，有关个体或群体的抵抗权利之原则都不是无要求、无条件地加以宣布。他还说：这一天赋的抵抗权利至今也没有被视为群体分离权利的一部分。[②]

但是 Buchheit 也承认，高要求的分离权利在现实国际法（Positive Inter-national Law）[③] 中早已出现。1815 年的维也纳会议宣言中承诺为被瓜分的波兰建立国家机构[④]，一战结束后 1919 年德国与同盟国之间的凡尔赛公约、1920 年匈牙利被迫与列强签订"特里亚农条约"（*Treaty of Trianon*）[⑤]、

---

① Thomas M. Franck，*The Power of Legitimacy Among Nations*（Oxford：Clarendon Press，1990），p. 168.

② Lee Buchheit，*Secession：The Legitimacy of Self - Determination*（New Haven：Yale University Press，1978），p. 55.

③ 现实法（Positive Law）也有称"实在法"，是与自然法（Natural law）相对应的一个法学概念，指有关实际存在的由人制定的法。

④ 维也纳会议是反法联盟打败拿破仑以后，欧洲列强于 1814 年 10 月 1 日到 1815 年 6 月 9 日之间在奥地利维也纳召开的一次外交会议。会议主要是根据第一次巴黎和约的原则，在战胜国间分配战利品，重新安排欧洲版图，确认新的国际格局。会议总决议主要体现了维也纳会议的两个原则：正统主义原则和补偿原则。按照正统主义原则，欧洲许多旧王朝重新登上宝座，如法国西班牙的波旁王朝；葡萄牙的旧王朝；意大利一些邦国的旧统治者。按照补偿原则，总决议包括了 2 月间达成的关于波兰—萨克森的协议内容，肯定了俄普占领的地盘，同时英奥也攫取了大片别国领土。

⑤ 特里亚农条约是 1920 年一项制定匈牙利边界的条约。第一次世界大战结束前，奥匈帝国灭亡，奥地利帝国的伙伴匈牙利王国宣布独立。由于奥匈帝国包含数个不同种族，故此需要重新划定匈牙利、奥地利及其他刚刚独立之新国家的边界。条约于 6 月 4 日于法国凡尔赛的大特里亚农宫由数个国家签署，分别是战胜国美国、英国、法国与意大利，以及刚独立的罗马尼亚、塞尔维亚、克罗地亚和斯洛文尼亚王国与捷克斯洛伐克；战败国就是代表奥匈帝国的匈牙利。匈牙利将原有 28.3 万平方公里土地之三分之二割让予南斯拉夫王国、捷克斯洛伐克、罗马尼亚等国。

1920 年协约国与土耳其签订的色佛尔条约①，以及其他与战败国和新兴国家签订的条约，特别是那些明确规定国家对少数人负有责任和义务的部分，这些都构成了自决权的实证。1960 年《联合国给予殖民地国家和人民独立宣言》（*Declaration on the Granting of Independence to Colonial Countries and Peoples*）和 1970 年联合国《友好关系原则宣言》（*Declaration on Principles of International Law Concerning Friendly Relations and Cooperation among States in Accordance with the Charter of the U. N.*）恢复了自决权作为必需之物的重要性，如果它不是一种法律权利的话。1978 年，Buchheit 得出结论认为，国际法对分离主义者自决之承认的发展，虽然显得小心谨慎而又一致保守，但可以觉察得到。②

笔者力图用为当代世界分离行为辩护的常模式（基于常规的模式），为分离主义者归纳这一有限的机会。一个是补救性分离模式（Remedial Secession），即一个独特的群体遭受了来自其统治国家的各种不同程度的压制，国际法承认一系列补救措施，包括对个体权利和少数人权利的保护，以及以分离作为最终的补救方案。③另一个就是本位主义模式（Parochialist），它认为对于一个合法的自决要求，其唯一的不可忽视的条件，就是想要掌握属于自己的政治命运的真实自我的存在。④后一个模式的特点依托于两个问题：一是群体作为自我而独立存在的实际能力有多大；二是如果为了顺应分离而取消已有的联合，较大范围的和谐或者较小程度的社会混乱随之而

---

① 色佛尔条约（Treaty of Sèvres）是协约国与奥斯曼帝国在 1920 年 8 月 10 日签订的一项条约，属于 1919 年巴黎和会系列条约的一部分。内容主要为削弱奥斯曼帝国的领土及国力，防止它再发动对外扩张的战争。该条约被普遍认为是侧重协约国（尤其是英国、希腊和亚美尼亚等国）的利益，而对奥斯曼帝国和土耳其人十分苛刻。由凯末尔率领的土耳其民族主义者对条约做出了否定，并与依据条约占领小亚细亚的亚美尼亚、希腊和法国军队战斗，被视为土耳其独立战争。土耳其民族主义者最后获胜，成立土耳其共和国，取代奥斯曼帝国政权，并与协约国签订《洛桑条约》。因此色佛尔条约成为巴黎和会各条约中唯一没有切实执行而被完全取代的条约。

② Lee Buchheit, *Secession: The Legitimacy of Self - Determination*（New Haven: Yale University Press, 1978），p. 97.

③ Lee Buchheit, *Secession: The Legitimacy of Self - Determination*（New Haven: Yale University Press, 1978），p. 222.

④ Lee Buchheit, *Secession: The Legitimacy of Self - Determination*（New Haven: Yale University Press, 1978），p. 223.

来的可能性。成功分离无论对现有国家还是对总的国际秩序的影响都必须加以监测。关于分离的合法性问题，Buchheit 给出一个分析：

> 在破坏性因素比较多的地方，要求分离的人必须拿出特别好的理由为其自决辩护。换句话说，分裂因素越多，就要求拿出更多的方式，证明自我和未来生存能力。在分离几乎不会带来破坏的地方，或者在当前破坏的力量超过未来风险的地方，对于该群体来说，自我地位的条件可以放宽……因此，这或许在较大程度上包容了某一人民自我统治的愿望，因为这类人拿不出绝对有力的证据证明他们具有种族的、历史的或者语言的独特性等。①

国际上的国家体系总体来看夸大了分离的破坏性力量，而有些要求国家身份的分离主义者，甚至是那些比较小的或者是不重要的角色（例如，车臣）。这一事实告诉我们，Buchheit 的方案虽然构想很好，但它更具有学术意义，而不具有实践意义。

Ruth Lapidoth 认识到衡量分离主义的合法性或者道义性的种种限制，他自己的理论取向主要关注于"主权"定义。他认为，在权力扩散的情况下，中央政府和地方或自治机构都可以成为"主权"分享的合法承担者，而没有必要使国家消失或解体。② 但是，这里也仅仅扩大了主权的含义，以包括那些看似有可能符合族裔分离主义运动条件的弱势群体。

Gidon Gottlieb 雄心勃勃地试图通过开辟新的政治空间来满足族裔分离主义者的需求。他提出创造"民族（国家）新空间"，它使得有必要"把主权的概念解构成两个基本的元素：一是作为统治人民的权力的主权，一是作为统治领土的权力的主权"③。除了已有的国家体系之外，Gottlieb 还提出建立一个非领土基础的民族或者人民的制度。把一个合法的个体扩展到除

---

① Lee Buchheit, *Secession: The Legitimacy of Self – Determination* (New Haven: Yale University Press, 1978), p. 241.

② Lapidoth, "Sovereignty in Transition", p. 345. Lapidoth 关于主权和自决问题观点的进一步详细阐述，参考其发表论文 "Redefining Authority: The Past, Present, and Future of Sovereignty", *Harvard International Review*, 17, 3, Summer 1995, pp. 8 – 11 and pp. 70 – 71。

③ Gidon Gottlieb, *Nation Against State: A New Approach to Ethnic Conflicts and the Declines of Sovereignty* (New York: Council on Foreign Relations Press, 1993), pp. 36 – 37.

国家之外的领域，将允许人们享受全部的政治和公民权利而不加以任何的领土定义。因而，人们是某一主权国家的公民的同时，人们也可能是"民族故乡"（National Home）的居民，这个故乡可能跨越边境，延伸至远。

民族故乡框架的理念或许是一个可以与族裔要求相抗衡的方法。它意在"把国家的完整和主权与内部的民族群体的要求相调和，为那些被国家边界分开的各个民族提供一个共同的民族联系的环境，解决他们民族认同的渴望，而且这样做也不会瓦解多民族社会的凝聚力"。① Gottlieb 设计的这种把各个民族组织起来的功能性方式其实是一个乌托邦。把国家实体与非国家实体混合起来却不让它们在一个统治下生活，看起来既缺乏常识又不具备现实期待。二战结束以后，联合国在巴勒斯坦土地上为犹太人建立了故乡，这一蓝图却失败了。这个案例揭示出传统的主权理念具有多么大的威力！但是，另一方面，在面对那些难以对付的族群冲突，这些想象出来的把各族人民组织起来的新结构也并非一无是处。

Mayall 也积极地参与了有关自决问题的讨论，并提出制定一个新的跨国制度来处理族裔分离主义运动不断增加的问题。虽然这一设想专门为欧洲量身定做，但 Mayall 称之为"马城选择"（Maasstricht Option）② 的概念或许具有更为广泛的应用：欧洲一体化过程中一些国家权力逐步让渡给欧盟中央，而其他权力则由地方控制，这种形式可能为少数人群体获得自治而不退出国家或者经济体提供一个解决办法。③ 当然，这个提法也遭到批评，因为指望现有的国家愿意把权力让渡给一个更高级别的机构或者一个较低级别的机构都是不切实际的空想。

关于获得一个新的政治结构的难度，Myron Weiner 得出一个令人无容置

① Gidon Gottlieb, *Nation Against State*: *A New Approach to Ethnic Conflicts and the Declines of Sovereignty* (New York: Council on Foreign Relations Press, 1993), pp. 42 – 43.

② 1991 年 12 月 9 ~ 10 日第 46 届欧洲共同体首脑会议在荷兰的马斯特里赫特（Maastricht）举行。经过两天辩论，通过并草签了《欧洲经济与货币联盟条约》和《政治联盟条约》，即《欧洲联盟条约》，也称《马斯特里赫特条约》。这一条约是对《罗马条约》的修订，它为欧共体建立政治联盟和经济与货币联盟确立了目标与步骤，是欧洲联盟成立的基础。《欧洲联盟条约》体现了全球一体化时代为应对人类共同的挑战而必须实行主权让渡的策略。

③ James Mayall, "Sovereignty and Self – determination in the New Europe", in Miall, ed., *Minority Rights in Europe*, p. 12.

疑的结论：我们以悬而未决的问题结束了 20 世纪，又用同样的问题开启了新的世纪，即我们如何调和自决要求与边界神圣不可更改的国家主权要求？他强调，有必要为那些缺少国家主权的族群们制定某种自治安排，从而找到具有想象力的解决方案解决这个问题，但这个方案必须保证，在他们自己的领地内，一个社群拥有较大的自我政府。他对缓解族群冲突的传统制度安排进行评论：

> 联邦制，是一种把国家权力在中央政府和下属地区政府之间进行分配的原则；文化自治是为在某一区域内具有确定历史关系的社群而安排的；保证选举机构中有少数民族权利的代表；共治，是两个国家对某一领土享有共同主权的原则；保证宗教信仰的自由。①

虽然 Weiner 认为这些安排将继续为一国内部的族群冲突问题提供切实可行的解决办法，但是他又指出：现代国家并不需要中央化，但即使它的作用消失了，中央主义还将继续存在。这一理念合法化成为这些方案存在的基础。② 不管是国家还是潜在的分离主义者都必须认识到，现代中央化的国家并不是国家本身的目标。今天中央化的国家，除了来自少数民族和地方施加的压力外，也正面对新的挑战——调整自己以适应日益相互依赖的全球经济和新的国际机制。

对于不满群体来说，分离可能得到的目标同样也可以在更负责任、反应更为积极的政府的体制中得以实现。艾米泰·艾茨奥尼教授（Amitai Etzioni）认为，由于自决的最终目的并不是自决本身，而是积极反应的政府，相互的容忍或许是许多国家和诸多族群最为需要的且第一需要的东西。③ 例如，印度各民族渴望得到也应该得到一个能够对他们积极反应的政府，但并不必然是一个分离的政府。④ 实际上，艾茨奥尼做了一个值得怀疑的表

---

① Myron Weiner, "Peoples and States in a New Ethnic Order?" *Third World Quarterly*, 13, 2, 1992, p. 332.

② Myron Weiner, "Peoples and States in a New Ethnic Order?" *Third World Quarterly*, 13, 2, 1992, p. 332.

③ Amitai Etzioni, "The Evils of Self-determination", *Foreign Policy*, 89, Winter 1992 ~ 1993, p. 33.

④ Amitai Etzioni, "The Evils of Self-determination", *Foreign Policy*, 89, Winter 1992 ~ 1993, p. 25.

述，即自决运动获得支持是因为他们反抗压迫，而不是因为他们为分离而斗争。① 现实是诸多民族解放运动别无选择，只能同时为两个目标而战。

　　然而，过度的自决也会对民主化起不好的作用。当小国们对自己的经济和军事无能为力，甚至突发奇想，加入某个更大的国家集团时，而在这个集团的政府里，他们根本没有自己的代表，那么这种自决究竟有什么意义呢？② 激进的第三世界领袖使用同样的逻辑质疑自由民主和自由经济的有效性。菲德尔·卡斯特罗（Fidel Castro）就是一例，根据他的理论，当身处西方发达国家的国际金融机构和跨国企业做出影响小国的至关重要的决策的那一刻，自决和民主其实都不存在了。

　　对于艾茨奥尼来说，只有当分离主义运动寻求打破帝国统治，并且只有当那些帝国拒绝民主化的时候，自决才值得我们支持。否则，就应该赋予民主政府、社区建设以优先选择，而不是分裂。③ 自由主义者们可能对分离运动动机以及所包含的道义诉求深表同情，但是他们坚持认为其他途径也可以满足他们的要求，而无须承认其分离权。

　　对于面临分离问题的国家角色来说，可供的选择很严酷，那就是或者放弃风雨飘摇的常规战舰（反分裂主义），允许单方独立，至少为了那些现实中可以获得真正独立的那些人（这样的例子有厄立特里亚），或者重新回到最初的常规制度，为分离主义企图关闭机会之门。④ 希雷克利帝斯只列举了第一种选择带来的风险：

　　　　对划分的不确定性的恐惧（内部划分和区域划分），除此以外，还有对多米诺骨牌效应的恐惧；"失利的多数民族"（Stranded Majorities）或者"被困的少数民族"（Trapped Minorities）问题⑤；分裂以后剩下的

---

① Amitai Etzioni, "The Evils of Self - determination", *Foreign Policy*, 89, Winter 1992 ~ 1993, p. 35.

② Amitai Etzioni, "The Evils of Self - determination", *Foreign Policy*, 89, Winter 1992 ~ 1993, p. 28.

③ Amitai Etzioni, "The Evils of Self - determination", *Foreign Policy*, 89, Winter 1992 ~ 1993, p. 35.

④ Heraclides, "Secessionist Conflagration", pp. 285 – 286.

⑤ 例如，英国的北爱尔兰清教徒属于"被绑定的多数民族"，他们是那里的多数人口民族，一直想脱离北爱尔兰，而北爱尔兰天主教徒属于那里的少数民族，其主体民族在爱尔兰王国，因而被称之为"被分隔的少数民族"。

残余国家的生存问题；让无法立足的实体诞生所带来的风险问题，它或许成为国际负担；对多数民族的意愿的损害，以及由此带来的少数民族不断地以分离来挟多数民族；最重要的是，自决的潘多拉盒子一旦打开所带来的后果。①

如果国家解体是正当的，那么针对现代国家是否正在趋于落伍的问题，我们已经看到相互对立的论证。而且至少从当前世界政治和经济生活来看，还没有看到国家过时的实证，所谓过时还只停留在理论阶段，而分离主义者对国家身份的追求，也恰恰说明国家远未过时。我们还是得把目光转向国家解体的明确的道义理由上。

二 辩护者的道义理由

在关于分离的道义性争论中，政治哲学家阿伦·布坎南（Allen Buchanan）做出了主要的贡献。像其他政治学家一样，他认为分离是一种难以处理的事情。它可以打碎旧的联盟，激励锻造新的联盟，打破权力的平衡，中断国际商业，并造成大批难民，甚至也可能导致大量的人口死亡。②因此，他开始发现为分离辩护其实是一个视情况而定的艰难处境。

他注意到，政治联盟就像婚姻一样，是人类用以满足相互需求的一个创造，当这种需求不能得到满足时，它就有可能被解除。像离婚一样，我们可以想象"无过错分离"，不存在不公正或者任何一方的错误。1991年的"天鹅绒分离"结束了捷克斯洛伐克联邦，这是我们可观察到的政治联盟无过错分离的一个极好的例子。

那么，分离的道德权利具体包括哪些呢？布坎南认为，谈到分离的道德权利，它至少包括两个东西：一是指在道义上允许那些人拥有分离权利。二是指其他人在道义上有义务不干涉他们的分离。两个条件是同时存在的。③鉴于二战期间立陶宛是怎样加入苏维埃联盟的，1990～1991年它单方

① Heraclides, "Secession, Self - determination and Nonintervention", p. 408.
② Allen Buchanan, *Secession: Morality of Political Divorce From Fort Sumter to Lithuania and Quebec* (Boulder, CO: Westview Press, 1991), p. 2.
③ Allen Buchanan, *Secession: Morality of Political Divorce From Fort Sumter to Lithuania and Quebec* (Boulder, CO: Westview Press, 1991), p. 27.

面宣布主权并独立，在道义上是被允许的。关于这些命题的争议值得我们去思考。因为即使某些行动（例如分离）在道义上可能是错误的，通常也不会得出武力阻止这些行动，这在道义上是行得通的结论。因而，戈尔巴乔夫在道义上没有派遣军队去维尔纽斯镇压分离主义运动。车臣的例子也能说明这个逻辑。1991 年以后，车臣一直想从俄罗斯联邦独立出来，但是他们为自己分离申辩的道义理由比较微弱。即使这样，也不意味着当时的俄罗斯总统叶利钦在道义上就有自由行使武力的权力。1994～1996 年俄罗斯对车臣的军事行动就是一个例子。

布坎南批评自由主义理论家对分离几乎没有任何评论。理论上，自由主义支持分离，因为它认为合法的政治权威建立在被统治者同意的基础上。在那些同意被收回的地方，例如通过一场族裔分离主义运动，政治权威就变得不具有合法性了。布坎南攻击自由主义是因为他们不仅仅对分离表现出总体上的沉默，而且也对贬低集体权利的价值和群体共享生活的价值表现沉默。对一个群体文化的保护就是为个体成员的选择确保具备一个富有意义的环境，这一选择是自由主义预置的目标。由此，反对政治权威就被赋予理由，而这些理由对经典自由主义来说通常是想象不到的。反对统治者的道义理由不只是包括侵犯个体人权，也包括一个群体成为制度性歧视的牺牲品的情况。

在分析布坎南的理论之后，我们找出了 12 个基于道义诉求的前分离论据：第一个理由是捍卫自由。只要个体的选择对其他人无害，干涉个体的自由就不被允许。正因为如此，如果一个群体行使自由权，而这种行为对其他群体又没有构成妨碍，对这种自由权的行使进行干预可能就是不道义的。当然，一个群体的分离可能会打断一个国家正常的国民生活，并对国家的资源分配、地域划分以及财政基础带来负面影响。以自由的名义为独立（或者革命）辩护在世界历史上经常出现，但是损害原则通常都被道德论者故意地忽视，因为他们试图把政治独立合法化。

第二个理由是促进文化多样性。这里，一个迂回的逻辑造就分离的理由：文化多样性的最佳担保人就是创造独立的政治单元，这些单元之间将自由地互动。然而，在现实的世界里，政治单元之间的关系在分离之后往往不可避免地恶化。法兰西与阿尔及利亚的关系、俄罗斯与立陶宛的关系，以及孟加拉与巴基斯坦的关系，这些关系在决定分离之后都变得问题丛生。

因此，在任何情况下促进文化多样性就其本身来说是一种符合道义的行为，但是否真是如此，也值得怀疑。例如非洲，那里支离破碎的国家所遭受的痛苦更多的是来自多样性的政策而不是中央化的政策。

第三个理由是为了捍卫自由主义，站在自由国家的立场上允许那些没有自由的群体分离。对各种社群的生活方式的容忍有时也会使自由主义国家的后院起火，带来事与愿违的后果，例如宗教军事群体揭竿而起的情况。为了保护自己，这个国家应该给予不自由的群体以分离的权利。实际上，这类群体可能也有义务放弃一个跟他们没有共享哲学原则的国家。不言而喻，这是一个令人难以理解的分离的道义理由：他们没有容忍一个宽容的国家。很少有族裔分离主义运动想把这个事实宣布为他们分离的道义理由。

当最初建立的政治单元的目标变得过时或者无关紧要时，第四个理由就出现了。以前要考虑各个群体之间共同联系的必要性，现在则不必了，双方协议摆脱强加于自己身上的某一时间的特定的责任。布坎南认为，为了从大不列颠帝国取得独立，各个州被"联邦条例"捆绑在一起，但一旦这个目标得以实现，它们各自并不必然地一定要相互间绑定在一起了。

为了吸引新的成员，宪法包括分离的权利，而且在以后的岁月里，一个成员开始重新思考自己当初加入的决策并决定利用宪法的分离条款，这时，就有了分离的第五个理由。因而，一个国家虽然加入了欧盟，但当它不再对自己的政治前途抱任何幻想时，那么就有道义和法律的理由离开这个联盟。这两个理由很不寻常，不管是在政治实践方面，还是在非现实的领域。

相比之下，今日族裔民族主义分离分子更为广泛使用的是第六个理由，即他们声称自己希望摆脱所处国家的歧视性的再分配政策。在那里国民政府并没有以真正的互惠互利的方式运转，而是歧视或者剥削某些群体。这一理由实际上规避了国家对弱势群体居住地的所有权①。不平等或者差异性（这使用 Gurr 的概念）可能存在于不同群体之间，但是只有当统治精英以不公正的方式影响或者改变利益分配，从而使某些人受益，其他人受损时，这就成为支持分离运动的无可辩驳的强有力的道德论据。不平等是否被视

---

① Allen Buchanan, *Secession: Morality of Political Divorce From Fort Sumter to Lithuania and Quebec* (Boulder, CO: Westview Press, 1991), p. 44.

为不公正取决于再分配的模式在道义上是否合理。这种情况通常存在于以下情形之中，即如果某一明显的不利决策当初并不存在，那么它一定是当下创造出来的。① 然而，Gurr 发现，对于不公正的牺牲品来说，激起族裔分离主义者要求的制度性的歧视，相对来说并不常见，虽然在提出这种要求时，他们可能会得到道义上的辩护。此外，他们想要得到的东西往往超过统治精英谈判的筹码，感受到歧视的牺牲者往往把这个原因同文化保护辞令联系起来，这一问题将在下面讨论。

第七个理由是把效益考量同道义考量结合起来。根据帕累托最优原则，如果分离发生，至少一人的境况变好而没有其他人的境况变坏，那么这类行为就是有道理的。这一逻辑经常出现在政治联盟的和平分手中。因而，为大一统的独立单元和决策的中央化辩护与为分离主义辩护，哪一个通常可能更具有先进性？答案也许因时而异，因案而异。

民族主义包含这样一个概念，即每一个人民都有权拥有自己的国家。此规范性的原则为分离的正当性提供了第八个理由。政治边界应该与文化边界重合一致的信仰非常普遍，但实际上在多数情况下这是一个行不通的观点。布坎南研究了此论断之后发现，在众多政治分离的借口中，它属于最不可能的理由之列，因为它暗含这样一层意思，即对于那些包含纯粹的民族主义原则的社会来说，多元文化的多元国家是一种较差的政治安排。一旦一个群体的文化或其经济机会受到威胁，就更有理由激发这一原则，但总体来讲，这种情况在盖尔纳（Ernest Gellner）尖锐的批评面前显得异常脆弱："无论如何不可能使所有的民族主义同时得到满足。一些民族主义满足，而另外一些就会受挫折。世界上许许多多潜在的民族现在或直到现在一直以复杂的模式混居着，而不是居住在严格的领土单位里，……由此推论，在这种情况下，一个政治领土单位只有采取杀戮、驱逐或者同化所有的异族，才能在族裔构成上统一。"②

分离的第九个可能的理由把关注点投向文化保护，而不是集中在荒谬

① Heraclides, *The Self - determination of Minorities in International Politics*, p. 17.

② 厄内斯特·盖尔纳著《民族与民族主义》，韩红译，中央编译出版社，2002，第 3 页（原著里指"非民族群体"而不是异族——笔者注）。英文版参考 Ernest Gellner, *Nations and Nationalism*（Oxford：Blackwell, 1983），p. 2.

的民族原则上。分离可以促进文化繁荣，而且用这种办法，分离也有助于提升文化所属的个体之生命力。西方国家几个比较著名的族裔民族主义群体，例如西班牙的巴斯克人、比利时的佛兰芒人和加拿大的魁北克人，他们经常引用文化作为希望获得政治主权的主要理由。布坎南不想就此主张进行争论，但是他的确把延长濒危文化的生命或者阻止他们的成员被同化进一个更加强有力的文化中去的努力，视作不公正。因而，一个文化对其成员或许具有潜移默化的不好影响，不值得挽救，或者它可能既侵蚀其他文化，也阻止其成员被同化为主流文化。提到北美土著人，布坎南论及他们所遭受的双重危机，他们的文化已经受到最严重的毁坏，但他们还是被阻止同化进入白人带来的文化中去。①

至于为保护文化而建立国家，最有力的反驳论据就是现实的考虑，即没有足够的空间和资源给每一个群体建立自己所属的地域国家。多米诺骨牌效应会导致永无休止的自决斗争，同样是具有说服力的现实考量。艾茨奥尼认为，新的族裔"自我"可以轻而易举地产生。地理的、宗教的、文化的和忠诚的微妙差异会煽起新的分离主义运动，每一个都在寻找属于自己的国家身份之象征符号，追求国家才具有的权力。②

有鉴于文化保护的内在价值的存在，尤其当那里的文化受到威胁时，布坎南总结出为寻求分离而激起的文化保护原则可能具有合理性的五个条件。这五个条件包括：一是文化真正处于危险之中；二是那些具有较少破坏性的文化保护措施并不存在；三是陷于危机中的文化本身符合正义的最低标准；四是分离的结果不应该是建立一个非法的国家；五是不管是现存的国家还是任何第三方都没有在历史上宣布拥有分离的区域。如果把这些作为以保护文化为理由而判断分离是否正当的前提条件，这就大大地限制了族裔分离主义纯粹的道义宣称的范畴。

遇到危险或被攻击时产生的自我防御，而不是维持现状的自我保护可以成为判断一个新独立国家的存在是否具有合法性的第十个理由。一个群体可能要被当前自己所在的国家灭绝，或者第三方无法提供切实可行的保

---

① Buchanan, *Secession*, p. 54.
② Etzioni, "The Evils of Self‐determination", p. 27.

护（分离主义运动及其外部支持的例子参见表 2-1），由此产生的恐惧可能是判断自我防御合理性标准的变种。在第一种情况中，不论国家有什么合法理由宣称拥有分离地区，都会被种族屠杀政策牺牲者的宣称所战胜。在第二种情况中，德国法西斯占领中欧各国，并对数百万犹太人实施大屠杀。因此，布坎南详述了犹太人不得不在中欧建立独立的犹太国家的道德理由。更为新近的例子是，巴勒斯坦阿拉伯人感觉到以色列和约旦都不会保护自己的利益，因而被迫建立他们自己的国家。

表 2-1　20 世纪 90 年代以来的分离主义运动及其支持国

分离主义地区	所在国	支持国
阿布哈兹（Abkhazia）	格鲁吉亚	俄罗斯
阿萨姆邦（Assam）	印度	—
巴斯克（Basques）	西班牙	—
卡宾达（Cabinda）	安哥拉	扎伊尔
加泰罗尼亚（Catalonia）	西班牙	—
车臣（Chechnya）	俄罗斯	—
科西嘉（Corsica）	法国	—
克里米亚（Crimea）	乌克兰	俄罗斯
东帝汶（East Timor）①	印度尼西亚	—
伊里安查亚省（Irian Jaya）	印度尼西亚	—
克伦邦（Karen）	缅甸	—
克什米尔（Kashmir）	印度	巴基斯坦
科索沃（Kosovo）②	南斯拉夫，塞尔维亚	阿尔巴尼亚
库尔德地区（Kurdistan）	伊朗，伊拉克，土耳其	—
棉兰老岛（Mindanao）	菲律宾	—
莫哈吉尔（Muhajir）	巴基斯坦	印度
那加兰邦（Nagaland）	印度	缅甸及其他③
纳戈尔诺—卡拉巴赫（Nagorno Karabagh）④	阿塞拜疆	亚美尼亚

----

① 2002 年 5 月 20 日正式独立，成立东帝汶民主共和国。

② 科索沃议会 2008 年 2 月 17 日宣布独立，脱离塞尔维亚，并获得 75 个国家的承认。2010 年 7 月 22 日国际法院裁决科索沃独立并不违反国际法。

③ 西方认为中国也属支持者行列。

④ 中文报道经常称之为"纳—卡地区"。

续表

分离主义地区	所在国	支持国
意大利北部（Northern Italy）	意大利	—
哈萨克北部（Northern Kazakhstan）	哈萨克斯坦	俄罗斯
欧加登（Ogaden）	埃塞俄比亚	索马里
奥贡（Ogun）	尼日利亚	
欧罗摩（Oromo）	埃塞俄比亚	
波多黎各（Puerto Rico）	美国	—
旁遮普邦（Punjab）	印度	巴基斯坦
魁北克（Quebec）	加拿大	—
苏格兰（Scotland）	英国	—
塞尔维亚（Serbs）	波斯尼亚和黑塞哥维那，克罗地亚	南斯拉夫
南奥塞梯（South Ossetia）	格鲁吉亚	俄罗斯
南苏丹（Southern Sudan）	苏丹	—
泰米尔（Tamils）	斯里兰卡	—
西藏	中国	多国
德涅斯特河沿岸（Trans Dniester）	摩尔多瓦	俄罗斯
西撒哈拉（Western Sahara）	摩洛哥	阿尔及利亚
新疆（Xinjiang）	中国	多国
桑给巴尔（zanzibar）	坦桑尼亚	—
祖鲁（Zulu）	南非	—

表2-2　20世纪90年代以来的分离主义和收复故土运动

主权有争议的土地	主权宣称者	当前主权拥有者
爱琴海诸岛（Aegean Sea Islands）	希腊，土耳其	土耳其，希腊
阿鲁纳恰尔邦（Arunachal Pradesh）	中国	印度
巴鲁吉斯坦（Baluchistan）	伊朗，阿富汗	巴基斯坦
伯利兹（Belize）	危地马拉	伯利兹
波斯尼亚和黑塞哥维那（Bosnia and Herzegovina）	克罗地亚，南斯拉夫	波斯尼亚和黑塞哥维那
塞浦路斯（Cyprus）	希腊，土耳其	塞浦路斯
迪戈加西亚（Diego Garcia）	毛里求斯	英国
吉布提（Djibouti）	索马里	吉布提
福克兰群岛/马尔维纳斯群岛（Falklands/Malvinas）	阿根廷	英国

续表

主权有争议的土地	主权宣称者	当前主权拥有者
直布罗陀（Gibraltar）	西班牙	英国
哈塔伊（Hatay）	叙利亚	土耳其
以色列（Israel）	巴勒斯坦，叙利亚	以色列
克什米尔（Kashmir）	巴基斯坦	印度
千岛群岛（Kurile Islands）	日本	俄罗斯
科威特（Kuwait）	伊拉克	科威特
摩尔多瓦（Moldova）	罗马尼亚，俄罗斯	摩尔多瓦
北爱尔兰（Northern Ireland）	爱尔兰	英国
北奥塞梯（North Ossetia）	印古什	俄罗斯
西北边境省（North West Frontier Province）	阿富汗	巴基斯坦
沙巴（Saban）	菲律宾	马来西亚
南蒂罗尔（South Tyrol）	奥地利	意大利
特兰西瓦尼亚（Transylvania）	匈牙利	罗马尼亚
乌克兰（Ukraine）	俄罗斯	乌克兰
乌兹别克斯坦（Uzbekistan）	哈萨克斯坦，吉尔吉斯斯坦	乌兹别克斯坦

资料来源：Karin von Hippel，"The Resurgence of Nationalism and its International Implications," *The Washington Quarterly*，17，4，Autumn 1994，pp. 192 – 193. 表中仅列出了比较著名的因分离和收复故土而引发的冲突案例，实际上还有其他类似冲突。

第十一个理由涉及对以往不公正的修正，歧视性的不公正就是最有说服力的情况。布坎南强调指出，举证的力量源自于分离是过去被盗资产的合法拥有者对其进行重新占有的假设。[1] 修正性正义的论据包括对历史不满的声明，这种声明的基础就是对领土的合理的宣称：似乎每一个分离的公正性所包含的对领土的合理宣称，一定根源于对以往领土权力被侵犯的历史抱怨。[2] 对历史不满的声明，最明显的例子可以追溯至 1939 年 8 月德国和苏维埃联盟签订的秘密协定《苏德互不侵犯条约》（*Ribbentrop – Molotov Pact*），该条约直接导致波罗的海三国和罗马尼亚北部并入苏联。尤其是，

[1] Buchanan，"Self – determination and the Right to Secede"，p. 353.

[2] Buchanan，*Secession*，p. 68.

同样在这个案例中，各个民族可以宣称不公正地失去了自己的领土，因而他们分离的权力是合法的。然而，我们应该注意到因失去领土权力而引发的历史不满确实在不断地增加（见表 2-2），其范围从非洲和亚洲国家边境线被殖民者随意强制划分，到奥地利宣布对意大利北部南蒂罗尔省（South Tyrol）的主权，到危地马拉认为自己对南伯利兹具有管辖权。因此，在这些案例中，对以往不公正的修正尤其是非法并入一个较大的国家或者帝国，可能是分离的一个强有力的道义理由。

最后，分离必须得到一个合法当局宽宏大量的接受并得到他的批准（其政治责任），这是因为公平地玩自由体制的游戏已经不存在，这也算是为分离辩护的第十二个理由。公允消失的地方批准就可能被收回，政治责任的履行就会中断。这一逻辑经常被当成宣称受到歧视的族裔民族主义运动进行分裂活动的补充理由。

与上述十二个复杂的分类相比，也存在其他更为简约的为分离辩护的方式。Heraclides 的研究认为，潜在的分离群体都是那些有能力开展分离运动的群体，也就是说，一个合法化的分离主义组织能够使当局中央卷入冲突中，它既可以使冲突演变成武装冲突，也可以使其变得和平。[1] 这一解释是与下面的推理相关联，即如果一个群体为了获得渴望已久的独立目标而愿意遭受苦难，这就是一种分离主义运动。[2]

关于分离主义自决的基本理论，Heraclides 谈到它的两个主要基石，一个是"民族身份"；另一个是"陌生人的统治"（类似 Buchheit 地方性的分离主义诉求与补救性的分离主义诉求之间的东西）。相比之下，他更被第二种情况提供的基本理论所说服，继而得出接受分离是解决群体间冲突之道，其先决条件：一是存在这样一个群体：绝大多数人支持获得国家身份，并通过成为分离主义分子成员而证明对它的支持，这个群体必须具备足够大的规模，特征突出，内部紧密团结（不一定是民族或者是少数民族）。二是存在对这个群体的制度性的歧视、剥削或者控制模式。三是实行文化控制政策（Buchanan 的文化威胁论），以期削弱该弱势群体的文化或使其成员被

---

① Heraclides, *The Self-determination of Minorities in International Politics*, pp. 14-15.

② Heraclides, *The Self-determination of Minorities in International Politics*, p. 15.

同化进入主流文化。四是国家拒绝跟这个受害的群体进行对话。另外，还有两个"不固定的标准"支持分离主义，一个是存在对冲突解决和达成和平的现实期望；另一个是行将来临的国家追求自由的和宽容的政策（基本类似于 Buchanan 的第二个条件）。上述一系列条件暗示出 Heraclides 认为一个"被压迫的非民族"的分离比一个部分地处于弱势的民族或许有着更为强大的道义理由。[1]

但是，Heraclides 意识到，判断国家和分离主义分子哪一个更有道义似乎有点吹毛求疵，[2] 他举出一些比较难处理的案例：第一种情况是冲突双方都违背了政治自由的基本原则（斯里兰卡的泰米尔人和僧伽罗人，科索沃的塞尔维亚人和阿尔巴尼亚人，纳卡地区的阿塞拜疆人和亚美尼亚人）；第二种情况是有更多的证据表明国家和分离主义分子具有一样的权重（尼日利亚寻求保留联邦政府，而它的东部地区却希望成立一个独立的比夫拉国）；第三种情况是国家致力于推行多元和宽容政策，而族裔分离主义群体则要求完全的独立（印度的锡克族极端主义分子，西班牙泛巴斯克民族主义者，加拿大政府的对手魁北克人）。[3]

三　族裔少数人全球机制的出现

正如我们在第一章所看到的，自 20 世纪 90 年代中期以来，一些国家的国内或者国家间的族裔冲突在重要性和激烈程度上已经大为下降，主要是由于采取了更加有效的国际和国内的策略，管控（包括疏解）族裔政治冲突。[4] 但是，族裔政治从战争到和解的全球转变是否标志着族裔政治冲突国际准则框架的改进呢？

回答是肯定的。Gurr 在其新近的研究中认为，个体和群体权利国际标准的履行对 20 世纪 90 年代以来族裔政治冲突的减少起到了很大的作用。他认为这一现象标志着处理族裔异质性框架的逐渐形成，包括多族裔国家中

---

① Heraclides, "Secession, Self-determination and Nonintervention", p. 409.

② Heraclides, "Secessionist Conflagration", p. 290.

③ Heraclides, "Secessionist Conflagration", p. 290.

④ Ted Gurr, *Peoples Versus States*: *Minorities at Risk in the New Century* (Washington, D. C. : United States Institute of Peace Press, 2000), p. 275

群体之间关系的原则以及实施这些原则的区域和国际政策。①

处理族裔多样性框架的第一个也是最重要的原则是"承认和积极保护少数民族的权利：从基于种族、民族属性、语言，或者宗教的歧视中解放出来，并用制度手段加以实施，以保护和促进集体利益"。② 第二个原则是第一个原则的必然结果，即在治理自己的内部事务时，多民族国家内的各民族享有和实施某种程度的自治，并且如果他们在一个多民族的民主国家里形成一个区域性的多数人群体，"那么他们应该有权利进行地方性的或区域性的自我治理"。③ 最后，解决族裔群体和国家之间争议的最好形式就是协商和相互包容，这是新的框架所包含的原则。由于大国、联合国以及一些区域性组织（特别是欧洲、非洲）的积极参与，这一原则受到进一步认可和支持，他们使用外交、调停、引导和威胁等各种综合手段，鼓励族裔冲突的谈判和解决。④

Gurr 进一步揭示出在以下四个方面出现的区域性和全球性的进展有助于加强族裔多元国家内部相互和解的原则。这四个方面包括：一是通过大西洋民主国家强有力地推进民主制度、民主实践和民主理念，这些努力已经减少了国家间的冲突（因为民主国家很少相互争斗），鼓励与少数民族群体进行政治和解（民主国家很少使用压制手段对付国内的反对者）。二是联合国及其各类附属机构以及区域性国家间组织和非政府组织主动出击保护少数民族的权利，鼓励和引导国家缓和他们针对少数民族的具有挑衅性的政策，使冲突朝和平谈判和达成和解的方向发展。三是在全球和地区范围内需要重新建立秩序并加以维护，采取一系列措施，预防、管控并惩治帝国妄想和战争企图稳定经济关系，这已成为全球政治精英的普遍共识。四是在政治体系方面，这一共识也得到统治精英和领导那些付出高昂代价的

① Ted Gurr, *Peoples Versus States*: *Minorities at Risk in the New Century* (Washington, D. C.: United States Institute of Peace Press, 2000), pp. 277 – 278.

② Ted Gurr, *Peoples Versus States*: *Minorities at Risk in the New Century* (Washington, D. C.: United States Institute of Peace Press, 2000), p. 278.

③ Ted Gurr, *Peoples Versus States*: *Minorities at Risk in the New Century* (Washington, D. C.: United States Institute of Peace Press, 2000), p. 278.

④ Ted Gurr, *Peoples Versus States*: *Minorities at Risk in the New Century* (Washington, D. C.: United States Institute of Peace Press, 2000), p. 279.

国内族裔暴力战争领袖们的认识。①

　　然而，管控族裔异质的框架并没有占据主导位置，还远没有成为包治百病的灵丹妙药。尽管人们可能认为几乎所有的欧洲民主国家已经实施了这些原则，但是欧洲和北美之外的诸多国家或者最多只是口头承诺这些原则，或者干脆拒绝。另外，对于发生在中东、亚洲和非洲的一些难以处理的族裔政治冲突来说，达成和谈并实现保护和促进少数民族权利的前景非常渺茫。进一步说，出台一个判断族裔分离主义要求合法性的全球标准仍然是一个梦想，但是毕竟已经开始。正如 Gurr 所言，冷战结束以及若干族裔和地区冲突解决以后，这一构成多样、相互依赖、复杂多重的体系已经出现，在这一体系中，国家虽然仍然是最重要的角色，但随着认同群体和超国家角色相互责任网络的日益增长，国家角色受到约束。②

第四节　结语

　　以上我们分析了为族裔分离辩护的各种正说反说的道义论据，以及管理族裔多样性的全球框架的出现。尽管一些支持族裔分离的论据看似很有说服力且似乎值得国际支持，但在国家体系框架内这些道义考量与维护稳定秩序及保持连贯发展的需要之间仍然存在严重的紧张关系。任何可持续性的国际框架都将至少在最低程度上成功地提供连续、稳定和秩序，人们仍然可以看到在什么程度上这种作用能对分离主义要求（假设道义和事实理由充分）做出协调一致的积极反应。

---

① Ted Gurr, *Peoples Versus States*: *Minorities at Risk in the New Century* (Washington, D. C. : United States Institute of Peace Press, 2000), pp. 280 – 281.

② Ted Gurr, *Peoples Versus States*: *Minorities at Risk in the New Century* (Washington, D. C. : United States Institute of Peace Press, 2000), p. 282.

第三章
族群冲突与国际安全

族群冲突通常发生在一个国家内部，但并不总是如此。实际上，长期以来这些冲突极少仅仅限于国家层面，多数情况下很快获得国际特征，并使国际稳定与安全面临风险。族群冲突从国家层面向国际层面的演变通常以两种方式进行：一是国家层面的族群冲突所塑造的角色和产生的后果，其运作和影响经常被国际层面所感知，在这个意义上，可能会出现"族群冲突的国际化"。二是当代国际体系的发展变化反过来会影响一个国家内部的族群冲突，从而赋予其国际特征，在这个意义上，可能会出现"国际政治的族群化"。

第一节　族群冲突的国际化

从经验上分析，大概有四种方式可能导致族群冲突的国际化，但并非所有这些过程都具有相同的重要性。国内族群冲突国际化的第一个常见方式就是族裔民族主义者和面临冲突国家的国际外交行动。这些国际活动的主要目的就是寻求来自他们目标国际角色的支持性的反应。在这个意义上，冲突问题与国际体系之间建立了一种联系。

外部干预是赋予族群冲突国际特点的第二个常见方式。然而，大多数情况下外部干预会带来一定的负面影响，从而威胁国际和平与稳定。对于族群冲突的外部干预可以是直接的，就是说干预者作为一个直接参与者，在一定能力范围内实质性地参与冲突；也可以是间接的，就是说干预者并非实质性地参与冲突，而是对冲突施加影响，通过这种方式对冲突做出回应。

第三个方式就是国际恐怖主义，它经常导致族群冲突的国际化，并对社会造成严重伤害。许多社会反叛集团使用恐怖主义手段和方法并不是一个新生事物。族裔民族主义者和分离主义者通过使用国际恐怖主义手段，使自己成为国际层面上的直接参与者，以使国际社会强烈关注存在的问题。

第四个方式，难民流也会使国内族群冲突获得国际特征。发生在波黑、卢旺达、索马里、安哥拉、斯里兰卡、伊拉克库尔德地区、克什米尔地区以及苏丹的事件表明，族群冲突最大的受难者是国内居民。族群暴力冲突不可避免地带来人口迁移，或者在国内，或者跨境流动，从而导致巨大的人类痛苦，如果难民跨越边境，也将给接收难民的邻国带来巨大的人口压力。因此，对于国际社会来说，国内族群冲突战争引发的难民流所带来的严重社会问题需要有力地应对。

一　族裔民族主义者和面临冲突国家的外交行动

族裔民族主义者以及面临冲突国家，其国际外交行动使国内族群冲突带上国际特征，这是一种显而易见的方式。正如美国著名国际政治学家乔治·莫德尔斯基（George Modelski）所言，在战争中，"执政当局总是有着国际联系，并为其所定义，简单地说，就是因为他们掌握着合法的国家机器，包括外交及其他国际网络；为了战胜他们，反抗者不得不尽可能地使自己与国家力量相当，因而必须发展同样的机器"[①]。

1. 国际外交行动的动机

族裔民族主义者进行国际外交行动是为了维持物理的延续性以及为了获得国际承认。第一个目标，即维持物理的延续性，是指族裔民族主义者渴望作为一个群体以及作为一个政治运动而存在，特别是在面对强大的国家压迫和压制时。例如，如果对一个迄今仍未定形的群体的存在、财富及福利构成威胁，可能会激化其潜在的群体认同和群体利益，使这个群体为了自我保护和自我利益而组织起来。

第二个目标是千方百计地想得到国际同情与认可。为了在当局压制的

---

① George Modelski, "The International Relations of Internal War", Rosenau, Jmaes N. ed., *International Aspects of Civil Strife* (Princeton, Princeton University Press, 1964), pp. 14 – 15.

环境下生存并取得政治运动的成功，族裔民族主义者需要国际社会听到自己的声音，以吸引外部同盟或同情者；族裔民族主义者也可能寻求国际社会的帮助来调解冲突，如果他们认为这种调解将有助于他们在谈判桌上获得比自己单打独斗所期望的更多的妥协。

因此，为了赢得外部的同情者——他们不仅能够给自己提供外交支援，而且还能够提供物质支援，族裔民族主义者在国际层面上进行外交行动。外交支援可以包括扩大承认、声援和建议，以及为逃亡的难民提供安全的庇护条件、在国际舞台上的宣传活动等。物质支援可以包括资金支持、军事协助，诸如提供武器、装备、给养、运营基地、军事训练以及情报信息等。在极为罕见的情况下，也可以提供武力干预。

虽然这些策略目标可以同时进行，但理所当然，吸引那些能够提供外交、道义、资金和军事支援的外部同盟是族裔民族主义者的第一选择。除非他们能够赌注于冲突，否则他们很难说服政府跟自己进行政治谈判（因为政府在军事上处于强势，面对族群运动，政府的自然倾向当然是寻求武力解决）。再说，如果族裔民族主义者的目标是从国家中分离出去，那么，外交、资金和军事支援就成为其首要的迫切需求。另外，正如贝特尔森（Judy Bertelsen）所言，在民族国家的国内框架内失掉战争的族群可能会在国际舞台上寻找更多同盟和各种游戏规则，从而扩大冲突范围，因而族裔民族主义者认为这也许是赢得胜利的更好机会。①

在寻求外部支援的过程中，许多因素对于成功至关重要。首先，族群在选择和接受来自第三方外部帮助的过程中必须是现实主义的。这就要求政治运动必须怀有一个广泛的或有弹性的意识形态。尽管这可能有助于群体获得来自各方的帮助，但是其总体国际形象和国内形象可能会因此受到影响。其次，为了能够树立一个鲜明的国际形象，族裔民族主义者必须能在国际社会面前清晰而有说服力地表达自己的事业，这可能需要族群领袖及其代表使用有效的宣传手段以及具备相当好的外交和辩论技巧。最后，实践证明，有效地使用正面的诱导（对服务和支持的回报）以及负面的制

---

① Judy S. Bertelsen "An Introduction to the Study of Non - State Nations in International Politics", Bertelsen, ed., *Nonstate Nations in International Politics*: *Comparative System Analyses* (New York: Praeger, 1977), p. 3.

裁（对不遵从族裔民族主义者要求的第三方实施可能的威胁）的能力在吸引外部支持时至关重要。

遭遇族群冲突的国家参与国际外交行动，其主要原因当然是反对族裔民族主义者的外交行动。为了达到这个目的，政府会活跃于国际舞台，向其他国际社会成员解释其立场，证明族裔民族主义者要求的不正当性。这可以减少国际社会对族裔民族主义者的同情。致使国家参与国际外交行动的另一个原因就是寻求国际社会支持，保护其领土完整和主权，尤其如果族裔民族主义者是强大的分离主义挑战者。发生族群冲突的国家为了维护自身安全也会寻求国际支持。例如，我们毫不吃惊地发现，一些国家正在同那些从国际社会寻求武器装备的族群叛乱者进行斗争。最终，当国家通过军事镇压来回应族群及其他国内挑战时，经常会出现践踏人权、滥杀无辜及其他暴行。这些通常是国家发动战争所付出的代价，而在战争中谁是敌人却不容易分辨出来。但是，持续而严重的人权践踏会导致一国国际声誉、形象和立场的巨大损害，严重的将遭到国际政治经济制裁。这样的国家可能会尝试使用外交手段，逃避国际社会的谴责和制裁，改善自己的国际形象。

2. 国际外交行动的目标

冲突中族裔民族主义者以及政府的外交行动有可能在四个层面进行：个人、群体、国家、体制。在个人层面上，游说的目标通常是杰出的国际知名人士。这些人士的身份、职业可以不同，例如，族群以及国家可以通过美国总统向美国政府陈述他们的情况。通过这种角色，美国总统通常可以以第三方的身份参与冲突调解，致力于协助冲突各方达成政治和解。在许多国家的内部冲突中，美国总统卡特、布什、克林顿以及其他一些国家的领袖等都充当过敌对双方调解人的角色。族群及政府也会试图找到有影响力的外国知识分子、有造诣的艺术家、宗教人士以及传媒名人，在他们各自国家宣传国外事件、进行资金筹集活动、充当自己的代言人等。例如，美国著名电影明星理查·吉尔（Richard Gere）曾经充当西藏分离主义分子的国外代言人。在寻求并赢得海外重要名人的过程中，族群与国家经常使用的办法是鼓励他们带着寻找事实的任务访问冲突地区。另外，国际军火商、知名的地下领袖，以及银行家和金融家都可能成为族群的"目标机会"，因为他们有能力为叛乱战争提供武器、装备和金钱。

在群体层面上，邻国的族群亲属（Ethnic Kin）通常是族裔民族主义者最常见的目标，他们也是族裔民族主义者的热情支持者，因为两者有着共同的族裔联系。这样的外部支持可能是军事的和经济的援助、训练、庇护以及为族裔民族主义事业做宣传等。如果族群亲属在自己国家处于统治或主体地位，如果他们对于族裔民族主义者有民族统一主义的宣称，而且，如果他们对自己政府的影响很强（尤其是如果族群亲属不是自己国家的主体民族），那么他们积极而持续地提供这些支持的能力就有可能增加。

散居族群也是族裔民族主义者游说的目标之一，尤其是如果他们的经济和政治影响力相当大。政府也会试图接近知名的流亡人士，因为从政府关于族裔民族主义者的立场来说，这些人有助于在国际上形成有利于自己的意见，或者说，他们有可能对国家提供财政援助。

邻国族群（他们或者在自己的国家，或者在邻国）也经常为族裔民族主义者们所接触并向其寻求帮助，他们虽不是同一国民，却与各自的中央政府进行着相似的斗争。他们控制着实质性的地域，拥有必要的资源，而且对于因意识形态或其他原因而寻求族群的支持并没有敌意，因此，他们可能提供一些有价值的服务，诸如提供军事支援、信息以及用于训练、招募和给养目的的基地设施。遭遇族群和分离主义活动的政府也可能接触这些邻国族群，希望他们在跨国追捕族裔民族主义者和分离主义者的行动中给予合作，并承诺对此给予回报。

为了寻求国际支持和同情，族裔民族主义者的另一个可能目标是意识形态和宗教上的"同胞"，这些群体或政治派别（在某些情况下或是国家）同族裔民族主义者有着共同的意识形态或宗教。例如，拥有宗教激进主义意识形态的族群之间相互支持各自的事业。

在国家层面上，由于民族国家是国际政治中的主要角色，他们最有可能成为族裔民族主义者游说的目标。如果某一国家的中央政府支持族裔民族主义者的行动，这可能改变冲突中的力量平衡。族裔民族主义者游说的一个更为明显的目标是那些中央政府是本国顽固敌人的国家，获得这些国家的支持更有可能，因为他们想要从中获利。族裔民族主义者接触的另一种类型的国家是对整个运动、对运动中的某些派别或对群体内的敌对前线已经提供一些支援的国家。那些过去曾在其他国家或地区支持过类似运动的国家也可能被列入族裔民族主义者潜在支持者名单上。前殖民国家（如果现在仍然存在的话）以及主要大国是他们寻求支持、承认或充当冲突第三方调控人的另一类国家。最后，邻国，尤其是那些由跟自己属同一族群的国民构成的国家，是族裔民族主义者寻求外交、经济、军事支援的可能目标。

外国也是面临族群分离主义威胁的国家寻求的主要目标。他们会接触自己的传统盟友，寻求外交、经济和军事支持，或者他们可能联系他们的敌对国，承诺一些实质性的妥协，如果这些国家能停止支持族裔民族主义者。他们还会接触那些面临相似的族群问题或有着共同意识形态的国家，寻求外交、道义、经济以及军事支持。

在体制层面上，国际政府间组织（IGO），不管它是区域性的（如欧盟、非洲统一组织、阿拉伯联盟等）还是全球性的（如联合国），都是族裔民族主义者最有可能投放动机的目标。IGO 主要是国家间的组织，因此它们不可能反对该组织的成员而支持分离主义的诉求，除非在极端的情况下。另外，由于大多数 IGO 的成立仅仅是为了处理国家间的争端和冲突，因此族群，尤其是一国内的非主体民族发现很难向这样的机构表达自己的观点。族群向 IGO 表达自己苦衷的常用办法就是找到一个支持国家，而它同时又是特别组织的成员。"土耳其—塞浦路斯人组织"（Turkish Cypriots）依靠土耳其在联合国提出议案。然而并非所有的族群都能找到一个支持国愿意在 IGO 面前提出他们的议案，例如，跨境分布在中东四个国家的（伊朗、伊拉克、土耳其、叙利亚）库尔德人经常找不到愿意为自己提议案的支持国。

那么，为什么族裔民族主义者会寻求向 IGO 陈述自己的问题？第一，考虑到 IGO 主要是一个国际组织，通常对族裔民族主义者持有偏见，因此，族群在 IGO 这个国家间的国际舞台上发表他们的观点，哪怕是赢得有限的成功也赋予了其运动一定程度的合法性。从心理学意义上，这将提高其成员的士气，让他们的领袖赢得荣耀，在这个意义上，IGO 也为族群提供了一个赢得更广大国际听众的舞台。关于族群诉求合法性，一个令人信服的证据就是：其成员的遭遇及其要求的正义性，将有助于族裔民族主义者赢得外部同盟，使国际公共舆论转向有利于他们的同时，也带给族群所在国以国际谴责和国际压力。之前在阿拉法特的领导下，巴勒斯坦解放组织（PLO）使其政治诉求合法化的不断努力及其在联合国和其他国际组织中的感召力，就是一个例证。PLO 在 1974 年阿以战争的余波中取得突破性进展，拉巴特会议承认它为巴勒斯坦人民的合法代表。此后，PLO 就在联合国及其他若干专门机构中获得了观察员身份。1974 年 11 月 13 日，联合国大会还专门邀请阿拉法特发表演讲。Stack 注意到这些行为的影响："观察员身份的获得提高了这个组织的地位，加速其他政治角色，例如欧洲经济共同体（欧盟前身），承认其合法性的过程。"[1] 在联合国之后，其他区域组织，例如非统组织和阿拉伯联盟，也相继承认 PLO，进一步推动了 PLO 身份及其政治目标的合法化。

第二，如果族裔民族主义者寻求与中央政权达成和平解决冲突，他们则希望像联合国这样的 IGO 能够扮演第三方调停者角色参与解决过程，因为这样的 IGO 具有良好的声誉和无偏见的国际形象，一般不会利用某种形势为自己谋利。他们通过阻止外部国家干预或反干预，有能力使冲突弱化或非国际化。有以下几个原因可以促使族裔民族主义者决定寻求谈判解决冲突：战场上的重大损失、丧失外部支援、自己的事业缺乏国际同情、对长期的冲突感到筋疲力尽、高级领导人入狱或被流放、内部派系斗争或分裂、民众支持渐失、他们的一些主要要求得到政府接受等。在这些情况下，他们可能决定在第三方的主持下跟中央进行谈判，他们相信，在第三方公正监督下达成的解决方案可能更为平等，能够取得中央更多的让步。

多数国家不愿意将国内族群冲突问题带到 IGO 讨论，因为担心这么做会把冲突国际化，从而赋予族裔民族主义者一定程度的合法性。因此，他们招致了国际社会对国内政策的谴责，尤其是如果他们像大多数国家那样，诉诸军事解决问题时。但是，有些国家确实会把国内的族群问题带到 IGO，其前提是通过以下方式或在此基础上——他们的道义宣称无懈可击，并能实现其长期利益。另外，陷入族群困境的国家也会想到：IGO，作为一个国家间的组织，应该支持自己的立场。如果人们认为族裔民族主义者的宣称毫无根据，或者认为他们的运作手段很残酷，违背了国际认可的行为准则，或者如果他们被列入不受欢迎的角色之列（例如"9·11"以后，很多国家把族裔分离主义组织及其活动定义为恐怖主义组织和恐怖活动），面临族群冲突的国家就很容易或者极有可能获得 IGO 的支持；如果他们输掉与族裔

---

[1]　John F. Stack, Jr., "Ethnic Groups as Emerging Transnational Actors", Stack, Jr., ed., *Ethnic Identities in a Transnational World* (Westport, CT: Greenwood Press, 1981), p. 28.

分离主义者的战争，并希望第三方调停解决，以保障他们的主权存在以及领土完整，一个国家也会决定把国内的族群问题拿到 IGO 桌面上来。最后，有些国家曾经把国内的族群问题拿到 IGO 面前而不顾道义原则，例如印度前总理尼赫鲁希望联合国介入印巴克什米尔冲突，其原因之一就是相信克什米尔的归属问题必须经过联合国监督下的公民投票加以解决，以保障克什米尔人民的政治愿望。

国际非政府组织（INGO），例如"大赦国际"（Amnesty International）、"无国界医生组织"（Doctors Without Borders）、"国际红十字会"（the Red Cross）等，也经常成为族裔民族主义者的游说目标。INGO 介入内部冲突主要通过监督事态，为战斗人员和非战斗人员提供人道主义救助。其结果是，红十字会开始获得有关冲突的第一手资料，并与其他国际社会成员共同分享。另外，有些 INGO 在国际上具有较大影响力，可以对国家以及 IGO 产生实质性的影响。因此，族裔民族主义者接触这样的 INGO，对于宣传和得到国际社会有利于自己的反应非常重要。

族裔民族主义者游说的另一个目标是跨国公司。出于主权和领土问题的考虑，外国和国际组织直接接触地方层面或者一国国内的族群经常受到限制或约束，相对而言，跨国公司可以在全球自由穿梭，可以直接接触它们做生意国家的族群。当然，跨国公司也是政府游说的目标，因为它们的行为可能对族群认同以及族际权力分配产生重要影响。[1] 例如，如果国家政权被某一族群控制，那么跨国公司就可能成为族群长期控制国家经济和政治的工具。通过在中央与边远地区之间建立经济、人口，以及技术交流的联系，跨国公司可以帮助政府扩大对边远地区的控制。这可以使中央进一步对边远地区进行渗透，提高对周边族群的政治、经济掌控。[2] 最后，在某

---

[1] Enloe, Cynthia H. , "Multinational Corporations in the Making and Unmaking of Ethnic Groups", in Grand, Ronald M. and Wellhofer, E. Spenser, eds. , *Ethnonationalism*, *Multinational Corporations*, *and the Modern State* (Denver, CO: Graduate School of International Studies Monograph Series on World Affairs, University of Denver, 1979), p. 27.

[2] Enloe, Cynthia H, "Multinational Corporations in the Making and Unmaking of Ethnic Groups", in Ronald M. Grand and E. Spenser Wellhofer eds. , *Ethnonationalism*, *Multinational Corporations*, *and the Modern State* (Denver, CO: Graduate School of International Studies Monograph Series on World Affairs, University of Denver, 1979), pp. 21 – 22.

些情况下，跨国公司的资源开发行为也有可能点燃族群暴力抗拒。[①] 我们预料，这样的事件在全球化浪潮高涨时期会易发和增多，一国政府或国际社会应加以警惕并着眼于道义和实际利益来进行引导性、前瞻性治理。

二 族群冲突的外部干预

鉴于当代国际体系"自助"的特点，一国内部族群冲突的爆发为外部干预开启了相当大的机会，从而把冲突转变为对国际和平与稳定产生影响的国际冲突。

理论上讲，外部干预可能有两种形式。第一种是外部干预者对冲突实施扩大性的与鼓励性的政策。在这种情况下，作为族群反叛的外部支持者和干预者，他们选择帮助弱势一方，通常，但并不总是族群反叛者。外部支持也可以分为两类：一类是可见的支持，例如，军事和物质援助，提供运输、媒介、通信和信息网络，以及在分离主义者盘踞地区的内外提供服务。当给族裔民族主义者提供可见援助时，冲突干预者的作用可以被视为直接的，就是说干预者在一定能力范围内作为一个直接参与者实质性地参与了冲突。另一类是无形的支持，即干预者可以为族裔民族主义者提供政治外交支持，包括关注声明、在国际政府组织支持力量、外交压力、开展宣传运动以及外交承认。在这种情况下，其干预可以被看作是非直接的，即干预者没有实质性地参加冲突，但是，以对冲突有影响的方式进行了反应。

第二种是外部干预者实施孤立和压制政策。在这种情况下，干预者与反对族群反叛者的国家进行联合，加强政府的力量。这种行动可以包括给当事国提供政治外交援助。干预者也可能以国家的身份动员国际社会采取集体行动。如果族群分离主义者取得胜利已成为既成事实，在这种情况下，干预者可能会采取行动，拒绝承认新的国家或阻挠它进入国际组织。最后，干预者可能切断给族裔民族主义者的所有支持（如果以前提供过支持），甚至会与该国武装采取联合军事行动，反对反叛者。我们注意到，不管是扩

---

① Hook, Jacob and Ganguly, Rajat, "Multinational Corporations and Ethnic Conflict: Theory and Experience", *Nationalism and Ethnic Politics*, 6, 1, Spring 2000, pp. 48 – 71。

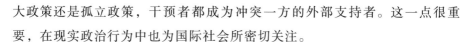

大政策还是孤立政策，干预者都成为冲突一方的外部支持者。这一点很重要，在现实政治行为中也为国际社会所密切关注。

1. 外部干预的原因

冲突中，由于通常存在对立双方，所以会有外部干预。首先，冲突双方（族裔民族主义者和政府）经常寻求外部干预，以使冲突中的力量平衡倾斜于自己一边。其次，外部干预者干预冲突也有自己的动机。作为反叛者或中央政府的外部支持者，外部干预冲突既有情感动机，也有功利动机。情感动机包括正义原因、人道主义考虑以及同冲突中某一方的族群、宗教、种族或意识形态的密切关系，甚至包括与最高领袖之间的私人友谊。[1] 功利性动机植根于现实政治或强权政治，包括国际政治考虑（包含国际大战略）、短期和长期的经济动机、国内动机（内部政治原因，例如对示范效应的恐惧）以及短期军事利益。

（1）情感和思想动机

①正义原因。

如果对某一方的道义性和合法性身份深信不疑，外部可能会成为族群冲突的干预者。一方面，如果国家或政府在道义和合法性意义上公正，外部干预可能是为了增强国家的力量，孤立和压制族裔民族主义者。例如，在波黑地区，极少有国际角色相信塞尔维亚人地位在道义和法律上的公正性，因而，外部干预者（如 UN 和 NATO）为了孤立和压制波黑塞族武装，转而支持穆斯林统治的波斯尼亚当局。另一方面，如果族裔民族主义者的法律和道义情况看起来更为正义，那么，外方可能会决定给予他们外部支持。1971 年孟加拉人在尝试从巴基斯坦分离的期间获得国际社会表现出的压倒性的同情和支持就是一个很好的例证。因此，不管对于族群反叛者还是国家来说，令人信服地在国际社会展示其法律的和道义的立场和地位至关重要。最有可能以正义理由进行干预的外部派别是国际组织、大国以及区域国家。

②人道主义考虑。

拯救国民生命，运送食物、药品以及救济、阻止族群大清洗及其他各

---

① Heraclides, Alexis, *The Self – determination of Minorities in International Politics* (London: Frank Cass, 1991), p.52.

种形式的人权践踏等，这些作为外部干预的主要动员因素，其重要性自 20 世纪 90 年代以来日益增强。波黑、索马里、卢旺达以及苏丹的冲突表明，在族群纷争中国际政府组织的作用和影响已经发生变化，国际社会认为国家主权和不干涉别国内政之原则将不再成为阻止他们基于人道主义原因干预国内冲突的理由。

国际组织并不是进行人道主义干预的唯一外部机构。国家，无论是世界大国还是区域大国，也有可能出于人道主义原因以外部力量的方式进行干预。它们选中哪一方主要取决于冲突中谁对人道主义危机的出现更负有责任。如果外部干预者确信立即阻止冲突对于减轻平民痛苦、使难民回国、惩罚分离主义运动中的犯罪非常必要，他们就有可能对族裔民族主义者实施孤立和压制政策。

③密切关系。

干预者与冲突之一方族群的密切关系可能导致外部支持那方。Shields 指出，族裔民族主义者更可能接受来自邻国的援助，如果那个国家受他们的族群亲属或共同民族的影响强烈。[①] 在这种情况下，族群亲属国家可能着手向族裔民族主义者提供外部支持（就像印度对斯里兰卡泰米尔分离主义者所做的）或者甚至可能采取侵略性的民族统一主义政策，目标是收回那些丢失的同胞（例如索马里对埃塞俄比亚奥加登地区的政策以及巴基斯坦对克什米尔地区的政策）。[②] 然而，在某些情况下，族群叛乱者吸引邻国族群亲属外部支持的努力反而会适得其反，因为邻国族群亲属通常在那个国家是比例很小的少数人，更为重要的是，他们有时被所在国政府看成是国家安全的风险。因而，族群亲属国家开始害怕其对自己国内的少数族群带来示范性的影响。于是，他们会决定与该国武装合作，孤立和压制族群分离主义者。例如，1973 年巴基斯坦巴鲁族（Baluch）动乱爆发带来的后果是巴基斯坦与伊朗之间产生更多的合作。当时伊朗当局怀疑境内巴鲁族少数民族有政治野心，伊朗武装人员不仅屠杀了境内的巴鲁族人，而且在反击巴基斯坦巴鲁族分离主义组织的运作中为巴基斯坦军方提供了支援。像

① Shields, Frederick L., "Introduction", in Shields ed., *Ethnic Separatism and World Politics* (Lanham, MD: University Press of America, 1984), p. 11.

② Ryan, Stephen, *Ethnic Conflict and International Relations* (Aldeshot, Dartmouth, 1990), p. xvi.

伊朗一样，土耳其镇压了境内的库尔德人，同时，采取军事行动打击伊拉克库尔德人，理由是怀疑他们向土耳其库尔德人提供支援。

④宗教—意识形态联系。

这种联系也可能导致外部派别变成族群反叛者或国家机器的外部支持者。例如，在印度和以色列，许多动乱群体由于承认宗教激进主义意识形态，受到来自具有相同宗教—意识形态取向的邻国族群和国家的帮助。自20世纪90年代早期始，伊斯兰真主战士（Mujahideen）就活跃于阿富汗，现在仍然保持与其的密切联系，他们已经渗透到印度占领的克什米尔，为当地的动乱分子提供援助。但是也会存在这种情况，即外部决定采取孤立和压制族群分离主义者的政策，因为分离主义运动的意识形态和目标与自己的意识形态相矛盾或者构成威胁。总的来说，外部干预者由于情感原因决定孤立和压制族裔民族主义者主要通过非军事手段，包括给受难国提供经济援助和情报信息，对打击族群动乱的国家表示团结与同情，与国家力量和其他国际角色合作阻止动乱分子的请求，封锁所有对族裔民族主义者的支援，等等。

（2）功利和现实动机

上文谈道，情感动机主要受同情、亲属关系以及道义和宣称合法性力量的驱使，相对而言，下面要谈的外部干预之功利动机，其根植于当代现实政治，换句话说，为了增加自我利益，国家内部的族群冲突会吸引外部力量的干预。① 受功利驱使的干预，其"产出应该大于投入"，换句话说"盈利要尽可能地廉价，即以小支出赚取大利润"。②

利益有不同种类，既有长期的，也有短期的。如果考虑经济利益，在能够提供经济机会作为外部支持的回报方面，相对于族群而言，国家自然具有优势。但是，也有这样的情况，即族群倚赖他们的居住地，能够给外部提供更有吸引力的经济刺激。例如，伊拉克库尔德人居住地蕴藏大量的石油储备。库尔德分离主义者可能以提供未来开采石油的机会为诱饵，吸

① Ryan, Stephen, *Ethnic Conflict and International Relations* (Aldeshot, Dartmouth, 1990), p. xvi.

② Heraclides, Alexis, *The Self - determination of Minorities in International Politics* (London: Frank Cass, 1991), p. 52.

引外部力量支持其独立。但总的来说，如 Gurr 和 Harff 所言，如果发生族群冲突，一个国家拥有的资源越多，它得到外部支持的可能性就越大。[①]

有时，外部决定支持族群分离主义者，恰恰是为了延长冲突，耗尽敌对国家的经济、技术、人力以及军事资源，以达到从内部削弱它的目的。因此，内部冲突持续得越久，外方（尤其是那些敌对国）站在动乱分子立场上进行干预的可能性就越大。有时，外部干预者可能利用对分离分子的支持作为筹码来就其他更为重要的问题同冲突国家进行讨价还价。

功利动机也可以导致外方采取孤立和压制族裔民族主义者的政策。例如，外国，作为族群叛乱分子曾经的外部支持者，可能做出改变政策的决定，转而采取孤立和压制政策，如果它认为早期的政策行为可能对其国内安全（示范或传染效应）、外部安全（反干预的可能性增加）以及国家形象、声誉和经济（国际制裁）带来严重的负面影响的话。这样，它就会远离族群叛乱分子，开始同国家力量进行合作。

2. 外部干预的特点

关于外部干预的第一个假设是学界存在一种"占优势"的观点，它倾向于认为外部干预族群冲突的功利动机要先于情感动机。许多学者认为缺乏功利考虑的情感动机不会引起直接干预。只有情感动机和功利动机综合起来，直接干预主权国家的内部事务才会出现。[②] 但是，Heraclides 对 7 个分离案例的比较分析表明，功利动机比情感动机具有较少的普遍性。小国家（除以色列外，它是一个非常规的小国家）通常容易出于情感原因而进行干预，而对中等国家、区域大国以及超级大国而言，干预行为通常主要是出于功利原因。[③]

外部干预的第二个假设与干预的程度和动机相关。一般认为，只有存

---

① Gurr, Ted Robert and Harff, Barbara, *Thnic Conflict in World Politics* (Boulder, CO: Westview Press, 1994), pp. 85 - 86.

② Ryan, Stephen, *Ethnic Conflict and International Relations* (Aldeshot, Dartmouth, 1990), p. 36.

③ Heraclides, Alexis "Secessionist Minorities and External Involvement", *International Organization*, 44, 3, Summer 1990, pp. 371 - 372.

在功利性的预期收益的前提下，干预者才会提供较高程度的军事以及政治外交支持。① 但 Heraclides 的研究证实，这种假设仅限于物质支持范畴。而高调的政治外交支持的提供主要是出于情感动机或者是出于情感动机和功利动机的综合考虑。②

第三个假设是关于外部支持的类型和可能性程度。在两种外部支持中，对分离主义分子而言，人们认为高程度的政治外交支持比物质支持更容易获得，因为语言比物质援助廉价。③ 然而，Heraclides 的研究发现，对分离主义分子的政治外交支持通常很低而且在多数情况下程度有限，而物质支持却比较多④。可见，语言并不见得如人们预期的那样廉价。

第四个假设认为，这种干预并不可靠，因为持不同政见的族群可能充当一个国家瓦解另一个国家内部事务所使用的工具。⑤ 虽然 Heraclides 的研究承认这一假设，但他的研究同时显示：出于功利原因而进行冲突干预的外方与出于情感原因而进行干预的外方相比较，前者可能更为可靠。⑥ 在情感动机范畴内，由于正义或同情原因而进行干预的外方比那些由于意识形态或宗教团结原因而进行干预的外方可能更为可靠。⑦

Heraclides 的研究也发现，干预分离主义冲突这类国家与提供什么类型的支持之间存在重要联系。发现之一就是西方国家以及具有西方取向的欠发达国家通常给族群分离主义分子提供可见的支持。不属于这类欠发达国

① Suhrke, Astri and Noble, Lela Garner, "Introduction", Suhrke and Noble eds., *Ethnic Conflict and International Relations* (New York: Praeger, 1997), pp. 17 – 18.

② Heraclides, Alexis, "Secessionist Minorities and External Involvement", International Organization, 44, 3, Summer 1990, p. 372.

③ Little, Richard, *Intervention: External Involvement in Civil Wars* (London: Martin Robertson, 1975), p. 9.

④ Heraclides, Alexis, "Secessionist Minorities and External Involvement", International Organization, 44, 3, Summer 1990, p. 369.

⑤ Said, Abdul A. and Simmons, Luiz R. "The Ethnic Factor in World Politics", Said and Simmons, eds., *Ethnicity in an International Context* (New Brunswick, NJ: Transaction Books, 1976), p. 29.

⑥ Heraclides, Alexis, "Secessionist Minorities and External Involvement", *International Organization*, 44, 3, Summer 1990, p. 373.

⑦ Heraclides, Alexis, "Secessionist Minorities and External Involvement", International Organization, 44, 3, Summer 1990, p. 373.

家之列的通常提供政治外交支持，特别是公开的和话语支持。发现之二就
是紧邻政府控制区的邻国通常支持国家力量。那些同时与政府控制区和叛
乱分子控制区相邻的国家倾向于支持族群分离主义分子。只与分离主义分
子控制区紧紧相邻的国家更倾向于支持分离主义分子。发现之三就是区域
国家站在族群分离主义立场在军事上进行干预极为罕见（但有两个例外情
况：一个是印度军队干预孟加拉国；一个是伊朗代表库尔德人侵犯伊拉克
边境）。发现之四就是超级大国极少对参与族群分离主义冲突感兴趣，支持
任何一方。

第五个假设是，如果一个国家是中央政府的传统敌人，它更可能支持
分离主义分子；研究发现，这一假设无论是对可见的支持，或者尤其是对
政治外交支持，都是正确的。[①]

3. 外部干预的约束

可以确信，外部干预族群冲突的机会非常多，但是对于干预也有一定
的约束。第一个约束就是国际准则框架，尤其是民族—国家主权原则以及
不干涉主权国家内部事务原则。尽管存在这些国际准则，但对内部战争的
外部干预还是会发生，因为国际体系的另外一个基本特点就是其"自助"
特征而不考虑任何中央权威。但总的来说，1945 年以后的时期，比起传统
内战，直接干预族群和分离主义冲突的情况已经少得多。[②] 甚至在干预分离
主义冲突的罕见情况下，与叛乱分子相比，执政当局可能已经吸引了更多
的支持。[③]

第二，国内冲突的某些特征也会起到约束干预之作用。这些特征大概
有：持续时间、范围或规模、补充和消耗的程度以及各方道义和动员程度
等。由于外部干预变成现实的可能性，特别是高度的可见干预的出现，内
部冲突一定会延长。如果冲突仅仅持续几天或数周，外部干预的机会几乎

---

① Heraclides, Alexis "Secessionist Minorities and External Involvement", International Organization, 44, 3, Summer 1990, pp. 372 – 376.

② Heraclides, Alexis, "Secessionist Minorities and External Involvement", *International Organization*, 44, 3, Summer 1990, pp. 352 – 353.

③ Heraclides, Alexis "Secessionist Minorities and External Involvement", *International Organization*, 44, 3, Summer 1990, p. 353.

没有，但是内部冲突一旦延长，就会在对手之间出现军事平衡，这就为外部干预开启了相当大的机会，因为对手将寻求通过外部干预，使军事平衡向自己一方倾斜，并获得进行长期战争必需的资源和能力。冲突持续的时间取决于冲突自身的范围或规模——在多大的区域内有多少人口被卷入。如果冲突的规模或范围很大，冲突的延长就增加了外部干预的可能性。同样，对手招募新兵、继续进行冲突直到一方胜利崛起的能力也决定着敌对的时间。

第三，外方缺乏能力、资金以及盈亏考虑也对干预起到约束作用。如果潜在的干预者缺乏进行干预的资源，另外，潜在的干预者如果认为其损失将大于获得并认为干预可能不合时宜或太仓促，这将进一步约束其干预行为。

第四，站在族群分离主义者立场上的外部干预，这种干预的代价经常也会很高，因而又是一个约束力和干预的程度性边界。这里的推论是，假如一个国家以情感理由干预族群冲突，如对同胞的同情，它将把自己暴露于这样一个风险中：如果支持的程度证明不足以保障其分离主义族群亲属的胜利，或者如果未能满足其同胞愿望，那么他们（甚至一些本国人口）就会铤而走险，把愤怒转向支持他们的人。当库拉吉纳地区塞族人遭到克族人的残酷攻击时，塞尔维亚总统米洛舍维奇未能去营救，结果刺激了塞族人对他的愤怒，一些库拉吉纳塞族人甚至发誓要向他复仇，而这个人正是他们曾经依赖的，现在却被认为是叛国者。

第五，外方也可能拒绝分离主义分子的干预请求，如果他们反对运动、原则上反对分离和武装冲突、成为中央政府的支持者、分离主义分子的宣称是非正义的或缺乏公信，同时国际政治的考虑（害怕执政当局的报复以及国际社会的负面反应）、国内政治和安全需要、对国内经济负面影响的认知（提供支持的财政枯竭）都会发挥作用，阻止外部国家站在分离主义分子立场上干预冲突。另外，袖手旁观——在一个灾难或民生需要紧急援助的情形中，旁观者的数量越大，责任的分散就越大——也可以成为干预的障碍。①

---

① Heraclides, Alexis "Secessionist Minorities and External Involvement", *International Organization*, 44, 3, Summer 1990, pp. 353 – 355.

119

4. 外部干预的后果

外部干预族群冲突，可能给国际社会带来一些问题。第一，如果族裔民族主义者从外部的支持中获得实质性的收益，这几乎总是增加政府军队对他们的镇压，尤其是当国家领土完整受到威胁时。[①] 这种情况之所以发生，是因为当政府面临族群动乱时，其自然倾向是在纯粹合法性概念上定义冲突（认定为法律和秩序问题），并把族群骚乱分子当成犯罪分子。这样做时，政府寻求的是一个彻底的解决办法，并坚持动乱组织应该被完全消灭，所有违反法律的人都应该受到惩罚。面临国家残酷镇压的族群叛乱分子可能转入地下生存，他们的国际声音肯定会大减。更为重要的是，国家的严厉镇压实际上可能加剧通常由冲突造成的人道主义危机，而对此，国际社会则不能熟视无睹。墨西哥南部恰帕斯州（Chiapas）萨巴帝斯达民族解放军（Zapatista National Liberation Army）就属此例，他们代表赤贫的玛雅土著人。该运动利用现代通信技术，形成一个从旧金山的富商到巴黎的沙龙这样如此广大的世界网络，1994年迅速成为国际事业名角。但是，萨巴帝斯达为此付出了惨重代价——墨西哥总统埃内斯托·塞迪略（Ernesto Zedillo）诉诸反动乱方式解决冲突，收复了叛乱分子占据的村庄。

第二，对族裔民族主义者的外部支持很少达到这样一种规模，即能够使他们赢得决定性的军事胜利。对于决定性的胜利，族群反抗者最为需要的是外方的直接军事干预，而愿意冒这种风险的国家极为罕见。对于这一规则而言，虽然也有鲜明的例外情况，如1971年印度代表孟加拉分离主义分子对巴基斯坦进行军事干预，但外部支持通常导致族裔民族主义力量的短期增加，从而出现军事对峙，以及人权灾难的增加。

当族群发动战争的能力实质上取决于外部支持时，第三个问题就出现了。在这种情况下，族群可能变成国家之间一个更大的政治游戏中的典当品。例如，巴勒斯坦解放组织对叙利亚支持的依赖曾经导致它放弃比从前

---

① Weiner, Myron, "Peoples and States in a New Ethnic Order?" *Third World Quarterly*, 13, 2, 1992, p. 326.

较多的控制能力。① 同样，在反抗伊拉克政府的战争中，库尔德人严重依靠来自伊朗（并且也秘密地来自美国）的帮助。结果，伊朗人和美国人开始获得对冲突强度与持续时间的控制。通过给库尔德人供应更多的物质支持，他们能够延长冲突和提高冲突强度；或者通过停止援助，削减库尔德人的战斗力，停止或降低冲突的强度。在这种情况下，族群就会成为一个民族国家（间接地）实施暴力，对抗另一个国家的工具。②

由于反干预的存在，外部干预族群冲突也可能导致冲突的强化和延深。当这种情况发生时，族群发现自己不再是国内冲突的争论者，而是更广大国际战争的棋子。这有可能导致族群问题的边缘化，而这一问题恰恰是引发冲突的最初的因素，新问题与新角色的出现是后来的事情。这样看来，外部干预可能潜在地会改变冲突的性质、规模与强度。例如发生在黎巴嫩、塞浦路斯及安哥拉的冲突，在外部干预和反干预之后，变得漫长而且愈发暴力。

三　族群冲突与国际恐怖主义

族群冲突国际化的一个非常普遍的方法就是族群叛乱者使用恐怖主义手段。"民族分裂主义的理论依据主要是民族自决原则"，③ 据此，我们认为族群冲突国际化诉诸恐怖主义手段，其原因之一是对自决权认识的模糊：对自决的权利缺乏明确解析致使这一权利成为非法暴力危险的正当理由。由于无论是对民族还是对权利本身的范畴似乎都没有任何明确的法律界定，行使如此权利就会导致暴力的恶性循环，因为对手民族试图在国际体系内宣称他们的权利，而这个体系内不断变化的国家在赋予族群以合法身份后，又赋予其其他权利。因此，可以说"极端民族主义分裂势力是对民族国家

---

① Bertelsen, Judy S. , "An Introduction to the Study of Non-state Nations in International Politics", in Bertelsen, ed. , *Nonstate Nations in International Politics*：*Comparative System Analyses* (New York：Praeger, 1977), p. 252.

② Bertelsen, Judy S. , "An Introduction to the Study of Non-state Nations in International Politics", in Bertelsen, ed. , *Nonstate Nations in International Politics*：*Comparative System Analyses* (New York：Praeger, 1977), p. 252.

③ 郝时远：《族际冲突与恐怖主义》，参见王逸舟主编《恐怖主义溯源》，社会科学文献出版社，2002，第197页。

的误读和对民族自决权滥用的产物"①。

第二，由于缺乏常规军事战争必需的资源，族群分裂分子经常诉诸恐怖主义，因为其代价很低，而且比较容易脱身。另外，如果族群分裂分子的目标就是要博取全球关注以宣传自己的事业，恐怖主义就是一个非常有效的手段，因为媒体全球化，即所谓的"CNN因素"，可以使其影响马上遍及全球。在这个意义上，Bertelsen注意到：作为一个业已存在的民族—国家内的问题，为了避免被遗忘，为了阻止民族—国家强加给他们的解决方案，族群或者非国家民族可能会把暴力目标锁定在其他民族—国家，而不是他们居住的国家。② 居住在叙利亚、利比亚及黎巴嫩的一些巴勒斯坦人使用暴力和恐怖主义袭击以色列、支持以色列的西方国家，以及其他目标国家。这增加了第三方干预冲突的成本，也妨碍了维持以色列和其阿拉伯邻居之间的停火稳定。斯里兰卡泰米尔游击队也采用恐怖主义手段攻击外国政府以及对他们的事业没有同情心的领袖，例如暗杀印度总理拉杰夫·甘地。

族群恐怖主义的国际目标并非仅仅是外国政府或领袖。多数情况是，族群恐怖主义被频繁地用来攻击族群自己的政府——不管是财产还是人身，也不管是国内还是在海外，他们也宣称对此负责。恐怖主义攻击居住在他们国家的外国公民也使族群冲突国际化。克什米尔分离主义分子扣押外国人质说明恐怖主义的国内行为可能趋向获得国际特征。另外，族群不满分子已经开始劫持航班、暗杀外交人士，甚至从跨国公司巨头那里勒取财物（例如福特汽车公司）。绑架商人和外交人士已经成为国际政治中的一个常见特征。

四 族群冲突与难民流

通过难民流，国内族群冲突也可以变得国际化。因为害怕遭到迫害而逃离自己的国家，或者因为其所在国企图形成一个族群单一的民族—国家

---

① 郝时远：《族际冲突与恐怖主义》，参见王逸舟主编《恐怖主义溯源》，社会科学文献出版社，2002，第220页。

② Bertelsen，Judy S.，"An Introduction to the Study of Non‐state Nations in International Politics"，in Bertelsen，ed.，*Nonstate Nations in International Politics：Comparative System Analyses*（New York：Praeger，1977），p. 251.

而被迫离开的难民，形成一个巨大的难民流，给难民接收国带来两个不同类别的问题：它给接收国造成巨大的经济和政治负担；有时也会导致难民输出国和难民接收国之间的战争。[①]

国际社会面临的一个更为深刻的问题是难民流带来的人道主义危机。接收国可能会封锁边境，但是更经常的情况是允许他们进入，而把他们安置在环境恶劣的露天营地。这样做的目的就是要把难民的状况当作"人类恫吓"（Human Deterrence）政策。换句话说，人们认为，难民营恶劣的条件会阻止难民从他们的祖国继续流入。[②]

难民的大量出现将使国内族群战争愈加复杂化，国家陷于瘫痪，民众被迫迁移，而且，也会导致接收国敌视反应不断增加。难民的这两方面问题将成为未来国际社会面临的最严峻的挑战之一。

第二节　国际政治的族群化

国际政治的族群化是指发生在国际层面的一些过程或事件对国家层面族群冲突的响应。通过这种方式，发生在一个体制层面的事态将趋向与另一个体制或更广泛的体制中的行为相联系。

一　全球化、相互依赖与族群冲突

半个世纪以来，交通、通信领域的技术飞速发展，大众传媒全球化，以金融业和跨国公司为领头羊的全球经济整合进展迅速。这一系列深刻而广泛的变化促发世界在戏剧性地"缩小"。正如学者们经常所言，伴随国际体系与国内经济、政治和社会之间，以及国际体系与非国家角色之间的互动持续增加，世界已经真正变成了一个全球村。在这一进程中，由于复杂的国际联系，国家像昔日那样游刃有余地控制内部环境的能力已经实质性地减少。这一变化，人们从全球范围内族群跨国网络的激增这一角度便会

[①]　Weiner, Myron, "Peoples and States in a New Ethnic Order?" *Third World Quarterly*, 13, 2, 1992, p. 321.

[②]　Weiner, Myron, "Peoples and States in a New Ethnic Order?" *Third World Quarterly*, 13, 2, 1992, p. 321.

明显看出。这些跨国网络的建立为族群跨国互动——观点、信息、财产以及政治策略等的交流——提供了绝好机遇。

一方面，毫无疑问，技术进步通过不断缩小世界、增加族群之间接触的频率，为强大的"示范效应"提供了基础。[①]"示范效应"的早期例证，我们可以从 20 世纪 60 年代遍及整个西方国家的学生运动中看到。今天，世界上任何一个地方爆发族群冲突，其信息瞬间便会扩散，于是，很容易对另一个地区的族群政治运动产生相同的示范效应。而"示范效应"教会人们分析其他地方相似的族群运动成功或失败的原因。其他族群的失误将被注意，而族群运动的成功经验也将被吸收甚至被效法。因此，示范效应引发不同地区族群运动之间的复杂联系，这已经给一些族群运动带来需要重新审视的国际性意义。

国际恐怖主义通常出现在大众传播全球化以及先进的现代通信技术已经成为族群运动帮手的地区。[②]电视的迅速报道使恐怖行为立刻进入全球各角落人们的视野，各国各方面力量会迅即做出反应；现代航空运输提供的流动性使行为人可以随意出现在世界任何地方，随时找到安全的避难所。因而，现代技术进步已经使小股恐怖分子很容易直接影响大的社会形势。

另一方面，世界范围内通信和交通的技术进步也刺激和加强了跨越边境的族群认同。一些高度政治化的通信网络赋予族群以族群性特征，不是通过共同的历史传统，而是通过意识形态的和政治的快速转变。这可能导致一个国家的族群与另一个国家的族群之间不仅在族群性基础上，而且也在意识形态、战略以及政治经济目标上建立联系。日本赤军（the Japanese Red Army）与巴勒斯坦解放组织（PLO），克罗地亚乌斯塔沙运动（Ustasha Movement）与马其顿国内革命组织（Internal Revolutionary Macedonian Organization），斯里兰卡泰米尔猛虎组织与哥伦比亚毒枭，黎巴嫩什叶派真主党民兵（Shi'a Hezbollah militia）与伊朗革命卫队（Iranian Revolutionary guards），以色列占领区哈马斯（Hamas）与邻国阿拉伯国家的"穆斯林兄

---

① Connor, Walker, "Nation – building or Nation – Destroying?" *World Politics*, 24, 3, April 1972, p. 352.

② Stack, Jr., ohn F., "Ethnic Groups as Emerging Transnational Actors", in Stack, Jr., ed., *Ethnic Identities in a Transnational World* (Westport, CT: Greenwoods Press, 1981), p. 21.

弟"（Muslim Brotherhood）等都有过合作关系。[①]

另外，通信和交通技术的创新也把国家与国家紧紧地捆绑在一起，增加了向社会内部渗透的规模和程度。社会内部渗透有助于加强全球范围内的族群性。一个族群运动仿效另一个族群运动的战略、战策及目标，这在国际政治中司空见惯。一个国家中族群叛乱分子赢得利益可能会强化另一个国家族群的合法性，并使他们充满野心。

二 武器贸易、毒品走私与族群冲突

全球范围内武器装备的激增已经对族裔民族主义分子和分离主义分子产生了巨大影响。他们的军事能力已经被认为大大提高，他们自己也不时宣称可以随时挑战现存的国家力量。武器的容易获得也为族群分离主义者提供了程度不同的依凭。武器来源的渠道之一，就是冷战冲突的后果所遗留的"方便"。例如，阿富汗，在战争巅峰时期，美国和苏联倾注了大批精良的武器，冷战结束以后，许多精良的武器被贩运到周边国家，如伊朗，以及该地区各种恐怖分子和叛乱分子手中。也有几个国家愿意把武器卖给发展中国家（通过他们转到叛乱分子和恐怖分子手中，甚至直接卖给族群叛乱分子、毒品走私人员以及恐怖集团）。这是他们可以到处得到武器的另外一个原因。俄罗斯需要硬通货而出卖武器；而朝鲜被认为把武器销往伊朗和巴基斯坦；现在人们普遍相信非洲许多武装动乱分子以及一些亚洲族群分裂主义集团，例如斯里兰卡泰米尔猛虎组织，经常能在南非购买到精良的武器装备。

各国常备军事之外，促使全球武器激增的另外一个因素是装备精良的常规武器（从坦克到导弹零部件）的秘密贸易。据美国国防部有关报告，全球武器秘密贸易额估计每年在 20 亿美元至 100 亿美元之间，这使某些国

---

① 关于案例详情，参考 Laqueur, Walter, *Terrorism* (Boston, MA: little, Brown, 1977), p. 194; Jayawardhana, Walter "Guns for Drugs", *Sunday*, November 4 – 10, 1990, p. 84; Hunter, Shireen T., *Iran and the World* (Bloomington, IN: Indiana University Press, 1990), pp. 123 – 127; Petran, Tabitha, *The Struggle Over Lebanon* (New York: Monthly Review Books, 1987), pp. 374 – 375; Rubin, Barry, *Revolution Untill Victory: The Politics and History of the PLO* (Cambridge, MA: Harvard University Press, 1994), p. 203。

家容易获得技术和必需的硬件来制造高级常规武器、化学和生物武器，甚至核武器。与武器秘密贸易密切相关的是与恐怖和叛乱活动相连的毒品走私网络。由于容易用武器贸易（或威胁）以及毒品走私来筹措行动资金，恐怖分子和叛乱分子制造事端的风险便增加了，而这种风险的频度和风险增加的程度还尚难以准确预估。人们看到的景象是，世界政治中一个明显的趋势就是越来越多的族群正在诉诸非法贩运方式以筹措游击行动或在国家内维护其政治的和文化的基地主权。斯里兰卡泰米尔分离主义集团，例如泰米尔猛虎组织，已经从事毒品偷运，为进行军事斗争和军备措施筹集资金。[①] 在泰国、老挝、缅甸、土耳其以及阿富汗等国家，族群分离分子和其他分歧集团的行为运作与走私违禁品和麻醉品的秘密贸易紧密相关。缅甸绝大多数的毒品走私受控于该国境内的族群和其他分离主义集团。另外，近些年来，在印度东北部以及孟加拉吉大港协议地区（Chittagong Hill Tracts）活动的许多族群和部落叛乱集团也加入此类贸易。[②] 在西南亚洲，近些年最大的毒品供应者就是阿富汗。阿富汗超过70%的海洛因经印度到达西方国家。[③] 除了游牧部落外，该国家涉足此类贸易的族群和叛乱集团还有吉尔扎伊人（the Ghilzai，坎大哈的一个部落）、帕坦人（the Pathan）、俾路支人（the Baluchis）、辛瓦瑞斯人（the Shinwaris，阿富汗东部的一个部落）、塔吉克人（the Tajiks）、哈扎拉人（the Hazaras）以及土耳其人（the Turkmen）等。巴基斯坦境内的某些族群也参与了阿富汗毒品贸易。[④]

除了所称的"金三角"（缅甸、泰国、柬埔寨）和"金月亮"（伊朗、阿富汗、巴基斯坦）的叛乱分子和毒品走私分子交互作用外，黎巴嫩长期的无政府状态也把"毒品换武器"直接带入中东的心脏。黎巴嫩作为鸦片、海洛因和可卡因的制造者和提炼者以及亚洲鸦片和海洛因的主要输转路线，

---

① Jayawardhana, Walter, "Guns for Drugs", *Sunday*, November 4–10, 1990, p. 82.

② Lintner, Bertil "The Indo–Burmese Frontier: A Legacy of Violence", *Jane's Intelligence Review*, 6, 1, January 1, 1994.

③ Pugliese, David, "Private Armies Threaten Established Borders", *Defense News*, April 4, 1994, p. 12; Jayawardhana, "Guns for Drugs", p. 84.

④ Said, Abdul A. and Simmons, Luiz R., "The Ethnic Factors in World Politics", in Said and Simmons, eds., *Ethnicity in an International Context* (New Brunswick, NJ: Transaction Books, 1976), p. 32.

使其具有族群宗教基础的军队能够利用毒品贸易进行活动经费筹措并得以购买武器。随着巴勒斯坦军事能力的提升以及什叶派原教旨主义活动的猖獗，其作为两个更为重要的角色入场了。由于毒品贸易提供的独立财政源泉，黎巴嫩一些类别的军事组织继续破坏黎巴嫩、以色列和叙利亚的稳定。总的来看，研究者们感到，黎巴嫩境内的毒品贸易甚至可能成为阿—以和平进程的威胁。

第三节　结语

本章的论证说明，通过各种各样的方式，国家层面的族群冲突把自己带进国际政治，也论证了国际层面的进展如何影响国家层面的族群政治。大多数情况下，族裔民族主义对世界体系（这里不论现存世界体系是否合理或稳固）产生了破坏性的影响，同时，国际准则框架之所以对分离主义要求表现出漠不关心的态度，从根本上说是由于国际准则框架不支持分离者的要求，这也许是对族裔分离主义运动毅力的考验；或许他们在道义上是公正的，但对全球秩序一般总有消极意义的"破坏"，对民众的安居乐业构成威胁。第四章我们将集中讨论国际体系（既包括跨国组织也包括国家角色）如何能够解决族群冲突。

第四章
族群冲突与国际干预

　　冷战后时代族群冲突的爆发使国际社会面临挑战，这种挑战既有规范性层面的，也有行动层面的。其中一个重要的规范性挑战就是制定保护少数民族权力和利益免受国家角色侵犯的原则和策略。另一个规范性挑战就是制定某些标准，以接受或拒绝族裔群体建立主权国家的要求。目前，关注这一主题的文献数量从未停止增长，这些文献告诉我们，在今日现实世界，对此尚难达成国际共识。更重要的是，从实践的角度来看，族群建立主权国家的要求远远不能得到满足。这是由历史和现实国际政治秩序决定的。另外，族群冲突持续存在且并不罢休，而与冲突相关的一些令人无法接受的后果则摆在国际社会面前，例如族裔恐怖主义、人道主义危机、难民流，以及冲突中由于外部国家的干预和反干预而引发的战争扩大的威胁。因此，出于国际安全、和平及稳定的考虑，国际社会必须找到这类冲突的解决方法，不管是和平的方式，还是不得不使用武力手段（如果除此之外不能平息冲突的话）。①

　　本章中，我们将集中讨论通过国际第三方参与冲突的方式解决族群冲突。确切地说，我们着手探讨有关国际第三方角色和族群冲突解决两个相互关联的论证：第一，我们概念性地分析国际第三方试图解决族群冲突的各种目标以及每一个目标取得成功所必备的标准。第二，我们讨论在解决族群冲突过程中，作为扮演或者极有可能扮演第三方角色的国际社会及其行动所带来的后果。

---

① Jacob Bercovitch, "Third Parities in Conflict Management: The Structure and Conditions of Effective Mediation in International Relations", *International Journal*, 40, 4, Autumn 1985, p. 736.

第一节　后冷战时代国际第三方干预的全球环境

冷战结束以后，国际社会并没有出现人们预期的和平与稳定，暴力冲突时常在某一特定时空爆发，令人猝不及防。其原因依然与冷战的过程及其影响密切相关，当然也有其他因素。"从某种意义上来说，冷战时期的军备竞赛推动了世界性的高精尖武器发展，大多数国家都耗费了大量的费用用于军事领域，并给一些发展中国家带来超级大国'代理人战争'的现实问题及全球性核战争的潜在危险。但是，大规模的军备竞赛对当时的世界局势也起了某种稳定作用。这就是沃尔兹的结构现实主义理论所解释的，'两极'或是建立在两极基础上的国际体系要比多极格局简单和容易处理得多。其关键因素就是，冷战时期全球性核战争的威胁对两个超级大国形成了一种强有力的制约。这种制约产生的作用主要是严格限制了两个超级大国对欧洲或是其他地区性冲突进行军事干预，从而避免了双方之间发生直接武装冲突的局面。另外，这些制约还体现为，一方在某种情况下采取某种行动时，另一方能够得到明确的信息。这就使得美苏竞争的范围被严格约束在一个特定的框架内，从性质上来说，这个框架的基础是军备控制，而其外延则是地区性的竞争。"①

然而，冷战的结束在很大程度上改变了这种局面。第一，两大集团之间对抗的消失导致了政治上的失控。国际政治中决策的分散化和政治权威的多元化，增加而不是减少了国际社会中出现的各种挑战和危机。例如，冷战结束后出现的伊拉克危机问题就是一个明显例证。设想这场战争如果发生在冷战期间，那么苏联作为伊拉克的主要武器来源国，就不大可能任凭伊拉克入侵科威特这个被国际社会公认对美国和其他西方国家具有重大利益的国家。

第二，随着外部威胁的减少和联盟体系的松弛，加之各种国家集团和多民族国家的分裂，民族主义开始进入一个新的高潮时期。从本质上说，民族主义运动赖以滋生的基础主要是族裔性质的，包括种族、民族和族群，

---

① 汪波：《美国冷战后世界新秩序的理论与实践》，时事出版社，2005，第 238~240 页。

而不是政治意识形态或领域。因而，各种民族主义团体把他们的注意力转向国家内部，更多的时候为了政治或经济的利益与国内其他不同族群发生冲突，并使这种冲突蔓延到国外相关的族群之间。这种情况正如莫伊尼汉（Daniel P. Moynihan）所指出的："族与族之间的冲突并不需要两者之间有重大分歧，很小的差异就能够造成这种冲突。"① 冷战结束以后，欧洲分裂的结束和华沙条约的废弃，终于使南斯拉夫联盟内部的各个民族有了机会来表达他们压抑已久的不满和怨恨。同样，在苏联内部，也出现了要求重新调整族群、政治和地理边界的大量问题。结果不仅造成了国家之间以及国家内部的冲突，而且还导致了大量难民外流和大范围人道主义灾难问题。

第三，与民族冲突联系密切的是传统大国的政治复兴。冷战后，世界虽然不再按照东西轴线进行分界，但各个地区大国都具备了在某些方面向美国叫板的能力。美国传统的朋友和盟国都越来越明确地表示，他们更加关注的是自己的国家利益（从这个角度讲，与冷战期间的国际主义相比，冷战结束后民族主义占了上风）。特别是冷战后，美国自己无法确定从前的那些敌对国家是否已经成为自己真正的伙伴。实际上，俄罗斯和中国都宣称，他们将继续积极追求根据自己国家的历史、地理、文化、经济和国内政治所确定的国家利益，其推行的外交政策目标也必须符合本国的利益。

第四，民族国家至上的地位在经济全球化的冲击下，已经在一定程度上开始衰落。"全球化为当代民族冲突创造了新的激励结构。全球化带来两个方面的影响：国家能力分化以及权力的政治基础和经济基础的分离。国家部门的、区域的以及社会的分化凸显于某些族群的歧视性的经济政策和政治表达结构。"② 有人认为未来的科技将加强国家机器控制其公民的能力，这种观点其实不堪一击。随着电视、电话、电脑、互联网、移动通信等科技的发展，信息交流可以跨越时空、跨越国界，使政府更加难以控制公民对外部世界的了解和外部世界对他们的了解。另外，国家还受到各种地区组织、联合国安理会、国际货币基金组织等外部力量以及非政府组织、跨

---

① Daniel P. Moynihan, *Pandaemonium：Ethnicity in International Politics*（New York：Oxford University Press, 1993），p. 15.

② 王剑峰：《全球化、国家能力分化与民族冲突》，《中央民族大学学报》（哲学社会科学版）2005 年第 6 期，第 28～32 页。

国公司和私人机构的约束。这种趋势使现代国家政府愈发没有能力应对他们的权威所面临的各种挑战。

第五，化学武器、生物武器和核武器等大规模杀伤性武器的出现，以及运载它们的弹道导弹等现代常规和非常规武器的不断发展，正在给国际环境制造新的不稳定因素。那些掌握了非常规武器的国家，总是设法想要使用它们来实现自己的利益；那些没有这些武器或者发现自己在非常规武器战争中处于劣势的国家，则总是设法在它们的对手部署或使用这些武器之前竭力反对它们具有这种能力。更令人担忧的是，冷战结束以后，非常规武器有扩散的迹象，这种武器一旦落入诉诸暴力手段的分离主义者、恐怖主义者和宗教激进主义者手中，后果不堪设想。因此，大规模杀伤性武器的出现，不仅使国际社会的政治权力关系开始失控，而且导致军事权力关系同样也陷入困境。一旦国际社会现有的秩序被打破，同时又不能建立新的秩序来取代的话，其结果势必对人类的生存造成毁灭性的打击。

这一系列问题的演化所造成的结果，就是冷战后出现的这样一个被称为"国际无规则"的时代。随着冷战结束后国际社会的发展，国际关系中出现了一些新的行为体、新的权力以及新的联盟，但却没有同时建立新的规则。在这种新的"无规则"时代，大量中小国家和族群之间开始出现了无休止的争夺利益和自决权的斗争。面对复杂的国际环境，不仅有必要建立一个"新的国际秩序"来维持国际社会的和平，而且还要采取包括军事干预手段在内的各种措施来维持和平，促进"新的世界秩序"的建立，以免人类社会为此付出惨重的代价。

第二节　国际第三方参与解决族群冲突

冲突是人类内在的本性，经常成为发展、改革以及进步的原动力。但是，冲突有可能而且也经常带来暴力杀戮。一旦这种情况发生，管控和最终和平解决这些问题就变得非常重要。理论上，冲突可以通过三种方式得以解决：第一，争议各方诉诸武力解决。武装冲突的一个不可避免的后果可能是以其中一方赢得最终胜利而告终。这种解决冲突的办法严酷而残忍，充满风险，尤其是在族群冲突情形中国际社会寻求避免冲突发生时。第二种途径与第一种恰恰相反，争执双方可能会主动地通过和平谈判和协商的方式解决冲突。虽然这类和平方式是国际社会最喜欢的，但一旦出现族群冲突，敌对双方通常都认为这是一场"不是你输就是我赢"的零和游戏，他们不会主动地、和平地解决存在的分歧。这两种方法的局限性使第三种途径显得尤为重要，那就是国际第三方的介入，尤其是那些长期的复杂的族群冲突。一般来说，这类冲突中敌对双方都竭尽全力地在寻找妥协的办法。①

通过第三方行动解决争议，可以被定义为"某人或者某一代理对某一争议的介入，其目的是扮演一个把争议进行和平处理的工具性的角色，同时搭建平台，构建冲突赖以持续解决的基础"。② 在这个意义上，国际第三方在族群冲突中可以追求以下三者中的任何一个目标——维持和平（Peace-keeping）、缔造和平（Peacemaking）、建设和平（Peacebuilding）。

一 维持和平

"维持和平"是指在冲突前或者冲突爆发初期，防止冲突发生或继续恶化的行动，亦即将现有的和平情势稳持住，或维系用各种方式达成的暂时和平态势。维持和平行动又称"传统维和行动"，主要的功能集中在观察、监视、调查事实并做出报告，或是在冲突各方之间建立缓冲区。

一旦爆发激烈的族群冲突，国际社会首要的事情就是冲突管理：立即阻止战争，为争议双方进行谈判创造可能的和平氛围，并为民众提供人道主义救助，他们是暴力冲突的牺牲品。为了达到这个目的，国际第三方可能要在冲突中履行维和任务。维和行动包括外部军事力量直接进入双方的武装冲突之中，以确保使冲突各方武装力量分开，从而达到终止战争的目的。③ 维和行动的目标对象是冲突各方的"战士"或"斗士"，其目的是遏制好战行为，从而为政治谈判和援救行动（Relief Operation）创造和平的

---

① Jacob Bercovitch, "Third Parities in Conflict Management: The Structure and Conditions of Effective Mediation in International Relations", *International Journal*, 40, 4, Autumn 1985, pp. 737 – 738.

② Michael Harbottle, "The Strategy of Third Party Intervention in Conflict Resolutuion", *International Journal*, 35, 1, Winter 1979 – 1980, p. 120.

③ Michael Harbottle, "The Strategy of Third Party Intervention in Conflict Resolutuion", *International Journal*, 35, 1, Winter 1979 – 1980, pp. 120 – 121.

环境。

有关国际维和的大量学术文献一般都认为：从有效性来看，国际第三方的维和行动必须满足三个条件：第一，冲突各方事先同意国际维和行动。第二，在处理冲突各方问题时，国际维和者必须保持中立和公正。① 第三，维和行动中武力的使用必须是有限的，维和者仅仅出于自我防卫的需要才能使用武力。

冷战结束以来，一些族群冲突中，例如波斯尼亚、索马里以及卢旺达，国际第三方（例如联合国）的维和行动未能阻止暴力的升级，这引发人们高度怀疑国际第三方有限而不偏袒任何一方的维和行动的有效性。例如，Betts 很快就指出国际第三方有限而不偏袒任何一方的维和行动之所以过去有时会取得成功，并不是因为他们承担的任务是阻止那些愿意继续战斗的敌对双方的暴力冲突，而是因为敌对双方自己在维和者介入之前就已经达成和接受停火协议，维和者的任务只是监督停火。但是，在那些敌对双方先前并没有达成和接受任何停火或者和平协议的情况中，国际第三方有限而不偏袒任何一方的维和行动并没有能够阻止敌对，因而，联合国在波斯尼亚、索马里以及卢旺达维和努力的失败是因为他们认为维和行动在没有和平条件存在的地方也能成功，这是一个"具有破坏性的错误概念"的结果。进而，Betts 认为，战争中（尤其是族群冲突中）基本的问题几乎总是"战斗结束时谁来统治"？除非争议双方都选择妥协而不是战争，否则战争将重新上演；其必然结果是，直到双方就谁来控制达成协议，战争才会结束。② 因此，认为维和干预并提供谈判机会将影响交战双方意识到和平谈判的好处的想法是错误的。③

因此，Betts 认为如果交战双方都已经认识到通过战争他们各自都极少有机会获得利益，那么对于那些族群冲突来说，执行国际维和强制措施效

① "公正"是指不站在任何一方的立场，而不是"中立"的意思，它不会对结果产生任何影响，因为第三方的出现改变了争议的性质和结构。参考 Bercovitch，"Third Parties in Conflict Management"，p. 739。

② Richard K. Betts, "The Delusion of Impartial Intervention", *Foreign Affairs*, 73, 6, November/December 1994, p. 21.

③ Richard K. Betts, "The Delusion of Impartial Intervention", *Foreign Affairs*, 73, 6, November/December 1994, pp. 21 – 22.

果会好很多。① 国际维和强制行动可以通过以下两种途径来进行：一方面，维和可以是有限制性的行动，但就使用武力来说，维和可以在不中立的条件下进行，换句话说，国际维和执行者采取有限制性的军事行动必须站在冲突双方的立场。那么，和平执行者既可以打破军事平衡，使冲突中的一方收益，从而帮助他赢得并结束冲突，也可以帮助交战双方保持军事力量平衡，造成"伤害性僵局"，从而促使争议各方寻求和平解决争议之道。"伤害性僵局"是另一种有利于在国际谈判中取得突破的紧张局势。这一概念由托威尔（Saadia Touval）和扎尔特曼（Zartman）首先提出，是指存在争端的谈判方由于互不妥协而各自遭受长期的苦难和煎熬，这种僵持的局面一旦达到某种程度（具体取决于各方对伤害的承受能力），就会令大家都明白谁也无法从中获益，他们唯一的选择就是达成一项调解性的谈判协议。埃及和以色列在达成戴维营协定之前进行的谈判就是一个典型的"伤害性僵局"个案。另一方面，国际维和强制措施也是可以不偏不倚地执行的，当然就使用武力来说，这种维和并不总是在限定的规模内进行。换句话说，在冲突中一个公正的国际和平推行者必须调集占有绝对优势的军事力量，这样才能控制整个局面。只有通过这种方式，和平使者才能采取强制措施推动那些不愿意放弃战争的好战之徒达成和平协议。Betts 认为，这种方式也可能阻止和平的出现，因为虽然他们的努力足以阻断战争中一方击败另一方，但不足以使他们停止诉诸战争的企图。② 在这种危机条件下，进行谈判所受到的最直接最重要的影响就是，与危机相伴而生的高度威胁以及时间方面的压力。但是，这种紧迫感不仅不会阻碍谈判的进行，反而会促使谈判方尽早达成协议。不过，这种危机谈判的结果与正常情况下的谈判结果相比，不仅不是最佳的，而且是极不公平的，因而在整体上降低了谈判的质量。因此，避免危机情况的出现以及进行有效的危机管理，应当是国际谈判成功的前提之一。

---

① Richard K. Betts, "The Delusion of Impartial Intervention", *Foreign Affairs*, 73, 6, November/December 1994, p. 20.

② Richard K. Betts, "The Delusion of Impartial Intervention", *Foreign Affairs*, 73, 6, November/December 1994, p. 21.

二　缔造和平

缔造和平，也有人称之为促和，是冲突解决的一种形式，其重点在于建立一种坚实的权力平衡关系以阻止未来的冲突，并在以前曾经发生过冲突的社区建立某种形式的共同认可的道义决策机制。为此，敌对各方之间必须通过促进相互理解的方式进行调解。具体来说，"缔造和平"是指在冲突发生后，运用外交手段说服冲突各方停止敌对行为并通过和谈方式解决争端。可见，"缔造和平"是用以解决当下冲突情势、促成和平解决方案的行动，包括使用武力迫使冲突各方接受解决方案，亦即用各种方式达成和平的情势。

缔造和平行动包括所有解决武装冲突的和平方法，其目的在于降低冲突强度，分离交战各方，停止血腥屠杀，将交战各方带往和平解决之略，并最终达成一个永久的解决方案。缔造和平的目的在于达成长久的政治协议，可以将之视为一种"冲突解决"，重点在于寻找一个在争端或敌对状态之下的各项议题的持久解决方案。因此，相对于"维持和平"行动，"缔造和平"行动较具积极性质，它不仅寻求武装冲突的终止，而且更进一步协助双方解决冲突的根源，达成进一步的和平方案。

由于"缔造和平"行动的执行需要在冲突已经停止的情况下才得以进行，因此"缔造和平"行动必须与"维持和平"行动相互搭配才能顺利进行。

与维持和平或者强制和平相比，国际第三方的缔造和平行动通常涉及政治外交行动，其目标是把争议各方领袖带到一起，通过和平谈判的方式向政治解决靠近。换句话说，缔造和平要求国际第三方在敌对各方谈判过程中充当调解人角色。激烈的族群冲突爆发时，调解人的角色在谈判过程中尤为重要，因为敌对各方可能不愿意继续坐下来协商或讨论他们的问题。

在敌对各方谈判过程中，国际第三方可以通过仲裁（Arbitration）、调停（Mediation）或者促解（Facilitation，也称协导）等方式，担当调解人的作用。仲裁是指各方必须遵守具有权威性的第三方的干预，冲突各方同意把最终的决断权转交给第三方。因此，仲裁是一种具有法律性质或者准法律性质的冲突解决方式，其效力发挥取决于争议各方对外部仲裁的期待以及各方同意遵守仲裁者的决定。如果冲突具有明显的法律特点，在这些情况下，仲裁通常非常有效。然而，在激烈的族群冲突中，其有效性和实用性可能会十分有限。

相对于仲裁而言，国际第三方的调停可能会为解决激烈的族群暴力冲突提供更大的希望。国际调停者能够在敌对各方之间进行斡旋，以利于启动意义重大的政治对话。通过这种手段，可以打开敌对各方之间的沟通渠道，了解彼此之间的不同见解和信息。国际调停帮助敌对双方更好地理解彼此的地位、关切和约束，从而有助于改变敌对双方各自在对方心目中的形象。通过这种方法，调停者可以缩小对手之间的分歧，从而使各方做出让步。另外，调停者可以提出保全面子的让步措施，强调对手之间除冲突之外的共同利益，提出解决问题的可供选择的建议，促使各方建立联合以支持期待的一系列成果，反对那些不受欢迎的成果。如此这般，调停者就可以使敌对各方进一步向解决问题的方向靠近。最后，在达成协议以后的阶段，调停者可以为争议各方遵守和执行协议的各项条款而提供保证。

作为有效的调停者，对于敌对各方而言，国际第三方必须具有足够的影响力。影响力或许来自于调停是一个三方的过程这一事实，就像一个三角形的结构。由于争议各方事先知道调停者有可能支持一方的要求，对方会放弃自己坚持不变的立场，从而更倾向于调停者的立场，这样调停者的作用就会更加有效。另外，调停者拥有的资源（政治的、经济的、军事的、信息的、概念的、策略的）也会增强调停者的影响力，通过"萝卜加大棒式"的软硬兼施的做法，提高自身引导各方走向妥协的能力。

调停的有效性还依赖于敌对各方是否认为调停者是公正的。由于调停是一个保证各方信用、信心和合作的志愿过程（没有这些，调停将不会有效），调停者必须让大家感到是公正的，不偏向任何一方。调停者的公正形象在很大程度上取决于他在国际上享有的威望和信誉、参与的动机及其公平公正地协调各方的能力。信誉和威望至关重要，因为调停者影响力的一个重要源泉就是拥有资源（物质、金融和信息），在处理一些棘手的问题时，这些资源可以作为施加影响力的筹码。一旦调停者的信誉受到质疑，那么使用这些资源来引导争议各方让步就只会导致谈判期间的困局。同样，如果调停者由于自身的利益或者患得患失而参与进来，那么就不能保证敌对各方对和平解决冲突有积极态度。而且，如果调停者不能做到对争议各方公正或者有帮助意义，那么他也可能失去公正的形象。

对于缔造和平行动而言，并非每一个人都认为在激烈的族群冲突中国际调停要求调停者保持公正。事实上，人们认为有效的调停不可避免地要求调停者威胁各方，如果他们不承诺以和平手段解决问题，这将迫使调停者加入冲突中的一方。① 在这个意义上，Touval 认为只有让敌对双方认识到调停者会帮助他们获得比自己通过战争获得的更好的交易或者让他们认识到如果拒绝接受调停者的方案将把调停者推向对手一方，在这个前提下，他们才会接受调停者提出的 "和平路线图"。② 另外，一些专家认为，由于调停代表某种形式的多边谈判，所有各方，包括调停者，实际上都在追求自己的利益。因此调停者不可能是中立的，虽然调停者可能会发现自己与争议各方的利益通过促进平等而公正的解决方案的达成得到了最好的实现。按照这种逻辑推理的人们认为，实际上，外部调停者唯一的资格要求就是争议各方对他的 "接受度"。③ 最后，有人提出相对于敌对各方来说，当冲突已经 "成熟"，即当冲突处于 "伤害性僵局"（Hurting Stalemate），对手筋疲力尽并开始认为冲突继续下去谁也得不到好处时，此时调停者的影响力处于最大化（调停成功的最佳时刻）④。如果真是这样，那么调停者就会渴望促进冲突成熟和制造 "伤害性僵局"，从而在冲突各方之间创造解决冲突的氛围。⑤ 但是这可能要求调停者偏向弱势的一方，至少在冲突开始阶段

---

① D. G. Pruitt, *Negotiation Behavior* (New York: Academic Press, 1981); S. Touval, ed., *The Peace Brokers: Mediators in the Arab – Israeli Conflict* 1948 ~ 1979 (Princeton: NJ: Princeton University Press, 1982); S. Touval and I. W. Zartman, "Introduction: Mediation in Theory", Touval and Zartman, eds., *International Mediation in Theory and Practice* (Washington, DC: Westview Press for the SAIS, 1985).

② Saadia Touval, "Why the UN Fails", *Foreign Affairs*, 73, 5, September/October 1994, p. 47.

③ Mark Hoffman, "Third Party Mediation and Conflict Resolution in the Post – Cold War World", John Baylis and N. J. Rengger, eds., *Dilemmas of World Politics: International Issues in a Changing World* (Oxford: Clarendon Press, 1992), p. 268.

④ See D. G. Pruitt and J. Z. Rubin, *Social Conflict: Escalation, Stalemate and Settlement* (New York: Random House, 1986); Touval, "Why the UN Fails", p. 51.

⑤ Touval, "Why the UN Fails", p. 51.

就制造军事僵局。

国际第三方缔造和平的另一方式就是促解，就其赖以存在的假设、目标、参与者、第三方的认同、成果的性质等方面，它不同于调停。促解的一个假设是：冲突是对人类生存和发展这一内在的基本需求的压制和否认的结果，例如安全、认同和承认。由此可以推论，促解重点在于人而不是制度行为。另外，促解具有合作性、非等级性和非强制性的特点，"它不包括直接的谈判或者争辩，也不包括第三方提出的或者强加的特定解决方案"①。相反，第三方的目的在于把形势从冲突中转变过来，因为正是这种形势使各派面对一个问题，这一问题是他们共同面对的，也是他们需要合作的问题，如果它需要解决的话。换句话说，通过协导冲突各派的互动并刺激他们创造性地思考，在寻找自我维持的冲突解决方案过程中，第三方可以起到建设性的作用。但是，解决办法只能并且必须来自各派自身的努力，因为冲突的解决"意味着一揽子新的关系的最终诞生，这些关系具有自我持续的性质，而不是靠外部强制或者第三方的监督。它不是胜利者或者第三方强加的解决方案，而是各派自己自由地、智慧地建立的一套新型的关系"②。促解要求第三方了解人类行为的各种原因和理论（尤其是暴力行为）、影响人类行为的动机和目标，以及人类附加于动机、目标、地位和角色的政治价值。这些都是高度专业化的知识，因此，第三方必须受过专门的训练，必须具备丰富的经验，以确保各派能得到所有可能的相关信息。③ 与此同时，最好的情况是第三方不具备任何关于冲突及其相关各派的专门的知识，因为 Burton 指出"争议或者冲突是各派自己的事情，他们要自己定义它，并确定相关的问题、价值和动机。在各派会面之前，专家有可能知道答案"④。

---

① Hoffman, *"Third – Party Mediation and Conflict Resolution in the Post – Cold War World"*, p. 271.

② A. J. R. Groom, "Problem Solving and International Relations", E. Azar and J. W. Burton, eds., *International Conflict Resolution* (Brighton: Wheatsheaf, 1986), p. 86.

③ John W. Burton, "The Procedures of Conflict Resolution", Edward E. Azar and John W. Burton, eds., *International Conflict Resolution* (Boulder, CO: Lynne Rienner, 1986), p. 105.

④ John W. Burton, "The Procedures of Conflict Resolution", Edward E. Azar and John W. Burton, eds., *International Conflict Resolution* (Boulder, CO: Lynne Rienner, 1986), p. 105.

三　建设和平

建设和平是指冲突即将结束或冲突结束后，为重新建立已遭冲突破坏的和平环境所需的行动，包括在冲突地区实行统治权力，亦即为长期的和平建立环境。

这是一个框架性的概念，包括冲突转变、公正维护、恢复重建、和解、发展、领导地位、精神和宗教的支撑等。它强调冲突的结束并不自动地带来和平稳定的社会或经济发展。一些组织在冲突地区的建设和平行动赋予了这个概念诸多实质性意义，例如美国和平研究所（United States Institute of Peace）、建设和平联盟（The Alliance for Peacebuilding）等。这些行动包括：为民主发展提供技术支持、促进冲突解决和调解、团结以前的对手使其重新进入公民社会、加强法律制度、提高人民的生活水准以及保护人权、安全领域改革等。

国际第三方在解决族群冲突的行动过程中所起的作用就是建设和平。建设和平要求国际第三方采取长期的社会经济和文化行动，这些行动的目标对象很大程度上是冲突双方的普通成员，要让他们改变彼此在各自心目中的负面的形象、观念和态度。建设和平的主要目的是通过社会经济的重建和发展，实施和平的社会转变。这种角色扮演既可以在冲突爆发之前，也可以在冲突结束之后的若干年里。如果在冲突爆发之前，国际第三方建设和平的角色可能依照族群冲突即将爆发的早期警告信号而行动，可以实施某些社会经济和文化行动，增加敌对各方之间更好地相互理解。后冲突时期的和平建设行动可能既需要对饱受战争创伤的社会进行经济重建，也需要在战争族群之间实现和解。和平建设成功的重要标准可能是第三方手里的财政资源、耐心，以及坚持不懈，因为这注定是一个缓慢而艰难的过程。

笔者从概念上讨论了国际第三方为解决族群冲突努力的各种方法，下面笔者将分析在解决族群冲突中不同国际角色所起到的作用。

第三节　联合国作为第三方与族群冲突解决

人们通常认为联合国是扮演族群冲突调解人的最理想的角色。第一，由于它在国际组织中的公正形象，联合国可能已经被当成最有竞争力的第三方。第二，联合国的干预可以使冲突去国际化，也就是说，防止带有偏袒性的干预和反干预，这有助于阻止冲突升级。第三，联合国通过其各种实体和机构或许更适合于执行一揽子的相关任务，这些任务对成功地减少冲突升级和解决冲突至关重要。这些任务可以包括监督停火、执行维和行动、谈判、调解，或者推动敌对各方达成和平协议、为饱受战争蹂躏的人民提供人道主义救助、在前冲突和后冲突时期实施建设和平措施。

尽管联合国具备诸多优势，但实际上冷战时期它在解决族群冲突方面并不是很积极。例如，尼日利亚比夫拉战争或者北爱尔兰族群冲突，它并没有参与。在印度和巴基斯坦关于克什米尔的冲突中它只是象征性地扮演了角色，在孟加拉分裂过程中亦然。联合国还逃避斯里兰卡发生的残酷的族群战争，未能阻止缅甸和马来西亚的族群冲突，对于印尼在东帝汶的残暴行径也没有什么作为，对发生在苏联和东欧地区的族裔民族主义情绪的崛起也没有起到阻止作用。

究竟什么因素导致联合国对于解决族群冲突采取如此的态度和行为？首先，一个可能的因素，即联合国是一个独立国家的组织，这与它的名字形成鲜明对照。因而，这个组织在处理一个国家内部族群冲突问题时，采取亲国家立场，这是很自然的而且长期以来不断这么做的。[①] 其次，由于维护国家主权和不干涉一国内部事务是建立已久的国际准则，根据《联合国宪章》第 2 条规定，"本宪章不得认为授权联合国干涉在本质上属于任何国家国内管辖之事件，且并不要求会员国将该项事件依本宪章提请解决"[②]，除非涉案国主动寻求联合国干预或者具有令人信服的理由可以超越国家主权和不干涉原则。[③] 但是，我们在前面谈到，国家与族裔民族主义的冲突案

---

① Frederick L. Shiels, "Introduction", Shiels, ed., *Ethnic Separatism and World Politics* (Lanham, MD: University Press of America, 1984), p. 10.

② 联合国网站, http://www.un.org/zh/documents/charter/chapter1.shtml。

③ Milton J. Esman and Shibley Telhami, "Introduction", Esman and Telhami, eds., *International Organizations and Ethnic Conflict* (Ithaca, NY: Cornell University Press, 1995), pp. 9 – 10. 对于《联合国宪章》中"集体不干预"准则的精彩分析，参考 Ann Van Wynen Thomas and A. J. Thomas, Jr., *Nonintervention: The Law and Its Import in the Americas* (Dallas: Southern Methodist University Press, 1956), Chapter 7。

例极少寻求国际干预，担心如此干预将会使分离主义分子合法化或者限制
自己使用武力进行反分裂活动。究竟在何种情况下国际社会可以超越国家
主权和不干涉国家内部事务原则，对此国际法也没有进行明确的定义。最
后，联合国有限的财政和军事能力以及冷战政治的约束，使它在解决族群
冲突中无法扮演积极主动的角色。

但是公平地说，必须指出的是，尽管存在这些缺点，冷战期间联合国
在面对族群冲突时并不总是扮演一个旁观者的角色。既然联合国的主要目
标是维护国家和平与安全，它就必须参与某些给国际和平、安全和人权构
成威胁的一国的国内冲突，而且，虽然《联合国宪章》规定的自决原则并
不意味着赋予族群以建立独立国家的权利，但它一直赋予联合国有义务不
要忽略这一原则对于族群所产生的影响。另外，一些国家也的确寻求联合
国干预国内冲突，尤其当他们无法依靠自己解决问题时。[①] 为了判断联合国
作为一个维护和平、缔造和平和建设和平的角色是怎样发挥作用的，下面
我们将分析一些联合国解决国内冲突的历史。

表4-1　通过国际第三方行动解决族群冲突：技术、质量、对象和目标

技　术	质　量	对　象	目　标
缔造和平	公正、具有实质影响力的调停，事先并不需要敌对双方的同意	领袖	引导或者强制敌对各方签订和平协定
维护和平	公正、有限地使用武力，需要敌对双方的事先同意	战士	阻止暴力
强制和平	如果需要就表明立场，大规模地使用武力（如果需要）以强制达成和平协定，不必事先征得敌对双方的同意	领袖/士兵	强迫敌对各方接受并执行和平协议
建设和平	可以在冲突以前或者结束以后进行，各种机构之间需要有政策协调	广大民众	促进对手之间的相互理解、战后社会重建、社会经济发展

一　维护和平角色

1. 联合国维护和平的进展和特征

在集体安全原则下，一旦发生违反和平、侵略的行为，《联合国宪章》

---

① Stephen Ray, *Ethnic Conflict and International Relations* (Aldershot: Dartmouth, 1990), pp. 120-121.

第七章赋予安理会有采取行动的权力。其中第 41 条规定，安理会可以建议联合国成员采取武力以外之办法，反对冲突任何一方或各方，此项办法包括经济关系、铁路、海运、航空、邮电、无线电及其他交通工具之局部或全部停止，以及断绝外交关系。根据第 42 条规定，如果认为第 41 条所规定之办法为不足或已经证明为不足时，即这些办法失效，安理会可以采取必要之陆、海、空军事行动，以维持或恢复国际和平及安全。此项行动包括联合国会员国之陆海空军事示威、封锁及其他军事举动。可见，宪章第 41、第 42 条赋予联合国干预冲突以及为维护国际和平与安全采取强制措施的权力。

然而，联合国在集体安全原则之下所采取的任何行动，都必须得到安理会五大常任理事国（美国、英国、法国、俄罗斯、中国）的全部同意，这是前提条件，因为这五个国家每一个都可以对行动计划行使否决权。在冷战期间，安理会在意识形态上分为两大阵营，要想获得这五大常任理事国的一致同意非常困难。因此，集体安全从未真正实现过。

在这种分裂的形势下，由联合国秘书长达格·哈马舍尔德（Dag Hammarskjöld，1905～1961 年）发起，联合国提出维和行动的概念设想，它超越了宪章第七章的条款（"和平处理争议问题"），但是与第七章的强制条款又不完全相同。根据联合国的定义，维和行动的主要目的是通过在战争摩擦双方之间插入联合国武装，使双方停止敌对。另外，联合国维和执行者也可以执行特别授权的其他任务（例如救助行动）。因而，虽然维和在宪章里并没有明确规定，但当冷战的约束阻止安理会采取宪章赋予的更加强制性的措施时，维和最终发展成冲突控制的非强制性工具。[①]

根据联合国的定义，维和行动措施的实施必须满足某些条件。第一，联合国维和行动只有在冲突所有各方都同意并且继续合作的前提下才能进行。第二，要求维和者在冲突中对所有各派在任何时候都必须保持中立。第三，联合国维和者只有出于自卫和自我保护的需要才能使用最低限度的武力。第四，联合国维和行动需要得到联合国安理会根据《联合国宪章》

---

① Boutros Boutros - Ghali, "Empowering the United Nations", *Foreign Affairs*, 72, 5, Winter 1992/1993, p. 89; Jack Donnelly, "The Past, the Present, and the Future Prospects", Esman and Telhamim eds., *International Organizations and Ethnic Conflict*, p. 59.

第六章的授权，并且在整个维和行动期间继续得到其支持。第五，对经联合国安理会授权生效的维和行动的任何变化，在其实施之前都需要得到争议各方的一致同意。第六，成员国为联合国维和任务提供的军队和人员必须在联合国秘书长的专门控制之下。第七，联合国维和行动的财政由联合国全部负责。

传统上，维持和平行动的部署形式有两种：一为军事观察团（Military Observer Group）；二为军事部队（Military Force），以已经持续运作至今的联合国停战监督组织（UNTSO）、联合国印巴军事观察团（UNMOGIP）、联合国塞浦路斯维持和平部队（UNCIFYP）、联合国脱离战斗观察部队（UNDOF）为代表。

尽管《联合国宪章》并没有对维持和平事宜做出具体构想，但联合国于1948年首次尝试维和手段，在中东地区设立了联合国停战监督组织。自1948年至今，联合国总共采取了60个维持和平行动，其中自1988年以来已有47个。截至2006年6月30日，有15个现行的维持和平行动。[①]

1988年，联合国维持和平部队荣获诺贝尔和平奖。维持和平的作用自此得到公认。如今，联合国维持和平行动是国际社会可以支配使用的一个重要手段，目的是促进国际和平与安全。但是，由于各种现实原因，联合国作为第三方在族群冲突中的作用仍然有很大的局限性，也受到某种程度的质疑。

2. 冷战时代联合国的维和行动

冷战时期，维和行动有三大原则：一是同意原则，维和行动的派遣需要得到当事国或当事方的同意；二是中立原则，观察团或部队作为中立的第三方者，不偏袒任何一方；三是自卫原则，观察团或部队不使用武力，仅配备轻型武器在遭到攻击时作为自卫之用。

上述三大原则除了是"维持和平"行动成立的前提和行动原则之外，更是此行动能否成功的关键因素，一旦三原则之一遭到破坏，维和行动的努力可能将面临功亏一篑的局面。然而，此三大原则虽然已经不再是当今维和行动成立的先决条件，但是，如同以往，依然在相当大程度上影响维

---

① http://www.un.org/chinese/peace/issue/pk.htm.

和行动的成功与否。

1948～1988年，联合国执行了一系列维和行动，这些行动具有综合性的特征。在一些案例中，虽然维和者的介入经常为饱受战争蹂躏的国家提供短暂的救助，但一般来说它未能将这些短期的胜利转变成更加长久的和平解决。以刚果为例，由于政权濒于崩溃，冲突大规模爆发，1960年联合国不得不在此实施维和行动。但接下来的三年里，战争仍在继续。在塞浦路斯，联合国维和行动减少了政治解决僵局的任何紧迫感①，这实际上是妨碍而不是推动了问题解决。同样，在黎巴嫩，除了取得某些小成功之外，联合国维和行动未能阻止冲突的进一步恶化。

3. 冷战后时代联合国的维和行动

冷战的结束使联合国的维和职责戏剧性地扩大。自1988年以来，联合国已经在三大范畴内执行了数次新的维和行动。第一类维和行动其目的在于控制或管理国家之间悬而未决的冲突。作为传统军事类型行动的一部分，1988～1991年，联合国军事观察员帮助监督伊朗和伊拉克之间的停火协议。联合国军事人员还在继续监督伊拉克与科威特之间边境地区的非军事化。第二类维和行动旨在帮助谈判解决一些长期存在的冲突，例如纳米比亚、安哥拉、柬埔寨、萨尔瓦多，以及莫桑比克等。第三类维和行动主要目的在于掌控那些比较激烈的族群冲突，例如波斯尼亚、索马里、卢旺达，以及塞拉利昂等。

冷战结束以后，联合国在一些国家内部族群冲突中维和角色的扩大反映了相关条件的国际共识的增加，那就是国家主权和不干涉原则将不再自动地限制联合国干预一国内部的族群冲突。② 这些条件包括：国内族群暴力对

---

① W. Andy Knight and Mari Yamashita, "The United Nations'Contribution to International Peace and Security", David Dewitt, David Haglund, and John Kirton, eds. , *Building a New Global Order*: *Emerging Trends in International Security* (Toronto: Oxford University Press, 1993), p. 300.

② 两种情况促进了共识的增加。第一，两大意识形态斗争的结束不仅消除了不干涉原则存在的主要理由，即可以防止霸权之间的冲突，因为每一个霸权都极力把自己的合法模式强加给其他国家；同时也就一国内部应当实行什么样的体制比较合适也达成了广泛的共识。海湾战争证明了这一点，因为联合国大会接受了一项方案，它要求萨达姆·侯赛因政权停止对伊拉克自己公民的镇压。第二，人权原则作为一个国际准则已被国际社会普遍接受，这鼓励国际社会进行人道主义干预以减少人民的痛苦，他们的权利遭到他们自己政府、敌对群体或其他国家的侵犯。参考 Michael Mandelbaum, "The Reluctance to Intervene in Foreign Country Problems", *Foreign Policy*, 95, June 22, 1994, pp. 13 – 14。

国际边境构成威胁并且冲突进一步扩大，把其他群体也卷进来，不仅仅是以前的群体；族群暴力给公民带来巨大痛苦并导致难民问题；族群暴力导致侵犯人权的犯罪行为，包括种族屠杀、种族大清洗、压迫以及强制驱逐。

令人遗憾的是，与人们的预期相反，从索马里到斯里兰卡，联合国未能阻止族群暴力冲突和侵犯人权行径。因此，其名声受损，因为最终来看，只有和平和安全议程才是媒体和公众判断联合国的多面镜。

4. 联合国维和行动的主客观局限性

Michael Mandelbaum 认为联合国人道主义干预（这是后两极时期联合国为执行维和行动而公开宣称的原因）基本上并没有能够恢复和维持和平，因为如此干预一如既往地导致政治干预，即一旦冲突含有各种政治原因时，缓解冲突的目标就不可避免地包含政治后果。① 尤其是出于纯粹的人道主义理由而干预族群冲突需要完成两个政治任务：一个是保证面临冲突挑战国家的边境；另一个是在缺失国家机构的国家里建构国家机构。② 在波斯尼亚和伊拉克，那里的族群（分别是什叶派穆斯林和塞尔维亚人）在冲突期间都竭力逃离家园，维和行动的主要目标是提供人道主义救援和帮助。但令人遗憾的是，联合国很快就陷入了政治斗争的泥潭，由此产生了一些基本问题：联合国是否要帮助人们逃离家园以及如何划分边界。在 Mandelbaum 看来，很明显联合国并没有准备好去做出这些决策。③

另外，在四分五裂的国家（例如索马里和海地）实施基于人道主义的维和行动，要求联合国维和人员致力于国家重建，这也是一项他们没有做好准备的工作。因此，Mandelbaum 认为，维和应该得到国际社会的支持，但应该由国家各自独立进行，这才是历史上最成功的国家重建的代理人。④这一规律的例外情况是柬埔寨，联合国柬埔寨临时权力机构（UNTAC）在

---

① Michael Mandelbaum, "The Reluctance to Intervene in Foreign Country Problems", *Foreign Policy*, 95, June 22, 1994, p. 4.

② Michael Mandelbaum, "The Reluctance to Intervene in Foreign Country Problems", *Foreign Policy*, 95, June 22, 1994, p. 5.

③ Michael Mandelbaum, "The Reluctance to Intervene in Foreign Country Problems", *Foreign Policy*, 95, June 22, 1994, pp. 4 – 5.

④ Michael Mandelbaum, "The Reluctance to Intervene in Foreign Country Problems", *Foreign Policy*, 95, June 22, 1994, p. 10.

那里维护治安、监督选举、建立公共行政机构。其他国家或许可以复制联合国柬埔寨临时权力机构的成功经验。

Richard Falk 把联合国在恢复国内和平和秩序方面的无效归咎于安理会过时。在他看来，过去几十年里，相关国家的权力和财富已发生变化，联合国常任理事国已不再代表世界权力结构。因此，那些权力和影响力越来越大的国家，不情愿让联合国实质性地独揽有关财政和执法、实施等事情，而这些领域恰恰是联合国维和行动和建设和平效度的关键所在。进一步说，过时的安理会实际上使联合国成为其常任理事国成员（尤其是美国）外交政策的武器。长期以来，这已经对联合国应对威胁和平和侵犯和平事件的能力带来深刻的影响。如果常任理事国认为某一国内冲突影响他们的国家利益，他们就会依据自己势力范围的古老概念，倾向于使用单边行动。法国在卢旺达的政策，美国在海地、伊拉克的作用，俄罗斯在其近邻国家的维和角色，让这种表现显而易见。[1] 相对而言，那些对联合国常任理事国不会带来立竿见影威胁的、棘手的或者孤立的冲突则被丢给联合国，而不是立即采取有效行动，提供必需的军事力量。[2]

对于联合国未能惩罚那些在所谓的"新世界秩序"中违反国际法的行为，Paul Schrosder 提出了第三个解释。他认为国际政治中一个后两极趋势（这一趋势尤其受到那些由于海湾战争中联盟胜利而认为新世界已经形成的人们的支持）就是描述一个冲突，这些冲突发生在据称违背了国际法的国家与那些可能拥护国际法的国家之间。然而，这是一个危险的趋势，因为当把这个概念置于一个逻辑极端，作为针对新世界秩序违反者的国际法集体强制，"新世界秩序"概念从以下几个方面刺激违反者一方对此进行抵制并实施暴力行为：第一，它使国际政治成为一个零和博弈[3]，并因此违背了

---

① Richard Falk, "Appraising the UN at 50: The Looming Challenge", *Journal of International Affairs*, 48, 2, Winter 1995, pp. 630 – 631, fn. 10.

② Richard Falk, "Appraising the UN at 50: The Looming Challenge", *Journal of International Affairs*, 48, 2, Winter 1995, pp. 637 – 638, 642 – 643.

③ 零和博弈又称零和游戏，与非零和博弈相对，属非合作博弈，是博弈论的一个概念，指参与博弈的各方，在严格竞争下，一方的收益必然意味着另一方的损失，博弈各方的收益和损失相加总和永远为"零"。双方不存在合作的可能。也可以说：自己的幸福是建立在他人的痛苦之上的，两者的大小完全相等，因而双方都想尽一切办法以实现"损人利己"。

国际体系的一个重要假设，即所有不可缺少的角色都应该受到保护，因为即使他是一个具有挑战性的对手，一旦被控制，也可以产生必要的作用。[1]第二，一旦国际社会把实施的制裁描绘成针对违反者的法律强制，那么被指控者的名誉就会被质疑，从而激起被指控方对制裁的强烈抵制（因为一旦一个政府不能捍卫其名誉就会很快失去权力）并动员国内力量支持其反对国际社会。这种情况就曾发生在南斯拉夫和索马里。[2] 第三，从策略来看，针对违反者的国际法集体强制经常导致国际社会追求那些模糊的不确定的目标。这将提高国际社会在信誉和名誉方面的筹码，而处理问题时所用的强制手段仍然有限。因而，国际社会范围内，可能会出现标准的不统一以及对国际法的不遵守，国际行动的合法性也受到司法挑战。[3] 第四，针对违反者的国际法集体强制将引发联盟成员之间共同分担强制行动的成本和负担问题的争议，担心执行法律将带来更多的磨难和损失。[4] 因此，Schroeder 得出结论，只要"新世界秩序"被当成强制遵守国际法或遵从国际社会意志的集体努力，那么它就变得难以实行并适得其反。[5]

5. 联合国维和行动的未来

鉴于这些困难，一旦国内冲突激烈爆发的形势要求联合国采取和平行动，那么它应当如何做出反应？大多数专家一致认为，如果发生激烈的国内族裔战争，联合国被请求参与恢复、维持和实施和平计划，那么即便在事先争得敌对各方同意的条件下，采取有限的、公正的军事干预（传统的维和角色）也往往并不能发挥达成和解的作用。因此，在时代新发展中，联合国应当或者说必须重新定义其传统的维和角色，以满足新的哪怕是有限的有效维护和平之需要。实际上，1995 年晚期联合国派遣执行部队赴波

---

① Paul W. Schroeder, "The New World Order: A Historical Perspective", *The Washington Quarterly*, 17, 2, Spring 1994, p. 29.

② Paul W. Schroeder, "The New World Order: A Historical Perspective", *The Washington Quarterly*, 17, 2, Spring 1994, p. 29.

③ Paul W. Schroeder, "The New World Order: A Historical Perspective", *The Washington Quarterly*, 17, 2, Spring 1994, p. 29.

④ Paul W. Schroeder, "The New World Order: A Historical Perspective", *The Washington Quarterly*, 17, 2, Spring 1994, p. 29.

⑤ Paul W. Schroeder, "The New World Order: A Historical Perspective", *The Washington Quarterly*, 17, 2, Spring 1994, p. 29.

斯尼亚大致上就是这么做的。

然而，重新定义联合国在一国国内冲突中的维和角色并非那么容易。例如 Weiss 就曾警告联合国必须做好准备面对痛苦的抉择，因为可获得的资源与不断增长的对内部战争进行干预的需求之间存在的不对等在增加，这些国内战争造成普通民众大量伤亡、人权遭到践踏，还有其他诸多战争犯罪。[①] 但是，联合国的艰难抉择到底是什么？一些专家认为一旦需要通过军事手段执行和平行动，那么联合国就应该置身其外[②]。然而，还有一些人提出，在那些出现种族灭绝、种族屠杀、强制移民及其他侵犯人权行为的冲突中，联合国有道义责任保护无辜平民免遭屠杀，因而必须执行强制性的和平行动。这种强制和平的军事行动不应该受限和不偏不倚，也不应该只有事先得到敌对各方的同意才能行动。因此，在需要联合国实施和平强制时，这些批评家设想军事行动超越传统维和[③]。

二 缔造和平角色

1. 《联合国宪章》关于缔造和平的条款

尽管《联合国宪章》没有明确提及自己在国内族群冲突中的缔造和平角色，但宪章"第六章：争端之和平解决"的条款指出，在出现威胁国际和平和安全的情况下，安理会被授权要求所有各方通过和平手段解决争议，并提出合适的路线图和解决问题切实可行的条件。但这取决于各派别自身是否愿意根据联合国提议和平解决争端，以及取决于他们的自愿行为。因此，从宪章理解来看，联合国传统的缔造和平角色较接近于促解而不是调和。

2. 冷战时代联合国缔造和平功能

在整个冷战期间，联合国一直处于尴尬境地。两极世界的政治划分，使安理会实际上处于瘫痪状态，有效的调解难以实现。不过联合国很快意

---

① Thomas G. Weiss, "Intervention: Whither the United Nations?" *The Washington Quarterly*, 17, 1, Winter 1994, pp. 123 – 124.

② Mandelbaum, "The Reluctance to Intervene in Foreign Country Problems", Falk, *"Appraising the UN at 50"*, Weiss, *"Intervention"*.

③ Betts, "The Delusion of Impartial Intervention", Boutros – Ghali, "Empowering the UN".

识到，谋求实现冲突的永久解决最好的方式是促成政治谈判，通过谈判解决一部分甚或全部问题。因此，重要的调解还是经常可以进行的。

为了克服前面论及的困境，1960 年，时任联合国秘书长达格·哈马舍尔德（Dag Hammarskjöld）引入了"预防性外交"（Preventive Diplomacy）概念。[①] 预防性外交的一种通常形式，就是建立咨询和观察委员会，用以分析冲突的事实。这类事实的挖掘，包括质询、观察、区域调查以及检查，除此之外，还包括对这些事实的分析和解释。[②] 一般来说，秘书长办公室经常在联合国大会或安理会的指导下监督咨询委员会，虽然这些实体可以进行他们各自的调查工作。这样联合国就有根据给参与和平解决的各派提出建议，有说服力也较容易取得成效。预防性外交的另一种形式，是联合国秘书长出面为举行政治谈判而提供"斡旋"。在这些谈判中，联合国经常以协导者（Facilitator）的身份参加。在实践预防性外交的过程中，为赢得和平解决争端，联合国还使用秘书长办公室的资源以及联合国广大的外交网络，举行幕后会谈，并接触争议各方。最后，联合国监督选举，协助起草宪法草案，并为潜在的冲突提供预警。

可以肯定，预防性外交是联合国进步的积极一步，但对于解决族群冲突，联合国的缔造和平努力仍然杯水车薪（Miniscule）。冷战的约束我们姑且不论，联合国大会和安理会都是不适合解决族群冲突的舞台，因为它们是由国家组成，排除了不具备主权国家身份的族群。[③] 另外，《联合国宪章》中没有任何规定让安理会或联合国大会理解和同情非国家机构，例如解放运动、少数民族群体或者政党。[④] 因此，族群发现自己很难与联合国进行沟通，除非他们找到一个国家愿意支持并向联合国提交他们的议案。土耳其曾经为塞浦路斯的土耳其塞浦路斯人做过类似的事情，阿拉伯国家也为巴

---

① Inis Claude, *Swords into Plowshares*: *The Problem and Progress of International Organization*. 4th ed. （New York: Random House, 1984）, p. 312.

② W. Andy Knight and Mari Yamashita, "The United Nations'Contribution to International Peace and Security", David Dewitt, David Haglund, and John Kirton, eds., *Building a New Global Order*: *Emerging Trends in International Security* （Toronto: Oxford University Press, 1993）, p. 301.

③ Ryan, *Ethnic Conflict and International Relations*, p. 143.

④ Sydney D. Bailey, "The UN and the Termination of Armed Conflict: 1946 ~ 1964", *International Affairs*, 58, 3, 1982, p. 469.

勒斯坦解放组织做过。但是，大多数族群并没有国家角色作为支持者，这导致联合国通常对此类问题无所作为。① 联合国缺少执行力进一步削弱了它作为缔造和平角色的影响力，尤其在那些联合国已经通过决议支持民族独立运动的案例中，例如巴以冲突问题。最后，联合国大会和安理会通过决议的行动风格以两种方式削弱了联合国的协导作用：第一，联合国在表决方式上，以多数票胜少数票来通过某项决议的机制，对于鼓励冲突双方以谈判方式解决分歧问题毫无助益②；第二，联合国成员国，特别是安理会，反反复复地使用通过一个又一个决议的方式解决冲突问题，而不是给联合国制定一个和平解决类似问题的总框架，这实际上限制了联合国的操作空间③。

3. 冷战后时代联合国缔造和平功能

1987～2010 年，在解决比较大的冲突过程中，联合国获得了不少成功。1988 年，在联合国秘书长的斡旋下，伊朗和伊拉克结束战争。联合国通过积极的斡旋、改善人权以及和解，成功地影响了萨尔瓦多国内战争达成和平协议。1988 年，联合国秘书长佩雷斯·德奎利亚尔代表联合国维持和平部队接受了诺贝尔和平奖的金质奖章和证书。在诺贝尔和平奖的历史上，这是第一次把奖项授予"一个至少部分由军事力量组成的组织"。这是因为联合国维持和平部队和观察团在实现联合国安理会关于停火的要求、维护联合国宪章、和平解决冲突等方面做出了杰出的贡献。虽然联合国的斡旋未能达成和解并结束莫桑比克国内冲突，但它在其过程中扮演了关键性的角色，正是由于联合国，和平进程得以继续，军事遣散如约发生，自由而公正的全民选举才能实现。1988 年 4 月 14 日下午 2 时，在联合国秘书长德奎利亚尔的支持下，阿富汗、巴基斯坦、苏联、美国的代表在日内瓦正式签署了政治解决阿富汗问题的协议，从而结束了苏联军队对阿富汗长达八

---

① Sydney D. Bailey, "The UN and the Termination of Armed Conflict: 1946～1964", *International Affairs*, 58, 3, 1982, p. 469.

② Inis Claude, *Swords into Plowshares: The Problem and Progress of International Organization*. 4ᵗʰ ed. (New York: Random House, 1984), p. 179.

③ Sydney D. Bailey, *How Wars End: The United Nations and the Termination of Armed Conflict, 1946–1964* (Oxford: Clarendon Press, 1982), Vol. 1, p. 168.

年之久的军事占领。联合国也是促进纳米比亚非殖民化进程的最重要的外部因素与推动力量。它为纳米比亚人民的反殖斗争提供法律支持和组织保障；资助和培训纳米比亚人民，加强他们的能力建设，为纳米比亚的建国培养管理人才；实施报告审查制度，监督南非当局的管理，并加以孤立和制裁，迫使其在强大的压力面前让步；采取各种措施在全球传播纳米比亚问题的信息，动员国际舆论支持纳米比亚的独立事业，提高国际社会对该问题的认识；在冲突各方之间调解斡旋，力促纳米比亚问题的和平解决。尽管受到某些因素的掣肘，但总体而言，联合国在纳米比亚非殖民化进程中起到了不可替代的、十分重要的作用。① 在东帝汶独立过程中，虽然联合国先前在阻止印尼军队大屠杀方面几乎无所作为，但后来联合国及安南本人在东帝汶独立过程中发挥了重要作用。在东帝汶进行全民公决、制订宪法、选举总统及举行独立庆典的过程中，联合国一直发挥着关键和主导作用，受到国际社会高度赞扬和一致肯定。最后，联合国在黎巴嫩安全释放人质事件以及柬埔寨政治和解中也起到了重要作用。

联合国资深外交官 Giandomenico Picco 认为，联合国在缔造和平方面取得的这些成功主要归功于秘书长制度与使用武力措施相脱离，这和以往的联合国实践不同。② 这是因为秘书长制度和安理会两者的功能可以互补，在使用武力等方面有很大分歧时也可以运转良好。③ 否则，如果按宪章第七章规定，把秘书长制度与联合国军事行动关联在一起，那将会带来负面的影响，联合国已经有过类似的经历。

首先，考虑到联合国秘书长可控工具和手段的有限性，他领导之下的军事行动可能是无效的，将削弱联合国的可信度，并最终影响成员国的可信度。根据宪章规定，使用武力的权力被授予安理会。即使安理会被强国操纵，他们也极少愿意给秘书长提供发动大规模军事行动所需要的资源

---

① 张莉清：《论联合国在纳米比亚非殖民化进程中的历史作用》，《湖北社会科学》2011 年第 1 期。

② 这一时期联合国使用军队的唯一例子就是海湾战争。然而，在那次冲突中，联合国安理会授权美国带领联合军队对伊拉克采取行动。联合国秘书长办公室事实上几乎被置于行动之外。

③ Giandomenico Picco, "The UN and Use of Force：Leave the Secretary - General out of It", *Foreign Affairs*, 73, 5, September/October 1994, p. 15.

（包括财政、军事、智力）。因此，秘书长一直在通过更好地符合《联合国宪章》第六章"争端之和平解决"条款的手段来掌控使用武力的行动，这一鸿沟导致人们对联合国在索马里和波斯尼亚行动之结果的质疑。[①]

其次，秘书长制度进入联合国使用武力的行动中将瓦解秘书长谈判时的公正角色，从而剥夺国际社会进一步使用手里工具的权力。[②] 如果联合国打算在致力于缔造和平的谈判过程中扮演一个"好警察"的角色，而不是一个在执行使用武力行动时安理会得到的"坏警察"的形象，那么秘书长在谈判过程中的公正作用至关重要。如果秘书长具有很高的道德威望，保持"好警察"和"坏警察"之间的泾渭分明甚至更为重要，这对谈判也常常是至关重要的。根据《联合国宪章》第七章要求，如果他下令使用致命的武力，那么其道德优势将会丧失。[③]

最后，安理会代表着成员国的既定利益，相比之下，秘书长的强度和效率源自于办公的高信度和没有既得的利益考虑。一旦秘书长与使用武力相联系，这一立场可能受损。[④]

因此，Picco 强烈建议，如果联合国想成为一个有效的缔造和平的角色，将来秘书长和安理会的任务就应该分开。在有专业训练的同僚和特别代表的帮助下，通过一种连续的方式，秘书长可以更有效地扮演一个和平缔造者和协商者的角色，而且联合国在使用武力的行动中，安理会也可以起到一个更加有效的作用。安理会具备工具、能力，以及优越的政治气候来确定国际行为不可逾越的红线，即国家或者群体的行为哪些是不被允许的，因为它们威胁国际和平与安全。安理会使决策效率进一步提高，使行动更具预见性和连续性。借此，它就可以发挥更好的作用，而且如果需要的话，根据《联合国宪章》第七章的条款，它甚至可以分包武装行动给成员国的

① Giandomenico Picco, "The UN and Use of Force: Leave the Secretary - General out of It", *Foreign Affairs*, 73, 5, September/October 1994, p. 15.

② Giandomenico Picco, "The UN and Use of Force: Leave the Secretary - General out of It", *Foreign Affairs*, 73, 5, September/October 1994, p. 15.

③ Giandomenico Picco, "The UN and Use of Force: Leave the Secretary - General out of It", *Foreign Affairs*, 73, 5, September/October 1994, p. 18.

④ Giandomenico Picco, "The UN and Use of Force: Leave the Secretary - General out of It", *Foreign Affairs*, 73, 5, September/October 1994, p. 16.

同盟，就像伊拉克战争时期，把武装行动交给军事联盟或者联盟的合作体以及其他国家。①

可以肯定地说，并非每一个人都相信联合国已经摆脱缔造和平过程中的困局，因为多数结构性的局限性已经带入后冷战时期，而冷战期间这些局限性一直束缚着联合国缔造和平的努力。因此，Touval 以地方派别的疲惫以及外部力量不愿意继续支持其客户（因为随着冷战的结束它已没有利用的价值了）来解释联合国在营造和平方面所取得的相对成功。② Touval 认为伊朗和伊拉克接受联合国的调解而停火，仅仅是因为它们打了八年的战争，且彼此都精疲力竭。在柬埔寨和阿富汗，中国和俄罗斯都不再有兴趣提供偏袒性的援助，因而地方派系没有能力继续冲突。同样的情况发生在萨尔瓦多，美国没有兴趣看到冲突的持续，因而给右翼政府施加压力，让它们跟左翼反叛力量进行谈判并达成协议。

因此，Touval 告诫道：联合国所谓的这些成功，不应该成为人们对联合国营造和平能力的期望值提高的理由。联合国依旧继续经受内在结构局限性的煎熬，这使得它在调解复杂的国际冲突和单独的冲突中效率降低。这些冲突是没有国家愿意出面调解的，或者是因为它们有更急迫的优先选择，或者是因为它们认为这个冲突风险太高，并且不会直接影响它们的利益。③ 联合国也缺少有效调解的原则性标准。它既没有自己的军事资源，也没有广大的经济资源，它甚至不能控制国际金融或者贸易制度④，联合国的调解程度仅限于其成员国（特别是安理会五大常任理事国）的允许范畴。联合国调解成功所需要的资源也必须来自这些国家。尽管寻求联合国调解单独冲突的国家数量在不断增加，但是它们几乎拿不出资源来保证调解的成功。另外，尽管联合国行动背后具有相当大的合法性，但由于它无能力制订和

---

① Giandomenico Picco, "The UN and Use of Force: Leave the Secretary – General out of It", *Foreign Affairs*, 73, 5, September/October 1994, p. 16.

② Saadia Touval, "Why the UN Fails", *Foreign Affairs*, 73, 5, September/October 1994, p. 44.

③ Saadia Touval, "Why the UN Fails", *Foreign Affairs*, 73, 5, September/October 1994, pp. 45 – 46.

④ Saadia Touval, "Why the UN Fails", *Foreign Affairs*, 73, 5, September/October 1994, p. 52.

执行对于调解冲突至关重要的表述清晰的政策，其信誉也正在不断被蚀去。[①]

Touval 认为这些问题源自于联合国的决策过程，它使联合国丧失了执行斡旋的活力和弹性。缺少信誉又进一步降低了联合国的权重，妨碍了谈判的过程，减少了对手们接受联合国提出的解决冲突方案的可能性。信誉的丧失进一步阻碍了联合国作为调停者为执行和遵守协议提供重要的保证。[②] 因此，对于 Touval 来说，联合国应该鼓励单个国家在它们各自影响区域内承担起调解冲突的责任，而不是直接地卷入冲突。[③]

三 建设和平角色

1. 联合国建设和平的历史

尽管多数专家的注意力仍停留在联合国维护和平和缔造和平之角色，但它的一个重要功能却是建设和平这一更为长期的任务。这一使命要求转变冲突各方普通老百姓彼此之间的敌视态度以及启动社会经济重建，改善饱受战争或动荡创伤的人民的生活。这些任务可以通过一系列方式进行：执行经济发展项目；为冲突各方普通民众提供教育以提高他们对彼此文化、信仰、宗教、行为、恐惧、关切以及利益的相互理解；努力实现可达成的又很急迫的目标，即打破狭隘的利益划分，鼓励资源配置和发展经济性生产，这可以通过增强冲突各方之间的合作来实现；在冲突各方之间实施信任重建措施。[④]

《联合国宪章》强调经济和社会领域国际合作的重要性。《联合国宪章》第 1 条第三款规定，联合国的一个基本目标就是"促成国际合作，以解决国际间属于经济、社会、文化及人类福利性质之国际问题"，第 55 条清楚地表述，为创造和平之必需的安定和福祉，联合国应促进：

---

① Saadia Touval, "Why the UN Fails", *Foreign Affairs*, 73, 5, September/October 1994, p. 52.

② Saadia Touval, "Why the UN Fails", *Foreign Affairs*, 73, 5, September/October 1994, p. 54.

③ Saadia Touval, "Why the UN Fails", *Foreign Affairs*, 73, 5, September/October 1994, pp. 45 – 46.

④ Ryan, *Ethnic Conflict and International Relations*, pp. 61 – 76.

（1）较高之生活程度，全民就业，及经济与社会进展。

（2）国际间经济、社会、卫生及有关问题之解决；国际间文化及教育合作。

（3）全体人类之人权及基本自由之普遍尊重与遵守，不分种族、性别、语言或宗教。

总体来看，关于这些目标，《联合国宪章》专门设立了两大章（第四章和第五章）以及其他一些条款。虽然没有明确阐述，但其中一些亦清楚说明在族群冲突中建设和平的领域。

联合国成立之初，人们认为联合国设立的专门机构在建设和平行动中将会起到核心作用。这些机构包括经济和社会委员会（ECOSOC)[①]、联合国教科文组织（UNESCO）、国际劳工组织（ILO）、联合国粮食及农业组织（FAO）、国际复兴开发银行（IBRD）、世界货币基金组织（IMF），以及世界卫生组织（WHO）。

联合国说得很好，也常常努力做，可还是有令人失望的一面，这就是这些机构并非总是在建设和平方面取得成功。因为，说来说去，联合国并不是一个超越国家的组织，它没有决策权，也没有更多的法律效力。联合国的决策权和决策行为是依附于成员国及其公民的，尤其是涉及的经济和社会事务恰好属于国内的司法权范畴。[②] 族群冲突需要与政府和族群共同运作，而两者可能是政治和军事上的宿敌。在这种情况下，建设和平的任务更加艰难。[③]

另外，虽然《联合国宪章》明确了该组织在社会和经济事务领域的总体原则和目标，但它并没有提出任何如何实现这些社会经济目标确切的行动纲领。[④] 因此，成员国承诺联合或者单独采取行动以实现《联合国宪章》

---

① 根据《联合国宪章》，在社会和经济领域，联合国大会是履行联合国职责的核心机构。这是对小国家的一种妥协，因为它们不愿意像安理会以及处理和平和安全问题的主要大国那样惹人注目。然而，作为一个庞大而复杂的实体，可以想象联合国大会在执行这些功能时将困难重重。所以，《联合国宪章》的策划者发明了经济和社会委员会，作为联合国大会的下属机构执行更为专业的任务，以实现联合国建设和平的任务。经济和社会委员会由联合国大会选举的18个成员国组成，其权力在《联合国宪章》第十章被清楚阐明。

② Leland M. Goodrich, *The United Nations* (New York: Thomas Y. Crowell, 1959), p. 268.

③ Ryan, *Ethnic Conflict and International Relations*, p. 147.

④ Leland M. Goodrich, *The United Nations* (New York: Thomas Y. Crowell, 1959), p. 267.

有关经济和社会的目标就成为一种良好的信仰。而且，经济和社会委员会由政府的代表构成，它们通常不具备处理大量复杂问题的技术能力。为了获得技术支持，联合国设立了诸多功能性的下属机构和委员会。为使这些机构有效发挥作用，应该按照《敦巴顿橡胶园草案》（*Dumbarton Oaks Pro-posals*）聘用合格的专家充实队伍。然而，在旧金山会议上，这个草案被丢在一边，无人问津。这就降低了经济和社会委员会及联合国在执行经济和社会任务时的有效性。[①]

联合国和专门机构之间缺少协调已经妨碍了该组织建设和平的有限的努力。联合国创立的时候，其成员身份和专门机构构成之间具有很大不同。虽然这些差异已经大为减少，但就其组成、权力及选举程序来看，专门机构仍不同于联合国。另外，专门机构虽属联合国体系的一部分，但仍保留实质性的自治。对于联合国来说，协调各类不同机构的政策以及操控它们的行动面临巨大的困难，从而降低了自己在冲突地区参与建设和推动社会经济发展行动的能力。

最后，虽然联合国大会及经济和社会委员会建立了在成员国和专门机构指导下的冲突解决方案和建议的通过程序，但没有从法律上赋予它们相关的采取行动的义务。不同意某一方案的成员国自由地继续坚持它们的反对意见。尤其当执行某一方案需要某些重要国家支持时，例如要求国家为联合国执行某一经济发展项目（诸如修路、建筑校舍）贡献资金时，美国及其他一些富裕国家的立场至关重要。尽管联合国及其专门机构的报告、研究、调查具有提供信息、引起公众对重要问题关注的重要功能，但这些研究对于应用意义上的实际成果贡献可能被过分强调了。[②]

尽管存在这些障碍，联合国及其专门机构在一些族群和其他群际冲突中仍然做了某些建设和平的有用工作。例如，在塞浦路斯，联合国开发计划署（UNDP）的尼科西亚总计划（Nicosia Master Plan）通过来自希腊塞浦路斯人和土耳其塞浦路斯人两大族群的技术专家的合作努力，促进了彼此之间的相互理解，并为共同面对的社会经济问题找到了解决办法。在斯

---

① Leland M. Goodrich, *The United Nations* (New York：Thomas Y. Crowell, 1959), p. 272.

② Leland M. Goodrich, *The United Nations* (New York：Thomas Y. Crowell, 1959), p. 281.

里兰卡族群冲突中，联合国教科文组织（UNESCO）创立了旨在发展经济、促进对手之间相互理解的项目。联合国难民署（UNHCR）在塞浦路斯、尼加拉瓜、柬埔寨、索马里、波斯尼亚和卢旺达也做了令人敬仰的工作。

2. 后两极时期联合国的建设和平行动

随着族群暴力及其他形式的国内暴力冲突在后两极世界不同时段和不同层面又有所加剧，加上过往的矛盾、遗留的问题，于是，或者是出于防止冲突爆发的目的，或者是出于重新建设被暴力冲突破坏的国家的目的，要求联合国执行和平建设行动的需求不断增加。联合国秘书长加利（Boutros - Ghali）前几年强调指出，如果没有持久的、长期的经济和社会发展，是不能得到政治稳定和安全的，因为政治斗争和军事冲突的根本原因是经济和社会状况的长期恶化。他建议联合国接受后冲突和平建设的理念，而不论是对于国际冲突还是对于国内冲突。[①]

萨尔瓦多冲突后的和平建设就是最好的证明。1992 年 1 月，在联合国帮助下萨尔瓦多各派签署了一份和平协议。之后，联合国解除了各派武装，并着手商议各方都同意的一项影响深远的政治、社会和制度改革。联合国在保证改革顺利进行、防止暴力重演过程中扮演了核心角色。[②] 但是，联合国在萨尔瓦多的和平建设经验中也暴露了其协调问题，那就是如何在复杂的环境中实施涉及多个角色的不同政策问题。和平协定要求建立一个国家警察部队，它区别并独立于武装力量，也设想用土地来交换前游击队手里的武装。按照联合国的观点，实施这两项方案对于恢复萨尔瓦多正常的国民生活来说是关键所在。但是这项改革方案必然涉及高额的财政支出，而由于 1989 年以后咖啡价格戏剧性地下降，萨尔瓦多很难应付这一巨大的财政支出。一方面，外国政府缺少帮助其满足和平协定要求的承诺；另一方面，更为重要的是，克利斯地亚尼（Cristiani）政府没有能力提高财政收入水平来支付这些项目（项目本身又受到国际货币基金组织设立的经济稳定

---

① Boutros Boutros - Ghali, "Empowering the United Nations", *Foreign Affairs*, 72, 5, Winter 1992/1993, pp. 101 - 102.

② Alvaro de Soto and Gracian del Castillo, "Obstacles to Peacebuilding: United Nations", *Foreign Policy*, 94, Spring 1994, p. 70.

计划的约束），这两个因素导致和平计划只能部分地实现。① 可见，联合国和国际货币基金组织的和平建设政策的目标相互交叉。这种情形就好像一个病人躺在手术台上，身体的左侧部分和右侧部分被帘子隔开，而两侧同时进行着毫不相干的手术。②

为了避免将来再次发生这种糟糕的情况，专家提出三个建议：第一，国际组织应当在机构之间进行定期的和系统的信息交流。这将给联合国提供预防不同机构之间潜在冲突发生的独有的早期预警资源，从而为提高协调能力开辟道路。③

第二，在联合国的统一监督下，国际组织之间必须整合它们的目标和行动，支持和平建设努力。为此，成立于 1961 年而又长期处于休眠状态的联合国联络委员会（UN Liaison Committee，包括联合国秘书长、世界银行行长、联合国技术援助委员会和联合国特别基金主席、联合国开发署前任署长，他们的目的是评估各类国际组织的和平建设行动，并把它们整合在一系列共同的目标之下）应该被重新激活。

第三，联合国预防性外交、缔造和平或者冲突结束后出于建设和平需要，财政制度规则的应用或者调整必须保持灵活。④ 联合国和布雷顿森林体系（Bretton Woods Institutions）之间建立紧密联系将把"回报"的概念引入建设和平行动。例如，优惠融资可以与遵守和平协议条款联系起来。如此这般，约束性条件将伴随纯粹的经济目标而服务于和平建设。另外，在创新制度改革中，这种灵活性也被证明有用，例如在萨尔瓦多建立国家警备部队。国际借贷制度不愿意为这类项目融资，但是如果允许它们在其运作中具有一定程度的灵活性，它们可能会被说服并考虑对这类项目做出决定。⑤

---

① Alvaro de Soto and Gracian del Castillo, "Obstacles to Peacebuilding: United Nations", *Foreign Policy*, 94, Spring 1994, p. 71.

② Alvaro de Soto and Gracian del Castillo, "Obstacles to Peacebuilding: United Nations", *Foreign Policy*, 94, Spring 1994, p. 74.

③ Alvaro de Soto and Gracian del Castillo, "Obstacles to Peacebuilding: United Nations", *Foreign Policy*, 94, Spring 1994, p. 79.

④ Alvaro de Soto and Gracian del Castillo, "Obstacles to Peacebuilding: United Nations", *Foreign Policy*, 94, Spring 1994, p. 79.

⑤ Alvaro de Soto and Gracian del Castillo, "Obstacles to Peacebuilding: United Nations", *Foreign Policy*, 94, Spring 1994, pp. 80 – 81.

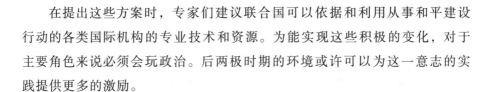

在提出这些方案时，专家们建议联合国可以依据和利用从事和平建设行动的各类国际机构的专业技术和资源。为能实现这些积极的变化，对于主要角色来说必须会玩政治。后两极时期的环境或许可以为这一意志的实践提供更多的激励。

四 联合国 21 世纪议程

2000 年 9 月，联合国在纽约总部举行了千年首脑会议。千年峰会的第一个主要目标就是重新认定和更新成员国对联合国之使命的承诺，即推动和促进全球和平、繁荣和公正。第二个主要目标是为联合国确定未来关键挑战并制订计划，以使联合国能够在新世纪对人民的生活起到真正的明显的影响。

峰会结束时，成员国一致通过了"联合国千年宣言"，重申对联合国的信心以及《联合国宪章》对于世界的和平、繁荣和公正不可或缺。宣言还接受并承认世界上所有政府对所有人民的集体责任，尤其是儿童和最脆弱的人们，以及维护他们人类尊严、平等和公正的需求。宣言还提出六大价值作为 21 世纪国际关系的基础：自由、平等、团结、宽容、尊重自然和共同的责任。①

在千年报告中，联合国前秘书长安南（Kofi Annan）承认联合国仍然面临一些急迫的挑战，并提出一系列优先领域和行动计划供成员国考虑。这些挑战和行动被分为以下四大类。

1. 消除饥饿

虽然世界在过去的后半个世纪中取得了前所未有的经济发展，但有超过 12 亿的人口仍然生活在极端贫困中（每天收入不足 2 美元）。极端贫困的存在不仅是对人类尊严的侵犯，也带来其他一些问题，例如冲突及其恶化。由于世界人口在不断增长，而绝大多数又发生在最贫穷的国度，减少贫困必须成为联合国未来的一个主要目标。安南建议联合国在以下几个领域加强行动：取得可持续增长、为年轻人创造机会、提高健康并抵御 HIV/AIDS、改善贫民窟条件、为非洲经济复兴实施主要行动、建设数字桥以扩大人民接触新的信息网络的机会、促进全球经济团结。

_____

① "World Leaders Adopt 'United Nations Millennium Declaration at Conclusion of Extraordinary Three-day Summit'", *United Nations Press Release*, GA/9758, September 8, 2000.

2. 消除恐惧

21 世纪安全的主要威胁来自于破坏性的国内冲突和大规模杀伤性武器的扩散。集中精力在爆发之前阻止冲突，找到更好的手段促进国际人权；惩治对人权的粗暴践踏；确保国家权力不被大屠杀者当作反对联合国授权的国际人道主义干预的挡箭牌；加强联合国维护和平与安全的行动；通过精确锁定，灵活选择制裁；采取协调行动；增加武器转让的透明度和支持区域裁军措施；不扩散并反对武器扩散。这样，联合国可以更好地迎接挑战。

3. 可持续的未来

21 世纪，更好地管理和保护全球环境不仅对于联合国，而且不论对于穷国还是富国，同样都将是一个重大的挑战。尽管 1992 年的里约热内卢会议和关于消耗臭氧层物质的 "蒙特利尔议定书"（*Montreal Protocol on Substances that Deplete the Ozone Layer*）都标志着联合国的重大进步，但需要我们做的事情还很多。实施 1997 年的《京都议定书》或许是应对全球气候变暖的积极的一步，但是，2000 年 6 月的海牙会议却没有任何进展。

4. 一个期望：改革联合国

安南认为除非联合国变得日益强大，否则它不可能应付面临的所有挑战。对此，第一个关键的任务将是改革安理会，以使它的工作更有效，拥有毫无争议的合法性。第二个重要的任务是开拓联合国与公民社会组织的关系以及与私有领域组织、国家政府的关系，以实现共同的目标。①

千年宣言中的这些建议多数都被成员国所接受。尽管成员国要求加强联合国在 21 世纪的能力的决心非常重要，但如果要使千年宣言不是一纸空文，就需要采取切实的措施。尤其是在冲突管理和冲突解决领域，有三个关键问题迫切需要得到关注：第一，改革安理会这一联合国最有决策权力的决策机构。今日安理会权力的平衡已被公认为为不公平和不合理，一些国家（例如德国、日本、印度、巴西、南非）又找出各种理由，对争取常任理事国席位跃跃欲试。印度已经公开要求争取安理会常任理事国席位。

---

① "'We the people': The Role of the United Nations in the Twenty–first Century"，2000 年 3 月联合国秘书长在联合国大会上的报告。

然而，彻底重组安理会需要目前五大常任理事国的同意。尽管这将是一个艰难的过程，但已经出现一些迹象。例如，英国的工党和自由党曾联合发表报告，支持扩大安理会，使德国、日本及亚洲、非洲和拉丁美洲各出一个代表加入安理会常任理事国行列。[①] 2000 年俄罗斯总统普京访问印度时，也曾力挺印度成为安理会常任理事国。

第二，亟待采取切实的措施使联合国维和行动更加有力有效。支持联合国扮演更为高效有力的维和角色的国际舆论在不断增长。如果成员国不能在这一领域有作为，那么联合国将面临获得"小绵羊"的负面形象的风险。推动联合国维和行动高效有力的一个办法就是安理会随时准备置身于一国内部冲突的各派之间，而不要只做一个旁观者。对此，安理会常任理事国应该起到表率作用，应该派遣更多的部队执行维和任务，尤其是欧美大国必须偿付对联合国的历史欠账。[②] 另一个可以探索的选择是建立联合国军事培训学院，训练来自不同国家的官员，让他们学会如何在一起工作。这样可以减少来自不同国家的联合国军队之间的摩擦与误解。英国比较支持这一行动。

第三，联合国必须努力推行全球人权标准，如果它想认真对待此事的话。在南斯拉夫和卢旺达，虽然特别法庭经调查证实了许多昔日知名领袖以及诸多军队人员犯了战争罪，但极少有人受到真正的处罚。这就严重地削弱了联合国的合法性和公信力。总之，适应时代发展和时局变化，开启并深化联合国的改革，将是 21 世纪这个组织和国际社会的一项重要任务，进步中的人类瞩盼着这一点。

第四节　国家作为第三方参与解决族群冲突

国家干预族群及其他类别的内部冲突暴露出国际社会的一个困局。一方面，干预的批评指向长期建立的主权和不干涉的国际准则，并指出一个

---

① "UK Urge UN Reform", BBC News Online. September 4, 2000.

② Colum Lynch, "Providing UN's Peacekeepers: Critics Say US, Europe Put Unfair Burden on Poor Countries", *The Washington Post Online*, November 15, 2000, p. A36; "A Deal at the United Nations", *The Washington Post Online*, December 27, 2000, p. A22.

国家干涉另一个国家的内部事务违背国际通行的这些准则，即便表面上看起来是出于化解冲突的善良行为，但许多实际行为又被认为无异于是侵略和"入室抢劫"。① 因此，一些人主张国家干预绝对不应被允许，即使是出于解决冲突的目的。另一方面，也有人认为，尽管有主权和不干涉的国际准则，但一些大国插手弱小国家的内部事务，已经成为国际政治的痼疾。另一些人认为，既然大国插手不可避免，所以还不如因势利导，建设性地利用它，以达到控制冲突或者解决冲突的目的。这一观点是我们在此要重点讨论的。

一 大国与族群冲突之解决

我们的世界时有怪异，一方面，人们倡导国家不分大小，主权平等，互不干涉内政；而另一方面，又通常认为几个主要大国对于帮助解决族群冲突负有特殊的责任，理由是它们不仅有能力，而且也有全球角色和利益。当然，这并不意味着每一个族群冲突都会吸引大国干预，只有关乎它们各自利益相关的领域时，大国才会出手，解决或者抑制族群冲突或者其他性质的冲突。

一些事实表明，在族群冲突中，外部第三方要想成为一个有效的维护和平和缔造和平者，那么一旦和平受到威胁，其是否快速反应经常具有决定性意义。遗憾的是，在冲突发生的数月间，像联合国这样的国际组织经常处于无为状态，而其成员国则就政策选择问题争论不休。相对而言，大国，因其在自身的势力范围内有重要的利益，一旦面临冲突威胁，主要大国一般不可能保持很长时间的被动。

我们前面提到，第三方缔造和平的成功取决于资源、能力，以及第三方的决心。在这些方面，与国际组织相比，大国更具优势。不管是单方行动还是跟其他国家联手，它们都比较适合执行军事行动。联合国没有常备军，也没有资源执行大规模的军事行动，而今天看来，如果在某些残酷和激烈的族群冲突中进行维护和平行动，这些资源恰恰是需要的。如果冲突影响大国的核心利益，联合国就有军队和资源并可调集它们用以维和。

---

① Mandelbaum, "The Reluctance to Intervene in Foreign Country Problems", p. 13.

冷战结束以后，欧洲大国，像英国、法国、俄罗斯，以及日益强大的德国（根据宪法，德国的海外军事行动是被禁止的）已经证明它们在军事上干预暴力冲突的决心。欧盟建立一支快速反应部队的决定就是朝这个方向努力的一步。美国在解决后冷战时期棘手的族群冲突中也扮演了重要角色。例如波斯尼亚和科索沃，如果没有美国的主动外交和军事干预，它们很难达成和平协议。这在本书各案例章节中会详述。

美国类似的外交参与，包括前总统比尔·克林顿（Bill Clinton）两度走访北爱尔兰（1995 年、1998 年）以及前参议员乔治·米歇尔（George Mitchell）耐心的斡旋对 1998 年北爱尔兰基督徒群体和天主教徒群体之间签署《北爱和平协议》（*Good Friday Agreement*）起到了主要作用。《北爱和平协议》的签署为人们带来希望，和平的曙光将最终照亮北爱土地。但不久后该协议因爱尔兰共和军是否解除武装问题而搁浅，为了确保北爱战争双方走上和平进程，克林顿于 2000 年 12 月再访北爱尔兰，他呼吁双方领袖为了和平做出艰难的妥协，并承诺他个人和美国政府将信守为北爱获得持久的和平而做出的诺言。

美国的调停作用对巴以和平进程的开始也起到十分重要的作用。在前总统克林顿的指导和斡旋下，1993 年以色列总理拉宾（Rabin）和巴勒斯坦解放组织（PLO）领袖阿拉法特（Arafat）同意相互承认，并同意巴勒斯坦人在耶利哥和加沙地带实行有限的自治。他们还同意达成一个永久协议，解决加沙和约旦西岸的地位问题。在美国的帮助下，1994 年以色列还同约旦签署了和平协定。1998 年克林顿再次发起重返和平轨道的行动，在克林顿和约旦国王侯赛因（King Hussein）的斡旋下，内塔尼亚胡和阿拉法特在马里兰州举行新一轮谈判，并签订《怀伊河协议》（*Wye River Accord*），确定 2000 年 9 月 13 日为最后的巴以和平协定签署日。到 2000 年中期，随着日子的逼近，双方却没有达成任何协议。克林顿再一次邀请阿拉法特和以色列新一任总理埃胡德·巴拉克（Ehud Barak，1999 年 7 月至 2001 年 5 月）在美国马里兰州戴维营举行三方高峰会议。然而，2000 年 7 月的谈判无果而终。在接下来的数月里，由于巴以暴力冲突升级，威胁到整个和平进程，美国加强了它与中东地区的外交努力。经过数月的努力，美国最终说服以色列和巴勒斯坦领袖于 2001 年 1 月在华盛顿会晤并进行谈判。2003 年在美国主导的"四方"斡旋下（除美国外，还包括欧盟、联合国和俄罗斯），提出新版和平"路线图"。但不容忽视的是，由于国内和国际因素，美国推行"路线图"计划的力度有其局限性。美国的立场和努力，将是中东和平"路线图"计划能否落实的决定性因素之一。这项和平计划的实现，要求占领者以色列必须做出较大的让步，而要说服以色列"牺牲"自己的既得利益，只有靠美国施压。当今世界除了美国总统外，以色列听不进其他任何人的话。美国只要停止每年对以色列30亿美元的例行援助，就将对经济状况十分糟糕的以色列造成致命打击，使以色列不再有恃无恐。20世纪90年代初中东和平进程启动时，老布什曾经以冻结100亿美元贷款担保相要挟，使当时的以色列总理沙米尔就范。小布什也曾多次承诺，伊拉克问题解决后，美国将竭尽全力帮助巴以实现和平。伊拉克战争基本结束后，小布什也兑现了自己的诺言，公布了中东和平"路线图"计划，并亲自到中东给巴以做工作，最终促成"路线图"计划的启动。但这仅仅是个开头，接下来美国怎么做，才是问题的关键。美国能否施压及在多大程度上施压，人们对此不能过于乐观。回顾中东和谈史，任何一届美国政府在关键问题上都偏以压阿，这是美国的中东政策决定的。在偏袒以色列方面，小布什政府更甚。为了以色列的利益，布什政府甚至不顾招致众怒，多次在联合国使用否决权，使安理会无法通过制裁以色列的决议。美国不能对以色列过分施压，还有一个更重要的原因，那就是美国总统大选时也要考虑犹太裔的选票，必须把美国犹太人的选票拿到手。在美国大约有650万犹太人，人数虽然只占全部选民的2.3%，但却可以影响到10%~20%的选票。尤其是对美国议会影响颇大的犹太院外集团，在一定程度上可以左右大选的结果。可以想象，没有哪个总统愿意施压而得罪支持强硬政策的美国犹太选民。所以巴以冲突问题的解决至今困难重重。我们这里仅举了巴以冲突的例子，但就足以说明大国干预冲突的影响力。

有评论指出，由于国家尤其是大国或者是超级大国干涉某一冲突基本是为了自己的利益而利用冲突，如此干预而非控制或解决冲突，实际上会导致冲突升级。还有评论认为，利用性的干预由于缺少合法性和公正性而不具备足够的可靠性，无法达到通过和平手段解决冲突的目的。由于对第三方干涉的担心，敌对各方不愿意达成妥协。

　　关于第一种评论，可以说在冷战期间美国和苏联这两个超级大国在其势力范围内之所以能够控制族群和一个国家的内部冲突，一个主要原因就是它们都心照不宣地认为双方都不会公开涉足对方的势力范围。而暗度陈仓则不可避免，但一旦被发现，企图颠覆现状的一方一般会主动撤出，而不会一决雌雄。苏联在1962年古巴导弹危机中的表现就是一个例子。双方认可这些游戏规则意味着每一个霸权实际上都具有无限制的权力在自己的影响范围内做出单方的决策。不管是美国还是苏联都一贯地在自家"后院"压制冲突（拉丁美洲是美国的"后院"，东欧是苏联的"后院"）。冷战的结束以及大国约定的全球解除并非意味着放弃区域势力范围的概念。西方已经默认俄罗斯对其"海外近邻"的监管。西欧国家在管理欧洲危机方面具有领导角色，例如波斯尼亚危机。亚洲某些大国也在努力争当管理亚洲内部冲突的领导角色。美国并没有对自己传统势力范围内部的冲突视而不见。例如，在拉丁美洲，美国努力寻求解决海地冲突以及墨西哥契亚帕斯问题（Chiapas）就是最好的例证。

　　对利用干涉的第二个指责，北大西洋公约组织（NATO）在波斯尼亚领导的执行和平行动中清楚表明：中立的、有限制的军事干预，比如联合国早期的行动，其效果实际上可能比偏袒性的行动类型更加适得其反。在这个意义上，侯赛因认为大国军事干预某一国家的内部族群战争，其真正的可能性实际上或许可以鼓励族裔分离分子对于自己的不满和争端寻求"国内解决"，因为这样的干预将使他们的整体利益和目标受损。

　　冷战期间超级大国为了加强它们各自联盟国家的控制能力而无视它们对少数族裔群体的压制政策，最终为今日某些族裔战争埋下了种子。现在，这仍然是一个无法回避的事实。因而，美国支持巴基斯坦和印度尼西亚政府镇压东巴基斯坦的孟加拉人和东帝汶人口中的穆斯林[①]，还支持土耳其镇压库尔德人。苏联曾经帮助埃塞俄比亚政府同厄立特里亚和提格雷地区（Eritrea and Tigre）的分离主义分子战斗，还为伊拉克镇压库尔德人提供援助。一方面，超级大国这些亲国家主义的、一边倒的政策，经常迫使受伤

[①] 美国对东巴基斯坦和东帝汶的政策，参考 Seymour M. Hersh, *The Price of Power: Kissinger in the Nixon White House* (New York: Summit Books, 1983), pp. 444 – 464; N. Chomsky, *Radical Priorities*, C. P. Otero, ed. (Montreal: Black Rose, 1984)。

的族群坚定自己作为独立政治存在的要求，并等待这一时刻的到来。另一方面，除非它们找到一个能够谈判解决内部冲突的方式，否则一旦外部支持突然撤出，那些依赖于大国支持来解决内部冲突的国家们（尤其是弱小国家），将冒在内部冲突中被"海湾化"的风险。[①] 我们在第一章谈到，苏联解体和两大阵营对抗结束以后，这种现象在许多国家都有发生。

建设和平是一个成本高且复杂的过程，它要求在不同层面的行动上同时执行不同的任务。考虑到联合国及其专门机构的有限性以及主要大国在远方冲突中为和平相关的项目进行筹资的偏好，要求主要大国在各自的区域内独立地执行建设和平行动。这于当下有诸多无奈苦恼的世界，及时实施其措施，可能更为现实，也可以实现利大于弊的结局。同时，类似的任务划分或许也能为联合国及其他国际组织提供更多的急需性帮助。但是，无论如何，大国干预总是令人警惕和担心的，这里不再赘述。

二 后发展地区大国与族群冲突之解决

在这个日益多边的世界，一些学者认为，后发展地区的区域性大国在解决各自地区内的族群冲突或其他类别的内部冲突中应该起到领袖作用。切斯特·克罗克（Chester Crocker）指出，世界上如果没有其他人来涉足地区性的冲突解决，那么可以相信地区大国必将出面。[②] 大国之间合作关系的不断增加是否可以减少发展中大国作为地区性族群冲突第三方调停者的重要性，对此，Crocker 表示怀疑。因为在他看来，地区冲突的解决办法和解决方案最终是要通过地区大国来达成的。[③]

哪些因素可以解释某些后发展大国在它们各自区域内自信的不断增长？利用莫德尔斯基（Modelski）和里格斯（Riggs）的当代世界的国家分类法，旧称"第三世界"的国家，例如印度、巴西、埃及、尼日利亚、土耳其、

---

① Raymond E. Hopkins, "Anomie, System Reform, and Challenges to the UN System", Esman and Telhami, eds., *International Organizations and Ethnic Conflict*, p. 86.

② "Resolving Conflict in the Post – Cold War Third World: The Role of Superpowers" (Washington, D. C.: U. S. Institute of Peace), May 29, 1991.

③ "Resolving Conflict in the Post – Cold War Third World: The Role of Superpowers" (Washington, D. C.: U. S. Institute of Peace), May 29, 1991.

阿根廷、泰国、印尼，以及马来西亚，可以被归类为发达的"转型国家"之列。[1] 尽管这些国家并不像发达国家那样发达和强大，但与该地区其他邻国相比，拥有较为强大的力量。因为一个国家的外交政策行为是其控制能力的一种表现，所以一个发达的转型国家会有一种扩展的外交政策能力。[2] 因此，至少在地区事务中，扮演一个地区警察的角色对这些国家来说还是有吸引力的，尤其是当大国对这些地区没有兴趣的时候。

　　自我利益也可能激励地区大国充当地区族群冲突的第三方调停者。发达的转型国家尤其渴望通过外交政策推动国家发展，而地区稳定则是一个重要的前提。[3] 因而，地区大国会认为邻国爆发族群冲突对自身的利益是一种动摇和伤害。可见，这类国家不可能对冲突无动于衷，它们也不可能认为冲突双方在没有外力的帮助下可以解决分歧。

　　出于对邻国的同族或亲属族群的保护也可能促使地区大国干预族群冲突。[4] 在第三章中我们看到，国家支持它们的亲属族群既有情感的因素，也有功利因素，尤其当它们所属的族群在邻国属于被迫害的少数民族时。地区大国也有可能被诱导而向邻国同胞提供偏袒性的支持，但扩大和鼓励性的政策有时会被认为具有太大风险，尤其在一旦反干预手段引起"冲突转化"的可能性比较大的情况发生时。在这种情况下，地区大国就会采取调解的办法作为妥协性的政策选择。

　　其他功利性理由，诸如安全和地缘政治考虑，以及国内和国际政治的压力等，都可能影响地区大国出于调停敌对各方的目的而干预族群冲突。例如，地区大国担心本地区内的其他竞争对手会利用靠近自己边境的族群冲突从而构成对自己的威胁，所以必须出面阻止，这种想法会激励地区大

① 有关莫德尔斯基和里格斯的详细研究，参考 George Modelski, "Agraria and Industria: Two Models of the International System", and F. W. Riggs, "International Relations as a Prismatic System", Klaus Knorr and Sydney Verba eds., *The International System: Theoretical Essays* (Princeton, NJ: Princeton University Press, 1961)。

② Jayantanuja Bandyopadhyaya, *The Making of India's Foreign Policy* (New York: Allied Publishers, 1979), p. 16.

③ Jayantanuja Bandyopadhyaya, *The Making of India's Foreign Policy* (New York: Allied Publishers, 1979), p. 16.

④ 《邻国族群亲属关系对国际干预的影响》，参考王剑峰《多维视野中的族群冲突》，民族出版社，2005，第273、280页。

国为找到解决办法而很快出面干预；地区大国可能会支持谈判解决邻国族群冲突的方法，以阻止难民流入。毫无疑问，难民的流入将会给接收国增加巨大的社会经济负担；有时，担心冲突的传染影响也会促使地区大国寻求尽快解决邻国族群冲突的方法；国际社会施加的压力也可能使地区大国在地区族群冲突中充当第三方调停者的角色。这种压力可能来自联合国以避免人道主义灾难的发生，或者来自其他大国，一旦它在其余领域被卷入进来时。

很明显，地区大国有很多的理由干预区域内的族群冲突，充当第三方调停者的角色，尽管如此，这些国家是否具备必要的资格从而有效地担当重任，目前还不清楚。如果我们接受 Ryan 的观点，那么不得不得出这样的结论，即地区大国充当第三方调停者的角色，干预区域内的族群冲突，最终则使冲突变得更为复杂，演变成长期冲突，解决之途因而更加坎坷。①

为什么会得出这样的结论？一是如果某个大国干预邻国的族群冲突纯粹出于工具性的考虑，它就可能视冲突为可利用之物，而并不是想解决冲突。② 在这种情况下，地区大国的基本考量将会是如何提高自己的利益，而不是帮助敌对各方克服彼此的仇视和怀疑，进而找到谈判解决之路。地区大国起初可能对争端表现出不那么敏感，然后开始表明立场，甚至引发新的问题，从而使冲突复杂化。印度在斯里兰卡维和任务的失败就是一个极好的例子。

二是如果地区大国的干预基本上是出于情感的原因，这样的干预将被看成有所偏向，导致干预者失去合法性和可信度。地区大国将无法保证争议各方遵守谈判达成的政治解决方案，这样又使冲突长期化。倾向性干预成功结束冲突的唯一办法就是第三方使用的武力强大到能够使冲突某一方取得决定性的胜利。③ 有一个例子可以说明这一点，那就是 1971 年印度军队站在巴基斯坦孟加拉分离主义分子一边，支持孟加拉独立并且派出军队帮助孟加拉与巴基斯坦作战。然而，这样的例子极为罕见。

---

① Ryan, *Ethnic Conflict and International Relations*, p. 37.

② Ryan, *Ethnic Conflict and International Relations*, p. 37.

③ Ryan, *Ethnic Conflict and International Relations*, p. 37.

最后，在第三世界，如果地区大国的能力还不足以执行建设和平的行动，这一任务最好还是留给国际组织，让其与大国密切合作。但是，地区大国可以为执行各种建设和平项目提供帮助。

第五节　区域组织作为第三方与族群冲突解决

区域组织作为第三方以调停者的身份参与族群冲突并不是一个新生事物。冷战期间，以意识形态划分的两大区域组织在消解危机形势中的紧张问题方面起到了积极作用。第一，区域组织代表着特定地理区域，一旦在本地区内爆发冲突，区域组织将积极参与维护和平。第二，区域组织形成政治壁垒或者同盟，积极参与消解亚系统或同盟内部的危机。[①] 第一种类型中，美洲国家组织（OAS）曾经干预拉丁美洲国家内部冲突；阿拉伯联盟在 20 世纪 70 年代对黎巴嫩冲突进行了维和行动，也曾帮助利比亚化解冲突；非洲联盟组织（OAU）对刚果、乍得以及西撒哈拉等诸多国家的内部冲突进行了干预，也包括国家间的冲突，例如摩洛哥和阿尔及利亚，以及埃塞俄比亚和索马里等。第二种类型中，例如北大西洋公约组织（NATO）在处理塞浦路斯危机过程中付出了很多努力，以平息希腊和土耳其这两个成员国之间的紧张关系；华沙条约组织（WTO）政治委员会也曾试图阻止其成员国匈牙利和罗马尼亚关于特兰西瓦尼亚（Transylvania）的摩擦。

区域组织的某些特质可以有效地充当冲突管理第三方的角色。尽管有些区域组织还仅仅停留在成员国论坛阶段，缺乏成为高效的第三方的必要的独立性，但是在区域组织帮助下的行动措施其价值经常被认为比国家行动高得多。区域组织倾向于被赋予中立的形象，因而敌对双方更容易接受它的介入。对行动抉择肩负有责任的一方（即冲突管理和解决）有可能是同一个，但不管它是不是区域组织行动，就某些因素而言，例如客观公正，有时通过区域结构开展的行动推广表现出很大不同。[②]

---

① Oran R. Young, *The Intermediaries: Third Parties in International Crises* (Princeton: Princeton University Press, 1967), p. 105.

② Oran R. Young, *The Intermediaries: Third Parties in International Crises* (Princeton: Princeton University Press, 1967), p. 106.

冷战期间，区域组织往往展现出强大的外部行动措施，关心自己的外部威胁和地区安全，而不是成员国之间的互动过程。[①] 因此，成员国之间的互动常常不被看成是地区内部争端的第三方调停。在很大程度上，这是两极政治的后果，当然，也有例外，那就是美洲国家组织和非洲联盟组织在调解地区内部冲突中扮演了重要的第三方角色。然而，在后两极条件下，随着和平与安全问题多边方式解决的日盛，区域组织已经展现出主动参与地区内部冲突解决的更多愿望。

例如，欧盟（EU）和欧洲安全与合作组织（OSCE，简称"欧安组织"）积极参与区域内的危机管理与解决，而欧洲委员会（Council of Europe）[②] 则追求加强成员国遵守少数民族权利和语言权利，以防止将来发生冲突。欧盟和北约在波斯尼亚和科索沃问题上站在了国际行动的前线。欧安组织则派遣使团赴巴尔干寻找事实，支持联合国、欧盟及北约进行制裁和采取人道主义措施。1992 年欧安组织执行的使命就是为波斯尼亚地区的敌对情势扩散到塞尔维亚（Serbia）、黑山共和国（Montenegro）、科索沃（Kosovo），以及马其顿（Macedonia）等相邻区域提供早期预警，并且一直持续到 1993 年中期。欧安组织还曾派遣使团赴匈牙利、保加利亚、罗马尼亚、乌克兰、阿尔巴尼亚监督制裁遵守情况。另外，在欧安组织的支持下，国际社会努力寻求解决纳戈尔诺—卡拉巴赫（简称"纳卡地区"，阿塞拜疆境内的亚美尼亚人飞地）冲突。欧安组织还积极参与苏联解体时期的事务，在摩尔多瓦和爱沙尼亚为了促进不同社群之间的理解，承担起建设和平任务。欧安组织在拉脱维亚确立使命，监督与俄罗斯少数民族密切相关的问题，它还派遣维和人员赴苏联时期的其他地区，因为那里地方战争已经打响。在非

---

① Oran R. Young, *The Intermediaries*: *Third Parties in International Crises* (Princeton: Princeton University Press, 1967), p. 106.

② 注意区分几个英文名称的翻译：Council of Europe（COE），即"欧洲委员会"，是维护欧洲民主、人权和法治的区域性国际组织，由 46 个成员国组成，总部在法国斯特拉斯堡；European Council，即"欧洲理事会"，或者称为欧盟峰会或欧盟首脑会议，它是由所有欧洲联盟国家的国家首脑和政府首脑（即总统/总理）以及欧洲委员会主席组成的机构。《里斯本条约》将欧洲理事会确定为欧盟的正式机构；Council of the European Union，即"欧盟理事会"，是欧盟部长级的议事、决策机构。通常简称为 the Council（理事会），又称 Council of Ministers（部长理事会）。

洲，非洲联盟组织参与安哥拉、乍得、莫桑比克、索马里、刚果、卢旺达、塞拉利昂等国家的危机。在东南亚，东南亚国家联盟（简称"东盟"，ASEAN）在推动地区内国家之间的合作中扮演了强有力的角色。

鉴于区域组织作用的增长以及联合国在全球范围内维护和平与安全难度的增加，一些专家建议联合国最好把未来维护和平、缔造和平以及建设和平的任务委托给区域组织，如果它们愿意接受联合国秘书长命令的话。例如，波斯尼亚的经验证明，欧洲的维护和平以及和平强制行动可以通过北约军队执行，可能要比联合国维和武装做得好。这种想法是把北约视为联合国的军事力量。这一理念尤其引发一些人的兴趣，他们认为冷战的结束及共同敌人的消失使北约丧失了早期目标中的多数，即北约是反对苏维埃的防御性军事同盟。因此，这些评论建议对北约的规模、军力、任务进行调整，以反映和平的新环境并可以使成员国从和平中抽身。这一想法也吸引了另外一些人的兴趣，他们支持建立一支永久性的联合国军队，但同时他们也意识到这样做的难度。对他们来说，北约军队作为联合国的军事力量可能是第二选择。北约作为联合国维和以及执行和平行动任务的军事力量，这一概念或许会有作用，但这种作用受限于行动所引发的欧洲威胁。另外，波斯尼亚的经验证明，如果国际社会本身缺少明确的军事策略以及一系列恰当的行动命令，北约行动对和平强制来说可能是无效的。

在欧洲，代替北约的另一个选择是西欧联盟（Western European Union，简称 WEU）①。冷战期间，西欧联盟成为北约防御体系的一部分，但是随着北约日益成为西欧联盟的主要安全体系，它与创立之初的设想、权力和影响渐行渐远。西欧联盟于 20 世纪 80 年代中期开始复兴。1987 年，许多欧洲大国担心美国和苏联进行双边削减核武器谈判，然后把谈判结果强加给欧洲，于是为了实现欧洲在社会、经济和安全事务上的更大的统一，它们

---

① 1948 年 3 月 17 日，法国、英国、荷兰、比利时和卢森堡五国签署《布鲁塞尔条约》，宣布成立布鲁塞尔条约组织。1954 年 10 月 23 日，布鲁塞尔条约组织五国同联邦德国和意大利在巴黎签署《巴黎协定》，对《布鲁塞尔条约》进行了修改，决定将布鲁塞尔条约组织改为西欧联盟。1955 年 5 月 6 日，《巴黎协定》生效，西欧联盟正式成立。联盟总部最初设在伦敦，1993 年 1 月迁至布鲁塞尔。联盟的宗旨是促进欧洲的团结和推动欧洲统一的进程。西欧联盟在防务与东西方关系上与北约基本一致，但更强调欧洲安全和防务。

希望强化西欧联盟。1989 年以后，由于西欧联盟重要性的增强，相对于北约，它的地位变得很含糊，在某种意义上，它可能获得了相对于北约的优势。跟北约不同，西欧联盟以前是一个在北约范围内关注欧洲安全与利益的欧洲组织，所以，在欧洲冲突中，它可能是一个更加有效的维和者与和平执行者。与北约相比，在防御来自欧洲以外的威胁方面，西欧联盟在调遣军队方面可能具有较大的灵活性。例如，在海湾战争中（1990～1991年），是西欧联盟而不是北约在海湾地区部署军队[①]。

其他的区域组织可能更适合扮演缔造和平和建设和平的角色，而不是维和或者执行和平的角色。非洲联盟组织在乍得执行和平任务的失败证明区域性政治组织当被要求执行维和行动时经常面临一些问题，而这些问题同样也是联合国所面临的。Ryan 认为，非洲联盟组织在乍得维和任务的失败主要原因是由于区域国家不愿意出兵、缺乏充足的财政支持、敌对双方无意寻求谈判解决问题，以及有的非盟国家继续支持争端的某一方。[②] 类似的问题不论是在此时还是在彼时，都在削弱联合国执行维和行动的有效性。因此，或许区域政治组织更适合充当缔造和平者，因为它不仅开支小，而且这些组织通常都是高度的利益攸关方，又能够很好地理解内部冲突。当地调解者与争执各方的主要领袖密切的私人关系将在谈判桌上起着积极作用。同样，区域经济组织也有可能在冲突发生之前和冲突结束以后起到积极有效的建设和平的作用。

第六节　国际非政府组织作为第三方与族群冲突解决

国际非政府组织（INGO）作为第三方在冲突形势中具有重要的作用。红十字国际委员会就是一个例证。在许多冲突中它都做出了杰出的贡献，可以

---

① 第一次海湾战争增加了西欧国家的自信，第二次海湾战争后，西欧国家提出必须扩大欧盟军事机构的权力。但在美国主导的北约面前，它的作用极其有限。1991 年的海湾战争是美国主导，日本和西欧埋单，在西欧多年未解决波黑问题的情况下，美国出兵使波黑三方达成了和平协议，2011 年的利比亚战争又一次证明，欧盟国家暂时无法在没有北约的情况下独立解决危局。利比亚行动的指挥权移交给北约证明："全欧安全和防御倡议"目前仍是纸上谈兵。

② Ryan, *Ethnic Conflict and International Relations*, pp. 130 – 131.

追溯到冷战早期。例如，在 20 世纪 50 年代阿尔及利亚战争（Algerian War）和 1956 年匈牙利危机中，红十字会为战士和平民提供了医疗服务和人道主义援助。[1] 20 世纪 90 年代末期，21 个红十字会参与了发生在柬埔寨、阿富汗、索马里、波斯尼亚、卢旺达等国家的冲突。同样，大赦国际（Amnesty International）[2] 在世界许多地区的侵犯人权调查中起到重要的作用。无国界医生组织（Doctors without Borders）在许多冲突中也提供了大量的人道主义服务。

国际非政府组织是如何有效地控制或解决冲突的？实际上，作为维护和平者及和平执行者，国际非政府组织不可能十分有效。因为它们缺少太多重要的实体资源，而这些资源恰恰是操作层面所需要的。它们真正的力量在于自己的中立形象、自主行动，以及超脱于政治斗争的独立能力。这样看来，国际非政府组织在有效地缔造和平方面具有很大的潜力。

但是，人们必须意识到国际非政府组织的局限性，这些局限性阻碍了它们有效地发挥作用。国际非政府组织不可能拥有影响冲突双方的实质性权力。调解者只有为政治冲突解决提出创新性的建议和理念时才能赢得敌对各方的尊重。而国际非政府组织不可能总是掌握完整的信息、一流的外交技巧，以及拥有权威的形象。正如 Young 所指出的，由于缺少必要的权威和尊重，再加上在相关的信息和外交技巧上的表现得分不高等，这些资质的缺乏严重地限制了非政府组织成功地起到干预的作用。[3] 这些缺陷可能进一步限制国际非政府组织发挥各种作用，例如检查和监督，在危机期间或者在执行各方一致同意的和平安排期间，这些措施在维护规则等方面发挥着重要作用。[4]

人道主义援助和冲突结束以后防御性的建设和平是国际非政府组织可以并且确实发挥积极作用的领域。由于两极世界结束以后暴力冲突的复振，也

---

[1] Oran R. Young, *The Intermediaries*: *Third Parties in International Crises* (Princeton: Princeton University Press), 1967, p. 108.

[2] 又称"大赦国际"，是一个保护人权的国际性民间组织，致力于争取思想犯的获释、政治犯的公平审判，以及死刑、刑讯逼供的废止等。在数十个国家设有分会，定期调查并报告各国政治犯的状况，总部在伦敦，于 1961 年由英国律师 Peter Benenson 所创立，1977 年获得诺贝尔和平奖。

[3] Oran R. Young, *The Intermediaries*: *Third Parties in International Crises*, (Princeton: Princeton University Press, 1967), pp. 109 – 110.

[4] Oran R. Young, *The Intermediaries*: *Third Parties in International Crises* (Princeton: Princeton University Press, 1967), p. 110.

由于要求国际社会在规避人道主义灾难方面有所作为的呼声日益提高，国际社会对于国际非政府组织在这些领域作用的看法也在改变。1998 年这种改变的明确标志出现了，联合国大会通过了一项决议，支持国际非政府组织基于人道主义理由对一个主权国家内的冲突实施干预原则。这些理由包括对人权的制度性侵犯、国家机器对族裔和宗教少数人群体实施迫害和种族屠杀，以及亟须的人道主义紧急援助等。基于这些理由联合国承认可以使用武力，如果它认为有必要帮助和支持国际非政府组织开展这些工作的话。

未来国际社会的一个特殊任务是预防冲突以及冲突结束以后的和平建设。这一主要的角色合法地属于联合国，但是联合国需要能够得到的所有支持。在此方面，今天一个历史性的机遇展现出来，那就是在联合国、区域组织和机构以及国际非政府组织之间创造一个全球性的互动机制。尤其是国际非政府组织在执行、检查和监督联合国一揽子和平建设行动中或许可以起到一个建设性的作用。由于国际非政府组织在此领域非常活跃，它们通过传递潜在的或者实际违反和平协议的信息，提出项目执行和协调过程中出现的问题，以及争议双方未能尊重人权的情况，等等，从而也可以为联合国和国际社会提供早期的预警机制。这不仅可以帮助国际社会更好地协调建设和平行动，而且还能明确预防性外交和建设和平以及和平强制行动的指向和重新指向的区域。

第七节　结语

本章中，笔者从概念上分析了国际第三方角色在解决族群冲突中的作用。也研究了可能参与一国国内族裔民族主义争端的各种国际角色和角色类型，以及何种角色看似最适合哪类冲突的解决。我们认为，它们的作用和行动模式在冲突过程中可以进行重新定义和评估。本研究倾向性地认为，排除功利考量，国际第三方干预可以解决某些类别的族群冲突，但干预要谨慎，而且干预的时机、方式和政治技巧对于成功非常重要。几乎每一个族群冲突都有自己的特点，并且以重要的方式区别于其他冲突。以动态的视角分析冲突的演化相比静态的高度概括型的方法具有很多优势。接下来的案例研究就试图给我们提供许多动态性视角。

第五章
民族主义与帝国解体：苏联、俄罗斯与车臣

　　前几章，我们探讨了民族主义和族群冲突的含义，也分析了这两种现象在国际层面上所发生的问题。在接下来的几章中，我们把有关族群冲突的国际层面的理论分析应用到具体的案例中。每一个案例我们从四方面进行分析：为什么会发生族群冲突？国际体系如何反应？为什么冲突会国际化或者并未国际化？外部干预的程度和范畴或者外部在何种范畴内不干预？

　　此外，下面几章我们也将就有关族群冲突的不同主题进行分析。在本章中，我们将提出帝国的解体如何给自决运动的复兴提供了机会。在第六章中，我们将关注点放在作为族群冲突形式之一的宪政分离主义。第七章将关注暴力分离运动及其对第三方采用的干预形式的影响。第八章分析受各自战略利益驱动的国际角色是否共谋于一个脆弱的多民族国家的解体。第九章探讨族群冲突解决中有利于分离群体的国际条件。

第一节　帝国的维系与解体：理论解释

　　是帝国崩溃留下的权力真空点燃族群冲突？还是小民族模仿大民族的民族主义带来的扩散效应？笔者通过对苏联解体的研究回答了这些问题。在某种意义上，俄罗斯民族主义与其他民族（波罗的海人、乌克兰人、亚美尼亚人）的民族主义不同寻常的联盟最终埋下 1991 年苏维埃解体的种子，引发了被戏称为"套娃式民族主义"现象的出现：20 世纪 90 年代，俄罗斯民族主义的复兴，就像俄罗斯套娃一样，一个接着一个从内部产生。最为明显的例子就是车臣争取从俄罗斯独立出来的斗争。

人们吃惊地发现，在有关大国兴衰的文献中，极少有把民族主义当成一个重要的因素。而最为流行的解释则是帝国理论。帝国形成的一个基本解释是大国的经济需要。英国政治历史学家斯特拉奇（Strachey）把历史上的帝国做了一个简单的编年：首先是最早的以奴隶劳动为基础的奴隶帝国。其次是以掠夺商业为基础的商业帝国，例如18世纪印度的东印度公司。最后是完全成熟的资本主义帝国。[①] 后者发明了一套收入分配制度以及其他运作规则，这些规则使得统治阶级别无选择，只有在全世界范围内进行征服、殖民和掠夺才能找到发展空间。[②] Strachey甚至认为二战结束以后不久，最后一类型的帝国已经变得无利可图和老旧过时了。

20世纪阐释帝国主义有影响的理论包括John Hopson的《帝国主义论》（*Imperialism*）和列宁的《帝国主义：资本主义的最高阶段》。这两个人都是宗主国中心论代表。这种方法完全是从宗主国内部来寻找导致帝国扩张和衰退的原因及动力，认为帝国主义的产生是由于宗主国维持工业化或解决国内不稳定问题的需要，因而，其方法论取向可以被称为"以宗主国为中心"。

二战以后，去殖民化运动的进程和美国霸权的兴起对帝国主义理论产生了影响。欧洲对利润和权力的追求似乎发生在一个没有任何外来力量的世界中。二战后，学者们开始大量关注前帝国系统中的边缘地带，从而产生"以边缘地带为中心的视角"来研究它们在帝国的兴衰中所起的作用（中国学界称之为边缘—中心论）。主要代表人物是两位剑桥大学的历史学家杰克·加来格尔（Jack Gallagher）和罗纳德·罗宾逊（Ronald Robinson）。他们认为，在维多利亚时代的经济和商业霸权时期，帝国力量中重要的不是对政治控制的争夺而是经济力量的作用，不是正式帝国而是非正式的帝国。只要边缘地带存在稳定的政体和有效的合作者，宗主国总是会选择非正式帝国的形式来进行间接统治。只有当边缘地带存在政治动荡或缺乏愿意合作的当地精英，宗主国才会不得不建立正式帝国进行直接统治。[③] Gal-

---

① John Strachey, *The end of Empire* (New York: Frederick Praeger, 1966), p. 325.

② John Strachey, *The end of Empire* (New York: Frederick Praeger, 1966), p. 340.

③ J. A. Gallagher and Ronald. E. Robinson, "The Imperialism of Free Trade", *Economic History Review*, Second series, Vol. ⅵ, No. 1, 1953, pp. 1 – 15.

lagher 和 Robinson 提出了一些重要的分析工具，如"官方思维"（Official Mind）、"当地危机"（Local Crisis）和"原初民族主义"（Proto‐Nationalism）。他们将"扩张"定义为发生在宗主国主体之间的一系列"不平等谈判"，帝国总体上是由国家利益引导的复合的实体。Gallagher 将帝国支配的范式从"如果可能，就实行非正式控制；如果需要，才实行正式控制"（Informal Control if Possible；Formal Rule if Necessary）发展到"如果需要，就实行间接统治；只有无法回避，才实行直接统治"（Indirect Rule if Necessary；Direct Rule Only if Unavoidable）。[1] 到了去殖民化时代（二战后），此时国际体系已不再能接受帝国力量的军事干涉。于是后来沃夫冈·默森（Wolfgang J. Mommsen）将其进一步改写为，"只要有可能就进行非正式控制，而正式控制就不再适用"（Informal Control Whenever Possible，While Formal Control No Longer Applies）[2]。

还有一些学者应用比较法，分析了历史上不同帝国的经验，认为帝国秩序在其建立、维系和衰弱的历程中具有许多共同点，这些共同点在帝国的各个阶段都体现出来。其一就是"帝国缺少统一的原则。未来的伟大的垒球秩序变成了无序。统一最终走向分裂"[3]。

相对而言，系统理论则将帝国作为一种系统来研究，强调大国之间的竞争，从而创建了比较完善的理论，其中主要以麦克尔·多伊尔（Michael Doyle）、本杰明·科汉（B. J. Cohen）和保罗·肯尼迪（Paul Kennedy）最为著名。这些学者们多数来自国际关系理论的现实主义学派。

Doyle 是最早将帝国作为一种政治体系来研究的学者之一。他分析关注了 20 世纪的帝国，认为有多种原因解释大国的兴衰：现代帝国的过程取决于以下几个方面的变化，即国际环境、国内都市社会、社会变迁的发展、周边合作的平衡等。[4] 他将帝国定义为"一种直接或间接的关系。其中一个

---

① Anil Seal, preface to John A. Gallagher, *The Decline*, *Revival and Fall of the British Empire* (Cambridge University Press, 1982), p. xi.

② Wolfgang J. Mommsen, "The End of Empire and the Continuity of Imperialism", W. J. Mommsen and Jurgen Osterhammel, eds., *Imperialism and After* (Boston: Allen and Unwin, 1986), p. 344.

③ Robert Wesson, *The Imperial Order* (University of California Press, Los Angeles, 1964), p. 320.

④ Doyle, *Empires*, p. 353.

国家通过武力、政治合作、经济、社会或文化依附等途径得以控制其他政治实体的政治主权。而帝国主义就是建立或维持帝国的政策或过程"。①Doyle 指出，帝国控制包含了政治过程和政治结果两方面。他非常认同马基雅弗利所说的："掌管（被征服国家）有三种方式。第一种是掠夺之，第二种是本人直接住在那里（即直接控制），第三种是让他们保留自己的法律，对他们征收贡物，并在里面创建一个政府，其中的一些人员能确保这个政府与你保持友好的关系（即间接控制）。"至于决策过程，Doyle 指出，"要对一个处于从属地位的社会的有效主权进行正式控制，就必须要控制它的决策过程，这是一个有着很多影响点的复杂的过程。通过宗主国的力量和行动体包括传教士、商人、士兵、官僚。宗主国得以在社会、经济和文化方面对边缘国家进行渗透"②。Doyle 最杰出的贡献在于提出了研究帝国的"四维模型"，他认为，要全面地了解帝国的情形，就必须将政治交往中的四个组成因素都考虑在内，即宗主国、边缘地带、跨国家的系统以及国际环境。他的另一贡献是对帝国主义和霸权进行了区分，认为帝国主义意味着控制他国的对外和对内政策，而霸权只要控制对外政策即可。③

　　保罗·肯尼迪（Paul Kennedy）在他的《大国的兴衰》一书中，从另一个角度对帝国的兴衰做了精辟的系统分析。Kennedy 分析的对象虽然不是帝国而是大国，但他认为帝国式的过度扩张是导致其衰落的一个原因。他明确提出，世界军事大国平衡中所有大的转变都发生在生产力平衡之后；进一步说，各种帝国的兴衰和国际体系中的国家都是大国战争结果所决定的，战争的胜利总是属于拥有强大的物质资源的一方。这种现象迄今仍存。④ 他认为生产能力和它大国责任的不断扩大之间的失衡将导致军事能力减弱并加速其衰落：16 世纪由于西欧处于工业发展先进行列，例如西班牙、荷兰、法兰西、大英帝国以及当代的美国都属于大国体系里的主要国家，从长期

---

① Michael Doyle, *Empires* (Ithaca: Cornell University Press, 1986), pp. 44 - 45.
② G. Almond & G. Powell, *Comparative Politics: A Developmental Approach* (Little Brown, Boston, 1966).
③ Michael Doyle, *Empires*, (Ithaca: Cornell University Press, 1986), pp. 39 - 40.
④ Paul Kennedy, *The Rise and Fall of the Great Powers: Economic Change and Military Conflict from 1500 to 2000* (New York: Random House, 1987), p. 439.

来看，主要大国兴衰的历史在生产能力与财政提高能力关系上表现出一个非常重要的相关性，另一方面，军事力量也是如此。[①] 因此，他认为国际系统中的主要成员总是在努力使自身的实力、安全和财富最大化和持久化。历史上一个国家的兴起和另一个国家的灭亡常常是长期的军事冲突的结果。一个大国的兴起也是一国在战前或战争中比较有效地利用它的经济资源和工业能力的结果。导致大国兴衰的因素包括地理、经济、政治、军事组织和军事领袖的个人特点等，但其中经济力量是尤其重要的。Kennedy 强调决定各大国之间的地位的最重要的因素是各国之间的"相对实力"。荷兰在17 世纪和 18 世纪被英国赶超、法国在 19 世纪被德国赶超、英国在 20世纪落后在美、苏后面导致的帝国关系的变化都很好地证明了这一点。然而，一国的相对经济实力和军事力量并不是平行地增长或下降的。一国的经济和军事实力与疆域大小之间常常是存在差距的。当大国意识到自己由于经济落后而地位下降时常常会增加安全开支，导致经济状况恶化。另外它们常常会削减投资，这愈发使它们的困境在一个比较长的时期内无可挽救。

从以上分析可以看到，西方最近一百年来对帝国的研究存在着一定的连续性。最早的研究始自以欧洲为中心的霍布森、列宁和熊彼特，英国历史学派对边缘地带的研究给这个领域带来了根本性的创新，比较学派和系统学派的研究则丰富了现代对帝国这种政治体系的研究。然而，正如多伊尔所指出的，不论是以宗主国为中心的分析家、以边缘为中心的理论家，还是国际系统理论的追随者，他们的理论都不能全面地解释帝国兴衰的原因。因为它们都没有全面地考虑政治交往中的四个组成因素：宗主国、边缘地带、跨国家的系统以及国际环境。[②] Mommsen 也指出，"导致帝国政策的各类利益错综复杂。从来都不是明确地与某些社会群体相关的。不论是在宗主国还是在殖民地或半殖民地都是如此"[③]。他呼吁有必要创建一种新的有关帝国主义的理论。这种理论要全面分析包括宗主国内部和边缘地带

[①] Paul Kennedy, *The Rise and Fall of the Great Powers*：*Economic Change and Military Conflict from 1500 to 2000* (New York：Random House, 1987), p. xvi.

[②] Michael Doyle, *Empires*. (Ithaca：Cornell University Press, 1986), p. 5.

[③] Mommsen, *Theories of Imperialism* (New York：Random House, 1980), pp. 144 – 145.

的因素之间的互动关系、直接和间接的多种帝国支配类型等。

鉴于此，近期，有些学者将关注的焦点从单一的大国转向世界秩序，也就是国家之间互动关系的稳定。Knutsen 提出五种秩序模式：①16 世纪伊比利亚模式；②17 世纪荷兰模式；③18 世纪英国模式；④19 世纪英国模式；⑤当代美国模式。大家可以看到，每一个世界秩序都是以一个系统管理的大国为主导。在第一阶段，大国以其经济的、军事的，尤其是规范性的力量——围绕大国价值体系的国际共识——进行统治。到了第二个阶段则出现对大国权力的挑战，而第三阶段则是大国的衰落以及国家之间相对平等的出现。[①]

Knutsen 认为，大国未对突发的国际冲突做好准备，这是世界秩序衰落的最大原因。例如，1739 年西班牙被英格兰击败，1854 年俄国被英格兰击败，都是这类例子。国家在国际上的初次蒙羞反过来引发国内的分歧，这是统治权力被销蚀的第二个因素。Knutsen 认为国家间的争斗（苏联核威胁、越南、第三世界革命）、世界经济（20 世纪 70 年代的通货膨胀）的挑战，连同国内的准则分歧，共同威胁着 20 世纪后半叶美国的霸权。但是，由于其民主价值和经济的力量，美国从中恢复过来并且或许将创造出一个第二世界秩序。Knutsen 对霸主和世界秩序的分析很少关注作为变化之催化剂的民族和民族主义，他认为美国公民构成的基础并非一个共同的"伦理"（Ethos），而是一个共同的"人民"（Demos）。[②] 但我们可以从中推导出另一个含义，即未来族群、种族或者其他形式的认同将动摇美国的统治，所以我们今天才会听到发自美国的"文明的冲突"以及"我们是谁"的呐喊。

另一个大国的案例是苏联的解体，它揭示我们不应该忽略族群和民族主义作为引起世界秩序变化的一个因素，相反，应该重视考虑反殖民的分离主义类型的族群运动，因为它可以推翻一个帝国，并且改变一个世界秩序。

---

① Torbjørn L. Knutsen, *The Rise and Fall of World Orders* (Manchster: Manchester University Press, 1999), pp. 1 – 8.

② Torbjørn L. Knutsen, *The Rise and Fall of World Orders* (Manchster: Manchester University Press, 1999), p. 298.

第二节　为什么爆发族群冲突

一　理论与实践之间的矛盾

苏维埃联盟的结束引发了关于列宁一手缔造的共产主义体系的本质的历史争论。以下三个争议与苏维埃权力和俄罗斯民族主义之间的关系尤其密切相关：第一，苏维埃联盟是否仅仅为长期以来的俄罗斯帝国主义的微调，抑或在口头上接受苏维埃领袖即标志着远离帝国理念而走向国际主义？第二，苏维埃政权时期是否以非俄罗斯人的俄罗斯化为特征（Sliyanie，即所谓的"民族融合"，或者各类文化群体的合并），或者苏维埃联盟主义为100多个民族群体开辟了重要的文化空间？第三，是否存在非俄罗斯人反抗苏维埃政府的情况（尽管有着精良的国家机器），或者他们受到很大的压制以至于民族主义只有在苏维埃中央丧失统治能力的时候才爆发？

通过分析苏维埃政治体系的特点，我们可以更容易理解这三个问题。苏联和其他帝国有着很大的不同，但占领和征服是所有帝国的追求。

1917 年，沙俄帝国拥有的领土面积达 2250 万平方公里，1897 个人口统计点登记在册的民族或族群共计 146 个。"十月革命"就发生在这样一个庞大的国家里。这个庞大的多族群国家的形成是几个世纪以来通过武力征服、殖民地化和开发新疆土等形式实现的，是侵略扩张的结果。它发端于莫斯科公国并由俄罗斯中央集权国家继续。政治中心的主要族群成分是东斯拉夫部落。之后在此基础上，崛起了俄罗斯人、乌克兰人、白俄罗斯人、芬兰人。但是，在早期阶段，俄国人口还包括波罗的人、突厥人和其他非斯拉夫族群。16 世纪以后，随着伏尔加地区归并俄国，西伯利亚、高加索的殖民化以及后来中亚国家的加入，族群马赛克变得愈发复杂。20 世纪初，俄罗斯经过 300 多年不断对外侵略扩张，吞并周边诸多弱小民族，已成为由100 多个民族组成的横跨欧亚大陆的庞大殖民帝国。俄罗斯族仅占全国人口的 43%，但沙俄帝国却是以俄罗斯族为中心的中央集权的单一制国家，沙俄专制政体对于非斯拉夫人口实施社会压制和文化同化政策。占多数的其他族群大多分散居住在边疆地区，非斯拉夫人被称作"Inorodtsi"，即外来人。这些"异族人",受到族群歧视和压迫。列宁曾经指出广大的少数民族"受沙皇专制制度的民族压迫是空前的,因为沙皇专制制度同欧洲和亚洲的邻国比较,又是最反动最野蛮的国家制度"。1905~1907年的俄国资产阶级民主革命,在一定程度上冲击了沙俄帝国的殖民统治,唤起了各个被压迫民族的自我解放意识。特别是第一次世界大战之后,随着沙俄帝国的衰落和全世界范围内民族解放运动的兴起,民族自我意识的觉醒和资产阶级民主革命的思潮已成为俄国社会中两股巨大的力量。

另外,与其他欧洲帝国不同,沙俄帝国没有因其他地域性(大陆或海洋)的阻隔而与周边殖民地分开。相对于外高加索和中亚地区发展完好的王朝或宗教国家而言,一些周边族群差异甚远,他们是远东及西伯利亚地区的采集和狩猎族群。沙俄还使用所谓的间接统治来处理同附属人民的关系,后者在很大程度上拥有不同程度的自治和自我政府。经过数世纪的族际关系演化,地方精英、政治和宗教领袖已经与所有俄罗斯统治精英结成紧密联盟。然而,到了19世纪末期,如同奥斯曼帝国和奥匈帝国一样,民族主义运动开始在俄罗斯周边地区兴起。随着1917年2月俄国资产阶级民主革命的爆发、沙皇专制制度的崩溃,在俄国各地兴起的被压迫民族人民争取独立和解放的运动风起云涌。资产阶级民族主义者利用各民族人民要求实行民族自决和建立独立民族国家的强烈愿望,纷纷成立了资产阶级共和国。当时俄国实际上已处于四分五裂的状态。在这种形势下,布尔什维克党领导各民族的工人和劳动人民进行社会主义革命斗争。1917年2月沙俄专制政体被推翻,之后,芬兰和波兰获得政治独立。1917年11月7日通过武装革命摧毁了资产阶级临时政府的统治,建立了俄罗斯苏维埃社会主义共和国。"十月革命"武装起义在俄罗斯中央地区获胜之后,无产阶级革命浪潮迅速向俄国各边疆地区蔓延。各边疆地区的工人阶级和贫苦农民以俄罗斯中央工农兵苏维埃为榜样组织起来,推动民族解放和独立的斗争。他们在当地布尔什维克党组织领导和中央苏维埃政权的帮助下,推翻了资产阶级民族主义政权,建立本地区的苏维埃民族共和国。自1917年底至1921年,在乌克兰、白俄罗斯、立陶宛、拉脱维亚、爱沙尼亚、阿塞拜疆、亚美尼亚、格鲁吉亚等地区陆续建立了苏维埃政权,宣布成立独立的民族国家。此外,还成立了鞑靼、巴什基尔、土耳其斯坦等苏维埃自治共和国。

这种情况表明，在无产阶级革命斗争过程中，各被压迫的非俄罗斯民族人民强烈要求实现民族独立自主，使民族关系问题上升到非常重要的地位，建立单一制国家的主张已难以实现。

十月革命的胜利，俄罗斯苏维埃共和国及其他苏维埃民族共和国的成立，无产阶级革命政权的不断巩固和扩大，引起了国外帝国主义的恐惧和仇视。国外帝国主义为了把新生的无产阶级革命政权扼杀在摇篮之中，对年轻的苏维埃国家进行了武装干涉。从 1918 年夏天起，英国、法国、美国、日本等帝国主义势力对苏维埃国家发动了疯狂的武装进犯。与此同时，在国外帝国主义势力支持下，俄国国内也爆发了反对无产阶级革命政权的高尔察克、邓尼金、尤登尼奇等反革命武装叛乱，大规模的战火在俄罗斯中部和边疆地区燃起。国内外反革命势力妄图一举摧毁刚刚诞生的苏维埃社会主义国家，迫使布尔什维克党必须设法把各苏维埃共和国联合起来，粉碎国内外反动派的进攻。

布尔什维克党领导各民族工人和劳动人民经过浴血奋战，粉碎了外国帝国主义的武装侵犯，平息了国内反革命武装叛乱，保卫了无产阶级革命的胜利果实。但是，年轻的无产阶级革命政权仍然处在外国势力的包围之中，面临被国外反动势力颠覆的危险。各苏维埃共和国在反对外国武装进攻和击溃国内反革命武装叛乱的斗争中，相互之间已建立了军事、经济和外交方面的联盟关系，签订了相互合作条约。为了打破外国的封锁，尽快恢复被战争破坏的经济，进一步巩固无产阶级革命政权，恢复和发展国民经济，各苏维埃共和国也需要建立紧密的联盟关系。

在这种尖锐、复杂和严峻的国内外形势和民族关系的条件下，一方面坚持建立完全统一集中的单一制国家不仅很困难，而且一旦政策失误就会导致民族分裂和各苏维埃民族共和国的完全独立；另一方面，布尔什维克党当时急需建立反对独裁专政斗争的政治同盟。从这个意义上来说，也需要支持民族自决运动。列宁和布尔什维克党中央所面临的十分紧迫的任务是，如何尽快把各个苏维埃民族共和国联合为统一国家。因此，为了维护无产阶级和各民族劳动人民的根本利益，列宁改变了过去一贯反对建立联邦制国家的观点，转向积极倡导建立各苏维埃民族共和国联合的统一联邦制国家。1918 年 1 月，列宁起草的《被剥削劳动人民权利宣言》第一次明确肯定了联邦制国家原则，宣布俄罗斯苏维埃共和国是建立在自由民族的自由联盟基础上的各苏维埃民族共和国联邦，俄罗斯境内的所有民族都享有平等和主权，他们有权自决，包括成立独立的国家，少数民族和居住在俄罗斯境内的族群可以自由发展。同年 7 月，第五次全俄苏维埃代表大会通过了俄罗斯苏维埃联邦共和国宪法，以立法形式确定了联邦国家体制。

这一政策受到俄周边地区民族主义分子的热烈欢呼，也为新的政权赢得了它所需要的来自非俄罗斯人民的支持。在随之而来的内战期间，为了巩固政权，布尔什维克坚持无产阶级的国际主义，但在实践上，奉行族裔民族主义（Ethnic Nationalism）理论，该理论对这个庞大的多族群国家的各族人民具有很大的吸引力。

这一理论的建立具有两个前提：首先，承认具有共同的地域、共同的经济联系、共同的语言以及共同的社会心理等特征的族群构成一个民族（Nation），这些特征缺一不可。其次，一个民族可以建立自己的国家，在这个国家内，其成员被宣布是"土著民族"的代表。各类周边族群民族主义分子为了寻求自己的政治独立，也热衷于采用此理论，并把它反过来向布尔什维克讨价还价。然而，不久苏联红军在过去几乎所有的土地上重新建立起苏维埃政权——除了波罗的海国家。巩固政权以后，布尔什维克取消了民族分离权力，给非俄罗斯人独立国家身份的追求者贴以"资产阶级民族主义者"的标签，带有鲜明的负面含义。苏维埃政权决定民族自决这时就变成只适用于整个国家（State），但是，其联盟组成的基础却是民族国家原则。因此，苏维埃公民以民族（Nationality）进行划分。随着时光流逝，这一族群认同在法律意义上被确立下来，个人没有权力改变。苏维埃联盟的行政区划根据族裔民族原则而定，但这一情况带来许多现实困难，如内部边界划分，区域内（共和国、自治区）民族称谓的确定（建立"名义上的民族"和"非名义上的民族"，或称"有头衔的民族"和"没有头衔的民族"），调整新区域单元的组成和规模以适应经济发展规划的需要。

俄罗斯苏维埃联邦共和国是在崩溃的沙俄帝国的版图上建立的第一个社会主义联邦制国家，1922 年 12 月又与随后出现的乌克兰和白俄罗斯苏维埃民族共和国、南高加索联邦苏维埃共和国（1922 年 3 月至 1936 年 5 月由阿塞拜疆、亚美尼亚、格鲁吉亚三个苏维埃民族共和国组成）均作为主权国家联合组成苏维埃社会主义共和国联盟——苏联。苏联作为联邦制国家，它在 1922 年 12 月成立时是由俄罗斯联邦、南高加索联邦、乌克兰、白俄罗斯苏维埃民族共和国联合组成。此后，1924 年根据苏联政府颁布的民族划界原则，在俄罗斯联邦中亚地区又先后成立乌兹别克、哈萨克、吉尔吉斯、塔吉克、土库曼五个苏维埃民族共和国，并作为主权国家加入苏联。1936年组成南高加索联邦的阿塞拜疆、亚美尼亚、格鲁吉亚三个苏维埃民族共和国升格为主权共和国并加入苏联。

到 20 世纪 30 年代中期，大多数新的族裔民族（Ethnic Nation）单元被创造出来，虽然在以后的岁月里由于政治原因不断发生变化。正如人们所料，民族头衔（National Titulary，国家意义上的民族称谓）的新要求者在各区域兴起，导致了族裔民族单元分层制度。比较大的族群被归类为"Nations"，有权拥有自己的共和国，而那些比较小的族群被称为"Nationalities"，被赋予较低形式的民族行政地位，如自治区等。中亚和北高加索地区苏维埃政权的建立往往伴随着严厉的高压手段，导致大批人口移居国内其他地方或国外，造成俄罗斯历史上第一次一系列的族群大散居。二战爆发以前，苏联又增加了三个独立的波罗的海国家以及乌克兰和白俄罗斯西部。一直到苏联解体，这个庞大的国家共有 128 个官方认可的族群，每个族群的人口从几百人到几百万人不等，分布在 15 个加盟共和国、20 个自治共和国和 18 个自治区内。

一开始，特别是在斯大林时期，苏维埃民族政策也曾矛盾重重，理论与具体实践之间存在着巨大鸿沟。过去很长一段时间，一方面，苏联领导人对社会发展阶段存在着超前的认识，盲目地宣布建成社会主义或者进入发达社会主义，急于向共产主义过渡，从而导致对族群和民族关系发展状况的错误估计，认为苏联已经彻底解决了族群和民族关系问题，完全实现了各民族平等，形成了各民族人民新的历史性共同体——苏联人民，人为地加快了民族接近和融合的进程，轻视了族群和民族矛盾的普遍性、长期性和复杂性；而另一方面，对在苏联社会发展和经济与文化建设过程中出现的民族矛盾和问题的不满，特别是对少数民族实现民族自主的宪法权利和维护本民族的历史、语言文化传统的要求，以及对苏共民族政策的不满和对大俄罗斯沙文主义的反抗，都被视为资产阶级民族主义，被认为是国外资产阶级民族主义组织和西方资本主义敌对势力挑起的，是国际阶级斗争的反映，对此国家进行了严厉的批判和坚决打击，从而导致许多少数民族遭到镇压或在后来接连不断的整肃中被清除，受到严重伤害。与此同时，中央政府也在努力改进治理手段，扩大非俄罗斯民族的政治代表，给共和国境内的"原住民族"中的工人、干部和知识分子提供教育和培训，提高非俄罗斯民族的语言和文化。

这一时期，苏联社会主义建设也在某种程度上暗含着不同民族间的社会同化以及"新苏联人"的创造。一方面是支持国家层面民族文化表达与公务员及经济生产的本土化之间的矛盾；另一方面是民族的差异性与他们被整合进入既定体制（各种各样的共和国都被认为是社会主义内容、民族形式）之间的"融合"，这已经成为苏联不可调和的矛盾，一直持续到苏联解体。

由于意识形态和政治原因，一些族群整体被冠之以资产阶级名称，被当作苏维埃政权的敌人，受到不公正对待：哥萨克人（Cossacks）被镇压，在布尔什维克革命以后不久又被流放；① 20 世纪 20 年代早期对农村中产阶级（Kulaks 人）② 的政治屠杀；20 世纪 30 年代富裕的库班地区（Kuban）农村人口被流放。后来，在强迫集体化时期，来自不同族群的数百万人被

---

① 俄国历史上的特殊社会阶层。"哥萨克"一词源于突厥语，意为自由人。原指从中亚突厥国家逃到黑海北部从事游牧的人。后泛称15～17世纪从农奴制压迫下出逃的农民、家奴和城市贫民。他们住在人烟稀少的边远地区，靠当雇工为生。自16世纪起，哥萨克因替沙皇政府镇守边疆，被免除劳役和赋税，并获得一定的俸禄和相当数量的土地。他们拥有由经自由选举产生的统领、百人长、大尉所组成的自治机构。随着封建关系的发展，哥萨克内部出现贫富分化。17～18世纪，大批哥萨克参加了反对沙皇封建专制制度的农民起义。哥萨克最初聚居在顿河沿岸和第聂伯河下游。随着俄国疆土的扩展，哥萨克相继出现在乌拉尔、伏尔加河下游、中亚细亚、高加索、西伯利亚等地。他们以勇猛善战著称，是沙俄兵力的重要来源，18世纪成为特殊军人阶层。第一次世界大战爆发时，俄国拥有顿河军、库班军、乌拉尔军等12支哥萨克部队，人数近30万。沙皇政府用各种办法收买哥萨克的上层分子，使之成为向外进行侵略战争、对内镇压人民革命的工具。1918～1921年苏俄国内战争期间哥萨克富裕阶层参加了白卫军。苏维埃政府对哥萨克地主、富农与上层军官实行打击、镇压，同时把广大哥萨克贫农和普通士兵吸引到苏维埃政权方面来。国内战争后，作为社会阶层的哥萨克已不复存在。多数人在集体农庄劳动，分布在顿河、捷列克河和库班河流域等地。

② 在20世纪30年代的乌克兰，拥有私人土地的农民被泛称为"Kulaks"，即地主。1932年颁布的乌克兰农业集体化法令强行命令"消灭地主"（Dekulakization），没收"Kulaks"的土地。"Kulaks"本身是一个极为模糊的词语，这样意识形态化的语言所带有的模糊性，将农业征用转变成了地方官员的恐怖统治，模糊性可能沦落为邪恶治理的工具。

流放或被杀害。通过流放和大量迁移安置，有些地区实施"族群大清洗"，这一过程改变了苏联的族群分布。许多不同的族群成为这一政策的牺牲品，被称之为"被处罚的人们"：朝鲜人，库尔德人，土耳其人，波罗的人，乌克兰人，伏尔加德国人（"二战"期间曾被指控为纳粹的帮凶），以及各类高加索人。一些资料显示，1936～1956 年大约有 350 万人背井离乡。这些被特别安置的人们的生活状况特别困苦，在斯大林时期，这些被镇压的人群遭受了巨大的肉体和精神创伤。20 世纪 50 年代晚期，过去的许多限制被解除，一些流放人口得以平反，被允许重返家乡。但是，平反政策总的来说非常有限，而且，有些地区当地居民实际上对这些归来者持敌视态度。1989 年和 1991 年，最高苏维埃和俄罗斯联邦先后颁布关于给予被镇压民族平反的法令，但这些措施带来的问题比它解决的问题还要多。

实际上，苏联不仅没有很好地解决沙俄帝国遗留下来的民族关系问题，而且不断产生新的民族矛盾和问题，潜伏着民族关系危机。因此，到 20 世纪 80 年代中期至 90 年代初，戈尔巴乔夫执政时期，崇尚西方政治多元化和民主制度，推行的社会政治改革实际上是批判苏联的建立和发展历史，把苏共看成是"苏联官僚专横统治制度的服务工具"，竭力贬低苏共的领导作用，逐步削弱苏共，最终从苏联宪法上取消了苏共的执政党地位，从而在苏联形成了近似西方的多党政治和三权分立的政治制度。这为各种民族主义迅速泛起创造了基本的条件，它们迅速聚合为一股强大的政治势力，掀起广泛的民族独立自主和民族分离主义运动。

二　族群冲突的源泉：民主化和大俄罗斯民族主义

戈尔巴乔夫时期（1985～1991 年），俄罗斯民族主义崛起表面看似也包容和鼓励其他民族的民族觉醒。戈尔巴乔夫任职第一年就公布了改革日程。由于戈尔巴乔夫自上任初期就大力提倡新思维，在国内标榜"重建与开放"，掩盖了所有其他问题，尤其是考虑非俄罗斯人问题（他们占苏维埃人口的 45%）。新的共产主义领袖进行的大规模的制度改革在苏维埃历史中是空前的。戈尔巴乔夫一门心思地进行体制改革，忽略了民族主义对苏维埃制度的挑战，包括对主体民族俄罗斯人的挑战。强大的俄罗斯民族主义运动将出现，它有可能被苏共高官所领导，这场运动将在莫斯科建立一套与苏维埃政权平行的政治制度——这些可能在 20 世纪 90 年代伊始还处在萌芽时期。因此，戈尔巴乔夫的自由化政策带来的后果是出人意料的。

在接下来的 5 年中，民族主义问题开始成为苏联政治舞台的主角。1989 年 9 月苏共召开了一个关于民族政策的中央委员会全体会议，讨论苏维埃联盟通过投资各个共和国的形式担负起政治和经济责任。戈尔巴乔夫本来想再一次激起苏维埃联盟主义精神的设想破灭了，权力的任何下放都只会强化脱离中央的趋势的出现。

非俄罗斯民族的分离活动首先是从波罗的海地区立陶宛、拉脱维亚、爱沙尼亚共和国开始的。1987 年 8 月 23 日，三共和国首都同时举行大规模群众集会，反对过去苏联武力吞并三国。1988 年秋天，三共和国先后成立民族分离主义组织——人民阵线，制定了统一行动纲领。1989 年 5 月，立陶宛、爱沙尼亚通过《共和国经济独立法》；7 月拉脱维亚通过共和国主权宣言，宣布共和国法律高于苏维埃法律；8 月 23 日三共和国首都再次举行大规模群众示威活动，提出就三共和国脱离苏联举行全民公决。1990 年 3 月 11 日、3 月 30 日和 5 月 4 日，立陶宛、爱沙尼亚、拉脱维亚相继通过《共和国独立宣言》。其他共和国也出现了民族主义活动，要求扩大共和国的独立自主权。

此时，非俄罗斯民族的分离活动本应引起俄罗斯民族的警惕，为捍卫多民族国家的统一而进行斗争。然而，以叶利钦为首的所谓民主派借口复兴俄罗斯，与联盟中央争夺领导权，不仅支持其他民族共和国的独立活动，而且积极谋求俄罗斯联邦共和国的独立。大俄罗斯民族主义者认为，过去几十年俄罗斯充当"大奶牛"，其他少数民族"靠吃奶养肥了自己，而俄罗斯民族却深受其害"。他们提出的所谓振兴俄罗斯的口号，实际上就是要甩掉其他共和国，利用俄罗斯拥有的经济、科学技术的优势和丰富的自然资源，采取西方发达国家的管理方式和社会发展机制，把俄罗斯建设成为独立的富强国家，使俄罗斯人的物质文化生活水平赶上西方发达国家水平。为此，俄罗斯"民主派"主张各加盟共和国先脱离苏联，而后在完全独立和平等的基础上组成新的联合体。1990 年 5 月 29 日，叶利钦刚当选为俄罗斯联邦最高苏维埃主席后就发表声明，他将致力于实现俄罗斯联邦共和国的主权；这种主权意味着俄罗斯从下到上的独立，俄罗斯将在 100 天内收复主权，以"保卫自己不受联盟中央的支配"；"俄罗斯将在一切问题上都要独立处理，俄罗斯的法律高于联盟的法律"；"俄罗斯打算同其他 14 个加盟共和国在经济、贸易、科学、文化、民族等方面直接缔结条约"。叶利钦还要求联盟政府辞职。显然我们可以看出，叶利钦主张俄罗斯和其他加盟共和国摆脱联盟中央，成为独立主权国家。不久，6 月 12 日俄罗斯联邦最高苏维埃通过了共和国主权宣言，宣布俄罗斯联邦为主权国家，共和国宪法至高无上。俄罗斯联邦可以自愿与其他共和国结成新联盟，有权自由退出苏联；俄罗斯境内一切自然资源均归本共和国所有，有权建立俄罗斯国家银行、共和国财政、信贷和税收制度等。主权宣言实际上就是宣布俄罗斯国家独立。在俄罗斯带动下，其他 11 个加盟共和国随后也通过了各自的主权宣言，变相地宣布共和国独立。

民族主义浪潮在多数苏维埃共和国出现，动员大批公民参与，把新的领袖推上权力位置，也间或与苏维埃安全力量发生暴力事件。1991 年 1 月上旬，在立陶宛发生独立派与反对独立派之间的严重冲突。1 月 11 日，戈尔巴乔夫总统下令苏联内务部队进驻立陶宛首都维尔纽斯并占领苏共中央的立陶宛出版大楼和立陶宛边疆保卫局所在地，试图用武力制服民族独立分子，以维护国家统一。在这关键时刻，1 月 13 日叶利钦以俄罗斯联邦国家首脑身份与波罗的海地区三共和国领导人发表联合声明，强烈指责戈尔巴乔夫等苏联领导人镇压民族独立自主运动，造成流血事件；宣布俄罗斯国家主权以及波罗的海地区三国主权受到严重威胁时，它们要相互支持和援助。莫斯科、彼得格勒等城市电视台和俄罗斯报刊大肆渲染维尔纽斯的流血事件，明目张胆地为立陶宛民族分离主义者大造舆论声援。在国内和国际舆论压力下，戈尔巴乔夫放弃以武力维护国家统一和完整的努力。显然，在波罗的海地区三共和国独立过程中，俄罗斯扮演了主要支持者的角色。

1991 年 3 月至 7 月，这是维护苏联国家统一和取消联盟两者之间进行斗争的关键性时刻。为保留联盟，戈尔巴乔夫决定于 3 月 17 日举行全民公决。全苏共有 1.8 亿选民，其中 80% 的选民参加投票，投票者赞成保留苏联的占 76.4%。除立陶宛、拉脱维亚、爱沙尼亚以及亚美尼亚、格鲁吉亚、摩尔多瓦 6 个共和国政府拒绝组织公民投票外，其他 9 个共和国都组织全民公决投票。

表 5 – 1 参加公投的公民比例和赞成保留联盟的比例

单位：%

参加公投的共和国	参加投票公民的百分比	赞成保留联盟的百分比
乌克兰	83	70
白俄罗斯	83.5	83
乌兹别克斯坦	95	93.7
哈萨克斯坦	89	94
吉尔吉斯斯坦	92.9	94.5
塔吉克斯坦	94	96
土库曼斯坦	97.7	98
阿塞拜疆	75	93
俄罗斯联邦	75.3	71.3

全民公决投票结果表明，虽然苏联处在尖锐复杂的民族矛盾和冲突的形势下，但大多数公民仍然主张保留联盟国家，反对民族分裂。特别是中亚五个共和国和阿塞拜疆的公民参加投票率和赞成率明显高于俄罗斯联邦、乌克兰和白俄罗斯三个斯拉夫民族国家。在上述抵制全民公决的 6 个共和国中，尽管当局禁止公民参加投票，但仍有大批公民自行组织投票，表明赞成保留联盟国家的立场。这也表明，苏联对各民族的大多数居民仍具有凝聚力。不过，作为苏联最大加盟共和国的俄罗斯联邦，对保留联盟国家的拥护率相对来说就显得很低了，尤其是大俄罗斯民族主义活跃的莫斯科、彼得格勒等城市，拥护保留联盟国家的比例就更低了。3 月 8 日，苏联联邦委员会通过新联盟条约草案，并把它作为蓝本提交各加盟共和国最高苏维埃审议。新联盟条约草案规定，联盟中央除行使外交、国防和协调各共和国重大经济事务职能外，其他国家管理权限均归各加盟共和国独立行使。对于这样的新联盟条约草案，俄罗斯领导人带头反对，坚持共和国为独立主权国家。4 月 19 日叶利钦声称，俄罗斯需要的是小型联盟中央，需要的是作为调解者的总统，甚至可以不要苏联总统。最终，戈尔巴乔夫再次让步，修改新联盟条约，改为主权国家联盟，实际上把苏联变成了松散联邦。

7 月 12 日，苏联最高苏维埃通过了关于主权国家联盟条约的决定。7 月29 ~ 30 日，戈尔巴乔夫、叶利钦和哈萨克斯坦总统纳扎尔巴耶夫商定，8 月 20 日由俄罗斯联邦和哈萨克斯坦作为第一批国家签署新联盟条约。

令人难以预料的是，在签署新联盟条约的前一天，8 月 19 日以苏联副总统亚纳耶夫为首一批人发动政变，宣布在全苏实行紧急状态 6 个月，以反对民族分裂和维护国家统一。"8·19"事变后，叶利钦等一批"民主派"加紧瓦解苏联的活动。叶利钦等俄罗斯领导人以苏联各民族人民的"救世主"的姿态出现，攫取联盟中央领导权，取代联盟中央发号施令，宣布由俄罗斯接管和控制苏联中央各个要害部门，接管苏联军队、核武器和苏联中央各部门的财产，实际上以俄罗斯取代苏联。进而于 8 月 26 日叶利钦总统新闻秘书处发表了关于"一旦联盟停止存在，俄罗斯联邦保留提出修改边界的权力"的声明，这一赤裸裸的以领土相要挟的大俄罗斯沙文主义行径，更加激起其他共和国的反对，从而加快了自身的独立步伐。不久，在莫斯科挂起了沙俄帝国时期的白蓝红三色旗，显然叶利钦等人竭力主张恢复沙俄帝国传统。

1991 年 12 月 8 日，由俄罗斯带头与乌克兰、白俄罗斯总统签订关于《建立独立国家联合体的协议》，宣布苏联作为国际法主体和地缘政治实体将停止存在。三国签订建立独联体协议迫使戈尔巴乔夫 12 月 25 日宣布辞去苏联总统职务，宣布苏联正式解体。上述情况表明，在苏联发生剧变和解体的过程中，大俄罗斯民族主义者不是站在维护统一联盟国家的立场上，而是打着复兴俄罗斯的旗帜，积极策划俄罗斯独立和分裂统一联盟国家，在瓦解苏联方面扮演了主要角色。

三　认同的冲突

苏维埃政权建立几十年里，它付诸许多努力，并消耗了相当多的资源，以实现官方所谓的"民族问题的完全解决方案"。即使在它对非俄罗斯民族的中央控制极其严密，就像铁板一块的时候，苏维埃政权对各共和国和人口较少的原住族群中的教育发展仍然给予很大的鼓励（例如为 57 个族群出版了教科书），鼓励文化活动，建立和支持民族文化机构。本土化的结果是，苏维埃主要的民族发展了自己的知识分子、企业家和具有影响力的政党官僚。20 世纪 60 年代以后，由于教育领域以及城市化进程中的配额和优惠措施，存在于大部分族群社会结构中的差距几乎被消除。事实上，在各个非俄罗斯共和国，教育程度和拥有大学学历的人口比例以及科研水平比国家整体水平提高得还要快，这也意味着增长率也高于主体族群俄罗斯。

在那几十年里，非斯拉夫族的人口增长也在相当程度上高于俄罗斯、乌克兰、波罗的海民族。另外，从 20 世纪 70 年代开始，俄罗斯人不断从中亚地区和泛高加索地区向外移民，他们在波罗的海国家、乌克兰、白俄罗斯以及哈萨克斯坦的人口数量不断增加。因此，在中亚地区和泛高加索地区，地方"有头衔的民族"（Titular Nationalities）期望获得对权力机构及资源分配的持续控制，而在波罗的海国家、乌克兰、白俄罗斯以及哈萨克斯坦由于人口平衡的改变，"有头衔的民族"害怕失去对自己共和国的控制，甚至在很大程度上接受了俄罗斯文化的涵化。

20 世纪 80 年代，戈尔巴乔夫的民主改革削弱了政治中央的权力，当主体意识形态本身受到来自控制它的人们的挑战时，苏联的民族政策便开始被它的主要受益者——民族精英所破坏。作为群体团结基础的族群以及作为政治理论的族裔民族主义，有效地挑战了戈尔巴乔夫新的多族群的后社会主义苏维埃联盟的构想。可以说，这是关于族群问题（Nationality Question）的一个"民族答案"（National Answer）。作为那个时代的政治变迁的象征事实是：1989 年人民代表大会期间，最高苏维埃联盟主席戈尔巴乔夫不得不发誓他效忠的不是他过去一直坚持的"人民"（People），而是苏维埃联盟的"各民族"（Peoples）。这个小小的"s"标志着这个国家正在发生着深刻的历史变化。

戈尔巴乔夫的政治自由化和行政管理去中央化的政策首先遭到来自波罗的海各共和国的挑战，那里民族主义运动公开支持分离，认为 1940 年斯大林把它们合并进联盟不具有合法性。不久，格鲁吉亚、阿塞拜疆、乌克兰及摩尔多瓦也紧随其后，出现了类似的运动。尽管中央与地方之间的冲突多数具有垂直的和政治的特性，但也零星伴随着一些族际暴力和族群冲突，程度比较低，主要发生在几个共和国内非俄罗斯的"有头衔的民族"与当地少数族群之间（例如，乌兹别克斯坦的 Meshketian 突厥人，阿塞拜疆的亚美尼亚人，摩尔多瓦的嘎嘎乌兹人、乌克兰人及俄罗斯人，吉尔吉斯斯坦的乌兹别克人等）。从斯大林时代，被驱逐的族群的领袖人物和活动家（例如克里米亚鞑靼人，伏尔加德国人及其他人）就开始计划恢复或建立他们自己的国家地位。为了把自己的地位提高到加盟共和国的高度，避免成为所有联盟中央和共和国中央的双重附属，自治共和国的领袖们也开展了各种运动。

改革期间的民族政策失败了，而且戈尔巴乔夫的政敌利用它，把它当作废除苏维埃联盟的主要论据之一。惊人的剧变可以被看作是那些和平脱离苏维埃联盟的领袖们的（主要是非俄罗斯族群）一个伟大的胜利，然而具有讽刺意义的是，苏维埃联盟的分裂实际上是由俄罗斯联邦发动的。通过接管政府的所有主要职能，控制过去由苏维埃政府拥有的资源，俄罗斯人民代表大会在叶利钦的领导下，1990 年 6 月宣布成立新的政权，1990 年 10 月剥夺了中央苏维埃政府的存在。因而，正是俄罗斯，而非其他共和国，成为否定苏维埃联盟的主角。但是，这个过程的理论基础依赖于早期马列主义民族政策的意识形态基础：民族自决原则，包括民族分离。

确切地说，由于族群区域与行政区域原则之间长期存在矛盾，族群冲突在苏联解体以后崛起的一些独立国家中也还是不乏存在的，包括独联体内部（例如车臣问题）。这些冲突为什么会发生以及是如何发生的？一种回答是：这与族群和民族认同构建的方式有着密切的关系。关于此问题，我们将以中亚为例进行说明。

中亚国家（哈萨克斯坦、乌兹别克斯坦、吉尔吉斯斯坦、塔吉克斯坦、土库曼斯坦）获得独立以后，正在寻找新的模式和民族发展的社会政治基础，在新的地缘政治空间寻找属于自己的位置。由于苏维埃联盟的解体是在族群民族主义（Ethnic Nationalism）理论口号下发生的，因此，以"有头衔的"族裔民族为代表（包括哈萨克、乌兹别克、吉尔吉斯、土库曼和塔吉克）在原加盟共和国的疆域内宣布所谓的民族国家（National States），这是非常自然的事情。这些族群是苏维埃时期主要的社会文化结构，在剧变前的 70 年里，它们经历了极其强化的民族建构过程。这一过程伴随着这样一些基本变化：经济现代化，全球教育的推广，以及在新的强大的社会阶层、行政管理和具有创新能力的科技人员基础上建立著名的民族国家机构，等等。正是这些苏维埃民族政策的"成功"，而不仅仅是苏维埃政权的中央

193

集权化和以俄语为中心的意识形态及文化的控制，使中亚地区对民族自决的坚定信仰成为可能。然而，这个过程也带来一个很大的问题，即每一个新兴国家中那些"没有头衔民族"的身份、地位和命运问题。这个问题是新的后苏维埃国家在各自国家形成过程中必须解决的，他们占人口的30%～50%，其中大多数是斯拉夫人，主要是俄罗斯人，他们在新独立国家中如何确定新的认同，这是一个很大的问题。

这些俄罗斯人在苏维埃时期移民到这里，是这些地区工业化和城市化的最早和主要参与者。以后，来自俄罗斯和乌克兰被流放的农民以及在20世纪50年代实施"处女地计划"（The Virgin Lands Scheme）时诞生的农场主加入他们的行列。总人口中俄罗斯人口比例的上升，到20世纪70年代才停止，这部分地是由于移民许可的减少，但主要原因是当地民族的高出生率。族群差异大体与社会经济和职业的不同相符合。改革以前，俄罗斯人一般拥有较高的社会地位和较高收入的工作，但后来俄罗斯人的状况出现恶化。现在，他们面临的最为急迫的问题就是如何在变化的经济与社会文化环境中重新找到自己的位置。例如在吉尔吉斯斯坦，俄罗斯人感觉到在私有化过程中，他们与吉尔吉斯人相比，获得成功的机会很少。另外，在新建立国家内民族语言不流利这个意义上，俄罗斯人获得的职业机会变得有限。

在苏联，几十年里俄罗斯人占据着所有主要的社会文化领域，享受着优越的民族地位。通过教育体系、大众传媒、政党和政府结构，特别是通过培养管理和知识精英制度以及兵役制度，俄罗斯语言和文化从中央传输到地方，成为所有文化的参照元素。在这些条件下，居住在加盟共和国的俄罗斯人自然没有动力迫使自己去学习各共和国"有头衔民族"的语言，因而未能融入非俄罗斯族群文化环境中去。各个层次的教育都是用俄语，媒体与文化活动也主要是用俄语，俄语还是办公与社会服务语言。因此，在今天的中亚，俄罗斯人基本上保留了他们自己的文化构架，虽然他们中的一多半已经是第二代移民。

在所有苏联共和国里，虽然族际接触比较密切，语言俄语化程度比较高，但在这些地区俄罗斯人与当地民族（"有头衔的民族"）之间仍然保存着相互之间的文化差别，彼此之间根据社会位置和日常结交的圈子划分开来。俄罗斯人在日常生活、礼仪和行为中保留了自己的传统文化，尤其在农村地区表现明显。俄罗斯人大多数的民间传统和仪式在其社区内被严格履行，而他们的穆斯林邻居甚至都没有注意到这些。苏联解体以后，俄罗斯人的族群意识越来越强烈，并且由于政府无视他们对民族的、文化的和宗教的需求，也由于公共领域伊斯兰化和传统主义思潮的日益增长，他们对自己的社会前途普遍感到担忧。在语言方面，活跃的主权表示已经成为"有头衔民族"宣称自己政治和社会文化主体地位的重要工具，而对于当地的俄罗斯人来说，这已经被证明是一个特别敏感的问题。在乌兹别克斯坦和吉尔吉斯斯坦，俄罗斯人正担心新法律将确立乌兹别克语和吉尔吉斯语为各自国家的国语。

苏联解体以后的几年里，中亚族际关系的恶化主要是由"有头衔民族"的代表中族裔民族主义的高涨以及派系之间和区际之间的争论引起的。这些争论在一系列族群冲突中，甚至灾难性的内战中达到高潮。早期被放逐的少数族群以及生活在自己民族共和国以外的族群成为这次暴力的主要牺牲品。尽管暴力通常不是针对俄罗斯人，但是当今社会情绪的特点之一就是对过去的不公正和"中央所犯下的错误"的谴责，现在则指向俄罗斯人。为了团结和巩固"本土民族"（Indigenous Nations），政治家和族群活动家经常煽动并利用反俄罗斯情绪。

与此同时，饱受当代经济危机影响的俄罗斯人感到，他们正在被排挤出有声望的工作以及被迫离开他们居住的共和国。由于各共和国颁布了有关语言和公民身份的法律，俄罗斯族学生用自己的母语接受教育的机会减少，反俄罗斯民族主义的言论以及影响俄罗斯人日常事务的地方本土主义（Local Radicals）和原教旨主义（Fundamentalists）的行动在俄罗斯人中激起了痛苦的心理反应。

中亚地区俄罗斯人社区的情况孕育着冲突。尽管他们认为自己在中亚各族人民的生活中总是扮演着进步的角色，但总的来说，当地人民并不持有相同的看法，当地人民对俄罗斯人的角色评估更具有负面性。① 许多俄罗

---

① 根据 Valery Tishkov 在吉尔吉斯斯坦的调查资料。参考 Tishkov, Valery, *Ethnicity, Nationalism and Conflict in and after the Soviet Union: The Mind Aflame* (Sage Publications Ltd., 1997)。

斯人感觉到他们的民族自豪感被冒犯了，而他们对此并没有丝毫的防备。虽然当地俄罗斯人对导致苏联解体的协议以及独联体（CIS）的建立通常并不感到愉快，可他们希望俄罗斯在政治、经济及法律领域能保护他们的利益。俄罗斯领袖们已经表现出他们对"新海外"俄罗斯人命运的关注。独联体国家的成员身份可以被看作是一种对散居俄罗斯人的保证。

综上所述，我们可以认为，前中亚各共和国俄罗斯人新的社会文化和政治身份已经使相当数量的俄罗斯人接受了族群政治地位（Ethno – Political Position），而且这种政治地位将随着他们生活其中的共和国领袖们的立场以及人口比例较大的"有头衔民族"的立场而变化。从各种迹象判断，生活在新独立国家中的俄罗斯人中的绝大多数没有为此做好准备，同时也不愿意接受少数族群的身份。这些国家的领袖们清楚地意识到大批俄罗斯人外迁将威胁他们的经济规划，因此，他们现在已经采取了一系列措施缓和俄罗斯人的恐惧，确保他们的安全并设置障碍阻止俄罗斯人外移。虽然在一些新独立的国家中，俄罗斯人已经成立了自己的民族组织，或为了组织民主和公民团体加入了当地国籍，但总的来说，中亚俄罗斯人普遍存在政治惰性，这大概是因为自己对在这一地区继续生存的前景感到绝望。值得关注的是，俄罗斯人移民的愿望在各共和国较为普遍，实际上，俄罗斯移民在这些年亦是不断上升。

四　苏维埃解体后俄罗斯内部的民族主义动员

Walter Lagueur 描述了苏联解体对俄罗斯人的心理影响：由于中央的衰弱，三百年历史的俄罗斯一蹶不振。[1] 毫无疑问，在他看来苏维埃的消失使俄罗斯失去对许多地区的控制，这将最终给俄罗斯社会带来影响：苏维埃联盟解体必将开始俄罗斯民族主义的重塑过程和俄罗斯政策的重塑过程。这种影响可以和 1919 年的《凡尔赛条约》对战后德国的影响以及 20 世纪 50 年代和 20 世纪 60 年代法国失去北非相媲美。[2]

俄罗斯自身从苏联独立是否足以补偿失去的帝国身份，这还是一个未

---

[1]　Lagueur, *Black Hundred*, p. x.

[2]　Lagueur, *Black Hundred*, p. 276.

知的问题。俄罗斯的独立是叶利钦的机智领导以及广泛的政治动员的综合产物。但是更为深刻的和长期的因素是来自下面的压力，它与来自上面的机会主义共同成为独立的催化剂。

反应性族群理论可以解释俄罗斯民族主义动员的发生。它指向主体文化群体成员对周边地区和亚民族地区的渗透。"劳动的文化划分"导致族裔性的强烈抵制。在苏维埃联盟中俄罗斯人明显地成为主导民族，其他民族对此表示不满。另外，我们应该关注众多俄罗斯人自己的共同感受：这是他们自己的国家却遭受其他民族的渗透——他们来自苏维埃穆斯林共和国、高加索各个民族，以及远东的土著民族。俄罗斯人认为有太多的非俄罗斯人生活在俄罗斯人占主体的国家中。因此，在莫斯科、彼得格勒，首先是在俄罗斯人的一级行政设置城镇而不是在非俄罗斯人的地区觉察到反应性族群性。

另外，历史上被认为是俄罗斯人的土地，诸如克里米亚（实际上大部分属于乌克兰）、哈萨克斯坦北部、大部分的高加索，也被俄罗斯民族主义者视为被其他民族渗透或者偷走。在阿拉木图（哈萨克斯坦）、基辅（乌克兰）、基希讷乌（摩尔多瓦）、辛菲罗波尔（克里米亚）、喀山（鞑靼斯坦）等城市的街道上，俄罗斯人曾经发起抗议有名份的民族的活动。1991年2500万散居在俄罗斯之外的俄罗斯人感觉在传统的俄罗斯人的土地上他们已经成为低等地位的人民。这种反应性民族性甚至出现在主体民族的国家中，因为他们感觉正在失去主体地位。

族裔竞争的观点也可以解释俄罗斯族裔动员。在竞争的条件下，一旦出现各个族群（主体族群和附属族群）被迫竞争同一报酬和资源的局面，族裔政治动员就被点燃。① 在组成苏联的各个共和国中，只有乌克兰有能力挑战俄罗斯的主体地位，但是对中央分配的资源的竞争不仅被看成是一种关系而且还不受约束。当俄罗斯人感觉到小国或者落后国家正在接受超出

---

① Charles Ragin, The Comparative method（Berkeley：University of California Press, 1987），p. 136. 族裔竞争分析模式还包括 Michael Hannan, "The Dynamics of Ethnic Boundaries in Modern States", Hannan and John Meyer, eds., *National Development and the World System*（Chicago：University of Chicago Press, 1979），pp. 153 – 277；Francois Nielsen, "Towards a Theory of Ethnic Solidarity in Modern Societies", *American Sociology Review*, 50, 1985, pp. 133 – 149. Charles Tilly 在其著作 *From Mobilization to Revolution*（Reading, MA：Addison – Wesley, 1978）中表达了资源动员观。

他们公平分配的资源份额时，不平等的问题被俄罗斯民族主义者提出来。俄罗斯民族主义者就把这种不公平想象成是众多非俄罗斯人的掠夺行为。"为什么爱沙尼亚人、立陶宛人、亚美尼亚人和格鲁吉亚人拥有比我们高的生活标准？"这是一个频繁出现在他们脑海里的问题：谁占了谁的便宜？许多俄罗斯人开始相信由于资源的减少，他们被迫同那些不值得自己付出的小民族竞争。有学者把苏维埃经济停滞的原因归咎于平权行动计划，该计划引发基于区域和族裔的犯罪网络的出现，官方经济为此付出沉重代价。①在俄罗斯境内，对不平等竞争的感知有利于点燃民族主义的烈焰，但是它也导致来自许多非俄罗斯民族的族裔反动员。

James Rosenau 认为多数社会日益用效绩标准（Performance Criteria）来衡量他们的政府。他相信这种事情越多，爱国主义和民族主义就会越来越衰退，主权的主张在频度和强度上将下降，因为作为国家行为的标准，充足的证据和恰当的表现日益变得重要。②遗憾的是，没有迹象表明效绩标准已经起到维护俄罗斯及其摇曳的邻国之稳定的政治局面的作用。事实上，如果表现比较差，采用效绩标准就会激化狭隘的或者民族主义的情感。安全专家 Jack Snyder 提醒大家：

> 一些后苏维埃国家未能提供经济安全也可能激励民族主义反应。这一点在俄罗斯尤其危险，在那里，经济民族主义者在政治上与号召向同族群的人提供强有力保护的民族主义者结为同盟，因为他们的安全被认为在邻国处于风险之中。因此，经济的衰退涌入办公室改变的可能不仅是俄罗斯的经济政策，而且还有外交的和军事的政策。③

五　俄罗斯民族主义的复兴

冷战结束后，苏联时期长期被压抑、掩盖的民族情绪和民族矛盾凸显，

①　Kurt Nesby Hansen, "Continuity within Soviet Nationality policy：Prospects for Change in the Post‐Soviet Era", in Miron Rezun, ed., *Nationalism and the Breakup of an Empire：Russia and its Periphery* (Westport, CT：Praeger, 1992), p.15.

②　James N. Rosenau, *Turbulence in World Politics* (Princeton, NJ：Princeton University Press, 1990), pp.435–436.

③　Jack Snyder, "Nationalism and the Crisis of the Post‐Soviet State", in Michael E. Brown, ed., *Ethnic Conflict and International Security* (Princeton, NJ：Princeton University Press, 1993), pp.95–96.

并由此引发了以民族分离为主要特征的第三次世界民族主义浪潮。面对苏联"帝国"的分崩离析和国内动荡的社会局势，处于式微状态的俄罗斯民族主义开始强劲反弹，尽管其与民族分离主义有着本质上的区别，但它却是历史上大俄罗斯民族主义在新的历史条件下的再度复活和滋长，其主要特征是鼓吹俄罗斯民族至上、排斥其他民族。俄罗斯民意调查显示，1996～2005 年，赞成"俄罗斯应成为俄罗斯人的国家"的人由 11.3% 增至 53%（1996 年初，64.9% 的人认为"俄罗斯是不同民族的共同家园"）；赞成"俄罗斯人应在多民族的俄罗斯拥有更多的权利"的人由 13.8% 增至 43%。另据俄罗斯尤里·列瓦达分析中心 2005 年 11 月 14 日公布的民意调查报告，有 59% 的俄罗斯人要求限制外来移民，46% 的人主张限制中国移民；"俄罗斯人的排外情绪存在于各个年龄层，与政治信仰无关，民族主义情绪如今几乎已经成为普遍现象"，"俄罗斯人的俄罗斯"这一口号在俄罗斯越来越受欢迎。美国《新闻周刊》2006 年 11 月 6 日的评论说："随着俄罗斯沉迷于石油财富和新获得的自信，这个国家重新出现民族自豪感。""新民族主义正进入主流"，其突出表现是"反非法移民运动"和"外形与斯拉夫人不同的人越来越频繁地受到警察的盘查"，2005 年仅莫斯科就有 30 万人"因违反移民规定被罚款"，2006 年这个数字还要"高好多倍"。①

　　在俄罗斯独立之初各种政治力量的较量中，一股极右势力积极利用俄罗斯民族主义，与其他政治力量争夺"俄罗斯人民保护者"的身份和争取保障俄罗斯人在俄罗斯的应有地位，并为此在组织上成立了持极端民族主义立场的极右翼政党，从而为极端民族主义在思想奠定了组织上的基础。持极端民族主义立场的极右翼政党主要有：

　　"俄罗斯自由民主党"成立于 1989 年 12 月，是苏联实行多党制后成立的第一个政党。俄罗斯自由民主党对内主张集权，建立单一制国家，对重要部门实行国家垄断，对外主张在苏联时期领土内恢复俄罗斯帝国版图，并提出国界"只能外推，不能内缩"；主张加强同东欧的联系，以建立斯拉夫国家联盟，"9·11"事件后，又主张与西方结盟。党魁弗拉基米尔·日里诺夫斯基还经常发表轰动性言论，以吸引民众注意。例如他主张直接用

---

① 赵龙庚：《俄罗斯极端民族主义思潮与"光头党"现象》，《世界民族》2008 年第 6 期。

核武器攻击任何国家。西方国家称其党是俄罗斯的纳粹。

"右翼力量联盟"成立于2001年，是俄罗斯的另一个奉行自由主义路线的政党。右翼力量联盟成立的最初构架是以俄罗斯前总理盖达尔组织的"俄罗斯民主选择"为主体，联合了数个右翼的社会团体组成的右派政治力量。当时的右翼力量联盟，积极参与了杜马的立法工作，在俄罗斯政坛上有着不小的影响。但在2003年的第四届国家杜马选举中，右翼力量联盟惨遭失败，未能进入议会。自此，在自由主义日落下风的普京时代，右翼力量联盟始现颓相。2008年10月，为了竞选总统，曾经在俄罗斯政坛上小有作为的右翼力量联盟通过决议草案，宣布该党自行解散，并建立一个委员会，负责筹建新的党派。这个新党派的班底还是原来的右翼力量联盟。

"统一俄罗斯党"成立于2001年，由"统一党"（原译团结党）、"祖国运动"和"全俄罗斯运动"三大政治组织合并而成，成立全俄罗斯"统一和祖国"党，简称"统一俄罗斯"党。它以亚历山大·巴尔卡绍夫为首，是俄罗斯最大的极端主义组织。该党的主要目标是团结俄公民，确立俄罗斯民族在俄罗斯国家中的统治地位，实现社会的自由、法制、公正与和谐。因曾经支持普京总统和政府的方针政策，该党又被当地舆论称为政权党。一些持民族主义立场的企业家对其予以资助。"俄罗斯民族统一党"把德国法西斯党的党徽略加变形后作为该党的标志，主张对"非俄罗斯人"采取暴力手段，把反犹太主义作为自己的意识形态。

"俄罗斯人民民族党"以亚历山大·伊凡诺夫为首，持极端民族主义立场，主张对"非俄罗斯人"采取暴力手段，也把反犹主义作为自己的意识形态。另外，还有带有黑社会性质的极端民族主义团体，例如，"光头党"，20世纪90年代以来在莫斯科、圣彼得堡等地活动十分猖獗。"光头党"并不是一个严格意义上的政党，也没有全国统一的组织，而是带有黑社会性质的各自为战的极端民族主义团体，其成员多半是十几岁到二十多岁的年轻人。他们鼓吹用极端手段建立纯粹的俄罗斯民族社会，崇拜希特勒，拥护法西斯主义，反对犹太人，甚至要求赶走一切外国人。俄罗斯"光头党"频频制造种族主义袭击事件。综合各种报道，2004～2005年，种族主义袭击造成500多人受伤，至少54人丧生；2006年上半年，受"光头党"袭击的受害者人数为231人，死亡20人；2007年上半年，受害者人数为280人，死亡 34 人；2008 年头三个月，俄罗斯发生 86 起受排外思想驱使而袭击异族的案件，造成 49 人死亡，79 人受伤，比上年同期增长一倍。据统计，2007 年俄罗斯约有 7 万名新纳粹分子。[①]

另外，以尼古拉·李森科为首的"民族共和党"鼓吹"俄罗斯民族爱国主义"。值得注意的是，近年来，极端俄罗斯民族主义有了恶性发展，一些极端民族主义政党和组织从宣传激进思想到公然建立武装组织。俄罗斯《新消息报》2005 年 10 月 7 日报道称，2005 年 2 月由退役将军伊瓦绍夫领导的"军事强国联盟和反对非法移民运动"宣布建立"民兵"。该组织的中央委员会在决议中声称，将建立以 5 人为单位的秘密活动小组网络，该组织的网站还就武器和阅读哪些关于游击战的书籍向其成员提出建议。"斯拉夫联盟"领导人捷穆什金呼吁自己的支持者弄到允许个人收藏的武器。"褐色时光"组织（2004 年 12 月成立）宣布自己的目标是"发动武装起义"。2005 年 6 月，"俄罗斯全民族联盟"举办了"爱国主义夏令营"，向其成员教授徒手格斗和在极端条件下生存的方法。"俄罗斯民族团结运动"也散发传单，呼吁其成员设法搞到武器，其活跃分子还涉嫌参与了一些恐怖活动。[②]

我们的统计可能并不完整，但这些足以反映苏联解体以后俄罗斯民族主义的觉醒和复兴，其中充斥着大俄罗斯主义和沙文主义，与列宁所倡导的国际主义目标相去甚远。总体上而言，尽管俄罗斯极端民族主义思潮的蔓延在短期内难以被遏制，但俄罗斯并不存在法西斯兴风作浪的政治大环境。

六　俄罗斯联邦境内的新少数民族

苏联解体以后，俄罗斯境内的少数民族极力想摆脱莫斯科的控制。雅库特和北高加索是第一个站出来表达自己对克里姆林宫统治不满的民族。有 500 多万鞑靼人分散在俄境内，他们是最大的少数民族群体，他们也变得蠢蠢欲动。与从前一样，俄联邦中央似乎与他们相距甚远。1990～1991 年诸多这类国家都宣布了国家主权。这些"主权游戏"意在强化地方统治者的地位，加强他们在俄境内的共和国身份。这些共和国的领袖们也认为未

① 赵龙庚：《俄罗斯极端民族主义思潮与"光头党"现象》，《世界民族》2008 年第 6 期。
② 赵龙庚：《俄罗斯极端民族主义思潮与"光头党"现象》，《世界民族》2008 年第 6 期。

来他们将以成员的身份被允许加入独联体。极少有案例表明主权宣布就是为了吸引国际听众。只有鞑靼人出于吸引伊斯兰世界的想法，标榜自己是最北边的伊斯兰国家。因此，主权辞令大体来说都是工具性的，只有车臣真正地玩了一把主权游戏。

根据 2002 年人口普查，俄罗斯联邦由 160 个民族和土著人组成，其中俄罗斯人占总人口的近 80%。

俄罗斯联邦由 32 个民族自治实体和 57 个地方自治实体组成。多年以来，俄罗斯联邦共和国一直保持着以民族为特征的自治实体：21 个民族共和国、1 个民族自治州、10 个民族自治区。总体来看，只有 32 个少数民族拥有自己的民族自治实体（占 63.72%）。这意味着还有 36.28% 的少数民族没有自己的民族自治实体，生活在俄罗斯联邦境内其他州、边疆区、直辖市和民族自治实体中。另外，由于历史原因和出于特殊考虑，诸如在俄罗斯联邦的乌克兰人、白俄罗斯人、哈萨克人、亚美尼亚人、日耳曼人等较大民族共同体也不能成立自己的民族自治实体。

表 5-2　俄罗斯人口 100 万以上的民族

单位：百万，%

民　族	人　口	占总人口比例
俄罗斯人	116.90	79.83
鞑　靼　人	5.55	3.83
乌克兰人	2.94	2.03
巴什基尔人	1.67	1.15
楚瓦什人	1.64	1.13
车　臣　人	1.36	0.94
亚美尼亚人	1.13	0.78

资料来源：http://demoscope.ru/weekly/ssp/rus_nac_02.php，http://perepis2002.ru/index.html?id=17。

还有一点要提及的是，在俄罗斯联邦的 89 个联邦主体中都有较多的俄罗斯人居住，而且有的俄罗斯人口比例较高，超过一半以上，即使是这样，俄罗斯人也不能建立自己的民族共和国和民族自治实体。例如，在 10 个民族自治区中俄罗斯人占 40%~80%，在犹太自治州中俄罗斯人占 41%，在

21 个民族共和国中俄罗斯人分别占 9% ~ 70%。在俄罗斯联邦中的各个民族共和国、民族自治州和自治区中除个别外，它们的经济和文化发展水平均比较落后，远远赶不上俄罗斯人集中居住的州和边疆区经济和文化发展水平。

在苏联解体过程中迅速泛起的民族独立和分离运动，并没有因 1990 年 6 月 12 日俄罗斯联邦发布《共和国主权宣言》宣告独立而有所减弱，而是在俄罗斯继续发展和扩大。许多少数民族自治实体利用苏联宪法和俄罗斯联邦宪法赋予的民族自决权，仿效俄罗斯主权宣言陆续发布自己的主权宣言，试图摆脱俄罗斯中央政府的控制和扩大民族独立自主权，俄罗斯联邦境内原有的 16 个民族自治共和国均自行通过立法升格为主权共和国，甚至有些共和国竭力谋求国家独立。例如，1990 年 8 月 30 日鞑靼斯坦共和国率先发布《共和国主权宣言》，1991 年 4 月 18 日又修改《共和国基本法》以巩固主权地位。1992 年 3 月 21 日就鞑靼斯坦的地位问题举行全民公决，同年 11 月 6 日鞑靼斯坦议会通过共和国宪法，宣布鞑靼斯坦为主权国家。车臣共和国与鞑靼斯坦一样在竭力谋求民族独立。1990 年 5 月苏联军队的少将杜达耶夫从波罗的海地区复员回到家乡车臣。在他的鼓动和策划下，1990 年 11 月车臣—印古什共和国最高苏维埃通过了《共和国主权宣言》。1991 年 9 月 6 日，杜达耶夫领导民族主义组织，推翻当地苏维埃政权，成立了车臣临时政权最高委员会，10 月 27 日举行总统选举，杜达耶夫当选为车臣共和国总统，11 月 9 日杜达耶夫宣布车臣为独立的主权共和国。

与此同时，在俄罗斯 1990 年 6 月 12 日发布主权宣言之后，卡累利阿，雅库特、科米、巴什基尔（现改为巴什科尔托斯坦共和国）、图瓦、卡尔梅克、楚瓦什等共和国相继发布《共和国主权宣言》。雅库特共和国（现改为萨哈共和国）主权宣言提出，该共和国作为主权国家加入俄罗斯联邦，共和国领导人宣布与俄罗斯签订国家间条约，用邦联关系代替联邦；共和国议会还通过一些决议，宣布中止俄联邦法律在其境内的法律效力。雅库特、巴什科尔托斯坦、布里亚特、图瓦等十几个共和国通过了与俄联邦宪法相悖的本共和国宪法草案，提出扩大独立自主权。

在这种形势下，为缓和民族矛盾，防止重蹈苏联解体的覆辙，俄罗斯联邦议会于 1992 年 1 月通过一项决议，允许俄罗斯境内 16 个民族自治共和国和 5 个民族自治州中的 4 个自治州升格为共和国。但这项措施并没有遏制住民族分离主义增长的势头。此后，萨哈共和国宪法草案宣布本共和国宪法在其境内具有至高无上的地位，高于俄罗斯联邦宪法的效力。巴什科尔托斯坦共和国宪法草案确定只有巴什科尔托斯坦的主体民族才享有自决权，保留自由退出俄罗斯联邦的权利。科米、卡累利阿等共和国也通过立法，要求扩大独立自主权，独立管理经济、控制和支配本共和国石油等自然资源。甚至在北高加索地区的原卡拉恰伊—切尔克斯民族自治州，这个由穆斯林占主导地位的不足 14000 平方公里的地方，在不到两年之内竟然先后成立了卡拉恰伊、切尔克斯、阿布哈兹、巴塔拉西尼、热连邱克—乌斯平斯克等 5 个主权共和国。西伯利亚北部的原亚马尔—涅涅茨族民族自治区于 1992 年 1 月也宣布成立主权共和国，并组成了共和国两院制议会。

还有过去在苏联卫国战争期间遭受迫害的弱小民族，即克里米亚鞑靼人、麦斯赫特土耳其人、日耳曼人在民族独立自主运动的影响下，也多次组织集会，发表声明要求重返家园，恢复民族自治实体。连生活在俄罗斯南部地区的哥萨克人也要求在政治上为他们平反，恢复昔日的传统和哥萨克人组织，承认他们是一个民族阶层的人的共同体，是一个单独民族。为此，在北高加索地区掀起了哥萨克人运动。

苏联解体后，俄罗斯联邦境内各民族自治实体与俄联邦中央开展一场争夺主权的持久战，直到现在这场斗争并没有停息下来。在某种意义上，俄罗斯民族主义与其他民族（波罗的海人、乌克兰人、亚美尼亚人）的民族主义不同寻常的联盟最终埋下 1991 年苏维埃解体的种子，引发了戏称为"套娃式民族主义"现象的出现：20 世纪 90 年代俄罗斯各个民族的民族主义的复兴，就像俄罗斯套娃一样，一个接着一个从内部产生。最为明显的例子就是车臣争取自己从俄罗斯独立的斗争。

七 俄罗斯联邦与车臣分离主义

车臣位于高加索山脉北侧，居民以穆斯林为主，信奉伊斯兰教。车臣人素以骁勇善战著称，民族意识极强。自 15 世纪奥斯曼帝国入侵开始，车臣人在高加索山区不断抵抗外来入侵。虽自从投向穆斯林的阵营，便缓和了与奥斯曼帝国的紧张关系，但却与信奉东正教的格鲁吉亚人及哥萨克人及信奉佛教的卡尔梅克人之间的冲突不断升级。车臣在 1895 年被沙俄征服，之后一直都属于俄国。1922 年 11 月成立车臣自治州。1934 年 1 月与其西邻印古什合并，1936 年 12 月 5 日改成车臣—印古什自治共和国。1944 年苏联政府以车臣人同德国侵略者合作为由，把车臣人强行迁出家园。当时有 38.7 万车臣人和 9.1 万印古什人被驱逐到哈萨克斯坦、中亚和西伯利亚。直到 1957 年 1 月 9 日，苏联最高苏维埃才决定恢复车臣—印古什自治共和国的建制，归俄罗斯联邦管辖。

然而，车臣向来信奉伊斯兰教，与信奉东正教的俄罗斯不论在种族或文化上都有很大的不同，再加上其的受迫害历史，因此，之后车臣闹独立的人士层出不穷。1989 年后，苏联局势急剧动荡，民族分离势力在车臣、印古什和北奥塞梯等高加索地区严重膨胀，车臣和北奥塞梯等自治共和国均有流血冲突发生。自从苏联解体以后，俄罗斯联邦的不少成员，特别是外高加索地区的共和国，都希望像邻近的亚美尼亚或格鲁吉亚一样享有独立的地位。加上过去在苏联年代里，一直受到压迫，车臣人争取民族解放、要求民族独立和反俄罗斯的心态强烈。

1991 年 11 月由总统焦哈尔·杜达耶夫宣布脱离俄罗斯独立，并很快组织了车臣国民卫队。从此，车臣既不签署 1992 年的俄联邦条约，也不参加 1993 年的俄议会选举（鞑靼斯坦和车臣两个拒绝签署俄罗斯联邦条约的共和国），在"独立"的道路上越走越远。但是当时由叶利钦主政的俄罗斯政府并没有接受。1992 年，车臣—印古什自治共和国一分为二，西部的印古什地区宣布加入俄罗斯联邦。1993 年，印古什以外的车臣地区再度宣布独立。此后，车臣大举压迫境内的俄罗斯人，导致大量俄罗斯人移出车臣地区。1994 年 12 月，俄罗斯挥军车臣，试图恢复俄罗斯对车臣的主权。这场战争持续了 13 个月，史称"第一次车臣战争"，但是，由于当时车臣境内仍有大量俄罗斯人居住，国内反战声音不断，再加上进攻准备不足，俄军士气极低，1996 年双方展开和谈。1996 年 8 月 31 日，俄联邦政府和车臣非法武装在俄塔吉斯坦共和国境内的哈萨维尤尔特达成协议，规定将车臣地位问题搁置五年。历时 20 个月的车臣战争以一纸《哈萨维尤尔特协定》而告终，联邦部队于 1997 年 1 月全部撤出车臣。这场战争对于俄罗斯联邦军队来说唯一的胜利就是杜达耶夫死在了俄军枪口下。在此后 3 年，尽管车臣仍为俄罗斯共同体的其中一员，但实质上却享有非正式的独立。

1997 年 1 月，马斯哈多夫当选车臣总统，并于同年 5 月，与俄联邦签署和平与相互关系原则条约。但是，马斯哈多夫仍然坚持车臣是"独立国家"，不仅拒不执行和平协定，而且加紧分裂活动。尤其令俄罗斯当局不安的是，在马斯哈多夫领导下的车臣，极端民族主义势力不仅在车臣境内加紧分裂活动，而且武装袭击与其毗邻的塔吉斯坦，企图与该自治共和国一起建立"神权政治国家"。另外，在第一次车臣战争后，分离分子政府未能有效控制当地局势，特别是首府格罗兹尼以外的地方。随着其他叛军控制的地区增加，车臣变得越来越无法无天。战争的破坏加上经济落后，使得许多前游击队员找不到工作而为非作歹。格罗兹尼政府的权力受到极端主义军阀如阿尔比·巴拉耶夫及萨尔曼·拉杜耶夫等阻挠。车臣军阀们绑架及进入北高加索其他地区劫掠的事件日增。[1] 绑架成为当地主要的收入来源，在形同独立的三年内取得超过 2 亿美元。[2] 有人估计从 1996 年至 1999 年间有多达 1300 人在车臣被绑架。[3] 政治暴力及伊斯兰瓦哈比派的宗教极端主义盛行。1998 年，格罗兹尼当局宣布进入紧急状态，紧张加剧，例如 1998 年 7 月于古杰尔梅斯有约 50 人在车臣国民卫队与伊斯兰武装分子的战斗中丧生。从 1999 年开始，车臣分离主义分子屡屡在俄境内制造恐怖事件，例如，在莫斯科、布伊纳克斯克等城市接连发生多宗炸弹爆炸案，俄罗斯政府指责是车臣分离分子所为。俄总理普京以反恐名义，再次兵进车臣，开始了"第二次车臣战争"。第二次车臣战争于 1999 年 8 月 26 日开始，俄罗斯联邦在这次战争中重夺车臣的控制权。俄军的行动终结了车臣伊奇克里亚共和国当时实质上的独立，使联邦政府重新控制了该地区。车臣分离

---

① Lajos F. Szászdi, *Russian Civil – Military Relations and the Origins of the Second Chechen War* (University Press of America, 2008), p. 155.

② Tishkov, *Chechnya: Life in a War – Torn Society* (Berkeley: University of California Press, 2004.), p. 114.

③ *Second Chechnya War – 1999 – 2006*, http://www.globalsecurity.org/military/world/war/chechnya2.htm.

分子在此后数年继续以游击战对抗俄军。另外车臣叛军也有发动针对平民的恐怖袭击，而俄军及叛军也被指犯有不少侵犯人权的事件。到 2009 年止，俄罗斯大致上已经重创了叛军的活动能力，大规模的战斗已停止。俄国陆军及内政部部队不再驻守各条街道。在战争中损毁严重的格罗兹尼正在重建中。不过北高加索地区仍有零星的暴力事件；偶尔有以联邦及地方政府部队为目标的炸弹爆炸及伏击发生。2009 年 4 月 16 日，俄罗斯政府官方宣布车臣的反恐行动正式结束。大部分军队已撤走，对付武装分子的任务主要由当地警察负责。三个月后，流亡外地的车臣分离分子领导人艾哈迈德·扎卡耶夫要求从 8 月 1 日起对车臣警察实施停火。但是，由于车臣问题并没有彻底解决，与车臣民族分离主义相关的恐怖活动仍在继续。当地时间 2011 年 1 月 24 日 16 时 40 分左右，莫斯科多莫杰多沃机场抵达大厅内发生自杀式炸弹爆炸，造成 35 人死亡 180 人受伤。车臣反政府武装头目乌马罗夫宣布对此负责，他说他的组织将致力于在北高加索建立一个"自由的伊斯兰国家"，而在多莫杰多沃机场实施的"特别行动"正是对俄罗斯在高加索地区"犯罪行为"的回应，类似的"特别行动"还将在未来一段时间内继续实施。虽然大规模的军事叛乱已经被俄军打散，但如何彻底平息车臣的叛乱，是俄政府面临的最困难的问题。

　　车臣战争改写了通过和平手段解决中央政府与民族自治地方之间关于自治的争议。但是车臣问题，决不能简单地被归结为"恐怖主义"，仅仅通过战争手段不可能得到彻底解决。车臣问题错综复杂，但首先是个民族问题，它之所以成为今日令俄罗斯头痛的问题，是几个世纪以来沙俄统治者对俄境内少数民族奴役、压迫的历史后遗症，也是苏联时代层出不穷的错误的民族政策所造成的恶果。早在 20 世纪三四十年代，斯大林就曾提出"预防杀人"的观点。对待少数民族，斯大林也采取了这种政策。车臣人在 30 年代的农业集体化和"大清洗"、40 年代的民族大迁移中人口锐减，经历了无尽的民族屈辱与灾难，积蓄了深厚的民族仇恨。另外，领导人的个人因素也是导致车臣问题目前这种局面的一个不容忽视的原因。当时戈尔巴乔夫和叶利钦这两个政敌为了削弱对方，在车臣问题上表现出截然相反的立场：戈尔巴乔夫为了阻止苏联的解体，对车臣的独立倾向采取放任的态度；叶利钦则为了最大限度地保持俄罗斯的"完整性"而不惜加速苏联的解体。车臣问题因历史与现实交织、国内问题与国际问题交织、民族问题与恐怖主义交织在一起而变得极其复杂，解决的难度很大，牵一发而动全身。俄境内有一百多个少数民族，如果允许车臣独立或变相独立，必将引起多米诺骨牌式的连锁反应，最终导致俄联邦的解体。苏联的解体已经把俄罗斯逼到了无路可退的境地，若再在车臣问题上退让，不仅俄罗斯复兴终成泡影，而且将使俄罗斯刚刚平复的民族心理再一次遭到沉重的打击。因此俄政府在车臣问题上是没有多大退让余地的。可以说，今天的俄罗斯人在享受着历代沙皇通过疯狂的领土扩张所留下的丰厚遗产的同时，也饱尝了这种掠夺所造成的苦果——剪不断理还乱的民族问题。在经济上，车臣的石油产量占俄全国的 10%，特别是油质非常好，是苏联时期唯一能生产航空汽油的地方。除了政治、经济因素外，另外还有一个心理因素，那就是俄罗斯人首先应当克服根深蒂固的大民族主义心态，即那种能明显地感受到的俄罗斯人有意或无意间所流露出来的民族优越感。这种优越感，即使在俄国已经衰落的今天仍然表现得如此强烈。

第三节 对苏联地区族群冲突的国际反应

我们已经看到苏联解体特别是 15 个新国家获得国际社会认可以后，苏联国内事务如何一夜之间变成了国家之间的关系。Barry Posen 指出，帝国的崩溃伴随着控制权力的消失给国际体系带来政治混乱：

> 在苏联和南斯拉夫这些地区，"主权"已经消失，只留下或多或少的各类群体的觉醒——族裔的、宗教的、文化的。这些群体必须关注的事情就是安全问题，而这些事情恰恰是各个国家历史上已经面对过的东西，虽然许多这样的群体至今仍缺少国家身份的诸多特质。①

俄罗斯的安全利益成为国际社会的重要关切。作为欧亚地区一个长期存在的秩序和稳定的支柱以及核大国，确保俄罗斯的安全感并帮助它向一

---

① Barry R. Posen, "The Security Dilemma and Ethnic Conflict", Michael E. Brown, ed., *Ethnic Conflict and International Security* (Princeton, NJ: Princeton University Press, 1993), p. 104.

个更加民主的资本主义转型对于西方来说有极为重要的意义。苏联的老对手美国在苏联解体和俄罗斯作为一个独立的国家崛起过程中究竟扮演了什么样的角色？

1991 年 9 月，美国前国务卿詹姆斯·贝克（James Baker）多次到访苏联，还宣布了美国提出的指导未来本地区关系的五项原则：①和平解决苏联各民族自决问题。②尊重现有的国内和国外边境。③支持民主和法律规定。④保护人权。⑤尊重国际法和国际公约的义务。12 月，乌克兰支持独立的公投以后，白宫发言人 Marlin Fitzwater 进一步增加政治筹码：新的国家将建立自由市场经济并且拥有苏联的相同债务。① 因此，我们看到，尽管全苏境内动员起来的民族主义运动大行其道，起源不一，但共和国的国家身份的获得还需要由业已建立的国际准则和规定来决定，而美国则充当了评判者的角色。

在本章中我们已经看到，新独立的国家出现新的少数民族，这是后苏联时期政治舞台上一个独特的现象。其中比较重要的新少数民族就是俄境外散居的俄罗斯人。他们分散居住在波罗的海国家、新的欧洲国家（白俄罗斯、摩尔多瓦、乌克兰）、整个高加索地区以及哈萨克斯坦北部。绝大多数俄罗斯政治领袖都认为俄罗斯人的安全问题已经是俄罗斯民族安全问题，而不管他们生活在联邦境内还是在国境以外。

俄罗斯对外国承认一个其历史与俄罗斯历史纠缠在一起且又有许多俄罗斯人居住在那里的国家（例如乌克兰）会有何种反应，这是西方尤其是美国所担心，这一点毫不令人意外。因而，美国承认各自独立的苏维埃共和国是缓慢的。可以肯定，美国长期以来一直认为波罗的海国家是被斯大林强迫并入苏维埃联盟的，因此，俄罗斯承认他们独立，这也毫不令人意外。但是在俄罗斯统治之下的其他地方就不同了。

因此，西方一旦企图支持俄联邦境内的独立斗争，他们就更加担心俄罗斯的反应。不管是俄罗斯境内车臣、鞑靼斯坦，格鲁吉亚的阿布哈兹和阿扎尔，摩尔多瓦的外德涅斯特和加告兹地区，或者是乌克兰的克里米亚，

---

① James P. Nichol, *Diplomacy in the Former Soviet Republics* (Westport, CT: Greenwood Press, 1995), p. 61, pp. 97 - 98.

实际上国际体系中的所有国家都遵守这样一个原则，即此第二轮的族裔分离主义争端是新兴国家的内部问题。

俄—车冲突案例中，虽然西方国家表现出温和的指责，但并没有明确提及俄罗斯违反车臣人民的权力，而这是它们一贯的老生常谈。因此，对车臣族裔分离主义的国际反应也是佯装关注，置身其外。1999 年俄—车臣冲突中，美国明确表示，它将继续支持俄罗斯"蓝溪项目"（Blue Stream Project），把天然气经过高加索（阿塞拜疆和格鲁吉亚）输送到土耳其。高加索发生的战争并没有成为打断俄罗斯和西方之间贸易的理由。

对于车臣冲突，地区的反应也值得考虑。1996 年 9 月，八个共和国以及北高加索地区的领袖们在印古什共和国首府纳兹兰市进行会晤，支持哈萨维尤尔特和约，当然，一旦车臣分离成功，他们也担心这一地区将出现多米诺骨牌效应。尤其是如果车臣成为一个独立国家，首先将要面临怎样划分新的国界，这个问题将会出现很大争议。问题是车臣的边界在苏联时期频繁变更。1934 年斯大林把车臣和印古什合并，1944 年又把车臣人流放，在高加索建立新的行政区划。斯大林去世以后，20 世纪 50 年代中期车臣人又回到故乡，重新确定自己的边界。

车臣的三次边境变动是有争议的。首先，车臣领袖宣称他们拥有的西部边境比现在与印古什之间的边界还要大。其次，车臣宣称在东部他们拥有塔吉斯坦部分领土。而哈萨维尤尔特区恰好就在边境上，那里主要居住着车臣人。另外，奥科霍夫斯基区（Aukhovsky）过去一直是车臣人居住，直到 1944 年他们被驱逐出那里。最后，在北部，车臣与俄罗斯的边界也有争议。因此，一旦车臣独立，目前的边界争议将会引发未来的边境冲突，国际第三方干预的潜在性很高。

第四节　车臣冲突的非国际化

1970 年，苏联持不同政见者安德烈·阿莫里卡（Andrei Amalrik）曾经出版过一本书叫《苏联能活到 1984 年？》。书中他对苏联体制进行了尖锐批评，当然也对苏联缔造者进行了模棱两可的抨击。他在书中说："大东斯拉夫帝国已经进入其生存的最后几十年。这一点我毫不怀疑。就像接纳基督教并推迟罗马帝国的衰落，而并没有阻止了它的必然灭亡。因此，马克思主义理论只是延缓俄罗斯帝国——第三罗马帝国——的解体，但是它没有力量阻止苏联解体。"① 因而，Amalrik 预言了民族主义运动（诸如俄罗斯、乌克兰、波罗的海国家等）引起的苏维埃联盟解体以及俄罗斯内部分离力量的兴起，例如车臣。

　　类似俄联邦内部爆发的这样的族裔冲突，其对国际舞台的影响将以四种形式出现：第一种也是最为常见的形式，就是族裔冲突及其引发的地区不稳定可能招致外部干预。苏联解体为本地区的国家扩展它们的影响提供了新的机遇。实际上，土耳其、伊朗，以及塔利班控制下的阿富汗已经被中亚政治所吸引。然而，没有谁能够涉足高加索。俄罗斯政治宣传把"来自波罗的海的狂热的女枪手以及疯狂的残忍的宗教激进主义者游牧部落民"描绘成车臣冲突的始作俑者。他们之所以有如此说辞是基于一种心理战。正如人们通常所说，俄罗斯的两个历史宿敌是：大头圆颌的西方人和南方的疯狂的穆斯林。但是，克里姆林宫发言人却说在 1999～2000 年的车臣战斗中只有四个外国人被捕。② 因此，国际层面尤其是穆斯林对车臣的支持被夸大了。

　　对于一个国家卷入另一个国家族裔冲突的原因，Stephen Ryan 类型分析：它们可能跟冲突某一方具有情感联系，这些联系从与另一个国家的少数民族的族裔团结到对另一个国家有领土要求不一而足。但是就车臣来说，没有族群跟它有联系，所以第三者干预的理由被排除。不考虑安全问题以及不担心地缘政治优势的丧失而仅仅出于情感关切的行动反应，极为罕见。③ 据此，基于工具理性考虑的干预通常涉及一个国家追求自己的国家利益，包括国家安全、权力平衡，以及地缘政治等交织在一起的各种复杂问题。俄罗斯在干预其内部共和国分裂中具有较为明显的工具考量。

　　在高加索扮演重要角色的第三方就是伊斯兰。这是一个重新崛起且一再宣布自己政治价值的跨国宗教力量。在此领域，伊斯兰世界对车臣既有

① Andrei Amalrik, *Will the Soviet Union Survive Until* 1984? (New York: Harper and Row, 1970), p. 65.

② "Are Foreigners Fighting There?" *The Economist*, July 8 – 14, 2000, pp. 51 – 52.

③ Stephen Ryan, *Ethnic Conflict and International Relations* (Aldershot: Dartmouth, 1990), p. 36.

情感联系，又有工具性的考量。在北高加索有 400 万穆斯林，另外在俄联邦境内还有 1500 万穆斯林。虽然在苏维埃时期绝大多数的清真寺被关闭，但北高加索，尤其是山地穆斯林，一直坚持信仰伊斯兰兄弟或者苏菲派。苏联的解体为这一地区的再穆斯林化提供了机遇，因为人们在寻找新的认同。一种可能的认同就是族裔层面，它强调根植于穆斯林社会——乌玛中的共同联系。另一种身份再认同是基于族裔宗教联系，那里车臣人就是穆斯林，穆斯林就是车臣人，两者有着不可分割的联系。后者的认同类型意味着俄车冲突不可能陷入基督教和伊斯兰教冲突的境地，而是俄罗斯与各类车臣之间的冲突。

如此看来，在同俄罗斯的战争中，伊斯兰成为车臣抵抗运动的意识形态，即理论指导。反叛者宣扬吉哈德（圣战）并攻击俄罗斯基地，高呼"阿拉胡阿克巴"（真主至上）。然而，当车臣首脑杜达耶夫于 1991 年宣布建立一个伊斯兰国家时，他并没有诉诸车臣人民，一方面是由于苏联时期普及世俗的和无神论生活方式所取得的某些成功；另一方面是由于伊斯兰来到车臣太晚了——19 世纪才到，而南部的塔吉克斯坦，17 世纪阿拉伯人就开始传教了。杜达耶夫自己一开始也没有把伊斯兰教信仰政治化，而是不断强调自己是如何被俄罗斯强迫推到伊斯兰一边。

1994 年战争爆发，伊斯兰在车臣赢得了许多新的支持者。伊斯兰成为区别于俄罗斯人的东西，它已经成为俄罗斯马克思主义的意识形态对手，现在则是东正教的对手，由于抵抗的逻辑，它也被车臣人所拥戴。整个 90 年代，这里成为什叶派在车臣控制地区进行古兰经教育的据点。1996～2000 年，紧随什叶派法庭，一项新的法律取代俄罗斯法律。

伊斯兰团结的壮大导致伊斯兰群体对车臣事业的某些支持。入伍战士中有些来自沙特阿拉伯及其他海湾国家。当然，如果同当年来自伊斯兰世界加入波斯尼亚穆斯林队伍跟塞尔维亚作战的数千名战士相比，其数量还是很低的。唯一承认车臣独立的国家是阿富汗，当然其本身就是一个受塔利班激进主义影响的国家，跟 2000 年被俄罗斯推翻的车臣相似。车臣领袖巴萨耶夫拒绝承认本·拉登曾经给予车臣援助（1998 年本·拉登支持攻击美国在肯尼亚和坦桑尼亚的大使馆）。因此，我们可以认为第三方的干预在车臣是不存在的。

在苏联的土地上发生的比较典型的第三方干预族群冲突的案例中，俄罗斯试图"调解"塔吉克斯坦、格鲁吉亚和摩尔多瓦等国发生的冲突。
1994 年格鲁吉亚内战，俄罗斯作为第三方的干预表现出明显的服务自我的
特征，这是俄罗斯新帝国主义的表白。俄罗斯军队使权力平衡倾向于由苏
联外交部部长爱德华·谢瓦尔德纳泽领导的政府一边，而且很快格鲁吉亚
便成为加入独联体的最后一个苏维埃共和国。独联体看似是为俄罗斯重新
获得统治身份而提供必要的制度框架和国际合法性的一个组织。例如，独
联体协议允许俄罗斯监督界标并保卫共同的领空。俄罗斯巧妙地利用独联
体的护身符混淆了第三方工具性干预和国际调停以及缔造和平之间的划分。

　　在车臣案例中，高加索没有一个国家为了从中获利而站在分离主义一
边。虽然格鲁吉亚是车臣邻国，但是穿过山区边界的交通和通信联系非常
有限。另外，已经证明格鲁吉亚并非阿布哈兹（Abkhazia）和阿扎尔
（Adzharia）的对手，这两个自治共和国的分离主义运动得到俄罗斯的支持。
尽管车臣的不稳定为该地区的国家削弱俄罗斯提供了机会，但是没有一个
国家愿意或者有能力利用这个机会。

　　族裔冲突国际化的第二种形式就是通过某一族群，该族群散居在不止一
个国家，但它在任何一个国家里都不是多数人口。因而，任何一个国家发生
的族群纷争都会波及其他国家。北高加索地区的国家边界并不与族群划分一
致，一个国家发生族群冲突渗透到另一国家是有可能的。但是俄罗斯对车臣
的政策和措施对其他共和国具有示范效应。另外，1999 年车臣干预塔吉斯坦
时俄罗斯迅速做出报复，这对所有高加索国家都是一个明显的教训。

　　族群冲突国际化的第三种形式就是一个国家的主体族群与该国家的其他
族群分离，而它在另一个国家则是少数民族。车臣在任何地方几乎没有同族，
相邻共和国中确实有一些同族，也有一些在莫斯科，但是 1999 年公寓爆炸案
以后许多车臣人都被驱逐出城市。很明显，车臣案例中，这种设想有点离题。

　　族裔纷争国际化的最后一种可能的形式就是通过诉诸恐怖主义。1996
年车臣领袖杜达耶夫威胁要把政治恐怖延伸到西欧，如果他们继续无视俄
罗斯军事干预。他们确实发动了一次威胁，即在莫斯科启动核设施。为了
证明他们的能力，车臣恐怖分子把一些放射性反应物放在莫斯科一家公园。
2000 年 8 月，车臣宣布已经击沉库尔斯克核潜艇及烧焦莫斯科奥斯坦金诺
广播电视塔。在后苏维埃的土地上，族群冲突可能会通过恐怖主义手段实

现国际化，对这种的担心依然存在。

我们应该注意，与大多数的分离主义一样，对于车臣领袖来说，与俄罗斯的冲突基本上是一场国际冲突。在谈到一个不同案例时，Karklins 指出，一些族群冲突被国际化，而在拉脱维亚，国际冲突已经族群化。[①] 一些车臣领袖可能会认为同样的情况也适用于他们的国家。相对而言，有些时候，克里姆林宫把族裔形式的冲突描绘成多数人群体反击叛乱的少数人群体的战争，但是更为经常的是指一场反击恐怖主义和叛匪的战争。

总之，国际体系已经倾向于忽视俄罗斯内部兴起的新帝国主义趋势。像欧洲安全与合作组织（OSCE）、国际货币基金组织、欧洲委员会等这类国际角色一贯谴责俄罗斯侵犯人权行动，使这个国家的进步的最好办法就是让它加入西欧结构。由于该地区的权力平衡和他们自己的安全困境，地区角色，例如 1999 年加入北大西洋公约组织的中欧国家，已经避免卷入俄罗斯族群冲突（虽然波兰允许车臣在其国内建立情报站），俄罗斯内部的族群冲突未能实现国际化，但其理由可能具有更多的悲观基础而不是乐观基础。

第五节　车臣冲突中的第三方调解

族裔冲突中第三方的调解有可能取得成功吗？或者在战争双方之间火上浇油？通常的情况是，地区角色实施的第三方冲突管理倾向于加剧而不是减少冲突，使原有的冲突更加复杂且难以解决。[②] 但是正如 Jacob Bercovitch 观察，决定一个冲突关系是否通过暴力和敌视行为表现出来，还是它将带来一个更为富有成果的互动形式，其关键因素是冲突管理的方式。冲突管理的实践需要设计一套机制来限制冲突的破坏性影响，提升其潜在的好处。[③] 这种作用反复出现在欧洲安全与合作组织（简称欧安组织）身上。

---

① Rasma Karklins, *Ethnopolitics and Transition to Democracy*：*The Collapse of the USSR and Latvia* (Washington, D. C.：Baltimore Woodrow Wilson Center Press, 1994), p. 133.

② 类似的例证，可以参考 David Carment and Patrick James, eds., *The International Politics of Ethnic Conflict*：*Theory and Evidence* (Pittsburgh：University of Pittsburgh Press, 1997).

③ Jacob Bercovitch, "Third Parties in Conflict Management：The Structure and Conditions of Effective Mediation in International Relations", *International Journal*, 40, 4, Autumn 1985, pp. 736 – 737.

欧安组织处理族裔冲突的主要工具是少数民族事务高级专员办公室。

苏联解体之后不久，有关主权和边界的战争一触即发，欧安组织在苏联使那个共和国建立了维和行动计划：格鲁吉亚（阿布哈兹地区有 3000 名维和人员）、摩尔多瓦（在外德涅斯特共和国有 5000 名维和人员）、塔吉克斯坦（有 20000 名维和人员的非塔吉克军队中多数是俄罗斯人）。这些任务的主要目标就是通过谈判和平解决冲突问题，加强对人权的尊重，帮助建立民主制度以及合法的秩序。我们将回顾这些行动的结果。

1994 年 7 月，联合国安理会支持独联体在阿布哈兹的格鲁吉亚人地区开展维和行动。根据《联合国宪章》第八章规定，成员国有义务通过地区安排尽可能地和平解决地区争端。这是联合国首次批准独联体组织的维和武装行动。派往阿布哈兹执行和平行动的军队是俄罗斯人。但风险也来了，因为俄罗斯会打着独联体的幌子，利用维和行动重新获得控制新独立的国家，而联合国和欧安组织这样的国际组织则看似为俄罗斯提供了这样的机会。俄罗斯外交官反驳说俄罗斯在阿布哈兹地区的行动是获得批准的应邀行动。由于有欧安组织这把保护伞，俄罗斯阻止阿布哈兹分离分子寻求国际认可。

在摩尔多瓦，欧安组织成功地阻止了俄罗斯与这个国家罗马尼亚人之间的武装冲突。但是在塔吉克斯坦，俄罗斯军队参与战争，支持面临反叛攻击的塔吉克政府，而欧安组织对于俄罗斯的插手看起来束手无策，只是建立了一个由俄罗斯、俄罗斯支持的外德涅斯特共和国、摩尔多瓦三方组成的停战协调委员会。1996 年秋，当欧安组织怀疑外德涅斯特的一个军事基地生产和储存"格拉德"火箭弹并打算派特使前去检查时，俄罗斯占多数的委员会否决了这项提议。就像俄罗斯势力范围的其他地方一样，欧安组织执行公正调停的努力受到阻挠。1994 年 12 月，欧安组织同意在纳戈尔诺—卡拉巴赫地区（Nagorno–Karabakh）部署维和部队，因为在戈尔巴乔夫执政早期，当地的阿塞拜疆人与亚美尼亚人就已爆发了冲突。维和力量也主要由俄罗斯人构成，欧安组织在塔吉克的维和行动与白俄罗斯的双边协定以及与其他国家的双边决策（例如与摩尔多瓦）加在一起，到 1995 年，俄罗斯大约已经有 10 万部队部署在其他独联体国家。

1994 年俄罗斯武装干预车臣冲突以后，欧安组织在车臣的格罗兹尼建立了一个永久性的使团。该代表团自称"援助群体"（Assistance Group），把自己定位为战争双方的调停者，但是俄罗斯领导人并不相信欧安组织。另外，其人权监督也遭到俄罗斯的阻挠。另一方面，车臣对欧安组织也很失望，因为它称车臣分离主义活动为叛乱，也不承认车臣独立。

当俄罗斯军队于1999年发起又一轮进攻时，欧安组织轮值主席克特·沃莱贝克（Kurt Vollebaek）又一次试图访问该地区，监督人权问题时，俄罗斯政府故意推迟其到达车臣。欧安组织本身也为自己的胆怯而后悔，甚至也为纵容俄罗斯行为而懊恼：1999年11月，在俄罗斯实施车臣行动过程中，欧安组织在伊斯坦布尔的高峰会议上宣布其成员国完全承认俄罗斯联邦的领土完整，而其他国际政府间组织（IGO）则对俄罗斯的行动进行了谴责，包括联合国秘书长安南（Kofi Annan）、联合国人权事务高级专员玛丽·罗宾逊（Mary Robinson）、国际货币基金主席康德斯（Michael Camdessus）、欧盟外交委员会专员彭定康（Chris Patten），以及一些西方领袖人物也对俄罗斯重兵压境车臣进行了批评，包括美国总统克林顿、法国总统希拉克、英国首相布莱尔、德国总理施罗德等。北约国家外交大臣以及人权观察组织也对俄罗斯行动发出警告。2001年3月，美国发出信号它已经为车臣外交大臣打开了外交通道。这引来莫斯科的强烈谴责。尽管存在类似这样的语言战争，但是西方对冲突的国际调停没有采取任何的实际措施。

第六节　结语

民族主义既是苏联解体的原因，也是苏联解体的结果。追求一个民族一个国家的历史目标最终导致大国解体。同样重要的是，它给其他国家带来示范效应，这些国家并不是指定的苏联的合法继承者。这些小民族可能会认为主属关系正在以新的形式复制。它们很快就发现，主要的国际角色并不准备支持反抗中央权威的第二轮民族主义运动，而国际准则框架也不鼓励擅自改变国家体系，不管它是不是大国解体以后成立的新国家。

第六章
立宪民主下的分离主义运动：魁北克

第一节　宪政道路：一种非暴力的分离方式

为什么有些分离主义运动会引发主体民族与少数民族之间的暴力冲突，而有些则不会？是什么因素促使一个民族义无反顾地走向分离，而不再对现有政治体制抱有任何幻想？预防和阻止分离发生的国内外条件是什么？特别是立宪民主，是使分离更容易了还是更有难度了？这些问题是我们在这一章中要探讨的。

冷战结束以来，通过立宪民主取得主权与通过强制行动取得独立之间的对比，可能没有比加拿大和南斯拉夫更为强烈的了。当然，也有一些学者对于两者之间的可比性提出质疑。北美和巴尔干之间的文化差异、民主政体的威斯敏斯特模式（西敏寺模式）和社会主义模式导致了完全不同的历史路径，加拿大的联盟与长期以来臆想出来的使巴尔干各族人民反目成仇的"古老的诅咒"之间的强烈对比，以及社会和经济发展的不同阶段，可以解释各自是采用和平的方式还是暴力的手段来挑战联邦制度。尽管南斯拉夫接二连三的战争引来世界一些国家的领袖、学者甚至普通公众的关注，但是加拿大发生的立宪困局对于许多人来说也的确是一场噩梦——1995年10月魁北克就主权问题进行了全民公投，其结果几乎让加拿大走向分裂的边缘。

然而，走向独立的宪政道路对国家统一构成的威胁可能要大于族裔战争的酝酿。尤其是在西方民主自由的政体里，例如加拿大、大不列颠、比利时、西班牙，投票箱里表现出的民族主义运动可能为分离提供了更多给力的案例。当然，加拿大的公投得到了加拿大各族中占多数人口的民族的支持。

这类运动的问题是：同其他类别政治党派竞争性的选举相比，它并不容易赢得选票。1999 年 5 月苏格兰议会选举中，是工党（Labour Party，拥有 56 个席位）而不是苏格兰民族党（Scottish National Party，拥有 37 个席位）获得多数选票。

民主迟早会到来，这一陷阱使民族主义运动备受打击。一些运动最后放弃选举手段，转而使用武力来获得自己的目标。尽管英国目前没有出现这种情况，但西班牙巴斯克分离主义分子已经分化成若干独立的政治和军事组织。其中埃塔（ETA）的军事派是最为好战的分离主义派别，它在经过一段短暂的休憩之后，于 2000 年重拾政治暗杀和爆炸手段。相对而言，埃塔的政治派则更为积极地参与西班牙政治选举体系，强调通过政治手段实现分离。一个甚至更为温和的派别"巴斯克民族主义党"（The Basque Nationalist Party 或 PNV）则承诺不使用暴力，并在巴斯克地区行使权力。这样，西班牙民主能够使巴斯克分离主义者的野心变得缓和，引导他们走向议会道路，从而分化整个巴斯克民族主义运动。当然，我们由此得出下面的结论也是不恰当的，即民主为分离主义分子提供了一个真正的政治机会，或者民主有效地包容或削弱了分离主义运动。

为了进一步诊断分离主义对民主的挑战以及民主对分离主义运动的挑战这对孪生困局，本章将分析魁北克民族主义的演化以及 1995 年几近成功的情况（多数人支持同英语加拿大分离）。类似于南斯拉夫、捷克斯洛伐克、苏联和埃塞俄比亚，魁北克分离主义运动也来自于对联邦体制认同构建的失败，其构建过程持久而纠结。

只有在加拿大和捷克斯洛伐克，族裔分离主义运动基本上摆脱了暴力方式。1993 年，捷克斯洛伐克的精英达成共识，一致同意把联邦一分为二。同样，加拿大的魁北克要想实现分裂，也只有在选举的结果支持下才有可能发生，因为所有党派都承诺尊重平等的公投结果。

我们需要认识联邦民主国家对脱离中央的挑战所做出的各种反应。为什么民族主义运动向暴力演变或者没有向暴力演变，对此的文化解释着实吸引了很多人，但至少同样重要的是，我们需要分析母国与潜在的分离主义运动之间的制度化的互动，从而发现族裔分离主义者可能会利用哪些和平手段以及他们希望达到何种目的。

第二节　魁北克民族主义的起源

魁北克民族主义及其引发的主权运动其主要基础是对历史不满，对区域权力和文化保护的要求。1976 年民族主义者首次在魁北克省获得权力。实际上反对魁北克分离的多数人并不怀疑讲法语的人和印第安第一民族、因纽特人以及讲英语的人同样都是加拿大的缔造民族。那些反对国家分裂和反对魁北克独立的加拿大联邦主义者不认同这样一个判断，即讲法语的人在加拿大历史上并没有受到平等对待。

谈到历史根源，首先应从法国殖民活动说起。1535 年法国探险家雅克·卡蒂埃受法国国王派遣，来到北美大陆，命名所到之处为加拿大。1608 年另一法国探险家塞缪尔·德·尚普兰沿圣劳伦斯河建立永久殖民据点，其中有魁北克城。魁北克地界被称为法国北美殖民地——"新法兰西"最重要的组成部分，但随后并没有法国人来，到 1666 年，外来人口也只有 3500 人。

与此同时，英国也在濒大西洋的詹姆斯敦建立了永久殖民据点（1607 年）。此后，英法两国展开了争夺北美殖民地的斗争。英法在北美殖民争夺中最后一次的较量是"七年战争"（1756～1763 年）。在这次战争中，英军先后攻占了新法兰西重镇魁北克城（1759 年）和蒙特利尔（1760 年）。至此整个新法兰西落入英国手中，法国在北美大陆上的殖民地遂不复存在。英法战争使法国力量大为削弱，对新世界的占有也大不如从前。

一　当年的不列颠殖民化政策

英法战争后，新世界被大批英语人口殖民化，他们以绝对优势压倒了极少数讲法语的殖民者。大约在 1759 年，亚伯拉罕平原（Plains of Abraham）战役时期，法语人口约有 65000 人，而英语人口是 100 万。不列颠对这块殖民地利益的重视可以在其决定派皇家海军赴北美的决策中反映出来。

相对而言，法国政府似乎对自己拥有的这块土地兴趣不大。因此，在这片可以俯视魁北克城的大草原上，英国军队势必战胜法国军队。这种征服铭刻在一代又一代的法语加拿大人的历史记忆中，挥之不去。

英国的殖民政策虽不始终如一，但并非残酷无情。"七年战争"后，沿大西洋岸的英属13个殖民地爆发反对英国经济和政治压迫的斗争。为了防范13个殖民地的反抗斗争向西发展，英国于1763年公布了《皇室诏谕》，禁止13个殖民地人民向阿巴拉契亚山以西移民，将这块土地保留给在英法北美殖民角逐中英国一向利用的印第安人。同时，英国许诺给予魁北克以英国式的代议制，以此吸引13个殖民地居民向魁北克迁徙。英国政府原想用讲英语的移民去冲淡魁北克法语居民的影响，以便像在新斯科舍一样，逐步同化他们。但《皇室诏谕》并未达到英国殖民统治者的目的，反而引起13个殖民地人民的强烈不满，因为他们不愿移往魁北克，他们所向往的是翻越阿巴拉契亚山进入肥沃的俄亥俄流域。当然，《皇室诏谕》也遭到魁北克法裔居民的坚决反对，英国政府同化法裔人的愿望也未能实现，反而加深了英裔和法裔居民间的隔阂。

为减少法裔居民支持13个殖民地反对英国殖民统治的可能性，英国政府遂放弃《皇室诏谕》，于1774年做出让步，颁布了《魁北克法案》。法案恢复了新法兰西的边界，大大扩充了魁北克的疆域，规定其领土东方包括拉布拉多半岛；北方包括鲁斯特兰和哈德逊湾公司的土地；南方包括蒙特利尔以西、沿圣劳伦斯河右岸以及安大略湖、伊利湖的南岸土地；再南沿宾夕法尼亚西部边界，直至俄亥俄河，并沿该河抵密西西比河汇合处，由此西北直达密西西比河发源地。这片广阔的土地在南方远远地伸入了今美国的领土。此外《魁北克法案》还取消了英国对魁北克的军事管制，取消了魁北克建立代议制的规定，旧的庄园土地制、法国民法和天主教会的各种特权都被保存下来，法语也被保留。这样，魁北克在很大程度上就好像是"新法兰西"的缩影。

《魁北克法案》在一定程度上起到了安抚法裔居民的作用，得到法裔人口对英国的忠诚。从这个意义上说，这个法案是成功的。当北美13个殖民地为争取独立民主与英帝国浴血奋战时，加拿大的大部分居民（法裔人）没有趋势与13个殖民地联合起来，共同走向独立民主。分析其原因主要有三：其一，在加拿大人看来，无论对英帝国还是从殖民地本身利益考虑，美国革命都是一场灾难，由此，我们可以看出早期法国移民反对接受革命的态度。其二，由于新法兰西时期毛皮经济的单一性，加拿大没有形成自己的经济体系，因而对英国的依赖性仍然很大，他们并不想另立锅灶，自治的要求不如 13 个殖民地那么强烈。其三，美国革命期间，当大陆军进攻魁北克时，英国海军出兵一万多人击退美军，在某种意义上也挽救了魁北克，加拿大才得以转危为安。因此，这时魁北克对待法国的态度，不是以同一种族、同一语种、同一宗教为依据，而是以谁能保证它的生存为最高准则。因此，加拿大更不愿与美国为伍。

但在文化上，美国革命确实影响了加拿大，因为大批效忠派移入加拿大。其结果一方面加剧了加拿大居民的臣民思想；另一方面，增添了加拿大政治上的保守气氛。可以说，当时的加拿大是那些可以容纳失去勇气的人们的理想之地。1789 年爆发的法国大革命对天主教造成了沉重打击，一批在法国立不住脚的保王派天主教教士逃往加拿大，他们也带去了法国革命前的旧大陆神学。因而，可以说魁北克继承并发展了天主教的保守教义，如 1879 年由罗马教皇利奥十三世正式定为天主教官方神学和哲学的"阿奎那学说"。为能够依靠一种力量维护法裔民族的生存，抵御来自英语世界的威胁，魁北克天主教会愈发加强与罗马天主教会的密切联系。

然而，《魁北克法案》也深深地埋下法语加拿大和英语加拿大对立的种子。这种对立长期困扰着加拿大人。在魁北克，天主教会的势力长期起着支配作用。它经营大批庄园，征收什一税，拥有大量财产，控制着教育、医疗和福利等事务，从思想和经济上保持了法国"旧制度"的保守特点。占优势的农业经济长期阻碍工业经济的发展。居少数地位的使用英语的加拿大人后来在魁北克往往占据了金融、商业和企业的上层地位。在法律上，魁北克实行法国民法，与其他英语地区实行的英国刑法，尤其与英国的习惯法不相协调。在魁北克本省内存在两种语言、两种文化心态和两种民族意识的对立，并在加拿大全国范围内也不断传播开来。

在结束美国独立战争的 1783 年《巴黎条约》中，美国居然获得了在战争中未能获得的俄亥俄、大湖区和密西西比之间的内陆土地。魁北克大片南部土地被削去，几近总面积的 1/2。英国这一让步政策受到魁北克特别是蒙特利尔皮毛商人的责难。《魁北克法案》原打算将同印第安人进行的利润丰厚的皮毛贸易交给圣劳伦斯河商人，而不准备交给纽约或宾夕法尼亚商人。可是《巴黎条约》改变了这一策略。蒙特利尔商人失去了内陆贸易据点，遭到了很大损失，自然对英国的政策怨气冲天。但《巴黎条约》最终总算保住了魁北克的主要部分。

北美独立战争结束以后，魁北克人口结构发生了改变，骤然增多的英裔人使魁北克不再是法裔人的天下，这些说英语的难民和说法语的原居民在社会阶层、文化、观念与需求上都有冲突，而原有的宪法《魁北克法》渐渐变得难以执行。因此，众多的英裔人要求废除法国的旧制度，取消《魁北克法》，建立英国的议会和实行英国的法律。同时，在法裔居民中也出现了一个代表中产阶级的改革派，主张实行议会制，实现法裔人的自治。

英国政府从长远利益考虑，对其殖民政策进行了再调整，故此英国政府通过了《1791 年宪法法案》（*Constitutional Act of* 1791），将魁北克省以渥太华河为界一分为二，命名河西地区为上加拿大省，河东地区为下加拿大省。上加拿大相当于今安大略省，当时是一个封闭的内陆农业省，居民说英语，采用英国法律，其少数移民是美国独立战争后从美国逃来的效忠英国派，多数是被英国优厚土地赠予政策吸引来的美国移民。下加拿大绝大多数居民说法语，保存了 1774 年《魁北克法案》所允许保留的各种权利，因占有圣劳伦斯河航运和皮毛、木材、小麦等贸易的优越地位，被誉为圣劳伦斯河"商业帝国"。

宪法在下加拿大的立法机关原有的总督和立法会以下加添了一个民选的下议院，给予它通过法案的权力。不久之后又加了一个总督任命的行政院，等同于总督的私人内阁。选民的资格跟随英国法例，即选民需要拥有土地，不需付租之余还要能够产生足够的利润才符合资格。虽然下加拿大的合格选民的比例比英国本土高，但仍与普选相差甚远。宪法仍准许居民信奉天主教，但同时拨出 1/7 的土地预留给新教教会（主要为圣公会）使用，目的是提升新教在下加拿大的影响力与地位。

"分而治之"的政策进一步加深了法、英裔加拿大人的矛盾和疏远感，再次深埋下这两部分主要居民间不和的种子。

但是这些殖民制度安排意义也非常重大，因为它足以使英裔人口、法裔人口以及北美土著印第安人部落联合起来，抗击 1812 年的美国入侵，而且在 1812~1815 年的英美战争中，首次激发了加拿大民族主义情绪，有助于加拿大认同的形成和发展。

另外，下加拿大人口增长迅速。其本身每年人口出生率超过 5%，再加上大量移民涌入，令加拿大的总人口在 50 年间增长四倍（1790~1844 年）。主要的城市魁北克市和蒙特利尔也有相似的人口增长，但它们只占下加拿大总人口的一小部分。大部分的人都居住在农村，而其中大部分都是法裔加拿大人。由于人口增长迅速，到 19 世纪 30 年代，农村的可耕地已经达到饱和，再加上农作物收成持续恶化，一部分法裔人陆续迁离魁北克寻找新土地。其中有些南下到了美国新英格兰，有些则往西迁移，到达现在的草原省份定居。

下加拿大主要人口是英语商业阶层，几乎排他性地居住在蒙特利尔，而法语人口分散在魁北克的其他地方。长期以来，两大群体的竞争不断增长。19 世纪 30 年代加拿大经济不景气，1837 年上加拿大、下加拿大人分别在威廉·里昂·麦肯奇和路易斯·约瑟夫·帕皮诺领导下举行起义，要求独立。他们因看到毗邻美国的南部经济情况较佳，而更加抱怨英国，甚至提出与美国合并的口号。暴乱发生后，英国派出高级专员德拉姆勋爵（DURHAM）到加拿大进行调查。德拉姆的报告竟称法裔居民是完全缺乏教育、特别迟钝的人口。他提出做一个"为整个加拿大负责的政府"的理念，建议应该把法语人口同化进入英语社会。为此，他主张把上加拿大、下加拿大合并在一起，以消除法语加拿大的政治自治和自我认同。德拉姆的建议虽然没有全部付诸实践，但是其反法语的偏见至今还铭刻在法裔加拿大人的心中，并且对魁北克民族主义宣称的历史抱怨的形成极为重要。

19 世纪 30 年代的暴乱以后，《1791 年宪法法案》也在 1838 年 3 月 27 日被废除，改由委派的特别理事会管治殖民地。英国政府几经周折，议会于 1840 年通过了《联合法案》，成立一个加拿大联合体，把上、下加拿大合二为一。

英国进行这一重大改革的目的，一方面在于加强加拿大统一力量，遏制在加拿大出现的分离活动，并抵御美国兼并加拿大的威胁；另一方面在于增强英裔加拿大人的势力，借以对付不够顺服的法裔加拿大人，进而同化他们。因为原下加拿大法裔人口多于原上加拿大英裔人口，而双方在议会中的代表人数却相同，所以在这种联合形式中，法裔加拿大人感受到压制和忽视。虽然英、法裔加拿大人在政治形式上统一起来了，但民族隔阂并未消除，法裔加拿大人反而越来越重视其少数派权利了，并以更坚定的态度维护自己的文化。如1849年由下加拿大人主持的议会移民委员会所作的报告，正反映了这种情绪。报告认为，下加拿大的经济发展程度依赖其在圣劳伦斯河水系所处枢纽地位的增强。若要振兴下加拿大经济，除提供吸引移民的条件、实施适度的保护关税、普及教育、改进农业机械外，还须兴修水陆交通，特别是圣劳伦斯河水路的改善。至于文化，他们所固守的莫过于生存于新教汪洋大海中的天主教了。

二 联邦

德拉姆报告引发的政治上的不确定性再加上下加拿大的经济萧条，导致1840~1900年50万法语加拿大人移民赴美，也有一部分人移民到加拿大西部，建立了若干小法语社区。但是法语人口向西移民遭到英语加拿大领导者的反对。因此，19世纪中期法语加拿大文化生存所面临的威胁从来没有这么强大。虽然有一小部分民族主义运动要求下加拿大完全独立，但是进步的自由法语加拿大领袖决定就建立一个新的联盟而与英国政府展开谈判。

经过商讨，1867年英国议会通过《不列颠北美法案》（*British North America Act*），把上加拿大、下加拿大、新不伦瑞克和新斯科舍合四为一，组建成加拿大自治领，而《不列颠北美法案》被视为加拿大最初宪法。这是个联邦式的君主立宪政体，当时由四个成员国家组成，其中一个是魁北克，1912年昂加瓦（现魁北克北部）纳入魁北克，使其领土增长一倍。自治领的成立是加拿大享有广泛自治的开端，也是向独立的主权国家迈进的重要一步。民主政治制度在这一时期也得到了进一步的发展。

自治领建立的原则是责任制政府与殖民地联邦制的结合。鉴于美国南北战争的教训，加拿大自治领宪法加强了联邦中央政府的权力。虽然联邦与省间的职权有所划分（如联邦政府负责国家贸易、商业、外交等事务，省政府主管司法、文化、教育、医疗等事务），原上、下加拿大两大语系地区的联合性质也有了改变，但未明确联邦是地位平等省份的结盟，这样又埋下魁北克省与联邦政府间持续矛盾与冲突的基因。

作为加拿大历史上最重要的一部成文宪法《英属北美法案》，是依照英国的政治模式确立了加拿大的基本政治制度。其主要内容包括：由各省联合组成联邦，设立联邦议会和省议会；授予联邦议会设立新省以及改变各省边界的权力；规定了联邦议会和省议会的立法权；规定最高行政权属于英王，由总督代行职权；设立掌握实行行政权的加拿大枢密院，即内阁；授予联邦议会设立加拿大最高法院的权力；英语和法语均为官方语言；规定魁北克省中基督教少数族和安大略省罗马天主教少数族学校分治；保留魁北克特有的民法制度；授予议会对财产和公民权利的管辖权；禁止各省间征收关税；授予省议会修改本省法律的权力；规定联邦政府对各省的某些管辖权等。然而应该看到，加拿大虽然实现了联合，建立了联邦国家，制订了宪法，按照宪法设置了国家机构，获得了大部分内部事务的自治权，但是自治领在政治、经济、外交、军事、司法等领域都未能获得真正的自主权。也就是说，自治领的成立，并非指自治领获得了充分的自治权和完整的国家地位，其民主政治制度虽然得到巩固，但其民主制度的充分程度却受到了影响。然而加拿大自治领地位的确立和联邦制的建立，为其取得全面自治奠定了基础，也为民主建设开辟了广阔道路。

到 19 世纪末和 20 世纪初，加拿大经历了前所未有的繁荣，自治领的国力和民族自信心剧增。随着加拿大要求全面自治愿望的日益迫切，英国却从巅峰开始走向衰落，在极力维持英帝国联邦体制的同时，不得不对自治领采取进一步的让步。

1926 年，帝国会议发表了有关自治问题的《贝尔福公报》。公报指出："自治领在英帝国内部是自治社会、地位平等，虽以共同效忠英王相联系，但在内政、外交事务上互不统属。"《贝尔福公报》是加拿大在 20 年代为争取自主权所取得的各项成就的集中体现。1931 年，英国议会通过《威斯敏斯特法案》，正式从法律上确定了自治领与英国之间具有"平等地位、不再互相隶属"。至此，加拿大在经历百余年的争取自治的斗争中，终于赢得了国家主权地位。加拿大民主政治制度也得到了法律上的保护。

宪政道路带来联邦的路径选择，从此影响了魁北克的政治道路。扩大省级权力的要求通常是在 10 个省的首脑会议上提出。就像加拿大的建立是通过宪政手段，魁北克民族主义同样也走的是宪政程序。

三　社会和经济变迁

魁北克原想借参加联邦政府之机，摆脱在上、下加拿大联合政府中所受的压抑，并希望借助占据河流交通的有利地位，联结广大西部内地与出海口的通道，发挥凝聚联邦的作用。但随着广阔西部土地上新行省的陆续建立（1870 年曼尼托巴、1871 年不列颠哥伦比亚、1905 年艾伯塔、1905 年萨斯喀彻温）、皮毛贸易的衰落、横贯大陆铁路的兴建、西部工农业的逐步增长以及英语使用范围的扩大，魁北克影响西部经济发展的梦想幻灭了，昔日圣劳伦斯河繁荣的年代和地位一步一步地衰退了。

魁北克法裔加拿大人总感到在联邦体制下的所获低于英裔加拿大人，也认为从宗主国英国那里争取到的权利大部分为英裔加拿大人所占有，尤其首任联邦总理约翰·麦克唐纳政府就否决了 24 个省议会所提出的法案中的 16 个，这就促使魁北克于 1887 年提出了取消联邦否决权的修宪要求。这个要求虽未成功，但显示出魁北克已经开始意识到使用宪法这个手段来实现其利益。从此，中央集权与地方分权之争再也没有停止过。

1914 年第一次世界大战爆发后，魁北克省自愿入伍的人数远远落后于其他省份。他们抱怨没有建立法语军队，法裔军官提升不够。讲英语的新教牧师在魁北克担任募兵工作，也引起他们的不满。关于征兵制的激烈争论，更加深了英、法裔之间的分歧，甚至 1918 年 3 月在魁北克城发生一次反征兵的暴乱。法裔加拿大人重视保护的是本地的文化和权利，并不关注整个自治领的问题，更不用说世界问题了。因此，有人称法裔加拿大人是地方主义者。

一战至二战期间流行的"国民联盟"新主张，是加拿大社会经济转轨时期最有影响力的思潮。其倡导人罗伯特·布拉萨是魁北克民族主义的主要发言人，他曾三次任联邦众议院议员（1896～1899 年、1900～1907 年、1925～1935 年）。他竭力维护法裔加拿大人的政治和经济权利，积极支持天主教会在法裔加拿大人中的文化和社会地位。作为魁北克民族主义者，他曾反对加拿大参加布尔战争。布拉萨政治主张的一个新因素是双重文化组合思想，即法语加拿大应当享有同英语加拿大完全平等的地位，在加拿大广阔的土地上形成一种新的双元文化。这种思想的内涵具有"联合"与"分离"平行发展的双重意思。他的"分离"思想远不同于 20 世纪中期他外祖父路易 – 约瑟夫·帕皮诺的思想。帕皮诺的分离思想是摆脱英国的殖民统治，甚至还幻想投入美国怀抱。而布拉萨的分离思想首先是在加拿大联邦体制内的分离，是追求在联邦体制下的完整平等地位。二战的爆发促进了这种思想的发展，揭开了战后魁北克分离运动的序幕。

布拉萨思想的发轫源于魁北克工业经济的增长。一战后，魁北克工业经济如同加拿大整个经济一样继续得到发展，特别是自 20 世纪 30 年代魁北克开始了大规模的工业化和城市化以后。1871 年魁北克经济的 77% 是农业经济，至 1911 年工商业城市经济已增至 50%。一战后继续加速发展。1921年魁北克城市人口达 56.01%。工商业的发展吸引了农村人口，城市工人和薪金阶层的人数不断扩大。社会结构因而产生变化。例如，蒙特利尔有618506 人，其中 63.9% 为法裔，而少数英裔却仍占据工业和金融业权势地位，也拥有巨额财富。这样，一方面法裔传统价值观和文化结构迅速解体，天主教会权力和影响日渐减弱；另一方面新兴的法裔中产阶级日益不满所处的经济和政治地位，中央集权与地方分权的矛盾、新教与旧教的矛盾以及两种语言和文化形态的矛盾日趋激烈。魁北克新民族主义的增长为分离主义埋下了火种。

当时尽管魁北克对于联邦多有指责和不满，但联邦的合法性和权威性仍未动摇。联邦政府通过审慎的行政改革、广播媒体的宣传、联邦政府领导人物的有力影响（例如威廉·莱昂·麦肯奇·金等），以及在 20 世纪 30年代经济危机时期所推行的福利措施如收入保障制、联邦工资待遇平衡计划、联邦支持的社会改革措施等，都使魁北克人感到从联邦政府得到实惠，因而缓解了地方主义的心态。

二战的爆发进一步促使魁北克经济的复兴。1939～1950 年，魁北克工业增长率高于整个加拿大（92%∶88%），相当于 1939 年前魁北克在本世纪的经济增长，而农业人口减少 64000 人，即从 252000 人降至 188000 人。1901～1951 年，魁北克的人口虽然增长了 3 倍，但农业人口锐减。除渔业和捕猎业外，所有非农产业在职员工都增加了，特别是工业职工由79000人增至237000人。到50年代末，法裔城市人口已达70%以上，蒙特利尔即占全省的40%，吸收了全省农业人口的2/3。随着农村人口的下降和工业的进一步发展，城市经济和文化中心迅速兴起，具有一定专业训练的新的城市中等资产阶级队伍日益扩大。

魁北克本身的经济尽管有了发展，但依然存在两大严重问题：其一，魁北克的经济很大一部分是由省内讲英语的现代经济社团所控制；其二，魁北克在圣劳伦斯河的优越的运输地位逐步丧失，在经济地位上逐渐被安大略超过。据皇家双语双元文化委员会统计，在魁北克收入最高的是纯讲英语的英裔加拿大人，收入居第二位的是讲英语的加拿大人和能使用双语的英裔加拿大人，居第三位的是能够使用双语的法裔加拿大人，居第四位的是纯法语法裔加拿大人，而收入最低的是新移民和土著人。

为了提高本省的运输能力，蒙特利尔原规划开凿乔治亚湾运河。但在美国的压力下，联邦政府不顾魁北克的反对，于1953年与美国达成疏浚圣劳伦斯河协议，使海洋船舶驶入圣劳伦斯河上游，直至安大略湖。联邦政府的政策不仅在这个问题上，而且在诸如"汽车协定"等问题上也向安大略倾斜，1953年在多伦多工业投资额第一次高过蒙特利尔。就连外资企业也重视安大略。1954年在美国新成立的76家工业企业中就有75家在安大略选址，而在蒙特利尔定点的只有一家。为了避免魁北克有朝一日成为安大略的"内陆"，魁北克人要寻找一条摆脱战后安大略工业和金融控制的道路。

魁北克希望恢复昔日圣劳伦斯河帝国辉煌地位的梦想更加渺茫，并且曾是维系魁北克生命的两大主动脉天主教和法语如今也出现问题。魁北克在生存问题上面临两条道路：要么继续固守传统，因为没有这些传统，就没有魁北克；要么顺应时代潮流，因为逆流而动，亦等于束手待毙。魁北克人就是在这一系列严肃的思考中走进了20世纪60年代不平静的"静默革命"。

四　静默革命：分离运动的酵母

魁北克政府准备像其他省份一样让它的人民作为北美人的一部分走向世界。来自内部与外部的压力造就了魁北克激烈的民族主义的温床，"静默革命"孕育而生。

　　1960 年，魁北克自由党人让·勒萨热（Jean Lesage，1912 - 1980 年）当选为魁北克省总理，他改变了从 1944 年以来莫里斯·迪普莱西所领导的民族联盟党的政策，在魁北克省内开始推行"静默革命"。

　　"静默革命"对魁北克的经济、政治和文化等方面进行了改革。例如，降低选举年龄，对人事照顾和竞选秘密基金予以清除。为了增加城市选民代表，对选举区划进行更改。增加政府机构，发展教育，实施工会和社会改革。1964 ~ 1965 年，魁北克退出联邦制定的财务分摊规定，直接征收同量的税收，并建立本省的养老金计划。对私有电气公司实施国有化，并于 1963 年建立魁北克水电站。1964 年组建钢铁工业公司。同年建立教育部，取代了天主教会长期对教育事业的控制。调整了把法语作为第一语言的那些魁北克人的经济地位。1965 年设立了社会保险和福利部。这些措施增加了魁北克人的自信心。"静默革命"后，天主教会世俗化加深了，传统道德观念随之转变。教会宽容措施增多了，如在礼拜仪式中法语代替拉丁语，教会在组织上采取民主制，与新教教派实现联合组织等。同时，"静默革命"把法裔民族主义的号召局限在魁北克省内，纠正了过去罗伯特·布拉萨把这种号召扩展到魁北克省外，澄清了这种号召的地理界线。由于这种号召的作用，到 1970 年，竟有 41% 的魁北克人认为魁北克省应脱离加拿大而独立存在。

　　分离运动煽起的民族主义情绪波及了整个国家，许多事情都要重新制定，比如给魁北克产品标标签的方式、如何设计加拿大国旗、魁北克省和其他省法语课程的设置、学校中少数民族的待遇等问题。其中法语语言的使用是最核心的问题。原本，语言文字只不过是人与人之间用来交流的工具。但对于那些感觉到自己犹如生存在英语海洋中的魁北克人来讲，它具有特殊的意义。在加拿大，只有 600 万讲法语的公民，但讲英语的却有 1600 万。魁北克人强调语言文字是一种构造民族大厦的黏合剂，是民族统一的载体，是维系法裔价值观念、改善社会地位以及防止被人口激增的英语居民同化的保证。语言问题与民族生存息息相关，这就是为什么在魁北克语言最终政治化的原因。

　　20 世纪 60 年代，关于双语制和双元文化的讨论在加拿大十分激烈。主张双语和双元文化的人认为，加拿大既然主要由英语和法语居民组成，联邦政府就应提倡双元文化和双语制。在这种争论的推动下，1963 年加拿大总理莱斯特·皮尔逊成立双语和双元文化皇家委员会，研究有关问题。1969 年联邦总理皮埃尔·特鲁多根据该委员会建议，制定了《官方语言法》，正式承认法语和英语同为官方语言。1969 年魁北克议会通过《63 法案》，保证家长对于子女语言教育问题有自由选择的权利，并规定中学生必须通过法语口试和笔试后方得毕业。这个法案使英裔和法裔居民均感不满。1971 年特鲁多政府宣布改双元文化为多元文化政策后，立即遭到法裔加拿大人的强烈抨击。法裔加拿大人之所以欣赏双元文化，是因为它意味着加拿大两个主要民族间的平等。而多元文化含有各民族平等的意义，法裔加拿大人就会被降至成为几个少数民族之一的地位。1974 年魁北克议会通过《22 法案》，规定法语是魁北克省唯一的官方语言。1977 年魁北克议会又通过《101 法案》，除确认法语是唯一官方语言外，还扩大了法语作为官方语言的使用范围，如官方文件、公共牌照、广告、文官晋升、公共场所、中小学教育等方面都须使用法语。一个民族讲本民族的语言，本是很正常的事情，但一而再地给予法律上的确立，这在世界文化史上是不常见的现象。

尽管法裔加拿大人讲的不是地道的法语或巴黎法语，而是一种带有浓重的魁北克口音、掺杂着个别英语舶来语的"法语"，但由于法语是魁北克最重要的特性之一，所以魁北克确立法语地位的立法正是迈向激进民族主义的重要表现之一。

五　修宪与主权运动

随着"静默革命"的深入，到 20 世纪 60 年代中期，魁北克问题开始激化，也曾出现一些极端行为。魁北克解放阵线就是一个例子。[①] 在组织层

---

① 魁北克解放阵线（Front for the Liberation of Quebec）又称民族独立同盟，该组织成立于1963 年，主张魁北克并非和其他地区一样只是一个省份，而是一个独立的国家。鼓吹通过暴力行动实现魁北克独立。20 世纪 60 年代到 20 世纪 70 年代该组织先后制造了 200 多起暴力事件。该组织 1970 年 10 月策划绑架了英国驻蒙特利尔一名贸易专员和魁北克省劳工部部长皮埃尔·拉波特，并将拉波特杀害。1970 年十月危机的结果是，用暴力手段追求魁北克独立的团体失去了支持，势力逐渐消退，但魁独的政党赢得了更广泛的支持。1976 年，魁人党赢得了省级选举。魁北克解放阵线的零散成员后来仍然发动了数次恐怖袭击。例如，2001 年蒙特利尔三家咖啡店爆炸案。

面上，1968 年魁北克省前内阁部长勒内·勒维斯克成立"魁人党"。魁北克独立问题最早是由"魁人党"提出的，其在政治纲领中明确规定了要"获得魁北克的政治主权"。1976 年勒维斯克击败罗伯特·布拉萨和自由党，出任魁北克省总理。"魁人党"成为魁北克省的执政党后，谋求独立的活动进一步高涨。

1979 年 10 月，勒维斯克正式提出要在加拿大联邦和魁北克省之间建立"一种新的平等的伙伴关系"，即在经济上与联邦保持联系关系，但在政治上保持与联邦对等地位，实行主权独立，在立法、征税、外交上有绝对的自主权，这就是"主权－联系"纲领。这个纲领并不要求立即实现独立，而是要求授权同联邦政府谈判，获取"主权"地位，并缔结一个贸易和人口自由流动的条约。

"主权－联系"概念的前提是：加拿大不是一个国家，而是由 1867 年宪法——《不列颠北美法案》构成的两个国家不平等的联合，虽然这种联合是相互依存并具有共同利益的。与魁北克"民族联盟"党不同，"魁人党"认为，在统一的加拿大内部无法实现魁北克与联邦关系的平衡，在其他 9 个英语省份中，魁北克只能永远处于少数地位，所以魁北克只有得到主权地位后，才能与加拿大在互利的基础上进行谈判。

勒维斯克的思想得到了相当一部分魁北克人的支持。"魁人党"做出了选择：既要保持自己的传统，又要跟随整个加拿大步伐向前发展，可是在与联邦的主权关系上省内公民间有分歧。1980 年 5 月 20 日省内举行公民投票，对"主权－联系"纲领实行公投，当时投票命题是"魁北克是否要实现主权同时与加拿大建议结成伙伴合作关系"，投票结果以 59.5% 对 40.5% 的比数遭到否决。

魁北克省约 600 万居民中，84% 的公民参加了投票。投赞成票的人年龄多为 18～34 岁，他们是二战后 20 世纪五六十年代生育高峰时期出生的青年，即在魁北克由传统乡村农业社会转向现代城市工业社会时期出生的青年。他们既不满省内法裔与英裔之间经济地位的悬殊，也不满在联邦中魁北克所处的地位。不容忽视的是，这些青年人在 15 年后仍旧属于对社会影响程度最大的年龄段，1995 年的第二次魁北克公民投票证明了这点。

1980 年的公投结果显示联邦主义相对于分离主义占了上风。执政党魁人党所提出的"主权－联系"纲领的被否决，使魁北克独立运动受到挫折，暂时结束了历时 20 年的关于魁北克省政治地位的争论。

魁北克民族主义者对"加拿大联邦"有着自己的诠释，即英语加拿大及其法语殖民地，并抱怨魁北克人"不是自己房子的主人"。他们认为首先要保持住"房子"，然后才能做"房子"的主人。这也许就是大多数公民在面对是通过"主权－联系"还是通过修宪确立魁北克地位时选择后者的缘故。因此在 1980 年"主权－联系"纲领失败后，魁北克与联邦的矛盾围绕1867 年宪法回归和修宪问题激烈展开。

一方面，"主权－联系"纲领公投的失败使当时的加拿大联邦总理特鲁多（Trudeau）加紧实施中央化联邦的主张，把修宪的权力从英国政府手中移交给加拿大联邦政府。1981 年 11 月修宪问题省级首脑磋商会在渥太华举行，在 4 日彻夜谈判会上，其他九个省的首脑都参加了会议，唯独魁北克的勒维斯克没有参加，根据加拿大总理特鲁多所言，是他自己没有来参会。但据魁北克领导人自己所言，在那个"愤怒和羞辱"的一天，他是被"踢出了会议"。可见魁北克与联邦之间围绕 1867 年宪法回归和修宪问题的矛盾非常激烈。

在魁北克省总理勒维斯克的反对下，联邦总理特鲁多与其他 9 个省的总理仍决定从英国收回 1867 年《不列颠北美法案》，在宪法上实现独立自主。此后任何有关修宪的决定，不再受英国议会的最后认可。这项决定还拟定了修宪条件，即宪法条文的更改必须得到 7 个总人口超过全国人口 50% 的省份的允准。此外，渥太华与 9 个省份还附加了《权利与自由宪章》（简称《宪章》），保障公民在宪法上的权利。魁人党认为，修宪决定剥夺了魁北克在修宪问题上的否决权，《宪章》也限制了魁北克省保护法语文化的权力。尽管魁人党强烈反对，英国议会仍应加拿大的要求通过了修宪决定，并由英国女王签署，这个新宪法于 1982 年 7 月 1 日生效。

新宪法不仅终结了加拿大立法必须获得英国王室批准的过程，还削弱了包括魁北克在内的省级权力，而这正是民族主义的魁人党（PQ）和联邦主义的魁北克自由党（QLP）共同反对的。这样，魁北克既不是原始宪法的签约者，现在也从来没有同意过它。因此，魁北克政府并不觉得宪法对它有约束，即使它很尊重其条款。新宪法点燃了酝酿 20 年之久的宪政危机，这是特鲁多始料未及的。这场危机直到现在也没有解决。

为了解开宪法危机的死结，缓和魁北克对新宪法的反对，1987 年 5 月，10 个省的总理（包括自由党人、魁北克总理罗伯特·布拉萨）与联邦总理布赖恩·马尔罗尼（Mulroney，魁北克人，1984 年当选）在渥太华附近的米其湖度假胜地举行会议，主要目的是拟定协议，以争取魁北克对 1982 年宪法决议的承认。《米其湖协议》（简称《协议》）的主要内容之一是重申魁北克是一个"社会"，它有保存和加强这种地位的权利。《协议》扩大了修宪范围并规定部分宪法修正案需 10 个省一致通过方能生效，换言之，魁北克获得一部分修宪否决权。《协议》还规定，各省政府若自设社会福利项目取代联邦的福利措施，可得到联邦政府的财政补贴。

1990 年 6 月 23 日是《协议》3 年批准期的最后期限，由于曼尼托巴和纽芬兰两省不予批准而失效。曼尼托巴的本土居民认为，《协议》未收纳他们的权利，要求省议会不予批准。纽芬兰省总理认为，《协议》赋予魁北克过多的权力，故予反对。《米其湖协议》因而告吹。

1992 年 8 月，联邦总理马尔罗尼与 10 个省的总理、两个地区政府的领导人以及本土居民代表于夏洛特敦举行会议，对宪法进行广泛的修订，其中包括扩大需 10 省一致同意的修宪范围，确认魁北克为一个以法语系居民为主的独特社会，无论魁北克人口比例是多少，保证可获得众议院 25% 的席位等。这项协议议而未决，规定由全国公民投票以决定是否成立。

1992 年 10 月 26 日进行全民公投，公投命题是"你是否赞成根据 1992 年 8 月 28 日的协议，来修改加拿大宪法"。其结果是 54.2% 对 44.8% 的票数，《夏洛特敦协议》遭到否决，其中有 6 个省反对。一般来说，英语省份肯定投反对票，因为它们反对向魁北克的"勒索"妥协。在魁北克省内，56% 的魁北克人也投反对票，主要是因为他们认为协议没有给魁北克足够的新权力。这表示魁北克人仍然不满于联邦政府的体制，对独立运动尚存一线希望。

20 世纪 90 年代可谓是魁北克独立运动鼎盛时期。1990 年 7 月，马尔罗尼的助理吕西安·布沙尔（Lucien Bouchard）离开保守党内阁，成立"魁人政团"（BQ）①。1993 年 10 月在大选年加拿大大选中，让·克雷蒂安（Jean Chretien）所在的自由党获胜，出任加拿大总理，并于 1997 年和 2000 年两次大选中连续获胜，蝉联总理。克雷蒂安本身也是魁北克人。但是更令人吃惊的是，魁北克在联邦中的 75 个席位中，有 54 个为魁人政团成员所占。魁人政团这个在加拿大下议院拥有官方身份的政党正在寻求分裂加拿大的可能。同时，在克雷蒂安执政期间，魁人党在魁北克省级选举中赢得了多数席位。在魁北克省，1994 年 9 月 12 日魁北克选举魁北克人党雅克·帕里索（Jacques Parizeau）为魁北克总理后，决定就独立问题在省内进行公民投票。

为了争取独立，1995 年 10 月 30 日，魁人党再次举办第三次全省公民投票。投票命题为"根据魁北克在 1995 年 7 月签署的法案和加拿大结合为经济和政治联盟，你赞成魁北克成为一个主权国家吗"。1995 年投票结果是两派势均力敌，赞成占 49.42%，而反对占 50.55%，反对独立的联邦主义者以微弱多数获胜，使加拿大暂时避免了分裂，但分裂主义者发誓要继续为独立而奋斗。1995 年的公投结果无论对联邦主义还是主权主义都是一个打击。在公投结束后的 6 个月内，主权主义者和联邦主义者的相互指责达到高潮。吕西安·布沙尔（Lucien Bouchard）曾经伤感地说，1995 年魁北克公民投票是他这一代魁北克人在有生之年的最后一役，假如投票失败，魁北克独立运动在未来二三十年间将不会再抬头。布沙尔的预言不一定准确无误，但多少有些启示作用。即使魁北克真的存在"法语文化疲劳"现象，那么不管它有多么疲劳，毕竟没有消失，而且会世世代代存在发展下去。对于加拿大人来说，当然其中包括魁北克人，未来存在着机遇，也存在着挑战。

---

① 魁人政团属于加拿大一个联邦政党，其最重要的政纲是支持魁北克省脱离加拿大联邦，成为一个独立主权国，而其他的政纲为在联邦政府维护魁北克省的利益。虽然魁人政团及作为省政党的魁人党没有任何正式联盟，但是这两个政党有十分密切的关系。魁人党目标在于在魁北克主权的平台上赢得联邦选举。魁人政团大多数的支持者为魁北克分离主义者及省内的工会组织。由于魁人政团的政治倾向，该党的所有候选人只会在魁北克省参选。因此，魁人政团是加拿大国会下议院所有政党中只在一个省份运作的政党。此外，由于在加拿大国会下议院的 308 个议席中，魁北克只占 75 席，所以魁人政团实际上没有能力组成一个多数政府。

公投后，除给加拿大社会带来相当不安、股市不振外，国际社会并没有明显表态。唯美国略表关切，加拿大联邦政府除了在公投前进行媒体的助选、加入魁北克反对阵容以助壮声势外，也别无作为，只能让魁北克人民自己决定前途。而加拿大总理克雷蒂安击败魁独公投案后，虽然呼吁民众疗伤止痛，但以微小差距败北的独立派心有未甘，双方目前仍嗅不到一丝和解的讯息，这将为加拿大未来政局的动荡埋下伏笔。因为魁独派虽然在此次公投中受挫，却成功发出魁北克独立有望的强烈讯息，这使魁独在未来可立于不败之地，退则足以向加拿大中央及其他各省施加更多压力，增加魁北克的谈判筹码，而且足以在谈判失败后，号召群众，在新的独立公投中一鼓作气冲破关卡。诚如魁独大将布夏尔所言，只要民心不死，魁独必将卷土重来，加拿大当局若不大幅改弦易辙，统一的大堤终将有溃决的一天。

加拿大中央在未来的宪政谈判中，虽然会对魁北克做出较大的让步，但也可能激起其他省份对魁北克享有更多特权的不满；反之，距离独立只有一步之遥的魁北克省必将抬高谈判价码，甚至拒绝和议，转而全力推动新一波的独立运动，结果将会使加拿大政局难上加难。

今昔形势的变化揭示出魁北克分离运动有一丝耐人寻味的诡异。加拿大全国与魁北克当地的经济政治条件愈改善，分离运动的声势不但不会降低，反而会上升。在1980年的公民投票中，独立派以40对60败北。客观而言，从那个时候开始，魁北克在加拿大的政治及经济处境均有巨幅提升；如今，加拿大是世界的一流国家，而魁北克则堪称是一流国家中政治经济环境最佳的一个省份；这样的境遇非但没有降低魁北克的分离主义气氛，反而显然助长了其独立气焰，使1995年的公民投票达到50.6对49.4的空前高度。不过，无论如何，反分裂势力终究仍能以仅仅1.2个百分点的优势险胜，而制胜的关键竟然是因反分裂者认为，魁北克若告独立，将使魁北克的政治经济环境受到伤害，并可能立即使当地居民的生活质量下降。例如，美国政府声称，魁北克如果独立，美国将不会接受其为北美自由贸易区的伙伴；加拿大中央政府也称，魁北克省若宣告独立，加拿大将不会维持双方的经济联盟。也就是说，独立派认为，魁北克能够以独立的地位维持繁荣；但反分裂者却认为，魁北克的繁荣必须建立在一个和谐的大环境中，独立将破坏大环境的和谐。魁北克的富足激化了分离主义的声势，最后却因多数民众认为分裂将失去富足，而阻挡了独立的浪潮，这正是魁北克分离运动在政治和经济层面显现的一种吊诡。未来魁北克的分离运动，仍将在民主政治、民粹运动及现实主义三者的互动中发展下去，三者一旦失衡，情势就可能逆转。

在这段历史的演进过程中，"现代化"导致了法裔团体的"文化自觉"，借此冲击又衍发了民族自决的分离运动问题。同时我们也看到，联邦政府想通过修宪限制魁北克独立，而魁北克想通过修宪争取主权和独立。

六 《清晰法案》：统一的宪政道路

研究民主国家的分离主义离不开分析法律和宪政问题。从法律程序上来看，魁北克省独立面临重重困境。因为魁北克要想获得主权，必须寻求修宪，但是修宪需要众议院和参议院的同意，同时还得需要至少七个省的同意。这七个省的人口至少占加拿大总人口的50%。从联邦角度来看，也在寻求反分裂的法律支持。

1995 年魁北克独立公投中，魁北克人民以一个微小的差距（50.58%对49.42%），拒绝脱离联邦。许多渥太华的拥护联邦者完全未预料到此结果，而他们相信公投结果依加拿大法律并没有法律效力。最强烈的反应来自于擅自把 1995 年公投问题模糊化。事实上，魁北克已经通过法律，以确保一旦与加拿大政府在修宪问题上的协调失败后，魁北克国民大会仍保留单方面宣布独立的权力。

鉴于公民投票主题存在模棱两可的问题，联邦政府于 1996 年 9 月 30 日递交三个问题给加拿大最高法院，以厘清最高法院"魁独案裁决"的宪法争议：

问题一：依据加拿大宪法，魁北克国民大会、立法机关或政府是否有权单方面地在法理上脱离加拿大？

问题二：国际法是否赋予魁北克的国民大会、立法机关或政府单方面使魁北克脱离加拿大的权利？关于此，国际法上的自决权有没有赋予魁北克的国民大会、立法机关或政府单方面使魁北克脱离加拿大的权利？

问题三：如国内法与国际法在魁北克的国民大会、立法机关或政府是否有单方面使魁北克脱离加拿大独立的权利上有冲突，加拿大应以何者优先？

1998 年 8 月，最高法院公布了最后裁决：一方面，依据国际法与加拿大法律，魁北克没有权利单方面独立。然而，如果魁北克人明确表达独立的意愿，加拿大政府将必须与魁北克省政府进行协商。从另一方面来看，这也保证加拿大国会有权确认公民投票的议题是否足够明确，以启动这样的协商。这确保了加拿大宪法的效力，除非脱离联邦的相关条文被参与的全部政党同意，这些条文将必须尊重加拿大宪法中描述的民主原则：少数与个体权力。[①]

加拿大最高法院根据对 1998 年魁北克脱离案裁决的内容，形成《清晰法案》（*The Clarity Act*），即变为法律前众所周知的 C – 20 草案。法律上的关键观点包含了以下几项：

1. 在一个省提出有关脱离联邦的公民表决的问题后，联邦众议院将必须在 30 日内对该问题是否清晰做出判断。

2. 在一个省进行分离问题的全民表决后，联邦众议院将对其多数票是否清楚地表达出了该省多数居民的意愿做出裁决。这暗示成功的独立必须要有绝对多数。

3. 众议院在审查某省公决问题和支持分离的多数是否清晰的时候，不应只单独参考分离的一方，还将考虑该省议会中所有政党、加拿大其他省和地区、参议院、土著民族，特别是要求分离的省份中土著民族的正式意见。

4. 允许下议院推翻投票的决定，如果它认为投票违反了任何清晰法的原则。

5. 基于加拿大宪法中任何省都没有单方面宣布脱离联邦的权利，要求分离的省份必须和其他省以及联邦政府谈判修改宪法。

该法案的内容表明，即使魁北克通过了"清晰的问题"和"清晰的多数"这两个关口，还需要与联邦政府及其他省进行艰难的谈判。除了联邦政府外，加拿大人数最多的英裔居民、生活在魁北克的土著人和其他少数

---

① Clarity Act. Government of Canada Privy Council Office，2009 年 3 月 5 日。

民族等也强烈反对魁北克分离出去。这也是主张分离的魁北克人不得不考虑的严峻问题。

该法案于 1999 年 12 月 13 日在下议院第一次被提出讨论，2000 年 3 月 15 日被下议院通过，最终版本在 6 月 29 日在上议院获得通过。《清晰法案》乃是针对 1995 年魁北克独立公投与该省推动中的魁北克独立运动的回应。

公开这些问题的同时，魁北克的统独两方包括魁人政团与众多的拥护联邦者都谴责渥太华的态度。在加拿大下议院通过《清晰法案》两天后，魁北克国民大会由魁人党政府通过了一个《尊重魁北克人民与省行使基本权力与特权法案》。

加拿大政府公开表达他们非常满意最高法院的观点，即魁北克既不能在法理上从加拿大独立出去，而当在投票中选择独立的人为明显多数时，加拿大政府将对魁北克进入独立协商程序负有"政治义务"。

《清晰法案》在让·克雷蒂安领导联邦政府任内通过，他为此也颇感自豪。但是，宪政道路是一把双刃剑，加拿大用它来围堵魁北克分离，魁北克也用它来谋求主权。魁北克问题仍是未来加拿大的一块心病。特别是在选票政治的环境下，魁北克独立问题随时可以成为争取选民的工具，未来的发展仍然是一个未知数。

英语区和法语区在宪法问题上的持续僵局，有可能造成联邦的分裂。2006 年 11 月 22 日史蒂芬·哈珀（Stephen Harper）在出任总理后提出一项惊人动议——"魁北克人是统一加拿大的一个民族"（Quebecers form a nation within a united Canada）。[①] 此举引起各界对如何处理法语区魁北克和其他英语各省关系问题的争议。而 11 月 27 日，加拿大国会以 266 票同意 16 票反对竟然通过了哈珀的动议，更突显联邦分裂的危机。

第三节　针对魁北克问题的国际反应

从表面看，魁北克公民投票一事在国际上并未引起很大的关注，实际上除加拿大以外，有两类国家对 1995 年公投结果表现出欣慰。一个是国际

---

① http://www.cbc.ca/news/canada/story/2006/11/22/harper-quebec.html.

社会中的主权国家，他们对民主加拿大能躲过这样一个艰难的挑战并赢得多数选票而长舒一口气，虽然优势微弱。尤其是自由民主国家，例如美国和英国，这两个国家都希望在争端中保持中立，因此很高兴看到公投维持了原来的样子。

国际体系里的多数其他国家也赞同这个结果。加拿大的形象几乎完美无瑕，截至 2000 年，《联合国世界发展报告》连续七年把加拿大列为生活质量最高的国家之一。许多国家在加拿大都有移民：意大利、葡萄牙、波兰、印度、斯里兰卡、中国，还有菲律宾。像移民一样，这些国家的领袖无法彻底理解魁北克和英语加拿大的文化差异，即便这种差异很小。由于加拿大宣称是一个多元文化的国家，因此就许多移民看来，一个华裔加拿大人和一个法裔加拿大人在身份上没有什么区别。那么在逻辑上，如果加拿大的其他族群没有自治要求，那为什么法语加拿大要这样呢？在静默革命不久英语加拿大人首先提出问题：魁北克人想要什么？现在他们终于有了国际共鸣。

相对而言，对于自己还在苦苦寻求从中央集权国家获得更大政治独立的民族来说，他们则因公投结果的势均力敌而感到欢欣鼓舞。由于魁北克民族主义者几近成功的案例，苏格兰、加泰隆尼亚、北方意大利以及其他地区的民族主义者受到鼓舞，积极追随民主程序。尤其是波斯尼亚、克什米尔、车臣和斯里兰卡，几乎所有形式的族裔分离主义都被贴上了战争的标签，而魁北克的经验证明，民族主张和自由民主是可以相容的。

至于来自国际体系的反应，其中影响最大并且直接关乎魁北克未来的也许是外国投资。我们曾经提到，20 世纪 70 年代和 20 世纪 80 年代，加拿大和跨国企业从魁北克全部或部分撤走。而在 1995 年的公投中，企业大都站在反对票阵营一边，要求吕西安·布沙尔（Lucien Bouchard）中止公投，消除政治不确定性。但是，我们接下来将看到，这正与魁北克主权主义领袖的盘算相反：他们认为，相对于作为一个受控于渥太华强加的繁文缛节的省，作为一个独立的魁北克将提供更好的投资机会。他们主张，魁北克作为国际社会中一个独立的主体，将成为北美完整经济的组成部分，并将在国际经济体系中发挥更大的作用。

第四节　立宪争端可以国际化吗

如果不干涉主权国家内部事务的国际准则一直严格地执行下去，魁北克问题肯定属于一国内部对宪法的争议问题。理论上讲，尊重不干涉原则的国际体系将让加拿大和其组成部分自己决定未来。然而，对于邻国来说这个赌注未免风险太高了，尤其担心邻国的分裂将带来动乱。就加拿大来说，利益攸关方恰恰是世界老大——美国。与美国的经济关系无论对于联邦主义者还是对于主权主义者，都同样至关重要。这一点毫不令人奇怪。

令人惊讶的是，根据 Lemoco 的研究，历史上美国领袖对魁北克独立的立场也不十分明确：美国长期认为魁北克成为一个独立的国家、一个好邻居或许可行。它认为独立的魁北克可以承认加拿大已有的防御、经济义务，并且在更为广泛的意义上继续成为美国政策的忠实支持者。美国反对魁北克主权最恰当的理由较少与魁北克本身相关，而更多地与加拿大分裂所带来的后果相关。[①]

根据政治科学家利斯（Jean - Francois Lisee）所言，20 世纪 70 年代开始，美国国务院就常规性地研究有关魁北克分离美国将作如何选择的问题，但是美国国务院并没有做出任何被误认为干涉内政的外交行动。[②] 加拿大与魁北克争端在国际层面最多地表现在与美国的经济关系而非政治关系。在空间相对缩小的时代，美国在北美没有像 19 世纪那样觊觎加拿大领土的必要，而经济利益上的扩张远比攻城略地更为有利。何况美国在魁北克的经济利益远逊于在魁北克以外的加拿大。美国向魁北克经济关系专家 Alfred Hero 提供的数据表明，他们之间的经济关系日益相互依赖。1978 年魁北克约有 73% 的物资出口到南方的美国，而到 1995 年随着 "北美自由贸易协定"（NAFTA）多数条款的实施这一比例上升到 84% 。而魁北克 45% 的进口来自美国，而且令人吃惊的是，魁北克作为加拿大的一个省却是美国在

---

① Jonathan Lemoc, *Turmoil in the Peaceable Kingdom*: *The Quebec Sovereignty Movement and its Implications for Canada and the United States*（Toronto: University of Toronto Press, 1994）, pp. 149 - 150.

② Jean - Francoise Lisee, *In the Eye of the Eagle*（Toronto: Harper Collins, 1990）.

世界上的第七大出口市场。另外，魁北克与美国的人均贸易顺差比日本还要多。① 正因为如此，魁北克所有的政党不管是联邦主义者还是主权主义者都支持马尔罗尼（Mulroney）政府的"北美自由贸易协定"。

在正式官方场合，美国对于魁北克独立活动避免公开表态，但在私下或半官方场合，则发出警告。1991 年 3 月，美国总统乔治·布什发表声明：他的国家丝毫没有干涉加拿大国内政治的念头。但是他又说道：我们非常非常愿意跟一个统一的加拿大在一起。② 同样，1995 年 1 月美国驻加拿大大使詹姆斯·布兰查德表示，若魁北克独立，则它不能自动成为"北美自由贸易协定"的成员。他特别强调美国与完整加拿大联邦的重要性。1995 年 2 月美国总统克林顿访问加拿大时，有意淡化魁北克问题，在与加拿大总理克雷蒂安会谈时，未谈及魁北克独立问题，反而极力赞扬甚至歌颂加拿大的多元文化政策。他称加拿大是一个典范，许多不同文化的民族能够在和平、成功与理解中共同生活和工作，美国应该向加拿大学习。与 1967 年法国总统戴高乐在蒙特利尔高呼"自由魁北克万岁"相比，克林顿在渥太华国宴上高呼"加拿大万岁"的声音似乎更响亮。克林顿虽然接见了魁北克总理雅克·帕里索，但同时也接见了加拿大众议院第二反对党党魁曼宁，借以冲淡同帕里索与众议院第一反对党、魁人党领袖吕西安·布沙尔（Lucien Bouchard）会晤的影响。

1999 年 10 月，在加拿大塔伯拉山举办的第一届联邦主义国际会议上（该会议旨在促进国际对于加拿大联邦主义的支援），魁北克独立派领导者发言，抨击加拿大联邦主义，以困扰主办的联邦主义者。但在结束致辞时，美国前总统克林顿对《清晰法案》给予很大的支持。当魁北克总理吕西安·布沙尔（Lucien Bouchard）对听众发表演说时，克林顿却重述了最高法院魁独案裁决，发出警告，"当人民为了得到政治上有意义的存在而去思考是否应该独立时，应该问一个严肃的问题……是否少数的权力也尊重了多

---

① Alfred O. Hero, Jr., and Louis Balthazar, *Contemporary Quebec and the United States* 1960 – 1985 (Lanham, MD: University Press of America, 1988), Hero and Marcel Daneau, eds., *Problems and Opportunities in U. S. – Quebec Relations* (Boulder, CO: Westview Press, 1984).

② Keith G. Banting, "If Quebec Separates: Restructuring North America", R. Kent Weaver, ed., *The Collapse of Canada?* (Washington, DC: Brooking Institute, 1992), p.176.

数的权力？我们将如何与我们的邻居合作？"克林顿指出，联邦主义提供一个让人民寻求身份的认知方式，却缺乏对独立国家身份寻求的限制。这个演说也停止了其他有关美国对于魁北克单方面独立法理上与可行性上立场的疑问。①

法国鼓励魁北克分离主义的作用则被夸大了。与 1967 年戴高乐访问蒙特利尔市政厅回法后发出"自由魁北克万岁"的呼喊相比，后继的法国领导人都避免表现出支持加拿大分离的态度。法国有没有魁北克政策？答案显然是肯定的。法国通常是对魁北克事件做出反应而不是密谋策划。但即便如此，法国还是努力推动魁北克自治，实际上已经把魁北克对宪法的不满转变成国际关系。②

可见，魁北克主权问题在国际层面是有局限性的。因此，至今美国和其他国家，或者国际组织都没有感受到压力。

第五节　加拿大与魁北克之间外部调停的可能性

由于魁北克主权问题的解决已经成为路径依赖性的选择，即继续走加拿大业已建立的并且被普遍接受的民主程序，因而国际组织的调解似乎多此一举。一旦问题超出掌控，加拿大在国际机构中的成员身份（例如联合国、北约、八国集团等）可能使他们第一个站出来进行调解，但是前提是暴力出现且长期化迫使他们出手。

除了国际政府间组织外，唯一的一个可以想象得到的第三方调解者将会是美国。我们分析了美国对魁北克与加拿大冲突的谨慎态度。还有另外两个因素可能使美国对卷入冲突表现谨慎。美国在波斯尼亚、科索沃，以及北爱尔兰的调停经验使美国领教到，营造和平充满了危险。最重要的教训是你一旦卷入就很难抽身。南斯拉夫案例证明，在维和行动之前必须在敌对双方之间实现和平营造。美国在调解北爱冲突中也陷入一种看不见的困境。由于美国施压，盎格鲁和爱尔兰于 1985 年达成了处理北爱问题的协

---

① Bruce Wallace, "Clinton Defends Canadian Federalism", *Maclean's Magazine*, 1999. 10 (18).
② Frederic Bastien, *Relations Particulieres: La France face au Quebec apres de Gaulle* (Montreal: Les Editions du Boreal, 1999), pp. 353 – 354.

议，但是这个协议在 15 年之后才有成果。其间美国可谓是付出了"千辛万苦"的努力，在各派之间持续进行斡旋。

　　另一个阻止美国卷入魁北克和加拿大争端的因素是：它紧邻危机中的国家。美国对于调解邻国的内部事务可能会表现出犹豫，不管它是加拿大与魁北克的修宪危机，还是墨西哥的萨帕塔运动（Zapatista Movement），因为这会触发任何一派的反美情绪。好心的调解可能会带来不满的结果，而这将会招致强烈的反美行动。

　　加拿大在往世界各地派遣维和部队方面具有很长的历史传统。对于许多研究加拿大问题的专家来说，怎样满足魁北克人改变自己的不对称身份之渴望，很难想象联邦政府最终拿不出一个方案，在家里解决这个问题。但是如果真的无法取得成功，使用外部调解的手段来解决国内僵局，仍然不大可能出现。

第七章
斯里兰卡僧泰冲突：族群纷争长期化

第一节 僧泰冲突：长期化与国际化

本章我们把注意力从欧洲和北美转向南亚的族群冲突。斯里兰卡的僧泰冲突在许多方面与前两个案例不同。首先，斯里兰卡的族群冲突是最长的国内战争，深深根植于斯里兰卡历史。其次，斯里兰卡发生的种种事件表明，这场战争更可能扩散到国际舞台。最后，通过国际第三方的干预很难解决这场冲突，这已经被印度调解的失败而证明。从一个真正重要的意义上来说，这场久而未决的战争通常充斥着诸多变数——根源深、高度国际化、人类遭受的痛苦极大、管控和解决难度也比较大。

第二节 斯里兰卡为什么爆发族群冲突

斯里兰卡全称"斯里兰卡民主社会主义共和国"，旧称锡兰（1972 年之前），是位于亚洲南部印度次大陆东南方外海的岛国。中国古代曾经称其为狮子国、僧伽罗。国土面积 6.5 万平方公里，人口密度每平方公里 305 人。2008 年总人口 2020 万人，其中僧伽罗族占 81.9%，泰米尔族占 9.5%，摩尔族占 8.0%，其他占 0.6%。僧伽罗语、泰米尔语同为官方语言和全国语言，上层社会通用英语。居民 76.7% 信奉佛教，7.9% 信奉印度教，8.5% 信奉伊斯兰教，6.9% 信奉基督教。僧伽罗人（Sinhalese）主要居住在斯里兰卡的南部、西部和中央地区，他们最初来自于印度。因此，僧伽罗人的文明主要来源于印度，当然在此后的岁月中又受到其他文化的影响，包括葡萄牙人、英格兰人，以及少量的荷兰、缅甸和泰国文化的影响。泰米尔人（Tamils）主要聚居在干旱的北部和东部省份，他们分为两部分：贾夫纳泰米尔人和印度泰米尔人。前者主要是 1500 年前首批来到该岛的部落的后裔，后者是 19 世纪和 20 世纪早期英国茶叶种植商从大陆带来的茶园工人。

历史上，僧泰关系既是传统的对手，又有和平合作。但在过去的几十年，两个族群之间的冲突达到严重影响国家统一、阻碍经济发展的程度，最终破坏斯里兰卡的政治统一。若干有关人口、文化、宗教、语言、经济、政治的争议问题都基于这个岛的历史，当代族群暴力冲突也根源于此。独立之前，这些问题还可以控制，因为僧伽罗人和泰米尔人都没有政治特权和力量来进行有利于自己的解决。但是，自 1948 年摆脱英国统治独立以后，占据人口多数的僧伽罗人掌握了政权，决定以有利于僧伽罗人的方式解决某些问题，毫无疑问，这是以牺牲少数民族，特别是泰米尔人的利益为代价的。

一　历史根源

斯里兰卡的民族问题主要是多数人的僧伽罗人和少数人的泰米尔人之间的问题，这两大民族的冲突起源于英国殖民统治时期。

1. 殖民政府中央集权制的影响

历史上，斯里兰卡很长一段时间是王国鼎立。1815 年英国征服斯里兰卡全境后，建立了统一的中央集权政府。这种体制一方面促进了僧泰双方的交往，有利于国家统一和民族融合；另一方面，种植园经济的发展也使僧泰关系在土地纷争之外，又增加了新的矛盾。由于英国殖民当局采取"分而治之"原则，有意承认各个种族，在不同时期利用不同种族，从而加深了各民族间的隔阂。

二战后，斯里兰卡即将独立。为了争夺胜利果实，两个民族间又开始争斗。英国一方面考虑到僧伽罗人的人口多数地位；另一方面也担心斯里兰卡如果由泰米尔人掌权，会与印度连成一体。因而英国人在撤离前巧妙地进行了许多有利于僧伽罗人的安排，使斯里兰卡独立前基本上由僧伽罗人在政府中担任要职。同时，为了在独立后完全确立自己的统治地位，僧伽罗人开始想方设法排斥泰米尔人。

2. 选举政治的去族群化

1833 年英国在斯里兰卡设立立法会议。立法会议的三个非官方代表由总督按教族任命：低地僧伽罗、泰米尔和伯格人各 1 人。1889 年又增加了两名非官方代表，分别代表康提和摩尔人。① 此后，教族代表制原则保留了下来。1931 年多诺莫尔宪法生效前，僧、泰两大民族的矛盾没有激化。为了对付共同的敌人，他们抛弃成见，共同举起民族独立的大旗。多诺莫尔宪法授予斯里兰卡成年人普选权，但是新宪法在立法会议上再次取消了教族席位，完全实行区域选举制。② 这实际上是在平等的口号下忽视少数民族的权利，从而使两大民族的矛盾更加明显，为日后斯里兰卡旷日持久的种族冲突埋下了祸根。从此，斯里兰卡政治发展的天平开始倾向僧伽罗人。

3. 殖民时期的英语教育与就业问题

语言可能是区分泰米尔人和僧伽罗人的一个最为重要的因素。这两个群体都是重要的语言群体。在每一个群体内部，语言是情感认同的来源之一。讲这个语言的人和这个群体的成员身份之间有着极其重要的联系。③ 语言认同以及不同于邻居族群的特质，这种强烈的感觉赋予僧伽罗人独特性已经数个世纪。僧伽罗语是属于雅利安语支的一种语言，并且在斯里兰卡只有僧伽罗人使用，这也是形成和维持僧伽罗人认为自己是一个独特民族的观点的主要因素。在他们看来，斯里兰卡泰米尔人说的泰米尔语不仅是斯里兰卡的印度泰米尔人和摩尔人（Moor）使用的语言，也是印度南部泰米尔人使用的语言。

---

① Jonathan Spencer, Sri Lanka, *History and the Roots of Conflict* （London，1900），p. 28，p. 33，p. 5.

② Chandra Richard De Silva, Sri Lanka：A History, Vikas Publishing House Pvt Ltd，1989，p. 193，pp. 232 – 233.

③ Robert Kearney, *Communalism and Language in the Politics of Ceylon* （Durham，NC：Duke University Press，1967），p. 16.

独立以后，语言问题成为斯里兰卡族群关系的一个最具爆炸性和分歧最大的问题，但是语言问题的根源在于西方殖民统治。[①] 斯里兰卡经历了三段殖民历史：葡萄牙、荷兰、英国。在葡萄牙和荷兰统治时期，行政管理使用的语言通常是当地的语言，殖民统治者使用的语言只是用来记录和保存某些中央政府的政务。只是在英国统治时期，政府使用何种语言成为一个重要问题，一是因为大不列颠关于语言的政策的不同；二是因为19世纪以后国家对于僧伽罗人有着非常大的重要性。[②]

自18世纪末英国在斯里兰卡统治开始，斯里兰卡实际上是以英语进行治理。当地人民对英语教育的需求快速增长，因为人们意识到英语知识对于在公共部门中就业至关重要。也出于行政管理的目的，英国殖民政府要求当地人只有掌握英语才能在政府中就职。提供英语教育的任务就落在了政府肩上。但是这项任务对于殖民政府来说非常困难，因而到1885年，殖民政府才改变教育政策，从此以后，教育重心放在地方语言教育上，英语教育总体上是通过教会进行的。[③]

由于这项新的教育政策，接受英语教育的本地人和接受本土语言教育的当地人之间的区别日益增长，并形成了一种可怕的阶层等级制度。[④] 接受英语教育的人享有财富、名声和权力。另外，接受英语教育的学生发现自己更容易保住在政府中的工作。而接受本土语言教育的学生多数从事种植、体力劳动、乡村商贩以及服务业工作。这就在接受本土教育的民众中引起强烈的挫败感和愤怒。

一旦公众选举权被推广、政治控制转移到僧伽罗人手中，接受本土教育的民众的觉醒走向了公开化。使用自己的语言的要求呼声日盛。与此要求密切相关的另一个要求就是机会平等，尤其是在公共机构的提名中。从

---

① Robert Kearney, *Communalism and Language in the Politics of Ceylon* (Durham, NC: Duke University Press, 1967), p. 52.

② Robert Kearney, *Communalism and Language in the Politics of Ceylon* (Durham, NC: Duke University Press, 1967), p. 52.

③ 进一步了解英国殖民者在斯里兰卡的教育政策，参考 H. A. Wyndham, *Native Education.* (London: Oxford University Press, 1933).

④ Robert Kearney, *Communalism and Language in the Politics of Ceylon* (Durham, NC: Duke University Press, 1967), pp. 56 – 57.

一开始，"本土语言运动"基本上是一个僧伽罗人的运动。泰米尔人在改变官方语言过程中没有丝毫受益。首先，在北方建立教会学校使大批斯里兰卡泰米尔人接受英语教育成为可能，他们也及时地利用了这个机会。其次，相对于那些怀疑教会教育从而忽视英语教育的僧伽罗人来说，泰米尔人则利用了这个优势，占据了专业领域职位和政府工作岗位。北方受教育的泰米尔人中涌现出了许多医生、律师，甚至还有不少著名政治活动家。许多泰米尔青年不仅成为专业知识分子，而且还进入了政界，成为地方行政机构的各级官员。独立初期，泰米尔人占政府职员的30%和自由职业的60%，而当时泰米尔人只占全国总人口的10%。[①] 对此，泰米尔人认为这是公平竞争的结果，而僧伽罗人则认为根源于英国殖民统治给了泰米尔人过多的特权。泰米尔人特殊的社会地位，加剧了斯里兰卡对立社会集团之间紧张和不协调的气氛。最后，由于泰米尔人并没有像僧伽罗人那样因为语言障碍而分化，因此，南方发生本土语言运动而引发的对社会不满在以泰米尔人为主的北方并没有那么明显。

虽然本土语言运动最初是本土语言和英语谁是官方语言的斗争，但是独立以后演变成要求僧伽罗语为唯一官方语言。因此官方语言问题成为两大族群争议最大的问题。

4. 印度泰米尔人移民问题

从19世纪20年代起，为解决种植园中劳动力问题，种植园主从印度南部招募了大批泰米尔人到斯里兰卡种植园。这样，在僧伽罗农民的身边，出现了一大批收入极低的印度泰米尔工人。这批移民在1837年有10000人，到1949年达758264人。[②]

印度泰米尔人大量移入，令僧伽罗人强烈感受到一种潜在的威胁。一方面，原有的斯里兰卡泰米尔人正以岛的东、北两部分为阵地，与他们进行相对峙；另一方面，后来的印度泰米尔人一天一天地渗入岛的中部、西部沿海地区。更令僧伽罗人担忧的是，斯里兰卡泰米尔人还把印度泰米尔人看成是自己民族的一个组成部分，煽动印度泰米尔人与僧伽罗人为敌。20

---

① 金涛、孙运来主编《世界民族关系概论》，中央民族大学出版社，1996，第243、245~246页。

② 王宏伟主编《南亚——区域合作的现状和未来》，四川大学出版社，1993，第212页。

世纪 20 年代，斯里兰卡发生经济危机导致大量失业。一部分僧伽罗人就认为应通过驱逐泰米尔人来解决这个问题。1927 年，科伦坡僧伽罗工联主义者曾要求驱逐印度泰米尔人。[①] 从 20 世纪 20 年代以后，两个民族之间的对立加剧。

因此，斯里兰卡持久的种族冲突有特定的历史原因，而英国殖民统治的遗患为最。英国在所谓的"自由"情感的误导之下，在所有公民一律平等的幌子下，取消了原来保护少数民族的教族代表制，实行成年人普选制，这是造成斯里兰卡种族冲突的关键因素。所以，有人说僧伽罗与泰米尔冲突是现代政治的产物。[②]

二　文化与宗教问题

在当今族群紧张和暴力的氛围中，有关历史上谁是该岛最早居民的问题最难解决。一方面，斯里兰卡泰米尔人要求政治自治，后来提出自己是斯里兰卡岛第一个居民，在英国统治之前就有很长一段历史独立于其他僧伽罗人王国而存在，有理由建立一个独立的国家。另一方面，僧伽罗人也称自己是第一个来到斯里兰卡岛的人，拒绝承认泰米尔人这方面的要求。历史上，僧伽罗人认为斯里兰卡的泰米尔人是入侵者，他们摧毁了北部地区僧伽罗人的王国。因此，僧伽罗人拒绝斯里兰卡泰米尔人独立建国的要求。无法解决这个问题以满足两个群体的要求已经成为斯里兰卡政治稳定的灾难。

文化和宗教问题也在破坏斯里兰卡族群和谐中起到了非常重要的作用。佛教在斯里兰卡已有 1000 多年历史。西方殖民者入侵以来，佛教长期受到外来宗教的歧视、排挤与迫害，并开始衰落。然而，佛教在僧伽罗各界人士中仍然有着深厚的基础，一旦殖民统治者对僧伽罗人的宗教压迫稍有缓解，佛教的复兴就是不可避免的。19 世纪中期，斯里兰卡兴起了佛教复兴运动。佛教复兴运动对于唤起僧伽罗人抵制西方文化和宗教的影响，反抗

---

① Jonathan Spencer, *Sri Lanka*, *History and the Roots of Conflict*（London, 1900）, p. 28, p. 33, p. 5.

② Jonathan Spencer, Sri Lanka, *History and the Roots of Conflict*（London, 1900）, p. 28, p. 33, p. 5.

英国的殖民统治，有着积极作用。但这次运动又不可避免地带来了消极作用：在佛教和传统文化复兴的同时，也重新燃起了僧伽罗人在历史上形成的宗教和民族自豪感，这就不能不成为斯里兰卡独立以后国家政治生活的隐患。

僧伽罗人绝大多数都是佛教徒，虽然殖民时期也有部分人皈依基督教。他们认为自己是来自印度北部白皮肤的雅利安人（Aryans）的后裔，自己的宗教起源来自于佛陀（Lord Buddha）。他们信仰佛教，甚至在古代印度时期佛教衰落时依然信仰直到现在，显露了他们渴望突出自己区别于非僧伽罗人的特质。而那些深色皮肤的斯里兰卡泰米尔人大多数都是印度教徒。这解释了为什么斯里兰卡泰米尔人对僧伽罗人振兴佛教的希望从未表现出任何恐惧，因为他们认为佛教信仰是印度教信仰的一部分，在生活和宗教上面两者有着相似的主题。

僧伽罗僧人一直试图说服一代又一代的僧伽罗人，他们的种族是被佛陀选中来到斯里兰卡建立国家的，他们必须一直保持活跃，因为佛教信仰不断面临来自印度泰米尔人的威胁。历史上，僧伽罗佛教僧人不断受到来自南印度泰米尔王国的入侵威胁，他们非常担心在达罗毗荼人的控制下，佛教会遭到苦难。另外，由于佛教过去是僧伽罗王朝的国教，僧侣们担心达罗毗荼人的政治控制将剥夺他们通过僧伽罗人统治者所拥有的权力。他们诉诸种族和宗教情感来要求僧伽罗人保卫自己的王国和宗教。他们反反复复地宣扬僧伽罗人命中注定要捍卫自己的国家和宗教免受非僧伽罗人和非佛教徒的泰米尔人的入侵。佛教僧人对僧伽罗人民和统治者的影响如此之深刻，以至于佛教成为国家宗教和塑造僧伽罗社会面貌的权力工具。在后殖民时期，佛教僧人也曾巧妙地夸大处理僧泰冲突的历史事件，借此尝试塑造僧伽罗人的民族意识。① 僧伽罗社会不断面临被达罗毗荼人所代表的印度文明破坏和清除的危险，过去的僧伽罗统治者曾经英勇抗击过泰米尔人入侵。这种观点一直受到传说与神话的鼓动和支持。如此传说已经对僧伽罗民族意识产生巨大影响，也在很大程度上解释了为什么一些僧伽罗人

---

① Chelvadurai Manogaran, *Ethnic Conflict and Reconciliation in Sri Lanka* (Honolulu: University of Hawaii Press, 1987), p. 24.

对泰米尔人在北部和东部实行区域自治的要求以负面的方式做出反应（他们认为泰米尔人所占的地方是他们的故土）。[①]

斯里兰卡独立后，佛教民族主义思想开始大规模传播，国内民族矛盾上升到主要地位，僧伽罗人和泰米尔人逐渐发展到严重的敌对状态。佛教徒占全国总人口的65%，但在独立之初，国家政权仍然由殖民统治时期的精英把持，佛教徒感到国家生活受到非佛教力量控制。所以，斯里兰卡一独立，佛教徒便提出"恢复佛教的合法地位"的要求。1956年，佛教现状调查委员会拿出了调查报告《寺庙的反叛》，该报告鞭挞了基督教势力进入斯里兰卡给佛教及其文化造成的恶果及影响，向政府提出自己的要求：①建立一个佛陀教法议会，设立一个宗教事务大臣。②要求国家接管所有受政府资助的学校，向学生们讲授自己的传统宗教。可见，这是一篇充满僧伽罗民族主义激情的檄文。为了能够恢复已经丧失的僧伽罗佛教徒的传统宗教和文化，佛教僧侣积极涉入政治，广造舆论和参加斗争。该报告不但为国内日益高涨的民族主义提供了某种理论依据，而且也对今后一段时期内国内政治产生了重大影响。佛教僧团介入政治，加剧了斯里兰卡政局的不稳定。

佛教复兴运动所激发起来的民族情绪逐渐成为突出的社会问题。在基督教威胁已经几乎不存在的情况下，僧伽罗人的民族情绪就是针对国内其他少数民族的，首先就是针对泰米尔人的。所以佛教徒涉足政治，必然会对斯里兰卡的政治产生巨大影响，甚至改变了斯里兰卡历史发展的方向。1956年大选之前，统一国民党一直是执政党，它沿袭殖民政府的做法，在宗教上希望实行政教分离的政策，而把持政权的仍是那些受英语教育的上层精英。这种状况引起了受僧伽罗语教育的佛教徒的强烈不满，他们在农村进行了大量鼓动和宣传。受过教育的上层分子和广大群众之间的矛盾，转化为操僧伽罗语的多数派和操泰米尔语的少数派之间的斗争，两个主要种族集团之间产生了深深的裂痕。1956年大选中，以自由党为首的人民联合阵线取得了胜利。自由党在选举前提出"佛教是国教"的主张和"只要

[①]　Chelvadurai Manogaran, *Ethnic Conflict and Reconciliation in Sri Lanka* (Honolulu: University of Hawaii Press, 1987), p. 2.

僧伽罗语"的口号，许诺执政以后将把僧伽罗语作为唯一官方语言。因此，人民联合阵线受到了僧伽罗佛教比丘的支持。比丘们走村串户地拉选票，号召选民支持人民联合阵线，最终促使人民联合阵线在大选中取得胜利，自由党领袖班达拉奈克出任政府总理。这届政府成为现代斯里兰卡历史上第一个"依据民族文化的传统"而建立的新政府。

三 20 世纪 80 年代以来族群暴力升级

斯里兰卡的种族冲突分三个阶段。第一阶段从殖民地时期到 1948 年的独立，僧伽罗人和泰米尔人的摩擦仍处于萌芽状态。在反对殖民主义大旗下，双方尚能团结一致。第二阶段从 1948 年到 1976 年，种族冲突起伏不定。1977 年以后属于第三阶段，泰米尔人开始要求建立"泰米尔斯里兰卡"，而政府在民族问题上的一系列政策措施，一步步把斯里兰卡泰米尔人推向了反叛的行列。

面对暗淡的独立前景，泰米尔人很自然地诉诸骚乱、罢工、游行示威以及抵抗运动，以保卫自己不被僧伽罗人统治和同化。从 20 世纪 70 年代末 80 年代起，冲突就开始了。双方争论的话题时有变化，但根本问题是，斯里兰卡泰米尔伊拉姆猛虎解放组织一直说，他们想要在斯里兰卡建立自己的国家，泰米尔家园或泰米尔伊拉姆。但政府坚决不同意，他们说泰米尔人的要求可以满足，但国家必须保持统一。

但是，直到 20 世纪 70 年代中期，斯里兰卡泰米尔民族主义的特质才真正具有今天的分离主义维度。泰米尔自治主义的本质要求是：通过获得政治权力，实现泰米尔人在斯里兰卡泰米尔人故土建立区域自治，以保护泰米尔文化、语言、经济、教育和政治权利。没有区域自治，泰米尔人的这些权利就无法获得保障，因此并没有立即提出分离的要求。

20 世纪 70 年代中期，泰米尔人的主要政党人物和组织呼吁建立一个独立的泰米尔国，自此，斯里兰卡泰米尔的要求发生了质的变化。一些泰米尔组织开始转向游击战争。

从 1983 年开始，这种动乱在泰米尔人聚集区，即斯里兰卡北部和东部，发展成了全面的游击战。要求建立独立的泰米尔国家——伊拉姆（Eelam）。这些反叛组织最终联合组成了"泰米尔猛虎组织"，最大最著名的组织就是

"泰米尔伊拉姆猛虎解放组织"（简称猛虎组织，Liberation Tigers of Tamil Eelam – LTTE）。在有才能而又残忍的韦卢皮莱·普拉巴卡兰（Velupillai Prabhakaran）的领导下，该组织除了开展标准的游击战外，也广泛采用恐怖战术。美国联邦调查局将泰米尔猛虎组织定为采用自杀式手段在全球实施恐怖活动的组织。在冲突中，该组织常常采取自杀式手段来对付军事和民用目标，造成了成百上千人的伤亡。

泰米尔猛虎组织在居住在印度和西方的泰米尔人的资助下，使冲突不断升级。由于采用了超常的战术，加之普拉巴卡兰的才能，猛虎组织控制了斯里兰卡的很大一部分地区，训练不良的政府军只能节节败退。

从 20 世纪 80 年代到 90 年代，双方一直发生着血腥的冲突，双方都称对方对平民实施暴行，并导致了二十多万人的背井离乡。泰米尔猛虎组织继续使用自杀式爆炸手段来动摇政府和制造不安。该组织还违背国际规则，招募童子军来对抗政府。尽管国际社会不断呼吁，但泰米尔猛虎组织还是通过其有组织的国外网络、军火走私和其他非法途径获得了资金和后勤支援。

虽然在冲突中双方各有成败，但在 90 年代末双方形成了短暂的僵持阶段。从 2001 年到 2006 年，经过多次谈判后双方达成了停火协议。2005 年，拉贾帕克萨总统上台后发誓要打垮猛虎组织。2006 年末，双方又恢复了大规模冲突。军事力量加强的政府军对猛虎组织发动了无情的打击，提出要不惜任何代价消灭该组织。在接下来的两年里，政府军在多次战斗中频频获胜，并解放了许多由叛军控制的地区。

国际社会的干预、斯里兰卡民众对和平的渴望，使得政府和猛虎组织的和平谈判成为大势所趋。在挪威的斡旋下，政府和猛虎组织在 2009 年 2 月达成了停火协议，并最终敲定在 9 月中旬举行正式和谈。

政府采取边谈边打的策略，普拉巴卡兰终于无力抵抗政府军向其中心地带发起的攻击，并于 2009 年 3 月被击毙。孤立无援的叛军被逼到了岛国一角，然后在政府军最后的攻击中土崩瓦解。2009 年 3 月 17 日，泰米尔猛虎组织的代表承认失败。2009 年 5 月 18 日斯里兰卡反政府武装泰米尔猛虎组织最高领导人在北部地区被政府军打死，持续近 30 年的斯里兰卡内战就此告一段落。

不过，斯里兰卡政府虽然在军事上取得了胜利，但并不等于该问题结束，从此可以高枕无忧了。首先，猛虎组织宣扬的意识形态还有存在的基础，仍没有被打垮。在北部贾夫纳半岛仍有不少泰米尔人支持将半岛划分出去。因而斯里兰卡政府要采取亲民的策略，取得民心。其次，虽然常规部队被打垮，但仍有不少残余的猛虎组织势力渗透到政府后方。这些人很可能转而对国家腹地如科隆坡等人口稠密地区发动恐怖袭击，这将会是一个很大的安全隐患。最后，战争导致了许多平民的伤亡，造成了人道主义危机。这可能被海外的泰米尔人利用进行宣传，给斯里兰卡政府形成国际舆论压力。斯里兰卡总理贾亚拉特纳也承认，尽管政府军在军事上已彻底击败反政府武装泰米尔伊拉姆猛虎解放组织（猛虎组织），但仍需警惕该组织复活的可能性。①

持续不断的种族冲突，给斯里兰卡带来深重的灾难。它严重阻碍了斯里兰卡社会经济的发展，成了斯里兰卡现代化道路上最大的障碍。为解决旷日持久的种族冲突，斯里兰卡政府采取了多种办法，但都没有取得实质性的进展。由于政府在处理泰米尔人问题上态度比较强硬，泰米尔人要求建立自己的国家，所以目前双方基本没有缓和的余地。从斯里兰卡的民族冲突中可以看出，在一个多民族国家里，任何一个大民族都不能将本民族利益置于其他民族之上，否则只会引起民族冲突。

第三节　斯里兰卡族群战争的国际反应

这场战争引起了多个地区和国际社会的关注，并向双方施压以促和谈，冲突暂时结束。

一　印度

1983年以后，国际社会对斯里兰卡国内冲突的反应十分尖锐。第一个做出反应的是邻国印度，它是直接受影响的国家，其南部的泰米尔纳德邦

---

① 新华网，http://news.xinhuanet.com/world/2011-06/09/c_121509987.htm，2011年6月9日。

有 8000 万泰米尔人。因此，居住在纳德邦的泰米尔人很自然地对自己在斯里兰卡的同胞表示同情，并督促印度政府帮助和保护斯里兰卡的泰米尔人。

另外，就是斯里兰卡内战引发的难民跨国流动。国内民族冲突国际化的一个方式就是难民流。一国内部族裔战争中，战争的紧张度和持久性的增加具有重要意义。20 世纪 80 年代斯里兰卡泰米尔战斗精神的确立强化了冲突。因而，大量的难民（多数是泰米尔人）逃离北部的交战区，跨过边境来到印度南部纳德邦。这些难民带去很多僧伽罗人如何残忍的故事，助燃了纳德邦泰米尔人的同情心。这样，印度不仅要承担巨大的经济负担照顾这些难民，还要承受来自本国泰米尔人政党要求在斯里兰卡采取行动的压力。

1983 年，斯里兰卡反泰米尔骚乱更是火上浇油。当时，由于岛上泰米尔人惨遭屠杀的报道传到印度，泰米尔纳德邦的形势一触即发。纳德邦"全印度安娜德拉维达进步联盟党"（AIADMK）执掌的政府不仅承受来自人民的压力，也承受来自反对党"德拉维达进步联盟党"（Dravida Munnetra Kazhagam，简称 DMK）的压力，要求把这个问题提交中央政府。甚至在 AIADMK 党内部也表现出对斯里兰卡泰米尔人苦难的巨大同情。印度首席部长，电影明星拉马柴德兰（M. G. Ramachandran，泰米尔人）因此要求印度政府在斯里兰卡采取行动，拯救泰米尔人的生命并把问题提交到联合国。[①]反对党 DMK 甚至公开讲话，呼吁印度军队介入斯里兰卡冲突，以使泰米尔人免遭灭绝。[②]

我们已经提到，印度政府无法回避这些行动诉求。另外，新德里也非常清楚纳德邦的泰米尔政党积极为斯里兰卡泰米尔游击队提供各种经济和物质支援。由于新德里无法认同伊拉姆的要求，它拒绝了伊拉姆的政治诉求以及反对斯里兰卡的军事行动要求。但是，它并没有把斯里兰卡泰米尔武装驱逐出南部纳德邦，因为这样做的话就会进一步激怒当地泰米尔人。[③]

[①] *The Times of India*, July 27, 1983.

[②] *The Times of India*, July 31, 1983.

[③] P. Venkateshwar Rao, "Ethnic Conflict in Sri Lanka: India's Role and Perception", *Asian Survey*, 28, 4, April 1988, p. 424.

20 世纪 80 年代早期以前，印度对斯里兰卡冲突的政策具有明显的中立、不干涉的特征，对斯里兰卡问题的国内关注态度模糊，减少了僧伽罗人对印度干涉的忧虑。随着这个距离印度南端仅 30 英里岛国的动乱不断出现，新德里开始给出自己的态度，即出于保护和提升印度国家利益的考虑，要求立即避免冲突升级，呼吁利用和平手段解决争端。

从 20 世纪 80 年代中叶开始，印度作为调解冲突的国际第三方卷入斯里兰卡族群冲突，主要是因为这样一个角色是支持伊拉姆和无作为两个极端派别之间的完美"妥协选择"。为了这个角色，新德里在 1983 年 7 月斯里兰卡族群动乱发生之后不久就立即发表"印度地区安全声明"①。这个声明表明立场：如果南亚国家需要外部支援来解决严重的国内冲突，它应该寻求地区内的帮助，包括印度，在这种情况下排除印度将被视为反印度行为。② 印度自我宣布充当南亚"警察"角色基本上被国际社会所接受。

1983 年 8 月，时任印度总理的英迪拉·甘地夫人宣布斯里兰卡总统贾亚瓦德纳（Jayewardene）接受印度调停，同意在更广泛的基础上同斯里兰卡泰米尔领袖会谈，寻求政治解决族裔问题。③ 这为引导各类泰米尔政党和僧伽罗政党坐下来谈判开辟了舞台。英迪拉·甘地的个人特使 G. Parthasarathy 接受了在各类泰米尔群体和斯里兰卡政府之间的调停任务。

在印度看来，冲突的解决需要满足两个看似相悖的条件：保护斯里兰卡领土完整、主权和统一，同时还要包容斯里兰卡泰米尔人早期的分权和区域自治要求。因此，新德里很清楚只有包含这两个目标的政治方案才有可能被接受。

采取这样一个立场，新德里清楚表明既不能忽视国内泰米尔人对同胞的同情之心的高涨（如果无视的话将引发纳德邦的潜在的安全危机），但是也不能支持斯里兰卡泰米尔人的伊拉姆要求（因为这样的话就同时拒绝了国内的分离主义要求：旁遮普、克什米尔、阿萨姆、印度东北等）。其他国家也基本跟随印度的路线。通过印度的外交支持，斯里兰卡泰米尔政党能

---

① *India Today*, August 31, 1983, pp. 14 – 15.

② Robert L. Hardgrave, Jr., *India Under Pressure: Prospects for Political Stability* (Boulder, CO: Westview, 1984), p. 167.

③ *The Hindu*, August 13, 1983.

够让全世界知道僧伽罗人对其他族群的制度性的歧视。这有助于斯里兰卡泰米尔人赢得国际好感，因为这将使全世界的公众舆论认为斯里兰卡政府对少数民族的政策侵犯了人权。西方国家因而同情斯里兰卡泰米尔人的处境。例如，英国同意为斯里兰卡泰米尔政治家提供避难并允许泰米尔游击队组织如"泰米尔猛虎组织"在英国设立公开的公共关系办公室。加拿大也表现出同情立场，允许那些为躲避战争逃离岛国的人在加拿大安置。更为重要的是，由于印度代表泰米尔人的不断的外交努力，美国和苏联竟然相信印度能够影响冲突，成功达成解决方案。因而，当斯里兰卡总统贾亚瓦德纳（Jayewardene）1984 年 6 月访美寻求美国对斯里兰卡政府民族问题立场的支持以及军事援助时，遭到华盛顿的拒绝。美国暗示斯里兰卡冲突的管理应该留给地区大国印度，也大体赞赏印度的调停。[①] 同样，苏联也拒绝自己干预斯里兰卡冲突，把这块空地留给印度。

1988 年，在印度的干预下双方达成了短暂的停火协议，印度还向斯里兰卡派出了维和部队。但印度军队很快发现，他们既要和泰米尔猛虎组织发生激烈冲突，又得不到大多数僧伽罗人的信任。由于信心受挫、获胜无望，1990 年印度军队在伤亡人数超过 1200 人的情况下撤回了印度。

作为对印度干预的报复，泰米尔猛虎组织于 1991 年刺杀了印度总理拉吉夫·甘地。这一错误的做法使该组织失去了印度泰米尔人对他们的支持，刺杀行为和野蛮的恐怖主义使该组织变得更为孤助无援。但泰米尔猛虎组织仍一意孤行，继续推行暴力战略，拒绝放弃恐怖主义行为。

二　"9·11"以后国际形势的变化及其他国家的反应

1991 年和 1997 年，印度和美国分别将该组织定性为恐怖组织。1998 年 1 月，斯里兰卡政府宣布猛虎组织为非法组织。"9·11"给了斯里兰卡政府一个反击国内分裂势力的机会。斯里兰卡政府趁着"9·11"的机会，利用当时国际反恐的大局势，敦促部分国家把猛虎组织列为恐怖组织。这样一来，以往它获得的海外援助和意识形态的宣传都无法开展，从而使组织发

---

① P. Venkateshwar Rao, "Ethnic Conflict in Sri Lanka: India's Role and Perception", *Asian Survey*, 28, 4, April 1988, p. 425.

展逐步走向下坡路。特别是"9·11"以后，更多的国家宣布"泰米尔猛虎组织"为恐怖组织。2001年3月，英国也宣布猛虎组织为恐怖组织。截至2008年，它被30个国家列为恐怖组织。

鉴于国际反恐行动的发展，2001年12月斯里兰卡政府向猛虎组织单方面宣布停火。在国际社会，特别是在挪威的积极斡旋下，2002年3月，猛虎组织与斯里兰卡政府在斯德哥尔摩签署了一份永久性的停火协议，斯里兰卡政府也于当年9月4日解除了对猛虎组织的禁令，使其成为合法组织。同年9月16日至18日，斯里兰卡政府和猛虎组织在泰国东南部春武里府梭桃邑海军基地举行了具有历史意义的首次和谈，双方就维护停火协议和继续推进和平进程达成了共识。12月5日，双方在挪威首都奥斯陆举行的第三轮和谈中同意建立一个联邦制国家并在泰米尔地区实行高度自治。2003年4月21日，猛虎组织宣布暂停与政府的和谈。

从2002年开始的六年时间里，尽管双方先后进行了八轮直接谈判，但他们之间的武装冲突一直不断，停火协议已名存实亡。特别是2005年以后，斯里兰卡政府对泰米尔猛虎组织采取强硬态度，两者之间的冲突呈不断升级的态势。2006年10月，斯里兰卡海军在该国中北部和南部地区接连遭袭击，导致近百人死亡、130多人受伤。2007年4月29日，首都科伦坡近郊遭到猛虎组织空袭。

2008年1月2日，斯里兰卡政府宣布退出与猛虎组织签署的停火协议，并随后将这一决定通知挪威政府。根据规定，停火协议1月16日正式失效。同时，斯里兰卡政府与挪威政府签署的关于建立"斯里兰卡停火协议监督委员会"的协议也于1月16日终止。1月10日，猛虎组织发表声明，表示准备执行停火协议的所有条款。斯里兰卡政府则称将继续对猛虎组织进行军事打击。2009年上半年，斯里兰卡政府对猛虎组织进行了猛烈打击，并宣布政府军已打败猛虎组织。

据联合国估计，从2009年1月到3月这一最后的攻击阶段，造成了7000平民死亡，16700人受伤。除了巨大的伤亡外，最后的打击还导致了20多万人背井离乡和由此产生的其他问题。

一些人权组织指责斯里兰卡政府，批评其士兵不关心平民的死活，对一些被怀疑是猛虎组织同情者的人也没有公正对待。虽然平民的实际死亡数量还有待证实，但斯里兰卡政府在发动攻击时确实没有采取必要的措施来避免伤及无辜。另外，泰米尔猛虎组织也不顾自己人民的死活，利用平民来做挡箭牌，处决那些想要逃跑或投靠政府的人。

从 2001 年到 2006 年，地区和全球战略环境发生了一系列重大变化，使斯里兰卡的力量平衡倒向了政府军一边。归纳起来，这些重大变化挫伤了猛虎组织的元气，促成了政府军的胜利。除了内部因素例如猛虎组织重要人物的变节等以外，① 国际因素包括外部资助的极大减少以及在 2004 年海啸后在中国的援助下斯里兰卡陆海军得到了加强。所有这些都极大地削弱了叛军的作战能力。

泰米尔猛虎组织失去了赖以支撑作战行动的经济来源对于这次战争的结果很重要。由于采取恐怖手段而早就被国际社会遗弃的泰米尔猛虎组织主要依靠其国外侨民资助和走私来维持战争和占领区的管理。为了他们的事业，猛虎组织在很多西方国家发展了大量侨民资助网，每年为他们提供数百万美元的援助。但在 20 世纪 90 年代发生拉·甘地刺杀事件后，这一赞助网络开始解体。由于搞刺杀并攻击平民，1997 年美国将泰米尔猛虎组织定为"外国恐怖组织"，并在 2001 年"9·11"事件后将其提升为"特别指定的全球恐怖组织"，因为该组织向全球输出恐怖主义。

影响最大的是，2005 年加拿大将泰米尔猛虎组织的资助网络定性为非法。失去国外资助对于该组织来说是个灾难性打击。单是在加拿大的资助网每年就可为泰米尔猛虎组织提供约 1200 万美元的援助。2006 年欧盟也采取了同样的措施来防止资金流入泰米尔猛虎组织手中。在极短的时间内，该组织几乎失去了所有来自西方侨民的财政支援，而此时斯里兰卡政府军的实力则在不断加强。

正当猛虎组织为内部矛盾和资源短缺而焦头烂额之时，斯里兰卡则在

---

① 2004 年，当时猛虎组织高级指挥官卡鲁纳（Karuna）上校和普拉巴卡兰发生争执后背叛了猛虎组织。卡鲁纳的分裂使猛虎组织失去了几百名有经验战士，使双方的力量平衡发生了重大变化。作为对政府特赦的回报，卡鲁纳为政府军提出了关于如何打败猛虎组织的建议。卡鲁纳的变节使泰米尔人的内部矛盾更加激化。随着时间的推移，卡鲁纳在政府的批准下成立了泰米尔政党，猛虎组织对斯里兰卡东部的控制力被削弱。泰米尔政党与政府的合作在一些地区也减少了对猛虎组织的支持，为那些厌倦了战争的人提供了另一种选择，也为未来提高他们在斯里兰卡政界地位提供了可能性。

为打击反叛组织而加紧提高其军事和经济实力。其中最重要的因素是中国为斯里兰卡提供了巨大的经济和军事援助。在过去，为斯里兰卡政府提供军事援助的主要国家是美国、欧盟、日本和加拿大。但从 2005 年开始，中国也加入进来，每年向斯里兰卡政府额外提供相当数量的军事和经济援助。作为交换，中国在斯里兰卡获得了港口和其他项目的开发权，从而使中国得以在南亚提高影响力来对抗其地区对手印度和保证中国南部的稳定。

中国的援助使斯里兰卡政府获得了打败猛虎组织所必需的军事能力。斯里兰卡的军事预算在 2005～2008 年上升了 40%，陆军规模扩大了 70%，平均每个月增加近 3000 名兵力。经过十年的军事职业化教育，斯里兰卡军队的职业化水平得到了提高。随着军费的增加、作战能力的加强和强硬派领导人的上任，斯里兰卡建成了精锐的反游击战部队来对付猛虎组织。这些部队在 2007～2009 年的攻击作战中频频显示出了他们不凡的战斗力。

除了加强陆军外，斯里兰卡海军在 2002～2006 年也在阻止猛虎组织的走私活动中发挥出重要作用。斯里兰卡海军着重加强小型舰艇力量的做法是很有用的。在这期间，斯里兰卡海军引进了数百艘 14 米和 17 米舰艇以加强现有的以色列造"超级德沃拉"（Super Dvora）快艇力量。在 2006 年停火协议被打破后，斯里兰卡海军就得以用新的装备和训练良好的军官来实施攻击。斯里兰卡海军装备了轻型武器的快艇在各方面都对猛虎组织有限的海军占有绝对优势。经过一系列交战，斯里兰卡海军在 2007 年控制了斯里兰卡北部海岸，打击了猛虎组织的小型舰队，消除了猛虎组织用以支援走私活动的海上据点。这些海上行动有效地切断了猛虎组织的非法军火交易途径，进一步恶化了该组织的经济状况。

中国不仅为斯里兰卡提供财政支援，而且还与其他国家一道在联合国为其提供重要的政治支持。长期以来，西方国家都以尊重人权和避免平民伤亡作为向斯里兰卡提供援助的条件。但斯里兰卡政府则认为这些条件妨碍了打击猛虎组织的能力。由于在军事援助方面中国取代了西方，因此斯里兰卡政府可以忽视西方关于人权的关注，并无限制地打它的消耗战。中国在联合国阻止了关于批评斯里兰卡重新发动进攻的决议，使斯里兰卡得以不顾人权组织和西方国家的反对而放手发动攻击。没有这种外交上的支持，斯里兰卡在扩军和打击猛虎组织时将会更加艰难。作为交换，中国在斯里兰卡获得了多项发展合同并在南亚提升了影响力以对付印度。

2004 年 12 月的海啸也促成猛虎组织的倒台。这场海啸对猛虎组织控制的东北地区造成了严重破坏。出于政治原因，国际社会提供的救灾援助没有惠及猛虎组织控制的地区，从而使泰米尔群体陷入孤立和经济崩溃困境。斯里兰卡最高法院冻结了 2005 年 6 月签署的关于让猛虎组织分享海啸援助的暂行协议。即便猛虎组织得到了一点点援助，腐败传言也毁掉了人们对猛虎组织领导人的信任感。此后不久，原本脆弱的停火协议也被打破，猛虎组织也因此无法得到更多援助。在巨大压力下，联合国和其他发展机构终于屈从斯里兰卡政府的要求。经济下滑和泰米尔地区的灾难极大影响了人们支持猛虎组织的积极性。

"9·11"事件后全球环境已发生了根本变化，但猛虎组织还是坚持错误战略，使用恐怖主义战术。由于没有认清形势，普拉巴卡兰选择了错误的战略战术，使其在政府军发动最后的攻势前早就注定了失败的命运。

第四节　国际力量的暗中干预

1983 年以后，随着泰米尔分离主义军事斗争和内战的开始，斯里兰卡政府积极寻找国外的军事援助以增强自己的军事力量。在南亚，它接受来自巴基斯坦的军事培训，在一次国事访问中，巴基斯坦总统穆罕默德·齐亚·哈克（Zia－ul Haq）进一步表示全力支持斯里兰卡反恐斗争，并呼吁斯里兰卡的邻国和朋友给予斯里兰卡最大的支持以保护其国家统一和领土完整。① 中国、南非、新加坡，以及马来西亚也向斯里兰卡提供武器。② 科伦坡甚至还通过私人保安公司雇佣许多英国、罗德西亚和南非的雇佣军在战火中训练军队。据说这些公司与英国政府有联系。③ 还有来自以色列的支

---

① P. Venkateshwar Rao, "Ethnic Conflict in Sri Lanka: India's Role and Perception", *Asian Survey*, 28, 4, April 1988, p. 425.

② P. Venkateshwar Rao, "Ethnic Conflict in Sri Lanka: India's Role and Perception", *Asian Survey*, 28, 4, April 1988, p. 425.

③ Rajesh Kadian, *India's Sri Lanka Fiaso: Peacekeeper at War* (New Delhi: Vision Books, 1990), p. 67.

持。为了响应斯里兰卡的求助,以色列在科伦坡的美国大使馆设立了专门机构处理反动乱事务,在训练政府军方面非常活跃。[①]

1984 年以前,斯里兰卡泰米尔游击队训练营驻扎在印度南端的泰米尔纳德邦,这也是公开的秘密。这些训练营是在印度调查分析局(Research and Analysis Wing,简称 RAW)[②] 的帮助下运营的,而该局是内阁秘书处的一个机构,而秘书处又直属印度总理办公室。印度调查分析局对斯里兰卡族群冲突的兴趣始于 20 世纪 70 年代晚期,这主要由于三个因素:1977 年亲西方、反印度的贾亚瓦德纳(Jayewardene)当选斯里兰卡总统;美国想把亭可马里港(Trincomalee)作为快速反应部队的前沿基地的兴趣大增,岛上泰米尔人骚乱不断上升,尤其是印度知道科伦坡在亭可马里港提供给美国公司石油储存设施以后,印度的胃口马上被吊起来。

得到印度调查分析局受训的第一支部队就是"泰米尔伊拉姆解放组织"(TELO),1983 年 TELO 还没有任何组织基础,只不过是一个 6 个人的小群体,所有的人都来自印度纳德邦。印度调查分析局选择 TELO 主要是由于它由犯罪分子组成。该组织政治上不老到,没有明确的目标和意识形态,因此成为印度调查分析局最完美的私人雇佣军。但是不久印度调查分析局就为斯里兰卡三个最大的泰米尔军事群体提供了军事训练:泰米尔伊拉姆猛虎解放组织(LTTE)、泰米尔伊拉姆人民解放组织(The PLOTE)、学生伊拉姆革命组织(The EROS)。另据报道,这三个组织还跟"巴勒斯坦解放组织"(PLO)进行了接触。实际上,甚至在接受印度的支援和培训之后,这三个群体在训练和战术方面还继续保持同中东的联系。

起初,印度调查分析局的培训非常基础。然而,由于战士数量增长以及各类游击队群体的不断加入,更加复杂精细的训练在印度各地展开。训练包括野外作战、战术、作战地图阅读、丛林战和游击战,还有精密武器系统,例如轻型和中型机枪、自动步枪、手枪、火箭推进榴弹等。印度常规军事专家还教会他们使用地雷和炸弹,建立军事通信系统。

---

① Victor Ostrovsky and Claire Hoy, *By Way of Deception* (New York: St. Martin's Press, 1970), pp. 67 – 131; and P. Semevirante, "The Mossas Factor in Government Repression", Bahadur, ed., *South Asia in Transition*, pp. 288 – 294.
② 印度的情报机构。

除了印度调查分析局的训练之外，众所周知，泰米尔纳德邦的泰米尔政党向斯里兰卡泰米尔动乱群体提供物质和经济支持，还有大量免费的宣传和媒体报道。纳德邦的一些著名泰米尔政治家还与斯里兰卡叛乱领袖联系密切。印度政府对这些都很清楚，但就是睁一只眼闭一只眼，任其发展。

第五节　印度的调解努力为什么会失败

印度维和行动失败以后，国际对斯里兰卡冲突的认识似乎经历了一个逐步的却是重要的质的变化。国际社会尽管继续同情和支持斯里兰卡泰米尔人同斯里兰卡政府和多数人口的僧伽罗人进行长期的斗争以争取公正和满足要求，但是当代的国际舆论也似乎认为顽固的伊拉姆猛虎组织（LTTE）是斯里兰卡和平的主要障碍。

印度调停斯里兰卡族群冲突的失败证明，在解决族裔冲突尤其是长期而激烈的冲突中地区大国是一个蹩脚的国际第三方，其作用非常有限，其原因有如下几个方面：

其一，冲突双方往往对地区大国抱不信任态度。在斯里兰卡冲突中，冲突双方不仅彼此不信任，连调解者印度也不信任。印度在秘密援助斯里兰卡泰米尔人之后，又出面调解双方冲突，这加深了双方对印度这个调停者的怀疑：印度有自己的小算盘，它不会真诚地帮助我们解决问题，因为新德里明确地设定了在什么范围内的解决方式是可以接受的。

其二，对第三方的不信任不利于保护敌对各方达成和解的积极态度，从而阻碍和平进程。这在斯里兰卡案例中表现明显。在整个艰难而长期的谈判过程中，争议双方之所以同意坐下来对话，不是因为它们相信这样的谈判可以解决争端，而是因为它们不想惹恼印度，这一点逐渐变得清楚。对于科伦坡来说，认识到印度军事干涉威胁，但又不能从其他大国那里得到安全保障，这意味着它别无选择，只好接受印度的调解路线。而对于斯里兰卡泰米尔团体来说，不按照印度的愿望走就会失去来自印度的保护和支持。因此，尽管它们都参加谈判，但同时又坚定了各自的立场。

其三，地区大国急于找到解决办法经常不去理解争端的本质。因而，印度政府未能认识处理斯里兰卡政府与泰米尔伊拉姆猛虎解放组织（LTTE）之间最为重要的因素，那就是僧伽罗人明显地不愿意与毫不妥协地要求"伊拉姆"的泰米尔人及其政党——猛虎解放组织分享权力。由于僧伽罗人和泰米尔人互不信任，双方都下定决心不在各自立场上妥协。斯里兰卡泰米尔人过去曾见证了僧伽罗人不遵守包容泰米尔人的承诺，他们高度怀疑科伦坡控制其大僧伽罗政策的意愿和能力。因此，猛虎组织下定决心同科伦坡分道扬镳。另一方面，对于科伦坡而言，意义重大的谈判也只有在泰米尔军事集团一再宣布分离之后才进行。而印度政府试图在统一的斯里兰卡内保护泰米尔人的利益，因此这注定也遭到失败，因为它忽视了重要的利益在敌对双方看来都攸关存亡。对于僧伽罗人来说，国家的统一、完整和主权最为重要，而对于泰米尔人来说，斗争是为了民族生存，唯一可能的生存方式就是建立独立的国家——伊拉姆。因此双方都更坚信军事斗争是决定性的因素，而不是谈判解决。谈判是他们争取时间的方式，同时都在准备军事较量。

其四，印度也未能充分认识敌对双方各自的认同和特点，对促使双方进入谈判进程的困难估计不足。例如，贾亚瓦德纳（Jayewardene）内阁充斥了当时对泰米尔政策的强硬派人物，这毫无疑问会降低他自己对泰米尔人让步的能力。另外，由于僧伽罗社会宗教和政治之间的密切联系，斯里兰卡政府对泰米尔人所做出的任何让步都有可能被僧伽罗僧侣阶层否决。因此，任何谈判解决方案都很少有机会被僧伽罗人执行。另外，谈判解决方案是否被泰米尔人接受，也值得怀疑。20世纪80年代中叶，泰米尔民族主义运动已经明确地从泰米尔联合解放战线（TULF，Tamil United Liberation Front）过渡到类似伊拉姆猛虎组织的军事集团。他们就是要求建立自己的国家——伊拉姆，而印度却偏偏选中泰米尔联合解放战线（TULF），因为这样一个温和群体更有可能接受和谈。因此，猛虎组织失去对和平进程的信心，并开始把印度和泰米尔文化派别视为泰米尔解放事业的背叛者。因此，才导致印度调停的失败，族群战争在20世纪90年代和21世纪初期进一步加剧。

第八章
弱国与族群冲突：非洲的分离主义和国家解体

第一节　边界的错位：族群与国家

在当今世界，绝大多数的族裔分离主义运动都发生在发展中国家，尤其是非洲和亚洲。那里族群众多，加之以欧洲殖民主义者划定的国家之间边界的复杂，为分离主义组织的增长提供了温床。在这些发展中国家里，基于宗教和族群的原因而产生的冲突非洲占据多数。

为什么选择非洲的案例尤其重要呢？其原因多种。首先，生活在这片土地上的族群众多，同时，也部分地缘于这里亦是弱中央政府的集中之地。其次，在多数地方，国家边界的划分随意性较大，而且并不与族群居住的模式相吻合，因为边界是通过殖民者权力敲定的。Ian Lustick 认为，"经过30 多年的独立……那种占支配地位的信念看起来靠不住了，即非洲的边界不可改变，完全不用考虑非洲人对已有边境会有什么反应。因而，在非洲遭受的各种苦难中，其中之一可能就是分裂和依附模式的大量产生"[1]。

观察和分析国家分裂时会发生什么事情，将有助于我们理解族群在这一过程中起到什么作用以及国际角色又发挥了什么作用。我们一次又一次地看到，国际角色不愿意承认分离主义论证的合理性，更倾向于现有的安排。国际体系中国家主义的偏见不考虑任何例外情况，甚至在出现以下两种情况时也是如此：一是有些正在分裂的国家居于全球经济体系和国家体

---

[1] Ian S. Lustick, Unsettled States, *Disputed Lands: Britain and Ireland, France and Algeria, Israel and West Bank – Gaza* (Ithaca, NY: Cornell University Press, 1993), p. 442.

系的边缘，它们的重要性已不复存在。二是对国家构成冲击的运动经常具备合理的不满、土地要求、历史牺牲以及其他道德诉求。在许多非洲国家，边界和中央政府都同时受到冲击。近些年，在这块大陆上两个比较大的国家刚果（以前叫扎伊尔）[①] 和尼日利亚也未能幸免。

第二节 弱国的悲剧：解体与干预

弱国或者不稳定的国家被美国国际政治学者威廉·扎特曼（William Zartman）毫不客气地定义为"垮台的国家"，这是整个非洲一个非常普遍的现象。"当前国家垮台——在第三世界，也在苏联和东欧——并不是一个文明衰落的问题……也不仅仅是增长和衰落的有机特征——过程，即国家兴衰的一个生命周期。"[②] 在他看来，国家垮台涉及国家功能多样性的丧失：

> "作为政府决策中心，国家瘫痪，无法运转：法律不再制定，秩序不再维护，社会团结不再提高；作为认同的符号，国家失去了为其人民赋予名字和为他们的互动赋予意义的权力；作为一方领土，它的安全不再有保障和它的供给不再由一个中央主权组织来提供；作为一个权威的政治机构，它已经失去合法性因而成为可以争夺的目标，并且因此失去了发号施令和处理公共事务的权力；作为一个社会经济组织体系，其投入产出平衡功能已经遭到破坏；它不再受到来自于其人民的支持，同样也不再行使对人民的控制，它甚至不再是其人民提要求的对象，因为它的人民知道它没有能力提供供给。"[③]

与不稳定的国家等相关的概念相类似，国家解体可能并非简单地是族

---

① 1966 年成立的刚果（金），1971 年改国名为扎伊尔共和国（The Republic of Zaire），1990 年改为第三共和国，1997 年改国名为刚果民主共和国。

② I. William Zartman, "Introduction: Posing the Problem of State Collapse", Zartman, ed., *Collapsed States: The Disintegration and Restoration of Legitimate Authority* (Boulder, CO: Lynne Rienner, 1995), p. 1.

③ I. William Zartman, "Introduction: Posing the Problem of State Collapse", Zartman, ed., *Collapsed States: The Disintegration and Restoration of Legitimate Authority* (Boulder, CO: Lynne Rienner, 1995), p. 5.

裔民族主义的一个副产品，它可能代表一种促使向族裔认同回归的因素。

20世纪60年代，非洲许多地方反殖斗争取得胜利，建立了若干独立国家，和谐相处的"蜜月"期看似很流行。在新独立的国家里，各类族群在国家利益的名义下搁置分歧。然而，实践上，分离主义运动在第一个非洲殖民地被允许独立的同时就出现了。普遍认为殖民意义上边界划分不具合法性，欧洲殖民权力的撤出导致权力真空，新独立的国家摇摇欲坠，这些都证明是分离主义运动取得成功的大好时机。其中尤以刚果和尼日利亚最为典型和激烈。这两个国家的主要族群都相应地居住在加丹加（Katanga）和比夫拉（Biafra），它们试图摆脱新的国家，这些新独立的国家继承了离去的殖民者的权力。它们把获得国家身份的努力的失败归因于许多国际角色（例如在刚果的联合国、在尼日利亚的跨国石油公司等），国际角色们铁了心地维护这些面临分裂国家的领土完整。联合国有美国的强大支持，对它来说，加丹加的分离毫无疑问将为后殖民时代的非洲开一个危险的先例。对石油公司来说（在非洲的其他地方，也有跨国公司从事钻石、橡胶及其他自然资源开发，其总部要么在欧洲，要么在北美），政治稳定是做生意的先决条件。

本章研究的案例是位于非洲之角的厄立特里亚，1993年5月成功从埃塞俄比亚分离。外部方面的作用（其中包括大国）又一次至关重要，成为成功分离的罕见案例。具有讽刺意味的是，厄立特里亚案例的独特性在于它过去一直享有殖民地身份，因而像其他前殖民地一样，现在应该被赋予国家地位。

在本章的最后部分，我们把目光转向位于中非的两个族群暴力和国家分裂的案例：20世纪90年代中期的卢旺达和布隆迪，这两个案例密切相连，并且很快扩散到邻国扎伊尔。族裔分歧是大规模暴力行为的一个必要条件，但并不是唯一的条件。我们认为这些分歧无法充分解释为什么种族灭绝行为会发生在卢旺达，也不能充分解释为什么终止扎伊尔国的企图没有付诸行动。背景对于分析很重要。因而，为了支持殖民政府和通过分而治之来维护中央集权统治，以前就存在的族群划分被政治化，一个群体比另一个更受到偏袒。发生在中非的冲突是来自于不同族群的政治对手把权力斗争族群化的最好的例子。

外部干预族裔冲突的有效性如何，有关非洲国家的案例研究告诉我们许多。一个有待检验的假设是：在有些地区，战斗双方拥有资源都比较少，那么来自于强大的第一世界的经济和军事上的武装干涉应该具有比较大的成功概率。我们也期望知道当冲突不是关于当下国家的领土完整，而是内部政治权力控制受到挑战时，通过外部干预来管控与族裔有关的冲突是否可能？

第三节　埃塞俄比亚分离主义

厄立特里亚位于东非及非洲之角最北部，西与苏丹接壤，南邻埃塞俄比亚，东南与吉布提相连，东北濒临红海，海岸线长 1200 公里，隔海与沙特阿拉伯、也门相望，扼住了连接欧、亚、非海上通道的咽喉——曼德海峡。西方国家大量的石油运输由此通过。因此，不论是殖民地时期还是冷战时期，世界主要大国都认为厄立特里亚的地理、政治及战略地位十分重要。因此，这些大国一直在盘算：对这里的控制，是通过把厄立特里亚包含在埃塞俄比亚这个南部大国里，还是通过独立的厄立特里亚控制这个红海的咽喉更容易？它们认为埃塞俄比亚怀有帝国野心，并且有些族群跟厄立特里亚同属一个族群。

一　冲突的根源：殖民传统

厄立特里亚人口规模相对较小，大约只有 469 万（2008 年估计），但有 9 个民族，其中提格雷尼亚约占人口的 50%，提格雷约占 31%，其他约占不足 20%。大约有 7 种语言，全国主要用提格雷尼亚语，通用英语、阿拉伯语。由于一小部分群体讲阿拉伯语方言，因此有人质疑厄立特里亚是非洲的一部分还是阿拉伯世界的一部。而且国民宗教信仰也大致分为两部分：信仰基督教和伊斯兰教的约各占一半（前者包括科普特基督徒和新教徒）。可见，厄立特里亚是一个族群多样的社会。

公元 2 世纪以后，厄立特里亚中央高原地区逐渐成为占据现今埃塞俄比亚境内阿克苏姆帝国的政治、经济、文化中心。公元 9 世纪，阿克苏姆帝国衰落，这一中心南移。埃塞俄比亚形成国家后，其历代君王始终未放弃对厄立特里亚的统治。16 世纪受奥斯曼帝国统治。1890 年为意大利所占领，并成为意大利的殖民地。1950 年 12 月，联合国通过决议，决定厄立特里亚作为一个自治体同埃塞俄比亚结成联邦，允许厄立特里亚有自己的宪法、议会和独立的政府。于是，1952 年埃塞俄比亚联邦成立，厄立特里亚成为埃塞俄比亚的享有自治权的地方政府。但 1962 年，埃塞俄比亚皇帝塞拉西强制取消联邦制，将厄立特里亚合并为埃塞俄比亚的一个省。因为如果不这样的话，埃塞俄比亚将失去其在红海的所有港口。从此厄立特里亚和埃塞俄比亚之间爆发了长达 30 年的内战。

厄立特里亚成立了各种政治组织同埃塞俄比亚政府进行斗争。1960 年"厄立特里亚解放阵线"（ELF，"厄解阵"）成立，目标是以武力争取厄立特里亚脱离埃塞俄比亚统治。由于这个组织沿族群和地理分裂，在 20 世纪 70 年代"厄立特里亚人民解放阵线"（EPLF，"厄人阵"）自"厄解阵"分裂出来，逐渐取代后者成为埃塞俄比亚境内独立解放战争的主力军，开展争取独立的武装斗争。

皇帝海尔·塞拉希的贪婪和野蛮，以及在厄立特里亚投入力量过多，造成埃塞俄比亚国内局势的动荡。1974 年 9 月 12 日，一群年轻的埃塞俄比亚军官发动政变，皇帝和他的重要幕僚被逮捕并于一年后被处决。然而，新的埃塞俄比亚统治者为了权力开始互相攻击，直到 1977 年门格斯图·海尔·米拉姆上校爬上最高统治者的宝座。

同时，厄立特里亚人民解放阵线的力量也在不断壮大，1975 年，他们第一次在与厄立特里亚相邻的埃塞俄比亚蒂格雷省展开军事行动。在当地还有另外一种抵抗力量——埃塞俄比亚人民解放民主阵线，这种混乱的局势最终导致了埃塞俄比亚内战的全面爆发。此后，在 1975 年 9 月 13 日，厄立特里亚人民解放阵线袭击了位于卡格纽的美军基地，杀死了 9 名美国人和埃塞俄比亚士兵。这次袭击事件激怒了埃塞俄比亚政府，他们立即宣布开始与厄立特里亚进行"全面战争"。

然而，在接下来的一年里，厄立特里亚人取得了一系列的胜利，埃塞俄比亚军队被成建制地消灭。为了应付这一局面，埃塞俄比亚政府不得不一再向美国提出援助的要求，但是新上任的吉米·卡特总统拒绝了他们的要求，而且还指责埃塞俄比亚军政府践踏人权。到了 1977 年 8 月，厄立特里亚人民解放阵线（EPLF）夺取了阿高达特和巴仑图，门格斯图不得不采取行动了。就像在他之前的很多非洲统治者一样，门格斯图倒向苏联寻求援助，他立刻就如愿以偿了。

从 1977 年底到 1978 年初这段时间里，苏联建立了通向亚的斯亚贝巴的空中运输通道。通过这条通道，苏联向埃塞俄比亚提供了 48 架米格 - 21PFM 和米格 - 21MF 以及相应的装备和零部件，此外还有 200 辆坦克和装甲车，16 架米 - 24A 武装直升机。最后，2000 余名古巴"顾问"……实际上是古巴空军支队来到埃塞俄比亚以驾驶新的米格 - 23、米格 - 21 和直升机。① 实力得到加强后，埃塞俄比亚军队不仅开始了对厄立特里亚人民解放阵线的新一轮攻击，而且还粉碎了索马里对其东部边界欧加登省的侵略。

20 世纪 80 年代，在以古巴人为主体的埃塞俄比亚空军的支援下，埃塞俄比亚军队发动了数十次针对厄立特里亚人的大大小小的攻击，然而大多数攻击行动仅仅是占领了一些城市或者是通向红海的出海口，而厄立特里亚人民解放阵线在各方面的支持下越来越强大了。同时，亚的斯亚贝巴政府还面临着与埃塞俄比亚人民解放民主阵线以及其他反对派的内战。埃塞俄比亚人民解放民主阵线与厄立特里亚人民解放阵线紧密合作反对亚的斯亚贝巴，他们的反击在 1989 年代号为"Theodoros"的行动中达到顶点，在那次行动中，大批埃塞俄比亚政府军被消灭，而且政府军在蒂格雷省首府默克雷的重要的军事基地也被他们占领。

在这次失败七个月后，1989 年 9 月 30 日，古巴宣布将从埃塞俄比亚撤出"顾问团"，苏联也对亚的斯亚贝巴感到厌倦，取消了对埃塞俄比亚人的武器援助。结果没过多长时间，埃塞俄比亚政府军就陷入了完全的混乱状态。

二 冲突的结果：分裂与独立

1991 年亚的斯亚贝巴中央政府的解体说明，苏联的解体和冷战的结束多少也反映在这个遥远而贫穷的非洲之角。地区"民族解放阵线"的力量

---

① 《非洲之角的空战：埃塞俄比亚与厄立特里亚空军力量的角逐》，原载 Air Forces Monthly，转引自网站 http://www.afwing.com/combat/afrika.htm。

使门格斯图政权岌岌可危，就像当时处在各民族共和国民族主义风起云涌中的戈尔巴乔夫政府。衰落中的埃塞俄比亚政府正在走向分裂。然而，厄立特里亚的分离要想成功还需要构建联盟的政治技巧。这种联盟最终导致1991年5月埃塞俄比亚政府军被击败。

有两个因素的变化击垮了门格斯图军政权：一个是支持者苏联垮台，另一个是它必须应付"厄人阵"和"埃塞俄比亚人民革命民主阵线"（简称"埃革阵"——EPRDF，受"提格雷人民解放阵线"控制）的两面夹击，他们在政治和军事上相互合作。我们看到，埃塞俄比亚的政治分歧传统上就是族裔性质的。门格斯图的倒台也有这方面的影子。任务的划分在"厄人阵"和"埃革阵"之间是有约定的。1991年5月提格雷叛军（Tigrayans）占领了亚的斯亚贝巴。"厄人阵"解放埃塞俄比亚军队控制的厄立特里亚其他地区。战争刚一结束，提格雷人就承认厄立特里亚自决的权利。作为回报，"厄人阵"暗示给予埃塞俄比亚一部分位于红海的出海口。

这样，"厄人阵"与"埃革阵"并肩作战，推翻门格斯图政权，他也流亡津巴布韦。

1991年7月各方同意在埃塞俄比亚建立一个过渡政府。随即同埃塞过渡政府达成协议，新政府同意两年内在厄立特里亚举行公民投票，以决定该地区是否脱离埃塞俄比亚。

1993年4月23～25日，终于在联合国的斡旋与监督之下举行了公民投票，结果有99.8%赞成脱离埃塞俄比亚。1993年5月24日厄总统伊萨亚斯·阿费沃尔基（Issaias Afwerk）宣布独立。[①]

阿费沃尔基誓言建立民主制度、保障政治稳定是其政府施政的优先。他见证了地区权力的演化，但同时他并不鼓励族裔政治。他认为多党体制是潜在的不稳定因素，因为这将导致政党的组成会以宗教、宗派、部落为基础。甚至厄立特里亚全境的游牧族群也会寻找集体认同，而且有可能被

---

① 1960年代，伊萨亚斯·阿费沃尔基曾经在中国南京陆军学院留学，毕业回国后组织起游击队，开始进行独立战争。据说阿费沃尔基离开中国时，曾见过毛泽东，他问毛，如果开展游击战争取得独立，要取得胜利需要多少年？毛说大约30年吧！没想到这场独立战争果然打了30年。他对中国非常友好，在国家独立的当天，就与中国建立了外交关系，这是厄立特里亚独立后选择建交的第一个国家。参考 http：//blog.sina.com.cn/s/blog_ 572822c70100g4rg.html。

政治化，而他们以前是不被承认的。"国族身份"的追求将使新的政府处于尴尬境地，而这恰恰是新政府以前宣称的东西。过渡政府按计划统治四年，直到大选选出合法的新政府。但阿费沃尔基暗示，如果新的国家政权不稳定，大选有可能取消，他将继续执政。邻国苏丹发生的穆斯林与基督徒之间的冲突显示了分裂的社会是多么快地诉诸战争，在条件还没有成熟之前就举行大选可能会造成厄人口分化对立。然而，1998年厄立特里亚最终还是爆发了敌对，致使阿费沃尔基果断推迟大选。

对于厄分离，厄立特里亚领袖质疑了先例的可循特性和可能的示范效应。他反复重申：厄特殊的独立要求是建立在其是19世纪欧洲殖民地的身份的基础上。他也提出分离主义运动经常使用的论据，即从一个国家分离获得独立，实际上会促进该地区同其他各类国家之间的合作。阿费沃尔基还为以后与埃塞俄比亚的联邦留下了空间，但是他的行动似乎与之相悖。例如，一旦厄立特里亚获得独立，复杂的法律将使埃塞俄比亚获得红海出海口通道几乎成为不可能。那么，埃塞俄比亚将最终变成非洲之角上的一个内陆国。

三 族群分裂的反弹：两国之间新的战争

独立以后国家毫无疑问要面临诸多挑战，首先就是边界问题。为此1998年厄立特里亚与埃塞俄比亚爆发了持续2年之久的战争。但边界没有多少变化，许多战士献出了生命。

1997年11月28日，厄立特里亚发行了新的货币——纳克法，这个举动立即遭到了埃塞俄比亚的反对。埃塞俄比亚人开始对厄立特里亚进行经济抵制，由于厄立特里亚在经济上同埃塞俄比亚有着千丝万缕的联系，抵制行动导致了厄国内的通货膨胀和食物供应紧张。两国的关系开始紧张起来。

1998年5月12日，埃塞俄比亚指责厄立特里亚在白德密边界地区侵占了埃的领土并对埃境内进行炮轰。厄立特里亚的回答是在5月6日的行动中他们的军队只不过是收复了6个月前被埃塞俄比亚军队强占的失地。由于这次冲突，埃塞俄比亚航空公司取消了所有从亚的斯亚贝巴到阿斯马拉的航班，然而，这一切仅仅是新争端的开始。到1998年5月31日，在达尔戈多附近的边界地区，两国边境巡逻队之间的冲突持续不断。大规模的冲突发生在 6 月 3 日，双方使用大炮、火箭和榴弹炮对射。两天以后，双方的空军开始参战。

尽管战事激烈，但是 6 月 14 日，来自美国的报道说亚的斯亚贝巴和阿斯马拉之间有可能达成一个协议，内容是双方都保证不再攻击对方的人口密集区。然而由美国和俄国特使提出的另一个协议——要求厄立特里亚从有争议地区撤军——却遭到了厄方的拒绝。同一时刻，在边界线上，至少六个有争议的地区还在发生着零星的战斗。此时，非洲统一组织的活动开始活跃起来，在其调停下，1998 年 8 月 3 日，双方签订了新的停火协议。这个协议带来了一段相对平静的时间，在这段时间里，双方都努力加强自己的军事实力，不久，就传来了埃塞俄比亚与俄罗斯大宗军火交易的消息。

无论是埃塞俄比亚空军还是厄立特里亚空军都面临着很多难题。对于埃塞俄比亚空军来说，尽管他们对厄空军在飞机数量上拥有 10∶1 的优势，且他们的米格－21 和米格－23 显然比厄空军的 MB.339 更适于空中格斗，但是他们缺少足够的飞行员来驾驶他们的飞机，同样缺少的还有空军基地、飞机零配件和技术支持。于是，埃塞俄比亚人开始在世界范围内寻找雇佣飞行员，在短短几个月内，他们就找到了一些相当不错的飞行老手。俄国的 Rosvoorouzhenie 公司在埃塞俄比亚活动得相当积极，通过其代理人弗拉基米尔·内费德上校，他们很快便与埃空军签订了购买武器的合同。合同不仅包括武器装备，还包括帮助埃物色一些有经验的前俄罗斯空军军官。这个消息很快便传到了阿斯马拉，在阻止这个交易的努力失败后，厄立特里亚总统阿非沃基宣布：任何一名被厄军击落后俘虏的雇佣飞行员将被就地处决！

阿费沃尔基总统的警告并不能减弱雇佣飞行员对钱的渴望，大约 80 名俄国人搭乘运送雷达、武器、通信设备和零配件的伊尔－76 运输机抵达了亚的斯亚贝巴。同时，罗马尼亚也向埃塞俄比亚人提供了 10 架现代化改装过的米格－23BN 战斗机。到 1998 年底，埃塞俄比亚宣布，有 18 架米格－23BN 和 10 架米格－21 在以色列和罗马尼亚进行了现代化改装，还有另外 30 架米格战斗机更换了全新的零配件。除了米格机之外，他们还拥有 6 架

安 - 12、2 架 DH - 6、24 架米 - 24/35 和 22 架米 - 8，另外还从美国购买了价值 1100 万美元的 4 架更换了新零件的二手 C - 130B 运输机。①

但是这还不够，因为现在有了足够多的俄国雇佣飞行员，所以埃塞俄比亚人想买更多更现代化的飞机。于是他们与俄国人签署了新的协议：8 架苏 - 27（包括 2 架双座型的苏 - 27UB）、多架米 - 8 和米 - 24 直升机、弹药的地面导航设备，总价值 1.5 亿美元。这些装备于 1998 年 12 月 10 日到 23 日之间运抵亚的斯亚贝巴，其中第一架苏 - 27 被拆散，于 12 月 15 日由一架安 - 22 运抵。由于有来自俄国的支持，埃塞俄比亚空军——现在由前俄国将军雅那科夫指挥——重新成为一支令人生畏的空中力量。

埃塞俄比亚人和俄国人的精诚合作在 1999 年 1 月 6 日得到了最好的表现。那一天，由前俄国上校弗阿切斯拉夫·梅津驾驶的一架苏 - 27UB 在德伯里则特空军基地为贵宾们做飞行坠毁时的表演，梅津成功跳伞，但他的埃塞俄比亚学员不幸死亡。事故发生后，俄国公司立即向埃塞俄比亚空军交付了一架新的苏 - 27 作为补偿。

厄立特里亚人则面临着截然不同的问题。由于经济实力所限，他们跟不上与埃塞俄比亚人的军备竞赛，但他们也不能忍受落后。在 1998 年夏天，他们以平均一架 2500 万美元的价格从俄国购买了 8 架米格 - 29A 和 2 架米格 - 29B，1998 年 12 月 14 日，第一次有人在阿斯马拉附近看到了厄立特里亚空军的新飞机。②

与埃塞俄比亚人依靠俄罗斯相对应，厄立特里亚在乌克兰人那里找到了友谊。1998 年夏天，在基辅和阿斯马拉之间建立了小规模的空中运输桥。新友谊的建立在很大程度上要归功于内费德上校的努力——他现在改变立场开始为厄立特里亚服务了。内费德上校不仅促成了米格 - 29 的交易，还为厄空军买到了 4 架武装的米 - 17 直升机。同时，一队厄立特里亚飞行员开始在乌克兰接受训练，学习驾驶米格机和米里直升机。

两国的空军一刻不停地在增强自己的实力——直到 1999 年 2 月初新一

---

① 《非洲之角的空战：埃塞俄比亚与厄立特里亚空军力量的角逐》，原载《Air Forces Monthly》，转引自网站 http://www.afwing.com/combat/afrika.htm。

② 《非洲之角的空战：埃塞俄比亚与厄立特里亚空军力量的角逐》，原载《Air Forces Monthly》，转引自网站 http://www.afwing.com/combat/afrika.htm。

轮战争的开始。尽管当时两国正在非洲统一组织和欧盟的调停下进行和平谈判，但双方的空袭仍未停止。现在的局势很明显了：厄立特里亚空军必须用他们最先进的战斗机以对抗埃空军新的攻势。埃塞俄比亚和厄立特里亚空中力量的较量终于到了最高潮。两国政府曾经宣布接受国际社会提出的和平建议，不过，埃塞俄比亚军队仍在进行试探性攻击，为"最后的进攻"做准备。

在厄立特里亚方面，内费德上校试图向莫斯科寻求帮助——他们要求提供更多的米格－29。但是由于俄国已经与埃塞俄比亚建立了牢固的关系，他们的要求被拒绝了。于是，内费德上校不得不转向格鲁吉亚和摩尔多瓦——这两个国家可以制造苏－25攻击机和米－8直升机。与厄立特里亚人相反，埃塞俄比亚人总是可以得到他们想要的飞机——比如8架苏－25，他们立即准备把这些新武器用于即将到来的对厄立特里亚的猛攻。

四　厄立特里亚独立的国际反应

在战斗过程中，美国则在和平谈判中扮演一个推动者的角色。1991年5月，美国在伦敦主持了对话。这次谈话有四个主要战斗小组出席，其中包括EPLF和在亚的斯亚贝巴的美国高级代表团。

1993年4月的公投，是在联合国的监督下进行的。5月28日，联合国正式承认厄立特里亚的成员国资格。埃塞俄比亚过渡政府（TGE－Transitional Government of Ethiopia）及非洲统一组织（非统，OAU－Organization of African Unity）都承诺承认1993年的公投结果。非统秘书长Salim A. Salim1991年7月会见阿费沃尔基，事实上传递了承认厄立特里亚的信号。阿拉伯议会联盟（Arab Parliamentary union）一如既往地支持厄立特里亚事业，敦促阿拉伯政府和伊斯兰国家承认厄的独立。当然也有另外一种风险，即伊斯兰的支持可能会招致特洛伊木马，给原教旨主义扩散到新的国家提供了机遇。但是，最终国际政治中的所有重要角色都承认了厄立特里亚独立的合法性。

冷战政治的结束和超级霸权斗争的停止也促成这两个国家之间的权力平衡，而在此前是维护了埃塞的利益而牺牲了厄的利益。此后，厄立特里亚与埃塞的关系终于走上正常化。实际上，公投以后美国也曾公开表态，支持埃塞和厄保持松散联邦的某种形式，但由于地区角色已经承认厄立特里亚的国家身份，它也随声附和，承认了厄的独立。

只要战争在这个国家继续拖下去，几乎所有国际角色都不愿意做的事情就是承认厄立特里亚独立。而一旦衰弱的埃塞中央政府崩溃，它们也准备好承认厄立特里亚独立。国际资本流入这个新的国家，1995年达到2.5亿美元。近海石油开采的前景激励众多的外国投资者的热情，许多大的石油公司（Mobil、Shell，Total）在阿斯马拉设立了分支机构。红海度假胜地也得到开发。难怪1998年厄立特里亚对击败埃塞俄比亚感觉信心十足，而后者看到厄立特里亚经济蓬勃发展，心生妒意，也想为自己争得一杯羹，甚至认为必要的时候可以不惜使用武力。

五 矛盾冲突的国际化

从20世纪40年代四个霸权在非洲之角问题上无法达成共识开始，厄立特里亚冲突就已经开始国际化。冲突双方的斗争严重依赖外部支持。从下面的数字中，我们清楚地看到埃塞俄比亚战争是如何国际化的。

埃塞俄比亚分裂之前，其军事能力在很大程度上依靠美国。1953年至1970年间美国向埃塞俄比亚提供了大约1.5亿美元的军事援助，占给予所有非洲国家援助总和的1/2。1970年，美国军事援助的2/3流向亚的斯亚贝巴。截至1976年，埃塞帝国垮台两年以后，美国军事援助累积上升到2.8亿美元，另外还有3.5亿美元的经济援助。[1]

如果美国的承诺令你感到吃惊的话，那么请看看Andargachew Tiruneh为我们做的图表解释："埃塞俄比亚政治观察家对美国支持埃塞的程度经常表现出吃惊，然而，这忽视了一个很重要的事实：那个时期的埃塞俄比亚在军事上与其说是同非洲国家竞争不如说是同中东国家的竞争。"[2] 许多中东国家受泛伊斯兰主义、泛阿拉伯主义，或者两者共同影响，认为世界伊斯兰社会和阿拉伯故乡一直延伸到埃塞俄比亚的高山和平原。正是这些因

---

[1] Richard Sherman, *Eritrea：The Unfinished Revolution*（New York：Praeger, 1980）, pp. 75, 83. 美国涉足埃塞俄比亚的其他详情，参考该书第141~148页。

[2] Andargachew Tiruneh, *The Ethiopian Revolution 1974 – 1987：A Transformation From an Aristocratic to Totalitarian Autocracy*（Cambridge：Cambridge University Press, 1993）, p. 20.

素促使美国开始停止给埃塞俄比亚以强大的援助。

也恰恰是在 1977 年，美国总统吉米·卡特开始考虑埃塞俄比亚发生的践踏人权问题。而这时苏联乘虚而入，与埃塞达成 1 亿美元的武器交易，美国国会对此很恼怒，取消了所有进一步的军事援助。1977 年 5 月，埃塞俄比亚与苏联达成一项秘密协议，苏联给予亚的斯亚贝巴价值 5 亿美元的武器，包括 MiG - 21 喷气式飞机和 SA - 7 地对空导弹。1978 年苏联又大规模地空投了一批精密军事装备，至此，据报道苏联的援助攀升至 10 亿美元。那年之后不久，苏联同埃塞签署了一个二十年的友好协议，协议包括军事合作条款。

截至 1979 年，苏联的其他同盟也向埃塞门格斯图政府提供了援助。古巴往埃塞派遣了 18000 人的部队。1974 年埃塞俄比亚马克思主义革命之后，利比亚改变立场，仅 1977 年就给予埃塞 1 亿美元的援助。其他华沙条约成员国也曾给予军事援助，例如东德，还有南也门（原也门民主人民共和国）。当然，北非所有这些援助都指定用来同厄立特里亚叛乱分子做斗争。1977～1978 年索马里进攻厄立特里亚的欧加登（Ogaden，那里居住着土著索马里人）由此而引发的战争是大规模援助的另外一个原因。大规模的武器交易和直接的军队参与使埃塞俄比亚取得了欧加登胜利。其实早在1969～1977 年勃列日涅夫转而支持埃塞俄比亚之前，索马里本身就已经是苏联的附庸。另外，出于战略因素的考虑，当时埃塞俄比亚有 2500 万人口，而索马里只有 300 万人口，这也是促使这种转变的一个原因。而索马里转而寻求新的支持者，期望美国援助自己同欧加登的共产主义力量战斗，但是卡特拒绝了他的请求。如此看来，非洲之角的冲突是否出现代理化？这个问题有争议。与其把非洲之角的冲突（包括埃—厄斗争）视为超级霸权进行的代理战争，还不如把它们看成是某种权衡行为：把一个霸权与另一霸权在这一地区进行能量的比较，据此决定战略同盟的改变。

美国之后，以色列成为埃塞俄比亚塞拉西政府的下一个重要的支持者。以色列认为埃塞跟自己很相像，是伊斯兰海洋中的一个孤岛；它也担心一旦厄立特里亚控制曼德海峡，其通过红海的出海口可能会关闭。以色列军事顾问帮助训练塞拉西皇家卫队和突击队的反骚乱技术。一直到 1978 年早期，以色列还在继续支持德格政府（Derg）。此后，以色列跟美国一样，抽身而去①，苏联—埃塞俄比亚轴心关系得以巩固。

对于厄立特里亚来说，它的抵抗运动最初无法找到比较大的赞助国，不得不靠各种资助来源度日，大多数来自阿拉伯世界。20 世纪 60 年代，"厄解阵"（ELF）开始收到来自反以色列政权叙利亚的军事和经济援助，后来又有伊拉克。它也曾得到邻国苏丹的支持，但来自苏丹的支持 1967 年结束，因为亚的斯亚贝巴和喀土穆之间达成协议——两国之间互不支持另一国家发生的反叛力量。但是，1969 年有三个国家发生政变使激进派领袖上台——利比亚的卡扎菲（Muammar al - Gaddafi）、索马里的西亚德（Mohamed Siad Barre）、苏丹的尼迈里（Gaafar Numeiri），它们不断为"厄解阵"提供援助。另一激进国家南也门也曾支持"厄解阵"一段时间。厄立特里亚也接受过来自沙特阿拉伯和科威特的有限的经济援助。然而，正像 Iyob 所说，对厄立特里亚事业来说，事实证明，这些来自阿拉伯世界的联系更多的是一种道义责任而不是有价值的资产，因为这些联系被解释成是阿拉伯世界的延伸、是非洲和厄立特里亚巴尔干化的威胁。②把厄立特里亚斗争描绘成非洲国家抗击被另一个国家殖民化，继续这种解释似乎影响有限。

至此，我们已经分析外部干预非洲之角政治的低风险模式。但是，在导致埃塞俄比亚解体的一系列事件中国际角色所起到的作用可谓是一部耐人寻味的故事。1991 年早期以前，美国的政策一直坚持统一的埃塞俄比亚，即使它在苏维埃支持的共产主义政体的统治之下。考虑到非洲大地上国家之间的边界划分的随意性，美国认为承认一个分裂出来的新的国家的独立在非洲是一个危险的先例，这件事的意义非同小可。从逻辑上说，厄立特里亚的独立将会产生示范效应，它不仅会鼓舞埃塞俄比亚余下的分离主义运动，还将鼓励非洲之角乃至非洲大陆上其他国家的分离主义运动。

1985 年戈尔巴乔夫登上苏联的政治舞台，开始缓和美国对苏联与埃塞合作的反对。他的"新思维"包括重新考虑苏联在非洲的政策。1988 年苏联副总理阿纳托利（Anatoly Adanishin）和美国负责非洲事务的助理国务卿

① 德格，塞拉西皇帝下台以后成立的"埃塞俄比亚临时军事行政委员会"的称谓，1974～1987 年执政埃塞俄比亚。

② Ruth Iyob, The *Eritrean Struggle for Independence*: *Domination*, *Resistance*, *Nationalism*, *1941 – 1993* (Cambridge: Cambridge University Press, 1995), p. 127.

克洛克（Chester Crocker）在伦敦举行会谈，商讨减少大国在非洲之角的竞争问题。会谈结果之一就是苏联减少对厄立特里亚的政治宣传攻势。而克洛克则承认塞拉西皇帝单方面取消与厄立特里亚的联邦属于非法行为。他发表声明，美国承认厄立特里亚在埃塞俄比亚领土完整框架内的自决权。

在1990年6月戈尔巴乔夫和布什的峰会上，两位领袖发出有意在埃塞俄比亚问题上进行合作的信号，双方都承诺减少对这个陷于饥荒之中的国家的援助。这次峰会还提出就非洲之角的冲突形势美苏将支持联合国举办一次政府间会议。由于苏联解体，1991年以前，实际上只有美国在非洲之角冲突期间提供了斡旋。

这并不是说一旦苏维埃解体，俄罗斯作为非洲之角的一个角色就彻底消失了。在其他国家的支持下（例如印度、伊朗、叙利亚，作为苏联的附庸国，它们一直享有苏维埃最惠国的待遇，不久就跟独立的俄罗斯重新建立了关系），埃塞俄比亚和厄立特里亚从来没有完全脱离俄罗斯的战争机器的轨道。1998～2000年战争期间，双方都使用了俄罗斯制造的战斗机。因此，联合国安理会决议呼吁对该地区实施武器禁运，俄罗斯对此表现怠慢，这一点毫不奇怪。当然，与昔日大国阴谋攫权相比，今日的唯利是图是否被视为一种道德进步？这还是一个有争议的问题。但是如果能够解决问题，以一个实用主义对付另一个实用主义又何乐而不为呢？在美国一连串的施压与收买里，美国助理国务卿克洛克说了一句耐人寻味的话："我对非洲政治很乐观，他们有一种实用主义的精神。"①

六　外部调停

众所周知，20世纪70年代、20世纪80年代苏维埃力捧德格政府，但是美国在引导门格斯图倒台和梅莱斯·泽纳维（Meles Zenawi）继任及厄立特里亚政治身份改变过程中起到了关键作用。1991年5月战争的最后几日，美国第一次宣布支持厄立特里亚自决权。由于苏联撤走政治支持和军事援助，1991年4月埃塞俄比亚军这支非洲最大的军队崩溃了，随之，美国开

---

① 《美国用金钱和威胁买票》，http：//club. kdnet. net/dispbbs. asp? page = 1&boardid = 1&id = 694701。

始进入与门格斯图的秘密外交。

一开始，美国策划把 15000 名犹太人从埃塞俄比亚转移到以色列，为此，门格斯图及其同伙将收到以色列 3500 万美元的回报。① 美国随即作为调停者卷入门格斯图的后继事务中。布什当局的特使志忑不安地对外界发出信号，为了让埃塞俄比亚的犹太人离境，华盛顿准备在埃塞俄比亚政府和反叛派之间进行调停和谈，确保埃塞俄比亚脱离德格政府。1991 年 5 月，美国负责非洲事务的助理国务卿 Herman Cohen 就埃塞武装部队问题在伦敦主持了一次和平会议。他想寻求一条有序过渡之路，既可以赶走门格斯图，也可以使厄立特里亚独立。

一旦门格斯图安全地离开埃塞俄比亚流亡津巴布韦，美国接下来就可以创造条件，让提格雷反叛集团接管埃塞俄比亚。还有就是一旦提格雷叛军 5 月 28 日进入亚的斯亚贝巴，还得努力确保生活在那里的安哈拉人（Amharas）不受伤害。因此，美国发表声明：提格雷武装在美国的批准下将进入亚的斯亚贝巴。另外，美国特使秘密要求厄立特里亚领袖在宣布独立公投时就后退，以推迟埃塞俄比亚分裂的戏剧性新闻。

然而，由于提格雷队伍开进首都，安哈拉人知道了厄立特里亚独立公投已经开始。暴力示威爆发了，美国大使馆受到冲击。接着，他们以游行示威反对提格雷军队进城的方式，抗议厄立特里亚分离，谴责美国的调解方案。事实是埃塞俄比亚的军事平衡已经从中央政府向地方倾斜。冲突的最终结果是新的平衡决定的。美国的政策貌似仅是根据现实主义，简单地承认了事实。

担当调解埃塞俄比亚冲突责任的另一个重要角色是"非洲统一组织"

---

① 这次以色列人转移行动，史称"摩西行动"，是指在 1984 年大饥荒中，从苏丹转移埃塞俄比亚犹太人的行动。行动自 1984 年 11 月 21 日开始，结束于 1985 年 1 月 5 日，目标是将 8000 名埃塞俄比亚犹太人从苏丹空运至以色列。数千名埃塞俄比亚犹太人徒步逃往苏丹的难民营。估计在跋涉过程中死亡人数多达 4000 人。苏丹默许以色列撤离难民。但是媒体报道此事后，阿拉伯国家向苏丹施加压力，停止空运。1000 名埃塞俄比亚犹太人被留了下来。其中大部分人后来在以美国为首的约书亚行动中撤离。在以色列有 1000 多名所谓的"环境孤儿"，他们与仍然在非洲的家人失散，直至 1991 年的所罗门行动转移了 15000 名犹太人以色列。参与这次行动的有以色列国防军、美国中央情报局、美国驻喀土穆大使馆、雇佣军和苏丹国家安全部队。

（OAU）。然而，近30年时间里，"非洲统一组织"（非统）对厄立特里亚的分离态度一直是不干涉。拒绝干涉事实上就等于谁胜利就站在谁的一方。但是，像"非统"这样的政府间的组织拒绝挑战权力现实，我们不应该感到吃惊。非统1963年成立于海尔·塞拉西一世统治下的亚的斯亚贝巴，刚好在埃塞俄比亚吞并厄立特里亚5个月以后。非统宪章偏向地支持保护当下国家的利益：保卫各国的主权、领土完整与独立。20世纪90年代前期，当军事平衡发生转变，非统一直拒绝讨论厄立特里亚独立问题，不希望殖民地边界有争议。1964年以前，非统完全在埃塞俄比亚的控制之下，它的作用只不过是帝国的橡皮图章。在起草非统宪章、强调不干涉、捍卫当下边界过程中，埃塞俄比亚的作用就是使它的诉求合法化，让任何违反这个共识的诉求非法化。①

厄立特里亚作为独特的成功分离的案例，它表明外部角色的作用对最终结果具有重要意义。首先是美国，接下来是苏联，它们都曾试图使衰弱的埃塞俄比亚强大起来。厄立特里亚反抗武装决定充分利用自己过去的殖民地身份争取独立，同时它也受到了几个阿拉伯国家的资助。厄立特里亚人自己也走上争取国家身份之路，虽然内部经常有分歧。在战争的最后几天，美国开展了复杂的秘密的外交行动，以确保埃塞这个衰弱的国家有序垮台。最后，在几乎都没有任何埃塞中央政府存在的情况下，外部角色一个接一个迅速跳出来，承认厄立特里亚的独立声明。

1998年5月，独立后的厄立特里亚与埃塞俄比亚因对巴德梅地区的领土争议爆发严重武装冲突。人们又一次呼吁非统采取行动。这次非统回应得信心十足。它呼吁各方不要使冲突升级，在两年的时间里，在某些领域帮助推迟全面敌对的爆发。

1998年11月，非统"埃厄冲突调解委员会"提出解决冲突的"十一点框架协议"，要求双方立即撤军并停止敌对行动，得到非统预防、处理和解决冲突机制首脑会议的批准和联合国安理会支持。埃塞俄比亚接受框架协议，但厄不接受。1999年2月，埃塞俄比亚以武力夺回巴德梅地区，厄接

---

① Ruth Iyob, *The Eritrean Struggle for Independence：Domination，Resistance，Nationalism，1941 – 1993*（Cambridge：Cambridge University Press，1995），p. 27.

受非统框架协议。1999 年 7 月 14 日，非统第 35 届首脑会议通过解决埃厄冲突框架协议执行方案，要求双方全面执行非统框架协议。随后，非统与阿尔及利亚、美国、联合国等四方专家制订了履行该执行方案的技术细节，并于 8 月初提交埃、厄两国。8 月 8 日，厄表示接受技术安排。埃塞俄比亚则认为技术安排与执行方案在双方撤军的时间和地点及恢复行政管辖等一些问题上有出入，要求非统做出澄清。非统于 8 月底就上述问题做出了答复；9 月 4 日，埃塞俄比亚外交部发表声明，表示愿继续与非统对话，制定出为埃方接受的"安排"。6 日，厄外交部发表声明，认为埃不接受技术安排等于拒绝非统一揽子和平协议，是向厄宣战，厄将采取合法的自卫行动。此后，非统特使又多次往返于埃、厄之间进行穿梭斡旋，但均未取得突破。2000 年 2 月，非统主席特使、美国总统特使再次分赴埃、厄两国继续调解，未获成功。埃、厄两国在东部边界又发生战斗。

就在 2000 年 5 月埃塞俄比亚入侵厄立特里亚之前，Richard Holbrooke 带领的联合国谈判队伍进行调解的努力失败。2000 年 5 月 4 日，埃塞俄比亚军队以武力的优势大举侵犯厄立特里亚。非统严厉谴责了埃塞俄比亚对战争的爆发负有责任，放弃了以往在这个问题上长期坚持的骑墙政策。

在进入军事战争之后的几周，埃塞俄比亚同意停火。2000 年 6 月 18 日，在外界的压力下，双方签署停止敌对行动协定。此时国际角色介入以保护和平。2000 年 6 月在阿尔及尔签署了一个由非统提出的过渡方案，在双方之间划出一片缓冲地带，联合国部队负责监督这一地区。缓冲区包括埃塞俄比亚从厄立特里亚占领的土地，所以维和部队实际上驻扎在厄立特里亚领土上。联合国在索马里、卢旺达、塞拉利昂维和行动失败后，厄立特里亚 4000 名联合国维和者希望这个为期两年的老战争中的第十个停火协议取得成功。联合国部队负责这些地方的安全，埃塞俄比亚计划撤回其军队，允许 70 万躲避战火的厄立特里亚人返回家园。

2000 年 7 月在华盛顿举行会谈，双方讨论了划界和标界的方法以及赔偿问题。但是埃塞俄比亚对"边委会"裁决先接受后拒绝，埃厄和平进程陷入僵局。边委会于 2007 年 11 月完成"图上标界"后宣布解散。

根据安全理事会 2000 年 7 月 31 日第 1312（2000）号决议安理会授权成立联合国埃塞俄比亚和厄立特里亚特派团（联埃厄特派团）。2008 年 7 月

30 日，联合国安理会通过决议，终止特派团任期。目前埃厄和平进程仍在僵局之中。

600 英里的边境线是经过了国际裁决划定的，它们面临的问题是许多殖民地边境是在 1890 年和 1993 年间的划分。难道我们不应该忽略殖民地传统吗？外部干预涉及好多陷阱，尤其是当冲突各派对惩罚它们各自的对手兴趣更高而不是简单地达成一个和解。决定一个国家的领土在哪里结束，而另一国家的领土从哪里开始，是外部调停者面临的最大的困难之一。当今世界第一条实际控制线是 1948 年一场战事之后在印（度）控克什米尔地区和巴（基斯坦）控地区之间仓促划定的，至今仍然有效。当边界存在争议的时候，国际体系倾向于维持现状。

第四节 中非：弱国与认同政治化

一 事件与背景

近几十年来，卢旺达及其相邻的布隆迪已经成为人口众多和种族灭绝的同义词。它们是非洲诸国中人口最多的国家，也是世界上人口密度最高的国家之一。尼日利亚的人口密度为非洲第三，而卢旺达的平均人口密度则是尼日利亚的 3 倍，是邻国坦桑尼亚的 10 倍。卢旺达死于种族屠杀的人数在 1950 年后全世界种族屠杀死亡人数中排第三，这一数字仅次于 1970 年在柬埔寨和 1971 年在孟加拉（当时为东巴基斯坦）发生的大屠杀。由于卢旺达的总人口是孟加拉的 1/10，按总死亡人数来看卢旺达的屠杀规模超过孟加拉，仅次于柬埔寨。布隆迪的种族屠杀虽然在规模上稍逊于卢旺达，"仅"有几十万人，但足够使布隆迪的死亡人数排到自 1950 年以来全世界种族屠杀死亡数的第七位，如果按屠杀数占总人口比率来计算，布隆迪排到全世界第四。

我们已经将卢旺达和布隆迪的种族屠杀与种族暴力联系在一起。在了解种族暴力以外的原因之前，我们需要先熟悉一下种族屠杀产生的背景与历史，以及对这一问题的普遍解释（笔者将在后文提到为何这一普遍解释是错误的、不完整的或过于简单化的）。卢旺达和布隆迪这两个国家的人口主要由两大族群组成：胡图族（原占总人口的 85%）和图西族（原占总人口的 15%）。在很大程度上，这两个族群传统的经济行为并不相同：胡图族主要从事农耕，图西族则以游牧维生。常有人说这两个族群长相有异。胡图族普遍矮胖结实、肤色较黑、塌鼻厚唇、下巴方正。而图西族人的个子相对高瘦、肤色较白、薄唇、尖下巴。人们通常认为，来自南边和西边的胡图族人最先到达卢旺达和布隆迪，而图西族人，即来自北边和东边的尼罗河流域居民稍晚才至，但取得了统治地位。在沦为德国（1897 年）和比利时（1916 年）殖民统治那段时期，图西族人由于肤色较浅，外表接近欧洲人或白种人，因此被殖民政府认定其人种优于胡图族人，并借助他们来进行间接统治。20 世纪 30 年代，比利时殖民政府规定所有人必须携带身份证，上面注明胡图族或图西族。这一举措急剧加速了本已存在的种族差异。

卢旺达和布隆迪都于 1962 年独立。在即将独立之际，胡图族人开始通过抗争来推翻图西族人的控制，并取得统治权。小规模的暴力逐渐升级成图西族和胡图族之间冤冤相报、终于形成无宁日的屠杀潮。布隆迪的胡图族人在 1965 年和 1970 年至 1972 年间发动起义，结果是上万个胡图族人命丧黄泉（这一估计数字与其后的死亡和被驱逐人数很难达到精确），而图西人则继续执掌政权。卢旺达的情况正好相反，胡图人占了上风，在 1963 年杀死了 10000～20000 名图西人（统计数据不一）。接下来的 20 年中，100 多万的卢旺达人，其中大多为图西族人，被驱逐到邻国。他们在那里时不时谋划入侵卢旺达的行动，结果造成更多的图西族人被杀死。一直到 1973 年，胡图族将军哈比亚利马纳（Habyarimana）借助军事政变推翻了以前的胡图政府，他决定与图西族和平共处。

在哈比亚利马纳的统治下，卢旺达繁盛了 15 年，成为大受欢迎的外援资助对象，健康、教育和经济都有长足进展。然而不幸的是，由于干旱和环境问题积压成堆（特别是滥伐森林、土壤侵蚀和养分流失），1989 年该国两大出口产品咖啡和茶的世界价格大幅下跌，世界银行采取紧缩措施，再加上南部大旱，这一切致使卢旺达的经济停滞不前。1990 年 10 月，一支图西族人从邻近的乌干达入侵卢旺达东北部，哈比亚利马纳以此为借口在卢旺达上下大肆屠杀图西族人，以此巩固自己的势力。内战使上百万卢旺达人流离失所，绝望的年轻人只得去当兵。1993 年，和平协议在阿鲁沙签署，同意权力共享，组建合作政府。但是，亲哈比亚利马纳的商人们还是进口了581000把弯刀——弯刀比枪支便宜——发放给胡图族人用以屠杀图西族人。

哈比亚利马纳自身反图西族的行为，以及对屠杀的默许仍不能使胡图族里的极端分子们满意（这些胡图族人比哈比亚利马纳还偏激）。他们担心和平协议会削弱自己的权力，于是开始训练自己的自卫队，进口武器，准备将图西族赶尽杀绝。图西族人在历史上很长一段时间内统治过胡图族，同时图西族人又多次入侵卢旺达，并在邻国布隆迪谋杀胡图族政治领导人，又大肆屠杀胡图族人。胡图族人对此深感恐惧。1993年，一个图西族极端分子军官在布隆迪谋杀了布隆迪的胡图族总统，致使胡图族人愤起追杀图西族人，图西族人又转而大肆屠杀布隆迪的胡图族人。

1994年4月6日晚上，卢旺达的总统专机载着卢旺达总统哈比亚利马纳和（最后一分钟才登机的）布隆迪新上任的临时总统从坦桑尼亚开会回来，在卢旺达首都基加利机场被两枚飞弹击中，所有人都毙命。飞弹是从机场附近发射出的，是谁干的呢？为什么要针对哈比亚利马纳的飞机？不管凶手是谁，好几个团体都有谋杀动机。胡图族极端分子在坠机前不到一小时之内迅速展开行动，实施早已精心策谋好的计划杀害胡图族首相等温和派人士和那些不很极端的主张民主的反对势力和图西族人。一旦胡图族的反对势力被铲除，极端分子们就夺取政权、电台，大肆屠杀图西族人。此时，经历了前期屠杀和被驱逐以后，图西族人尚存百万人。

大屠杀由胡图族的军队极端分子领导，使用枪支器械。他们很快将胡图族人组织起来，分发武器、设置路障，在路障处一旦发现图西族人便立马将其杀死，广播电台向每一个胡图族人呼吁杀死每一只蟑螂（这里指图西族人），同时又力劝图西族人找个安全的地方集中起来，以便随后可以将他们一窝端。国际反屠杀的抗议声最终露出水面，于是政府和电台改换口气，由杀死蟑螂变成告诫卢旺达人在国家公敌面前要自我防卫。胡图政府中那些力图阻止屠杀的温和派们被威胁、冷落、撤职或是杀害。图西族人们躲在教堂、学校、医院、政府大楼或以为是安全的地方，结果被团团包围，胡图族人将图西族人以上百个或上千个为一组，用刀砍死或烧死，这是最大的一次屠杀。众多的胡图族人参与了集体大屠杀行动，但对于是否真有 1/3 的图西族人被杀害一事存有争议。军队用枪扫射每一处地方以后，随后的杀戮则采用低技术的方式，通常用弯刀或铁钉狼牙棒。屠杀场面非常血腥残忍，其中有砍断手脚，将妇女的乳房切掉，把孩子扔进井里，强奸更是数不胜数。

虽然这场屠杀是由胡图政府极端分子组织的，但执行者最主要是胡图族平民、机构和本应有所表现的外人。例如卢旺达诸多天主教堂的管事要么没能很好地保护图西族人，要么将他们集合起来然后交给胡图族的刽子手。联合国本已派驻一小支维和部队驻扎在卢旺达，却命令他们撤退。法国政府派出的维和部队竟与从事集体屠杀的胡图政府站在一条线上，共同抵御叛军。美国政府则拒绝干预。联合国、法国政府和美国政府在对他们的政府做解释时，都提到"混乱"、"情况难解"和"种族冲突"，好像这不过是另一起在非洲司空见惯的种族冲突，对于卢旺达政府精心策划屠杀的证据视若无睹。

在六个星期内，大约有 80 万图西族人被杀害，是其后残留在卢旺达图西族人数的 3/4，也是卢旺达总人口的 11%。图西族人领导的卢旺达爱国阵线在大屠杀开始第一天即展开反政府的军事行动，战无不胜，攻无不克，并于 1994 年 7 月 18 日宣告全面胜利。人们通常认为卢旺达爱国阵线军纪律严明，并不征募平民参与屠杀，但他们在稍后的复仇中也展开了杀戮行动，虽然规模要小于大屠杀（估计遇害人数为 25000~60000）。卢旺达爱国阵线组建了新的政府，旨在维护族群和解与统一，要求卢旺达人把自己看作是卢旺达人而不是图西族人或胡图族人。大约有 13.5 万个卢旺达人因涉嫌参与大屠杀而被逮捕入狱，不过只有一部分被审判或定罪。卢旺达爱国阵线取得胜利以后，有 200 万人（绝大部分为胡图族人）纷纷逃向邻国（主要是刚果和坦桑尼亚）。与此同时，大约有 75 万名前难民（多为图西族人）返回卢旺达。①

二 干预和解决

很少有其他地方能像在 20 世纪 90 年代的卢旺达和布隆迪所发生

---

① 〔美〕贾雷德·戴蒙德著《崩溃：社会如何选择成败兴亡》，上海译文出版社，2008。亦可参考 http://www.ewen.cc/qikan/bkview.asp? bkid = 166142&cid = 513028。

的事件那样，古老的仇恨被当成大屠杀更可以接受的解释。人们认为区分胡图族（Hutu）和图西族（Tutsi）认同的标志是如此之坚不可摧，他们相互之间的仇视是那么深，以至于观察家认为 20 世纪 90 年代中非爆发大屠杀事件不可避免。但是，中非像世界其他地方一样，族群认同并非天生就有的，而是为了使人为的国家根植于集体认同之需要而产生的。

　　有一位专家总结了认同之复杂的历史根源，这里 20 世纪 90 年代发生了世界上最糟糕的族裔冲突：生活在中非的一位妇女从她出生的地方、她的血缘、她的姻亲关系、她的财富那里得到认同。在日常生活中，部落的或者族裔的认同几乎没有重要意义，而且这种认同也会随着人们为了开展贸易和开发新的土地而从一个地方长途跋涉到另一个的地方而改变。冲突往往会在部落内部发生而不是部落之间，因为人们会为水源、牧场或放牧权而斗争。①

　　这段话的作者 John Bowen 研究了卢旺达之后，承认在该国的一些地区（例如卢旺达北部）族群认同比其他地区（卢旺达南部）更为突出。但是他认为正是殖民当局和后继的独立国家决定了他在殖民或后殖民制度内的位置，因为他们宣称每一个人都应该有一个族裔身份。欧洲列强长期以来认识到在土著人中寻找和支持自己的同盟者的重要性。煽动族裔分裂和分而治之的先决条件就是在他们之间形成某类标志。可以肯定，在 1899 年德国殖民主义者到这里之前，占人口 15% 的图西族人统治着占人口多数的胡图族人。一战以后，比利时接管政权，它表面上支持图西族人。二战以后，布隆迪和卢旺达都成为联合国托管地，而且都在 1962 年获得独立。

　　总之，殖民统治使族群性政治化。Bowen 分析说，在卢旺达和布隆迪，德国与比利时殖民者欣赏长得高高大大的图西族人，他们是这两个国家的少数人。比利时人在教育、就业等方面给予图西人以特权，甚至上大学也设定一个最低要求。在这里图西少数民族被训练成为传统的统治阶层。更

---

　　① John R. Bowen, "The Myth of Global Ethnic Conflict", *Journal of Democracy*, 7, no. 4, October, 1996, p. 6.

有讽刺意味的是，胡图族和图西族一直相互通婚，已经达到在生理上很难分辨的程度（现在也一样）。[①] 在卢旺达，这两个群体有着共同的语言和习俗，布隆迪也是这样。胡图族人相互之间以宗族和地域归属相区别，这一点也和图西族人一样。他们不是统一的社会，其唯一的断层线就是胡图－图西的划分。如果还有其他因素的话，那就是这一地区人口密度很高，但这使族裔边界更少具有稳定性。

在 Rene Lemarchand 看来，族群认同是族群事实与政客们对其主观再造（或利用）之间的相互作用，是胡图－图西冲突的根源。[②] 首先使族群分类鲜明突出，接着鼓吹其重要性并加以政治化，如此行为成为掩盖最为根本的权力和资源问题的简便托词。

20 世纪 90 年代早期，卢旺达和布隆迪面临政治转型，正好是推进民主化的绝好时机。这一点有点像南非，但与南非不同的是，由于转型商议缺乏透明、领导地位的失败、反对派力量的阻碍态度，以及没有军队对转型的支持，这两个中非国家的政治转型最后以流产告终。[③] 在布隆迪，1993 年 10 月刚上任才四个月、布隆迪有史以来第一位胡图人身份的元首，也是首任民选总统的梅契尔·恩达达雅（Melchior Ndadaye），遭到主要是图西人控制的军方暗杀。无论如何，图西人对布隆迪安全部门的控制一直在限制他的权力。恩达达雅遭暗杀刺激了胡图极端主义者疯狂的报复，而在邻国卢旺达报复是图西人实施的。

1973 年朱韦纳尔·哈比亚利马纳（Juvenal Habyarimana）第一次当选卢旺达总统。他也是胡图族人。在过去的时间里，来自其同族的极端主义者敦促他采取更多的暴力行动对付图西族人。法国一心想维护这个族裔分裂的国家的中央权力，并因而为卢旺达政府提供了完好的军事设备，因此哈比亚利马纳很少有兴趣实施族群和解政策。在种族屠杀迹象变得日益明显

---

① John R. Bowen, "The Myth of Global Ethnic Conflict", *Journal of Democracy*, 7, no. 4, October, 1996, p. 6.

② Rene Lemarchand, "Managing Transitional Anarchies: Rwanda, Burundi, and South Africa in Comparative Perspective", *Journal of Modern African Studies*, 32, 4 (December 1994), p. 588.

③ Rene Lemarchand, "Managing Transitional Anarchies: Rwanda, Burundi, and South Africa in Comparative Perspective", *Journal of Modern African Studies*, 32, 4 (December 1994), p. 588.

之前，法国也忽略了卢旺达侵犯人权行为的不断出现。

1994 年 4 月的可疑的飞机失事事件最终点燃了卢旺达种族屠杀的引线。[①] 胡图族人被煽动并组织武装实施对异族图西人的大屠杀。大约有 50 万或更多图西人惨遭杀害。"非洲权力"组织（Africa Rights）声称：胡图极端主义目标是让全体胡图人都参与到屠杀中去。这样，屠杀的血液将玷污每一个胡图族人。[②] 胡图族报复性谋杀在卢旺达也在布隆迪带来很大的社会影响，使族群关系对立化，而在布隆迪 1965 年、1972 年和 1988 年就已经爆发过种族屠杀行为。胡图族的报复行为同样也刺激这两个国家的图西族人发动自己的报复行动的需求。

图西族人控制的"卢旺达爱国阵线"（RPF）于 1990 年第一次攻击哈比亚利马纳政府，但是在比利时、法国和扎伊尔军事帮助下遭到打击。1994 年中期，它对胡图族进行了一系列的进攻，使图西族人掌管了国家权力。即便他们否认，这些掌权者还是主导了复仇屠杀 10 万胡图族人的行动。在 200 万胡图族人背井离乡逃往坦桑尼亚、赞比亚和扎伊尔境内的难民营过程中，更多的人死于霍乱、痢疾和暴力。

1995 年族群化的冲突扩散到布隆迪，那里相同的社会结构因素在发生作用。虽然屠杀没卢旺达那么大，但图西人又一次巩固了政权。1996 年美国总统克林顿呼吁所有布隆迪人拒绝极端主义，和平解决差异问题，但是美国的干预仅限于财政援助、食品、医疗供应和其他通过国际红十字会等非政府组织提供的人道主义行动。1998 年和谈终于在布隆迪举行，但是屠杀还在继续。联合国安理会因此谴责了暴力的升级，并要求停火和惩罚对屠杀负有责任者。然而，联合国对终止大屠杀或在该地区政治中防止权力制造权利方面表现不佳。它的优柔寡断表现在，无视在卢旺达执行维和任务的加拿大维和小分队官员要求立即采取强制措施的请求，因为它已经意

---

① 1994 年 4 月 6 日卢旺达总统朱韦纳尔·哈比亚利马纳和布隆迪新当选总统西普里安·恩塔里亚米拉结束在坦桑尼亚召开的有关解决部族冲突的地区性会议之后同乘一架座机返回卢旺达首都基加利，当地时间 21 时左右，座机在飞抵基加利附近时突然坠毁，卢、布两国总统及 10 来名随行人员全部遇难。据目击者透露，在飞机坠毁时，基加利机场地带有重武器射击声。

② Jack Snyder and Karen Ballentine，"Nationalism and Markeplace of Ideas"，*Internatioinal Security*，21，2（Fall 1996），p.32.

识到必须为防止大屠杀做好准备。但其上级纽约联合国秘书长办公室没有任何回应，美国也因为行动缓慢而遭到谴责。[①]

经过数年的努力，卢旺达和布隆迪的和平与和解初见成效。一个被排除的选择是成立两个指定族群的新国家（胡图国和图西国），取代卢旺达和布隆迪。这个方案需要大范围的移民并为那些认同并非不同的人民划分边界。

最为可行的办法就是通过外部干预强制执行。事件发生后，安理会根据卢旺达政府的请求，成立卢旺达国际刑事法庭，审判战争罪犯。法庭设于坦桑尼亚北部城市阿鲁沙，与前南非刑庭共用上诉庭和检察长。该刑庭已对包括卢旺达前总理让·坎班达（Jean Kambanda）在内的20多名被告做出了判决，另有30多人的案件正在审理或调查之中。安理会要求该刑庭在2008年底前完成所有审判工作，在2010年底前完成所有上诉的审理工作。1998年，前卢旺达总理让·坎班达（Jean Kambanda）因策划1994年的种族屠杀而被判终身监禁。另一个审判机构名为卢旺达国家统一与和解委员会，负责甄别实施大屠杀者。在一种被称作"Gacaca"的制度下（一种传统的村庄法院），该委员会授权释放几乎所有15万嫌疑犯交给当地拘留所。他们把肇事者分为四类，给予不同的惩罚：主使者、杀害几百人的人、杀害几十人的人、提供有关图西人藏身之处的人。

虽像南非委员会一样，然而判刑的指导原则并不十分清楚，但惩罚并非精心设计来针对犯罪。因为有些人杀几个或更少的人可能被判罚仅仅是社区服务，也就是中国人所说的社区劳动改造。这显然非常不公正。但对于统治卢旺达的"卢旺达爱国阵线"（RPF）来说，这也是反驳指控向胡图人复仇的一个新的开始（2000年4月保罗·卡加梅当选为总统，他是卢旺达独立以来第一位图西族总统）。

在布隆迪缔造和平（Peacemaking）过程中，南非又一次扮演了角色。前总统曼德拉在图西族和胡图族的各类群体之间进行和谈斡旋。2000年8月，美国克林顿总统访问了几个非洲国家，包括在坦桑尼亚阿鲁沙停留，主持和平签字仪式。一直到签字的最后时刻，许多图西族极端主义分子还

---

① 关于这场悲剧的描述以及美国拖延干预的后果，请参考 Philip Gourevitch, *We Wish to Inform You That Tomorrow We will be Killed with Our Families: Stories from Rwanda* (New York: Picador Books, 1999)。

在反对与胡图族人分享权力的协议，由于克林顿的赶到，曼德拉和布隆迪总统皮埃尔·布约亚（PIERRE BUYOYA）才能够及时得到签约许可。为了结束长达七年的流血冲突，国际社会付出了诸多努力，终于取得了突破，其中曼德拉和克林顿的威望起到了关键性的作用。

还有一个第三国为胡图－图西战争提供了舞台，它就是扎伊尔［现在的刚果（金）］。1996 年 10 月，图西族控制的"卢旺达爱国阵线"（RPF）利用长期执政扎伊尔的蒙博托（Mobutu，1930 - 1997 年）身患重疾的机会，攻击扎伊尔境内的胡图族难民营，声称"联攻派民兵"（Interahamwe，与种族屠杀有联系的前胡图族军事组织）潜逃隐匿于此。然而，不久"卢旺达爱国阵线"就加入扎伊尔反叛组织武装，并在 1997 年废除了执政 32 年的蒙博托政府。成立了由洛朗·卡比拉（Laurent Kabila）领导的新政府，并改国名为刚果民主共和国（DRC）。一段时间，新政府一直与"卢旺达爱国阵线"（RPF）合作。1998 年联合国调查组希望找到数千名在刚果的胡图族难民，怀疑他们成为图西族叛军复仇的牺牲品，但一直遭到卡比拉当局的阻挠。

仅仅一年之内，刚果新政府与图西人的合作就终止了。许多刚果人要求卡比拉证明他不是"卢旺达爱国阵线"的走狗；而"卢旺达爱国阵线"领袖指控卡比拉独裁和腐败，包庇卢旺达胡图族"联攻派民兵"（Interahamwe），他们准备进攻卢旺达。卡比拉的回应是命令驱逐驻扎在刚果东部地区的卢旺达图西族士兵，虽然他们曾经帮助过他夺取政权。没想到这些卢旺达的图西族部队奋起反抗，联合乌干达叛军发动对刚果卡比拉当局的反攻。他们占领了刚果第三大城市基桑加尼（kisangani），并向首都金沙萨进发。由于安哥拉、纳米比亚、津巴布韦和乍得组成一个南部非洲国家小组派军队阻止了这个国家的解体，卡比拉当局才幸免于难。

刚果（金）和卢旺达两国相邻，但族群关系问题至今困扰两国关系。现在刚果（金）经常指责卢旺达对恩孔达反政府武装提供支持①，卢旺达则

---

①　洛朗·恩孔达（Laurent Nkunda）为刚果（金）反政府武装头目，出身图西族的恩孔达原为刚果（金）政府军指挥官，2004 年他以刚图西族受到不公正待遇为由发动叛乱。2008年 8 月起，恩孔达武装向刚东部北基伍省境内政府军和亲政府的民兵发起进攻，引发当地人道主义危机。2009 年 1 月 4 日，恩孔达武装发生内乱，部分军官提出解除恩孔达最高领袖的职务。2009 年 1 月 23 日，刚果（金）政府军称恩孔达 22 日在卢旺达被捕。

认为刚果（金）清剿其境内胡图族控制的"卢旺达解放民主力量"① 不力，两国关系冷淡且没有正式外交关系。近年来，两国政府采取一系列措施改善双方关系，进展十分有限。2009 年 8 月，刚果（金）和卢旺达决定重新开启混合委员会。

非洲问题专家阿里·马兹瑞（Ali Mazrui）写道：如果扎伊尔能在未来避开陷入混乱境地，它就会成为 21 世纪非洲的最大角色之一，从而把布隆迪和卢旺达庇护在自己的羽翼之下。② 看起来很明显的是，1998 年以前图西族控制的卢旺达把大部分的扎伊尔置于自己的庇护之下。而从族群政客一手指挥的大屠杀开始，卢旺达这个非洲大陆第三大国家就变成非洲多个国家控制的战场。这场族群冲突国际化是从三个方面进行的：其一，图西族彻底击败了卢旺达和布隆迪的胡图族，他们似乎意在建立一个帝国，接管这个地区衰弱的或者崩溃的国家，而卢旺达图西族领袖被看成图西族帝国计划的主谋。其二，这一地区利益相关的国家的数量早已增加，并引发该大陆其他地方的摩擦，例如卢旺达和乌干达争夺控制基桑加尼（Kisangani，刚果东北部的城市）；中立的南非和津巴布韦之间。其三，跨国军阀涌现，军阀领袖利用族裔差异为自己谋取利益。这些军阀在政治意义上和族裔意义上经常是不可预知，他们对任何事业没有深入的承诺和责任。例如，一份联合国报告指控"卢旺达爱国阵线"（RPF）支持"争取安哥拉彻底独立全国同盟"（UNITA）叛乱。

在该区域出现紧张局势之后，联合国安理会早在 1998 年 8 月就深表

---

① "卢旺达解放民主力量"（Democratic Forces for the Liberation of Rwanda）是卢旺达反政府武装。1994 年，部分参与杀害卢旺达数十万图西族人以及胡图族温和派人士的前卢旺达政府军军人和胡图族民兵潜入刚果民主共和国东部的深山密林，成立了武装组织"卢旺达解放民主力量"。2009 年 5 月 18 日，"卢旺达解放民主力量"发表公告说，愿意在国际社会的协助下，与刚果（金）和卢旺达政府进行谈判，而刚政府拒绝和卢旺达反政府武装"卢旺达解放民主力量"进行谈判，理由有二：一是"卢旺达解放民主力量"早在 1994 年就开始攻击刚东部地区平民，严重威胁该地区的安全，对于这样的武装组织，刚政府拒绝与其进行谈判。二是刚政府之前与洛朗·恩孔达领导的反政府武装和东部部分武装组织进行谈判，是因为这些武装组织的成员都是刚果人，而"卢旺达解放民主力量"不具备这一条件。

② Ali A. Mazrui, "The New Dynamics of Security: The United Nations and Africa", *World Policy Journal*, 13, 2（Summer 1996）, p. 39.

关切。当时，安理会指出，这一冲突对区域的和平与安全构成威胁。重申各国必须互不干涉内政，并要求立即停火和撤出所有外国部队。安理会指出必须进行全国和解，尊重所有族裔群体的平等与和谐，并进行民主选举。

1998 年 12 月，安理会重申有义务尊重刚果民主共和国的领土完整。还表明准备考虑同非统进行组织协调，由联合国积极干预，以协助执行停火协定和按议定进程达成政治解决。

1999 年 4 月，为进一步表明对区域和平努力的承诺，秘书长任命穆斯塔法·尼亚斯（塞内加尔）为他的刚果民主共和国和平进程特使，由 1997 年 12 月被任命为秘书长大湖区问题代表的伯哈努·丁卡先生协助。

安理会在 1999 年 4 月 9 日第 1234 号决议中，指责外国军队"违反《联合国宪章》的原则"，在刚果民主共和国驻留，并呼吁有关国家结束这些未受邀请的部队的驻留。

关于外国军队干预该地区冲突，大赦国际（Amnesty International）在 2000 年 5 月的一份独立报告中描述了刚果人民是怎样成为外部干预刚果政治的牺牲品：

1998 年 8 月刚果人民接二连三地遭受了人权侵犯和痛苦，而实施者正是那些外国军队、刚果政治和军事领袖，他们宣称要为国家安全和主权而战。事实上，许多领袖是在为控制刚果的政治和经济而战。大赦国际最后得出结论认为，这些领袖实施、命令或者纵容大规模系统性的残暴行为，故意侵犯人民个体和集体对安全和主权的权利。①

因此，毫不意外的是，当 1999 年 7 月在赞比亚首都卢萨卡最终签署停火协议时，不得不把所有牵连到冲突的主要角色都请了进来，包括刚果、安哥拉、乌干达、卢旺达、纳米比亚以及津巴布韦。反卡比拉政府组织之一的刚果解放运动（控制了 1/3 的刚果），于 8 月 1 日也签署了该协定。8 月 6 日，安全理事会敦促第二个反叛集团即刚果争取民主联盟（刚果民盟）也签署协定。同时，安理会赞扬"非洲统一组织"组织、南部非洲发展共同体（共体）和联合国秘书长努力寻找和平解决冲突的办法。

---

① Amnesty International，"The Democratic Republic of Congo：Killing Human Decency"（May 31, 2000），www. amnesty. org.

为确保联系和协议的执行，安理会与 1999 年 11 月根据 1279 号决议成立联合国刚果民主共和国特派团（联刚特派团，OMNUC – UN Organization Mission in the Democratic Republic of the Congo），经过 2000 年、2002 年、2003 年、2004 年的 4 次扩编之后，该特使团规模达到 16700 人，但仍低于联合国秘书长建议的 23900 名部队人员和 507 名观察员的数字。[①] 截至 2011 年 5 月 31 日，联合国在该地区共有 18970 名武装人员，其中包括 16986 军事人员，729 名军事观察员、1255 名联合国警察；还有 978 名国际文职人员，2783 名当地文职人员和 607 名联合国志愿人员提供辅助支持。[②] 不断增加的数字显示出联合国目前在该地区维和任务中资源严重不足、行动能力有限的窘境。在联合军事委员会的配合下，该使团的任务授权主要包括监督停火、与各方势力保持联系以及协助武装团体的缴械、组编与复原工作，此外，特派团必须与联合国的其他机构、相关的组织和非政府组织保持密切合作，以利于当地的人道救援任务。安理会后来还赋予联刚特派团一系列新职责，包括确保为那些"面对迫在眉睫的暴力威胁的"平民提供保护。

但国际解决族群冲突的努力并非可以一锤定音，联合国多次推迟结束联刚特派团使命，说明了解决冲突任务的艰巨。事实上，由于各方利益难以协调，至今已经出现了多次撕毁协议的行为。近期的一次是 2008 年 8 月 28 日刚果民主共和国武装力量［刚果（金）武装力量］和洛朗·恩孔达领导的全国保卫人民大会之间再次爆发大规模敌对行动。战斗已经蔓延到整个北基伍省，如果任由这一危机继续恶化，这将加剧刚果民主共和国东部的族裔冲突。在当前环境下，不能排除发生屠杀平民的可能性。近期事态发展还突出表明，冲突有可能蔓延到整个地区，可能造成广泛影响。因此，旨在稳定刚果民主共和国东部地区局势的努力遭受重大挫折。《戈马承诺书》和《内罗毕公报》进程陷于停顿。虽然刚果民主共和国其他地方的安全局势保持稳定，但关键的巩固和平任务（包括提供基本服务和扩大国家权力）没有取得什么进展。

最近几个月的冲突已造成 25 万人流离失所，从而使该国东部的境内流

---

① 联合国网站，http：//www.un.org/chinese/focus/drcongo/history.shtml。

② 军事人员派遣国有 53 个，警察派遣国 27 个。联合国网站 http：//www.un.org/en/peace-keeping/missions/monusco/facts.shtml。

离失所者人数达到 135 万以上。此外，还有上万人逃往邻国乌干达和卢旺达避难。联合国难民署、世界粮食计划署、世界卫生组织等各人道救援机构正在为这些流离失所者提供紧急援助。①

可见，尽管在中非地区族群冲突去国际化的努力中采取了进一步的措施，但是否可以把刚果从分裂的边缘挽救回来，目前还不明朗。

第五节　结语

我们分析了非洲之角和中非地区族群之间冲突的案例。当然，在这个大陆上似乎也有其他一些基于族群的棘手的冲突，例如安哥拉、利比亚、利比里亚、塞拉利昂、索马里，还有苏丹。尼日利亚正面临着伊斯兰复兴的挑战，它使这个国家对立化。抛开族群不说，我们在这些冲突中所看到的是中央政府的衰败和消失以及随之而来的国家的崩溃。需要我们注意的第二个情况是可以帮助管控一个国家内部斗争的非洲组织的缺失。

联合国可以充当这个角色，因为它在非洲维和任务中有很多成功处理复杂局面的经验。但是，正如阿里·马兹瑞（Ali Mazrui）提到，它不可能成为这里的缔造和平或者维和强制的角色。联合国可以在非洲有很大的作为，那里人类的生命比其他地方人类的生命要冒更大的风险，即便它在索马里的行动失败了，与它在柬埔寨取得的成功相比，也可能挽救更多的生命。② 但确切地说，正是在两届非裔秘书长任职期间，非洲爆发了如此之多的族群化的战争，而且无法加以控制。马兹瑞和许多决策者有着共鸣，包括美国的决策者们，那就是非洲必须建立一个由非洲人强制的非洲和平。③ 建立一个由主要的地区大国组成的非洲安全理事会将是朝这个方向努力迈出重要一步。

另一方面，巴利·博赞（Barry Buzan）和杰拉德·席格尔（Gerald Seg-

---

① 联合国网站，http：//www. un. org/chinese/focus/drcongo/action. shtml。

② Ali A. Mazrui, "The New Dynamics of Security: The United Nations and Africa", *World Policy Journal*, 13, 2 (Summer 1996), p. 38.

③ Ali A. Mazrui, "The New Dynamics of Security: The United Nations and Africa", *World Policy Journal*, 13, 2 (Summer 1996), p. 40.

al）注意到，全球人道主义议程正在失去支持。鉴于卢旺达恐怖冲突各方出于复杂的利益算计而对人道主义救援表现出三心二意的反应，那种认为人道主义问题在发展中国家更多的是正在变成戏剧而不是现实的观点，并非令人难以置信。[①] 当它们自己国家的利益可以得到提升时，外部极有可能干预族群化的冲突。对调停这类冲突进行无私的奉献，在当下国际政治中还极为罕见，不管这些冲突有多么的恐怖。

---

① Barry Buzan and Gerald Segal, "The Rise of 'Lite' Powers: A Strategy for the Postmodern State", *World Policy Journal*, 13, 3, Fall 1996, p. 7. See also Michael Ignatieff, *The Warriors' Honor: Ethnic War and the Conscience* (New York: Owl Books, 1998).

第九章
南斯拉夫解体：国际角色的精心策划

第一节　民族自决的合法性判断：国际体系的内在矛盾

整个 20 世纪 90 年代，西方国家的政治领袖们反反复复地说：世界各地的民族主义已经动摇了国际政治，而不变的是，印象中这些地方都是经济欠发达国家。非洲、中东、南亚、苏联各个共和国、巴尔干国家发生的冲突被解释成病态民族主义的产物。用汤姆·奈伦（Tom Nairn）的话说，反共产主义的魔鬼信仰论曾经被恶魔民族主义论所取代，现在世界大决战已经被族群大深渊所取代。[①] 具有讽刺意味的是，常常伴随民族主义的少数民族对国家身份的要求，已经成为当代国际体系令人讨厌的东西。但毕竟在两次世界大战结束之际，民族自决曾经被拿出来当成医治世界体系疾病的灵丹妙药：1918 年中欧各民族获得了国家身份，而从 1947 年开始殖民地民族（众所周知的印度和巴基斯坦）也被赋予独立资格。然而今天随着冷战的结束，民族主义被视为感染国际政治的莫名的不适。

当代世界政治继续被冷战时期就已经存在的问题所困扰。全球和平并没有奇迹般地出现，新世界秩序也没有形成，甚至有关解决诸如地区军备竞赛、不发展、人口过剩、环境退化或者疾病扩散等问题的办法也没有达成共识。后两极时代其他令人失望的事情还包括若干地区冲突不能达成最终的协议，而这些冲突最初始于霸权的代理战争，包括中东的巴以冲突、阿富汗和安哥拉的内战，甚至还有美国的古巴问题。

[①]　Tom Nairn, Faces of Nationalism: Janus Revisited (London: Verso, 1997), p. 61.

鉴于这些国际问题的本质特征，民族主义真的要对今天的国际乱局负有责任吗？有许多原因可以解释构建一个更加和平民主的世界秩序的阻力较少与民族主义相关，而更多地与权力平衡相关。国与国之间的战争可能并不比国家内部的战争多，但这是长期趋势的一部分而不是国家内部族裔民族主义冲突上升的结果。我们看到，1990 年后期伊拉克想吞并科威特，印度和巴基斯坦紧张关系的起起伏伏，扎伊尔的崩溃导致中非地区权力真空的出现，等等，这一系列事实证明，地区冲突仍然在加剧。全球诸多地方还存在大规模贫困；许多第三世界国家和苏联的土地上中央政权不统一和四分五裂；多数伊斯兰世界出现传统与现代的冲突；等等。这些因素与建立一个后两极时代的国际秩序的困难交织在一起。族裔民族主义冲突经常是紧随这些问题而出现，而不是走在这些问题前面。

本章不去论证大家都熟悉的观点，即大多数后两极冲突是由民族主义引发的，而是代之以思考一个截然相反的命题。在后两极世界一个新的国际体系已经出现，它是由美国及其他七国集团成员，以及它们控制的政府间国际组织（例如联合国安理会、世界贸易组织、国际货币基金、世界银行及像欧洲委员会这样的"标准制定"机构）操控的。这一国际体系用"国家化"（Nationalizing）的方式解释冲突显得自私自利。也就是说，当其他因素（例如七国集团成员的国家利益、他们的战略考虑、权力转变中的平衡）实际上可能会引发民族间冲突的爆发，这就使各民族的民族主义作为一个国际问题凸显出来。把问题综合起来考虑，同一个国际体系对国家认同（National Identity）的表达的反应是不一样的。一般情况下，它把民族主义（Nationalism）视为一种病态，虽然它也有例外情况，承认某些人民的集体自我是值得拥有国家身份的（例如东帝汶人、厄立特里亚人、摩尔多瓦人、土库曼人），而另外一些人民则不值得拥有这样的身份（例如车臣人、克什米尔人、库尔德人、泰米尔人）。

今天许多冲突都被贴上标签，由此带来的不和谐、不一致牵涉到把族群当作助手的战略利益。这就解释了后两极时期为什么会出现国际乱局。反过来，20 世纪 90 年代早期，对某些新独立国家的承认（主要是苏联和东欧地区转型国家），虽然只是极少数，但已经使国际体系出现随意性和不公正。今天，我们对一个民族为争取自决和国家身份而斗争的国际承认进行探索，实际上具有某种警示意味，即主要国际角色将劝阻这样的承认。直言不讳地说，未来不管发生什么样的冲突，只要它还带有民族主义的特征，国际体系就已经发出信号：没有空位置留给新的成员了。

总结一下过去100多年国际体系对自决的态度，可以得出如下解读：如果说19世纪后半叶各个整体的创造来自于各个部分（德国和意大利的统一），那么一战以后范式转型（并且限于中欧），把各部分作为整体接受（例如哈布斯堡帝国各个民族）。二战以后，反殖民斗争揭开了一系列新的集体自我，虽然它们出现在殖民者当局划定的行政边界之内。其结果是，一旦去殖民化过程结束，世界政治版图就冻结。然而，冷战结束以后，决定各类群体自决要求和反自决要求是否具有合法性的问题再次浮出水面，而就主宰世界的西方看来，把组成共产主义世界的各部分变成后共产主义的一个个独立整体，便成为判断原则。国际社会允许共产主义联盟解体，包括苏维埃联盟、南斯拉夫、捷克斯洛伐克，但却没有想到可能会有其他的自我集体为政治承认而斗争。因此，在某些地方国际体系偏向于反对集体自我的宣称，例如阿布哈兹、克里米亚、大德涅斯特河地区、车臣和泰米尔伊拉姆猛虎组织等。在这样一些地区，表达集体自我的影子国家已经出现，但不是被政府间组织所忽视，就是被非政府组织所遗忘。在世界许多地方，国际体系的现实政治已经妨碍它接受政治现实。

本章我们分析以下命题。世界政治中的领导角色已经试图把他们的现实政治强加给其他人民的政治现实。一个例子就是在解决南斯拉夫冲突问题上西方与俄罗斯之间的分歧。这些分歧从处于冷战边界的地带的南斯拉夫开始，并以很多方式继续存在下去。南斯拉夫试图充当不结盟国家的领袖，虽然它本身就在共产党的统治之下。南斯拉夫可能处于文明冲突的断层线上，但我们应该记住自从1945年开始它一直是竞争的世界政治秩序发生冲突的大背景。正如郝时远所言：

> "事实上，民族主义和宗教的聚合力在波黑三方的残酷战争中，并非所谓'文明的冲突'。从整个巴尔干半岛的历史来看，每一场战争都有着深刻的政治背景，其中也总是包含着大国的巴尔干政策。巴尔干半岛作为欧亚大陆的结合部的战略地位，使它"凑巧"成为以下不同

宗教为界定文明特征的所谓"断层线"，而造成这种"断层线"冲突的却不是巴尔干半岛各民族生性好勇斗狠，而是外部势力争夺巴尔干半岛的角逐。每当外部势力介入巴尔干事务，都会迫使巴尔干半岛的国家和民族将自己的利益与某一方外部势力联系在一起，首先是在巴尔干半岛内同族或同教的结合，然后是同巴尔干半岛外部势力的同一宗教的联系，从而形成看起来像是'冷战所造成的人类分裂已经结束，但种族、宗教和文明所造成的人类更根本的分裂依然存在，而且产生着大量的冲突'。而事实上，这些在所谓'文明'因素掩盖下的冲突，仍然是政治冲突，是大国列强的巴尔干政策的冲突。这一点，从整个南斯拉夫解体的过程中是不难看出的。"①

第二节　南斯拉夫在战争中分裂

2000 年 10 月中旬，波斯尼亚—黑塞哥维那（波黑）主席阿利雅·伊泽特贝戈维奇（Alija Izetbegovic）在执政九年后宣布辞职。② 在他任职期间正赶上波黑内战。在执政期间，他推崇温和的伊斯兰主义政策，但战后随着巴尔干新规定的出台而被抛弃。新政策包括民族和解、包容性的公民身份、多民族和谐等。这些价值的形成与另外两个族裔民族主义领袖离开政治舞台密切相关：一个是图季曼（Franjo Tudjman）③，一个是米洛舍维奇④（Slobodan Milosevic）。

在短短不到一年的时间里，三位《代顿和平协议》的签订者相继离开

---

① 郝时远：《帝国霸权与巴尔干"火药桶"》，社会科学文献出版社，1999，第 318～319 页。

② 阿利雅·伊泽特贝戈维奇（1925～2003 年）是克罗地亚族穆斯林。20 世纪 70 年代他曾发表《伊斯兰宣言》。1989 年，伊泽特贝戈维奇创建波黑穆斯林民主行动党（SDA）。在 1990 年的波黑议会选举中，SDA 获得了 33% 的选票，成为议会第一大党。同年他当选为首任波黑总统。2000 年退出波黑主席团。2003 年因病去世。他是波斯尼亚克族的主要领导人，在克族中享有很高威望，后来被怀疑与本·拉登的"基地"组织有联系。

③ 图季曼，克族，1989 年成立克罗地亚民主共同体，1992 年、1997 年两次当选克罗地亚总统，1999 年病逝，在克罗地亚举行"国父"般葬礼。2004 年海牙法庭确认"大克罗地亚"主义的存在，图季曼被认定为这个犯罪集团的首领。

④ 米洛舍维奇，塞族，1990 年成立塞尔维亚社会党任主席，1989 年、1992 年两次当选塞尔维亚共和国总统，1997 年当选南联盟总统，2000 年 10 月在大选中失利，2000 年 11 月 25 日再次当选为塞尔维亚社会党主席，2001 年被金吉奇政府逮捕移交海牙。2006 年病死于海牙。他被认为是所有前南冲突的罪魁祸首。

政治舞台。具有讽刺意味的是，到现在和平才有更好的机会扎根，但令人遗憾的是没有了和平计划的参与者。

巴尔干政治的转折点是 2000 年 10 月，那年米洛舍维奇，曾经在 20 世纪 90 年代四次战争中领导南斯拉夫取得胜利，却在南联盟总统大选中败给塞尔维亚民主党领导人科什图尼察（Vojislav Kostunica）。成群的游行队伍在大批警察的袖手旁观下占领了贝尔格莱德的议会大厦，这时米洛舍维奇才承认大选失败。

在政治技巧上，由于这两人之间缺乏联系，米洛舍维奇领导的南斯拉夫与新当选的总统希望建立的民主的南斯拉夫之间的分裂被最大化地利用了。科什图尼察和米洛舍维奇的第一次谈话是在星期五的晚上（10 月 6 日），那时米洛舍维奇面临着民众的背叛，最后不得不走上电视，承认在南斯拉夫总统大选中被击败。[1] 当 18 个反对党的松散联盟推举科什图尼察为总统候选人时，他感到非常吃惊。他一直想知道为什么一些反对党领袖，他们从来不掩饰对自己的民族主义的不信任，却让他当他们的总统候选人。他曾经公开批评北约 1999 年因科索沃问题对南斯拉夫的狂轰滥炸，而且他认为在布达佩斯的美国大使馆公开从事干涉塞尔维亚内政的活动，不仅组织倒米洛舍维奇活动，还为此提供资金支持。如果科什图尼察从未跟米氏政府合作过，也没有跟北约和西方同流合污，那么他就是一座桥梁，通过它，米氏的支持者们就可能走向反对派一边。[2]

即便科什图尼察自北约轰炸南斯拉夫以后想使自己远离西方阵营，但他已经成为西方的人了，因为他是西方反米氏运动的受益者。美国及西方已经许诺，如果他们的选票不给米氏，他们将得到西方大规模的经济援助。南斯拉夫的选举人、政治机构，以及安全部门已经被这种承诺所诱惑。甚至在选票统计完毕或选举委员会公布官方选举结果之前，西方就仓促宣布2000 年大选科什图尼察胜出。总统选举已经变成一场竞争，这场竞争发生在对残余的南斯拉夫加入欧盟的憧憬与对脱离米氏统治下的衰败和进一步分裂的南斯拉夫的展望之间。这种分析我们一方面是要揭露和谴责西方的

---

① "Reluctant Revolutionary：Vojislav Kostunica"，*New York Times*，October 9，2000.

② "Reluctant Revolutionary：Vojislav Kostunica"，*New York Times*，October 9，2000.

政策；另一方面我们还要进一步认识西方在巴尔干强制推行自己的战略部署的能量。

南斯拉夫不过是一个曾经的概念，一个人为创造、一个想象的共同体，还是一个把南部斯拉夫各民族带进一个共同的政治结构的自然的社会？这引起了相当大的争议。近期西方研究南斯拉夫问题较有启发意义的学者，是美国西北大学比较政治学教授安德鲁·沃切尔（Andrew Baruch Wachtel）。他的论证颇具说服力：跟那些在政治权宜（例如苏维埃）或地理巧合（例如后殖民主义的非洲国家）基础上创造的民族概念相比，南斯拉夫的民族概念与意大利和德国的民族概念更为相似。[①]

南斯拉夫联邦共和国主要有三种官方语言，塞尔维亚－克罗地亚语（Srpskohrvatski）、斯洛文尼亚语（Slovenski jezik）、马其顿语（Makedonski jezik）。其中塞尔维亚－克罗地亚语为克罗地亚、塞尔维亚以及波斯尼亚三个共和国的官方语言，依其使用的人或地方，有两种可能的名称，每种名称还有两种不同的字母形态。在以塞尔维亚为主的时候，称为塞尔维亚－克罗地亚语（Srpskohrvatski），书写上偏向于西里尔字母；若是以克罗地亚为主，则称为克罗地亚－塞尔维亚语（Hrvatskosrpski），书写上偏向于拉丁字母。斯洛文尼亚语以拉丁字母书写，而马其顿语以西里尔字母书写。

在联邦分裂的过程当中，语言也产生了变化。在原先使用称为克罗地亚－塞尔维亚语的各族群当中，克罗地亚人主张其语言为不同于塞尔维亚语（Srpski jezik）的克罗地亚语（Hrvatski jezik），波斯尼亚人也开始称他们所使用的语言为波斯尼亚语（Bosanski jezik）。即使与塞尔维亚关系密切，官方语言为塞尔维亚语的黑山，也有部分黑山人认为其实自己所讲的语言应该称为黑山语。

第一次世界大战结束后，属于战胜国阵营的塞尔维亚和黑山合并，同时吸收了战败的奥匈帝国几个以斯拉夫人为主要居民的行省，建立了由塞尔维亚、克罗地亚和斯洛文尼亚组成的王国。黑山从此失去 1878 年以来的主权国家地位。1929 年，新国家更名为南斯拉夫王国。

---

① Andrew Baruch Wachtel, *Making a Nation*, *Breaking a Nation*: *Literature and Cultural Politics in Yugoslavia* (Stanford, CA: Stanford University Press, 1998), p. 228.

实际上，早在数个世纪以前，区别西欧、东正教和穆斯林的断层线在巴尔干就已经确立，但是大致来说，正是二战以后留下的伤疤推动了 20 世纪 90 年代的族群暴力。1941 年，纳粹德国横扫南斯拉夫，宣布塞尔维亚为被占领土，并在克罗地亚人和波斯尼亚人聚居区建立傀儡政权。例如，反塞尔维亚的克罗地亚法西斯主义运动"乌斯达莎"（Ustasa）获得建立了一个法西斯克罗地亚国，并把波黑并入这个新国家。"乌斯达莎"采用一系列残忍手段对待塞尔维亚人和犹太人，甚至超过希特勒。它还招募穆斯林执行对塞尔维亚人的屠杀政策。实际上，一些波斯尼亚穆斯林战士也想建立自己的军事队伍。因此，在南斯拉夫历史上，塞尔维亚人被杀的数量是穆斯林的 4 倍。这也可以解释塞尔维亚人与其他族群之间 50 年后发生的暴力行为。

1945 年，战后重建南斯拉夫民主联盟。1946 年，南斯拉夫组成南斯拉夫人民联邦共和国，联邦由塞尔维亚、克罗地亚、斯洛文尼亚、波黑、马其顿和黑山 6 个加盟共和国，以及伏伊伏丁那和科索沃 2 个自治省组成。1963 年再改名为南斯拉夫社会主义联邦共和国。

二战结束以后，由于害怕秋后算账，铁托统治下的南斯拉夫建立了制约 – 平衡体制，即建立联邦制度结构来中和民族主义。只有波斯尼亚因其族裔差别很大未被立即授予民族头衔。但是，1946 年穆斯林最终被承认是南斯拉夫第六个民族。波黑成为南斯拉夫穆斯林非官方的"祖国"，80% 的穆斯林居住那里。然而在整个波黑共和国，穆斯林人口仅占 41%，31% 是塞尔维亚人，18% 是克罗地亚人。所以，波黑境内所有族群都被视为是共和国的组成民族，不是少数人。

1974 年，南斯拉夫修改宪法，6 个加盟共和国获得自治地位。塞尔维亚境内穆斯林阿尔巴尼亚族聚居的科索沃省和匈牙利族聚居的伏伊伏丁那省成为拥有较多自治权的自治省。20 世纪 90 年代以前，南斯拉夫几乎没有严重的族群冲突。

1989 年民主革命在整个欧洲发展，而在南斯拉夫，革命以民族主义竞争权力的形式在六个共和国之间展开。"20 世纪 90 年代伊始，给整个巴尔干和东南欧地区带来麻烦的并不是由于外部威胁，而是由于民族的或族裔的少数人的存在而引发的焦虑。这些国家都是受其他国家控制的。这些国家中的每一个都认为少数民族是国家统一的威胁，如此带来的敌意又强化了少数民族的不安全感。"① 在整个南斯拉夫共和国构成多数民族的群体，而在其他多数共和国中却属于最大的少数民族，它就是塞尔维亚人。他们历史性的振兴呐喊是：塞尔维亚要么统一，要么毁灭。

1991 年，斯洛文尼亚、克罗地亚和马其顿宣布独立，遭到塞尔维亚和黑山的反对。波斯尼亚领袖阿利雅·伊泽特贝戈维奇（Alija Izetbegovic）意识到他的共和国可能要成为南斯拉夫各民族中汹涌澎湃的民族主义浪潮的最大的牺牲品。作为一个有着众多塞尔维亚少数民族人口的多民族国家，很明显波黑尤其要成为塞尔维亚民族主义领袖米洛舍维奇之大塞尔维亚政策的目标。美国驻南斯拉夫前大使齐默尔曼（Warren Zimmerman），是策划南斯拉夫分裂的推手之一，他对南斯拉夫分裂的动因进行了如下解释：南斯拉夫的解体是典型的自上而下的民族主义例子，这一精心操控的民族主义发生在这个在历史上和平多于战争，四分之一的人口相互通婚的地区。为了能制造敌意，操控者纵容甚至刺激当地的族群暴力，而这种敌意又被媒体放大，导致进一步的暴力。②

控制前南人民军（JNA）对米洛舍维奇的大塞尔维亚计划具有关键的重要性。这支军队是欧洲第五大军队，由国内最大的军事工业和苏联巨大的防御力量提供装备。当斯洛文尼亚和克罗地亚领袖要求从自己共和国征召的士兵不要加入南联盟军时，南斯拉夫军队在很短时间内就变成塞尔维亚军队。在米氏的鼓动下，其他共和国的塞尔维亚族少数民族领袖对尽可能多地吞并新独立的国家的领土虎视眈眈。塞尔维亚光复主义者对斯洛文尼亚提出土地要求显然不合情理，而对克罗地亚越来越严肃的土地要求很可能遭到激烈的武装抵抗。

较早些年，克罗地亚民族主义作家都布里卡·科斯科（Dobrica Cosic）在其著名的小说中描写了他的民族和塞尔维亚人之间的误解：只有在平等的立场上，个体和民族才能说同一语言。一个自由的民族和一个附属的民族不讲同一语言，即使他们之间能够相互听懂。克罗地亚人很不走运，是

---

① William Pfaff, *The Wrath of Nations: Civilization and the Furies of Nationalism* (New York: Touchstone Books, 1993), pp. 199 – 200.

② Warren Zimmerman, "The Last Ambassador: A Memoir of the Callapse of Yugoslavia", *Foreign Affairs*, 74, 2, March/April 1995, p. 12.

一个附属民族。① 社会主义南斯拉夫一直是一个人声鼎沸的多语言的宝塔，其建造者不仅持不同的语言，而且相互之间也讲过去的事情。但是在许多方面，社会主义南斯拉夫各民族未能理解彼此的文化。②

塞尔维亚民族主义者意识到在斯洛文尼亚和克罗地亚他们所面对的障碍。但这并没有阻止他们发动战争，这场战争开始时斯洛文尼亚并没有取得胜利，但在其他地区（克罗地亚边境地区）取得了一段时期的胜利。至于波黑，他们不相信会有政治或军事的风险。

一　波黑战争

1991 年 12 月，南斯拉夫四个共和国（克罗地亚、斯洛文尼亚、波黑、马其顿）要求欧共体（EU）承认它们独立。克罗地亚和斯洛文尼亚得到了承认，而波黑和马其顿却需要等待。波斯尼亚领袖阿利雅·伊泽特贝戈维奇（Alija Izetbegovic）意识到宣布其共和国独立可能牵涉到推动战争的风险，但是他也清楚地知道，面对塞尔维亚进攻或克－塞分裂计划，这个过程是唯一可能的保证领土完整的办法。真正到了那一刻，当地的塞尔维亚民族主义者与他们的对手克罗地亚族联合起来，尽快摆脱伊泽特贝戈维奇建立的伊斯兰国。波斯尼亚战争早期，塞族和克族相互认可各自的势力范围，主要进攻穆斯林地区，目的在于分裂波黑共和国。然而一开始，很大程度上战争是被二战期间穆斯林残酷对待塞族的故事点燃的，在实施这套方案过程中，塞族表现得比克族更加狂热。

1992 年 3 月就波斯尼亚独立进行公投，64% 的穆斯林和克族赞成波斯尼亚独立，而波斯尼亚 130 万塞族中的绝大多数人并没有参与投票。在全民公投结束数日后，甚至在伊泽特贝戈维奇宣布波斯尼亚独立之前，波斯尼亚塞族领袖卡拉季奇（Radovan Karadzic）就宣布成立一个波黑塞族共和国——塞尔普斯卡共和国（Republic Srpska），并宣称占有 70% 的波黑领土。在南联盟军的帮助下，组建波斯尼亚塞尔维亚军队。在萨拉热窝郊区建立波斯尼亚塞尔维亚议会和政府。西方推迟承认穆斯林政府的决定成为米洛

---

① Dobrica Cosix, *A Time of Death* (New York：1978). Vol. 3, p. 379.

② Sabrina Petra Ramet, *Balkan Babel：the Disintegration of Yugoslavia from the Death of Tito to the War for Kosovo*, 3rd edn. (Boulder, CO：Westview Press, 1999), p. 329.

舍维奇支持卡拉季奇和波斯尼亚塞族的必要的借口。米氏希望波斯尼亚塞族共和国成为大塞尔维亚的一部分。

同年，在全民公决后，未独立的塞尔维亚和黑山两个加盟国组成南斯拉夫联盟共和国（简称"南联盟"），继续维持南斯拉夫。

1992年4月开始，围绕波黑独立问题，克族、塞族、波斯尼亚穆斯林三者间爆发了历时三年半的战争，直至1995年，《代顿波黑和平协议》签署，宣告波黑战争结束。

内战开始之后不久，因装备的数量和品质使得塞尔维亚人占优势，而波斯尼亚克族人装备品质较差，克罗地亚人人数较少，这决定他们在战斗中居于劣势。再加上，波斯尼亚克族人和克罗地亚人并非一直都是紧密的同盟关系，所以塞尔维亚在最初的攻势下就占领了全国六成的领土，并且包围首都萨拉热窝进行围城。克罗地亚人此时以守住黑塞哥维那地区西部为主，波斯尼亚克族人则是仅守住包含萨拉热窝、斯雷布雷尼察、哥拉谢迪、杰巴等主要都市在内三成的范围。国际社会虽进行过对于塞尔维亚的制裁和对萨拉热窝进行人道救援行动，但是尚无法影响大局，这个情况一直持续到1992年中。

1993年春，波斯尼亚克族人和克罗地亚人之间产生嫌隙。由于克罗地亚人和塞尔维亚人相互之间争夺的势力范围较少，他们甚至和塞尔维亚人结盟。这样，因为争夺莫斯塔尔波斯尼亚黑塞哥维那地区的南部中心都市，波斯尼亚克族人和克罗地亚人产生激战。

1994年之后，因为美国施以压力，克罗地亚人和波斯尼亚克族人再度结成同盟。3月1日在华盛顿谈判中，波斯尼亚克族—克罗地亚决定组成联邦，这是美国削弱塞尔维亚方势力的第一步。4月10日到11日之间北约小规模地对塞尔维亚方实行轰炸。8月5日塞尔维亚方攻击了联合国的武器库，由此，北约开始进行大规模轰炸。入秋之后美国对波斯尼亚克族—克罗地亚一方也展开了新的军事援助。在这样的助力下，10月下旬波斯尼亚克族人在席哈奇附近转为攻势，这个攻势一度成功，但是在11月初就遭到塞尔维亚方的反击而不得已撤退。

为了支援波斯尼亚和克罗地亚一方，11月21日和23日北约发动第三波的空袭行动，在不断的空袭之下塞尔维亚方转为用少数士兵轻装行动去监禁联合国维和部队士兵作为手段。因此派遣士兵的英国和法国和想要轰炸的美国意见分歧对立，在北约无法正常运作陷入纠纷的情况下，美国前总统卡特展开媾和行动。因此，从 1995 年 1 月 1 日起停战四个月。

1995 年春，四个月的停战期限一过，双方再次展开激战。塞尔维亚方发动总攻击，7 月斯雷布雷尼察和杰巴被攻陷。萨拉热窝和哥拉谢迪也展开了激战。此时塞尔维亚和克罗地亚方之间，克罗地亚方因和克罗地亚军合作开始占上风。此时的战斗已经不只在波斯尼亚和黑塞哥维那，也扩大到克罗地亚境内的塞尔维亚人居住区。其间，6 月 3 日，为了保护联合国维和部队设立了紧急应对部队，开始展开救援被塞尔维亚方囚禁的人质。

1995 年 8 月 28 日，萨拉热窝中央市场被炮击，造成 37 人死亡。北约借此事件展开最大规模的轰炸活动，从 8 月 30 日起至 9 月 14 日，除了 9 月 2 日到 4 日之间暂停外，其余时间不断进行攻击。因此塞尔维亚方不只在对克罗地亚方面开始败退，连对付波斯尼亚克族人的反击也无法应付。至此塞尔维亚人也决定正式参与和平会谈。10 月 13 日停战，波斯尼亚战争终于落幕。

最后在多国联合调停下，1995 年 12 月各方签署了代顿协议（Dayton Agreement）。决议让克罗地亚人和波斯尼亚克族人共组波斯尼亚和黑塞哥维那联邦与塞尔维亚人的塞族共和国在一国并立。两国有着各自的主权和军队以及警察，高度的分权化。国际社会驻波黑高级代表处（OHR）负责落实代顿协议的民事部分，军事方面则是由多国部队（SFOR）承担。因为军事方面维持得尚可，战后的治安大致上来说是安定的。

"在南斯拉夫这片土地上，只要发生战争就必然伴随着民族仇杀的悲剧。尤其是在第二次世界大战中'克罗地亚独立国'的'乌斯塔沙'对塞尔维亚和穆斯林的屠杀，在法西斯历史上留下了永久的记录。同时，塞尔维亚的'切特尼克'对克罗地亚族的报复和对穆斯林的杀戮，也在南斯拉夫历史上留下了难以磨灭的记忆。然而，半个世纪以后，在当年民族仇杀最厉害的波斯尼亚和黑塞哥维那，民族仇杀的历史又一次重演。战场上当年'乌斯塔沙'的法西斯 U 形标志再次出现，成为克罗地亚族战士的肩章，塞族的一些武装也再次打起'切特尼克'的招牌。"① 就这样，波黑三族这

---

① 郝时远：《帝国霸权与巴尔干"火药桶"》，社会科学文献出版社，1999，第 242~243 页。

些往日的兄弟以各种借口展开厮杀。战争中谁杀了多少人，谁杀了谁，成为战后西方判断种族灭绝罪、反人类罪、违反战争法罪的标准，似乎有些荒唐（其实是西方实现其政治目的的合法外衣，从这一点来看并不荒唐）。

据统计，在持续了 43 个月的波黑战争中死亡人数约 25 万人，造成难民 200 万。[①] 另一种统计为，在 1991 年至 1995 年南斯拉夫解体过程的内战中，死亡 15 万人以上，300 万人沦为难民，2 万～4 万女性被强奸。[②]

二 科索沃冲突

科索沃危机与转轨国家的政治改革密切相关。

1980 年 5 月，铁托逝世，南斯拉夫失去了具有个人权威的领袖，各共和国的分离倾向不断加强。20 世纪 80 年代初作为自治省的科索沃也出现了分离的趋向。阿族大学生和知识分子时常举行游行示威，要求建立独立的科索沃共和国，示威群众和警察之间经常发生流血冲突，塞尔维亚当局不得不派军队对科索沃实行临时军事管制，这样导致科索沃的塞族同阿族之间的矛盾日趋尖锐。大批塞尔维亚人离开科索沃，留下来的塞族人成为少数派，日益感到孤立和受排斥，阿族人则努力争取政治上的支配地位，民族矛盾不断加剧。1988 年，6000 多名居住在科索沃的塞尔维亚人和黑山人指责阿族人对他们进行骚扰，并举行大规模的抗议活动，要求废除宪法，取消科索沃的自治地位。

米洛舍维奇认识到南斯拉夫联邦政体摇摇欲坠，1989 年他就决定在塞尔维亚共和国实行权力中央化[③]，同时他也想利用民族主义情结来争取群

---

① Nicholas V. Gianaris：Geopolitical and Economic Changes in the Balkan Countries, USA, 1996. p. 104. 转引自郝时远《帝国霸权与巴尔干"火药桶"》，社会科学文献出版社，1999，第 327 页。

② Dan Smith：The State of War and Peace Atlas, Oslo, 1996，p. 32. 转引自郝时远《帝国霸权与巴尔干"火药桶"》，社会科学文献出版社，1999，第 327 页。

③ 1989 年 3 月塞尔维亚颁布宪法修正案，将科索沃和伏伊伏丁那二省纳入塞尔维亚政府的控制，取消其自治权。此举引起科索沃的暴动，并于 1990 年 6 月宣布独立。同年 9 月塞尔维亚通过新宪法，正式取消科索沃和伏伊伏丁那的自治权。虽然塞尔维亚收回两个自治省，但它们在联邦中却享同等的席位。加上黑山政府也为贝尔格勒当局所掌控，塞尔维亚相当于取得四个投票权，联邦内部失去平衡。米洛舍维奇的大塞尔维亚主义在此展露无遗。铁托为了南斯拉夫尽力压抑塞尔维亚，而米洛舍维奇为了南斯拉夫则宣扬大塞尔维亚。

众，提高自己的威望，加强他个人的权力。最好的办法就是用塞尔维亚民族主义取代南斯拉夫社会主义，但他这种办法最终使南斯拉夫解体，这是米洛舍维奇始料未及的。甚至在他煽动波斯尼亚的塞尔维亚民族主义火焰之前，米洛舍维奇就已经开始推动取消科索沃自治（那里 90% 是阿尔巴尼亚人穆斯林），同时压缩阿族文化机构，一年以后甚至取消了科索沃议会。

科索沃阿族立法委员对此颇为不满，甚至认为是对他们的歧视。于是在本省仓促进行公投之后，1991 年宣布成立科索沃共和国，并选举阿族作家、温和派领袖易卜拉欣·鲁戈瓦（Ibrahim Rugova）为总统。只有邻国阿尔巴尼亚承认了这个新国家。此时此刻，西欧国家的外部干预看似极为不可能。

1992 年斯洛文尼亚、克罗地亚、波黑爆发了战争。后两个地方的塞尔维亚人在米洛舍维奇的支持下，军事占领了非塞族居住的地区。为此，国际社会对南斯拉夫进行了制裁，承认除塞尔维亚和黑山以外的其他共和国的独立。未独立的塞尔维亚和黑山两个加盟国组成南斯拉夫联盟共和国（简称"南联盟"），成为南斯拉夫社会主义联邦的唯一继任者。

鉴于南斯拉夫分裂的教训，米洛舍维奇加紧对科索沃的控制，时有暴力事件发生。1996 年科索沃建立了自己的"科索沃解放军"（KLA 或 UCK），并从事爆炸、攻击塞尔维亚警察和地方官员，以及塞尔维亚难民营。当地塞族感到莫名的惶恐不安。这种恐惧一方面来自"科索沃解放军"；另一方面来自米洛舍维奇，害怕米洛舍维奇放弃他们，就像放弃"克拉吉纳"（Krajina）和波斯尼亚的塞族一样。①

1997 年以前，"科索沃解放军"就已经在科索沃西部多地站稳了脚跟。同年 10 月，阿族学生不断进行示威游行，足见族裔动员日盛。1998 年 3 月，科索沃人走进投票点选举该省的总统和议会，但塞尔维亚当局宣布选

---

① 克罗地亚为报复塞尔维亚的大塞尔维亚主义在其境内鼓动塞族暴动要求独立，遂有计划的排挤境内的塞尔维亚人。在以塞尔维亚为首的南斯拉夫人民军资助下，克境塞裔便以卡拉依纳（Krajina）为据点宣告自治。成立"塞尔维亚卡拉吉纳共和国"（Republic of Serbian Krajina），并占领克罗地亚 1/3 土地。克罗地亚内战正式开展，双方互不相让。1991 年 11 月 23 日，克罗地亚交战派系在日内瓦同意停火。1992 年 1 月 2 日，由联合国秘书长的特使万斯（Cyrus Vance）出面调停。南斯拉夫人民军、塞尔维亚和克罗地亚政府签订塞拉耶佛协议，同意联合国部队进驻。1992 年 2 月 21 日，联合国和平部队进驻克罗地亚。

举非法。当月塞尔维亚警察与"科索沃解放军"发生流血冲突，对峙中烧毁了大量科索沃村庄，进一步把科索沃推向了战争的边缘，从此，武装冲突不断。

南联盟政府指责科索沃阿尔巴尼亚族武装分子多次发动暴力袭击，造成大量平民和警察伤亡，派遣军队进入科索沃。

美国等西方国家也急了，他们认为，如果科索沃局势失去控制，将在巴尔干地区引发一场比波黑战争更可怕的战争，从而甚至威胁到整个欧洲的安全，因此，西方国家介入了科索沃危机。1998年7月5日，美国特使霍尔布鲁克（Holbrooke）与科索沃阿族政治领导人鲁戈瓦会谈，表明美国政府坚持科索沃在不独立的前提下恢复自治权的主张，然而，南联盟在北约军事威胁面前并未罢手，反而加强了武装打击和围剿。有战争就有难民，到了8月，科索沃难民已达20多万，西方国家担心会引发难民潮。安理会再次要求科索沃冲突双方立即停火，北约甚至威胁要对南联盟动武。

1999年2月6日，在美国和北约的压力下，塞尔维亚和科索沃阿族代表在巴黎附近的朗布依埃举行和平谈判，谈判的基础是美国特使希尔草拟的方案。该方案的主要内容是：尊重南联盟的领土完整，科索沃享有高度自治，南联盟军队撤出科索沃，"科索沃解放军"解除武装，按当地居民人口比例组成新的警察部队维持治安，北约向科索沃派遣多国部队保障协议实施。这个方案对双方来说都难以接受，阿族坚持要最终走向独立，并且不愿解除武装，南联盟则不同意科索沃获得自治共和国的地位，亦反对北约部队进驻科索沃。但是，主持谈判的美国和北约表示，这个方案的80%内容不许改变，必须接受，否则拒绝的一方将受到惩罚，其中对南联盟而言将遭到北约的军事打击。谈判陷入僵局后曾一度休会，3月15日复会，阿族代表于18日签署了协议，但塞尔维亚方面仍然拒绝签字。3月19日，北约向南联盟发出最后通牒，3月24日，以南联盟政府拒绝执行西方国家主导的和平协议为由，美国领导的北约从1999年3月末到6月初对南联盟发动了78天空中打击，以迫使米洛舍维奇从科索沃撤军，科索沃战争爆发。

在北约空袭的巨大压力下，经过俄罗斯、芬兰等国的斡旋调停，南联盟最终软化了立场，6月2日，南联盟总统米洛舍维奇接受了由俄罗斯特使切尔诺梅尔金、芬兰总统阿赫蒂萨里、美国副国务卿塔尔博特共同制定的和平协议，该协议在坚持原朗布依埃方案基本内容的同时，强调了通过联合国机制解决问题的必要性，并对此做了具体规定。根据这个协议，进驻科索沃的多国部队将按照联合国宪章精神建立，科索沃未来自治地位的确切性质将由联合国安理会决定，难民返回家园的安排也将在联合国难民事务高级专员的监督下实施。6 月 3 日，南联盟塞尔维亚共和国议会通过了接受上述协议的决议。6 月 9 日，北约代表和塞尔维亚代表在马其顿签署了关于南联盟军队撤出科索沃的具体安排协议，南联盟军队随即开始撤离科索沃。6 月 10 日，北约正式宣布暂停对南联盟的空袭。同一天，联合国安理会以 14 票赞成、1 票（中国）弃权通过了关于政治解决科索沃问题的决议。历时两个半月的科索沃战争至此落下帷幕。

米洛舍维奇于 10 月 11 日宣布全面履行安理会有关决议，南联盟将从科索沃撤军，由国际社会派员监督，并尽早与科索沃阿族人就自治问题开展谈判。10 月 27 日，北约宣布暂缓对南斯拉夫发动空中攻击。

其实，联合国安理会在 1998 年 3 月 31 日就通过第 1160 号决议，谴责塞尔维亚武装力量对科索沃平民过度使用武力。决定对南斯拉夫联盟共和国实施武器禁运。中国对该决议投弃权票。在接下来的一个月的公投中，95% 的塞尔维亚人反对在科索沃实施国际调停。但是一年以后，由于科索沃冲突升级不断，调停被迫取消，唯有北约的军事干预发挥作用。

就在 2000 年南联盟大选的前期，联盟内部也掀起一股倒米风潮。1999 年 7 月，号召推翻米洛舍维奇的大规模的抗议活动在众多南斯拉夫城市展开。据联合国难民机构报告，一些抗议者来自科索沃的塞尔维亚难民。前期发生在波斯尼亚、克罗地亚和斯洛文尼亚的冲突造成 50 万难民流入塞尔维亚，给塞社会经济带来巨大负担。只有 10 万塞尔维亚人留在了科索沃，面对科索沃阿尔巴尼亚穆斯林独立运动，他们中很少有人能够安全转移。生活在科索沃的塞尔维亚人的恐惧一是来自越发自信甚至嚣张的阿尔巴尼亚穆斯林；二是害怕贝尔格莱德出卖他们的利益——让科索沃独立。科索沃的塞尔维亚人认为南联盟同意西方干预冲突就是为了让科索沃从塞尔维亚分出去，他们还成立了"塞尔维亚抵抗运动"以抵制科索沃独立。

2000 年大选中，塞尔维亚内部有三个因素促使米洛舍维奇下台：一是塞尔维亚各主要反对派联合起来共同对付米洛舍维奇。二是以米洛舍维奇为首的统治集团内部出现摩擦并公开化。三是修宪。按照原南联宪法的规定，米洛舍维奇在完成这届总统任期后就该退休。为了继续执政下去，米洛舍维奇就利用议会的多数修改宪法，将议会选举总统变更为由选民直接选举总统。米洛舍维奇这样做，显然是相信自己有把握获得多数选民的支持，因为南联盟被轰炸后，民间一直流行着反北约情绪，使米洛舍维奇觉得民气可用，而大选前的情形似乎表明这种自信并非是盲目的。但事与愿违，米洛舍维奇在南斯拉夫的总统大选中失利，被迫提前辞去南联盟总统职务，而反对派则在一次不流血的"和平政变"中夺取了政权。几乎在一夜之间，南斯拉夫的政权发生了令国际社会始料不及的更迭。

当然，我们也不能无视西方在南大选中的作用。2000 年，西方国家占领科索沃后，南斯拉夫进行第一次总统大选。为了搞垮米洛舍维奇，西方国家用尽了一切手段。他们为反对派出谋划策，向反对派提供资金，美国还在南联盟的邻国匈牙利设立了"支持南斯拉夫民主办公室"，由美驻克罗地亚大使主管，负责协调和指挥南联盟反对派的大选。选举前，美国和欧盟许诺，一旦米洛舍维奇下台，不仅可以取消自科索沃战争以来对南联盟的经济制裁，还将提供大量贷款和经济援助。

经历了长期经济制裁而生活极度困苦，在国家尊严、领土完整和"面包"之间，一些南斯拉夫人选择了"面包"。为了能够得到"面包"，南斯拉夫人抛弃了国家尊严和领土完整，抛弃了米洛舍维奇。最后，米洛舍维奇落选。西方国家终于如愿地除去了它们在巴尔干半岛的一颗眼中钉，如愿地把科索沃从塞尔维亚分裂出去。

血与火的教训使后来南联盟的分裂走上了和平之路。北约空袭南联盟以后的第四年，即 2003 年，南联盟共和国议会通过《塞尔维亚和黑山宪章》，改国名为"塞尔维亚和黑山"，组成松散的国家共同体。除了共同总统、统一的军队、外交等国家权力外，两个共和国有不同的法律、海关、货币乃至边防部队。宪章还规定，3 年后，两个成员国有权通过全民公决，决定是否另立门户，分别成为独立国家。

2006 年 5 月 21 日，黑山就黑山独立问题举行全民公决。22 日黑山共和国公决委员会公布的官方初步统计结果显示，超过 55% 的选民投票赞成独立。塞尔维亚和黑山和平分手，南斯拉夫联盟至此彻底解体。

2008 年 2 月 17 日，在战争之后的第九年，联合国授权北约托管的科索沃单方面宣布独立。

第三节　南斯拉夫问题的国际托词

西方对南斯拉夫系列冲突的谨慎反应是对巴尔干复杂历史的默认。外交手段不仅缺乏协调，组织无序，而且也三心二意、热情不足。1991 年 6 月美国国务卿詹姆士·贝克（James Baker）也曾试图调停恶化的冲突，但未能说服米洛舍维奇接受新的宪法安排。齐默尔曼（Zimmerman）谈到贝克此行的情况时，写道："从未给米洛舍维奇或其军队入侵分离的共和国开绿灯或暗示……但是亮红灯了吗？并非如此，因为美国没有考虑使用武力阻止塞尔维亚人或南斯拉夫人民军（JNA）进攻斯洛文尼亚或克罗地亚。"①就在贝克调停使命失败后几天之内，斯洛文尼亚和克罗地亚宣布独立。

也是在 1991 年春，欧共体和联合国共同努力结束了克罗地亚的冲突。这要归功于两个特使：万斯（Cyrus Vance，美国前国务卿）和卡灵顿（Lord Peter Carrington，英国前外交大臣）。卡灵顿曾强调：如果他们确定了彼此的相互关系，西方才承认南斯拉夫任何一个共和国的独立。但是在德国的鼓动下，即使有关人权、少数民族权利以及对其他共和国的领土权等某些条件都满足了，1991 年 12 月欧共体还是决定推迟正式承认南斯拉夫各共和国的分裂。而苏联在解体前一个月做出决定：鉴于边境争端已经解决并承诺人权观察，苏联自动承认南斯拉夫联邦体系内各共和国的国家身份。可见，对南斯拉夫各共和国国家身份的承认是依情况而定的，是西方应对共产主义阵营解体而制定的宏大计划的一部分。对此，西方的外交承认政策反映其较少抵制的政策取向，也是处理预料中不断增多的主权要求的唯一有序办法。当然，这与现行的国际准则体系相矛盾，因为现行的国际体系是反对分离的。在调和这些原则冲突过程中，欧共体最终做出了最糟糕

---

① Slavenka Drakulic, *S: A Novel from the Balkans*（New York：Viking Penguin, 1999），pp. 11 – 12.

的选择。1991 年 12 月，只承认克罗地亚和和斯洛文尼亚，而波黑和马其顿却需要依情况而定，这直接导致巴尔干战争，而这场战争正是欧洲千方百计想避免的。

西方在南斯拉夫问题上的借口可以用伪善来解释。对于西方来说，巴尔干缺少诸如民族自决这类所谓的全球价值只不过是他们的利益工具。克罗地亚学者 Dubravka Ugresic 抓住了问题核心：他们宣称南斯拉夫是一个巨大的谎言。这些伟大的操纵者和他们准备精良的队伍开始戳穿这个谎言……他们把"亲如兄弟和团结统一""社会主义""铁托主义"等意识形态字眼从字典中删除，把"锤子""镰刀""红星""国歌""铁托雕像"等旧的符号除去，代之以新的意识形态字眼："民主""国家主权""欧洲化"等。这些伟大的操纵者撕裂一个旧的体制，从中建立一个新的体制。①

毫无疑问，一旦西方操纵者们开始干预，他们在分裂南斯拉夫中的作用就变得愈加昭然若揭。他们干预的理由可能多种多样且冠冕堂皇，甚至无懈可击，但是干预的目的只有一个：一己之利。

第四节　国际第三方干预

一　波斯尼亚

1995 年春，美国干预波黑冲突，其理由并非简单地是波黑地区持续进行的残暴行为。对波黑地区暴力冲突如何反应，克林顿政府内部以及西方同盟之间都存在分歧，而鲍勃·多尔（Bob Dole）提交的议案打破了这一僵局。他是共和党参议院多数派领袖，他的政见和主张对共和党乃至美国的内外政策都具有重要影响。② 他毫不犹豫地攻击克林顿政府的对外政策，并

---

① Andrew Baruch Wachtel, *Making a Nation, Breaking a Nation: Literature and Cultural Politics in Yugoslavia* (Stanford, CA: Stanford University Press, 1998), p. 231.

② 参议院共和党领袖鲍勃·多尔（Bob Dole）、众议院议长纽特·金里奇（Newt Gingrich）、参议院对外关系委员会主席杰西·赫尔姆斯（Jesse Helms）和众议院国际关系委员会主席本杰明·吉尔曼（Benjamin Gilman）成为当时新一届国会中炙手可热的实权人物。他们在共和党内都享有较高威望，他们的政见和主张对共和党乃至美国的内外政策都具有重要影响。要想了解共和党占多数的国会在美外交政策中的影响就得首先了解这四巨头。

提出法案，要求取消对波黑的武器禁运和增加国会对联合国维和行动的规模与资助的控制。理由很简单，就是平衡穆斯林和塞尔维亚之间的力量。

除了美国国内的因素外，克林顿也受到法国新当选总统希拉克的影响而采取行动。如果西方拒不使用武力阻止波黑冲突，希拉克威胁将撤走在波斯尼亚的 4000 名维和人员，那可是 23000 名维和人员中最大的一支队伍。他力主和支持加强联合国维和力量，并在创建 10000 名联合国快速反应部队中起到关键作用。这支部队最初部署在波斯尼亚首府南部的伊格曼山（Igman）上，这是一个战略高地，俯视用于运输战略物资的一条公路。

很长一段时间，多数北约成员都避免对塞尔维亚人使用惩罚性的空中打击措施，担心这样做很引发塞尔维亚骚乱，甚至引发恐怖主义向西欧扩散。由美、英、法、德、俄组成的"波斯尼亚问题联络小组"（Contact Group on Bosnia）在延长对塞尔维亚经济制裁问题上有分歧。英国、荷兰、加拿大派同意遣维和部队，而美国则拒绝派遣地面部队。维和部队被塞尔维亚人视为敌人，认为任何行动都是针对他们的。这支快速反应部队执行救助和"联合国保护部队"（UNPROFOR）的紧急疏散任务，同时负责分发食物和医疗用品。这在某种程度上抵消了塞尔维亚人的敌意。塞尔维亚人和波斯尼亚人双方都向当地联合国的"联合国保护部队"基地求援。

与布什政府相比，克林顿上台以后承诺要大力支持统一的波斯尼亚。因此，塞尔维亚已经把美国当成联合国经济制裁的设计者，"他们认为塞尔维亚被妖魔化是德国设计，美国制造"[①]。克林顿在采取行动问题上表现出的犹豫不决使一个高级别的巴尔干战争斡旋者告诉美国政府"要么加入，要么滚开"。[②]

除了上述因素外，使美国对波斯尼亚冲突做出政策反应变得艰难的另一个考量是，相对于索马里来说，简单地放弃在南斯拉夫地区的执行联合国维和任务将付出代价并具有危险性。根据 1995 年 7 月北约发布的"40104 号行动计划"，疏散联合国行政人员和装备需要 22 周完成，而且也有必要

[①] Misha Glenny, "Heading Off War in the Southern Balkans", *Foreign Affairs*, 74, 3, May/June 1995, p. 100.

[②] Misha Glenny, "Heading Off War in the Southern Balkans", *Foreign Affairs*, 74, 3, May/June 1995, p. 100.

在波斯尼亚增加地面部队。因此，参加联合国批准的北约空军看似是一个毫无风险的选择，一个直接针对塞尔维亚人的双保险的安排——北约建议、联合国批准的军事行动。

除了拯救联合国任务、支持西方承认的波黑国，以及阻止残暴行为以外，促使美国考虑自己为什么应该进行干预的第四个考虑是战争已经国际化了（如果以前没有国际化）。当 1995 年 7 月来自克罗地亚卡拉吉纳省（Krajina）的塞族人加入波斯尼亚塞族队伍，一起进攻位于波斯尼亚北部的比哈奇市（Bihac）时，国际化就已经出现了。[①] 波斯尼亚和克罗地亚之间的边境线实际上是不存在的，因为波斯尼亚和克罗地亚卡拉吉纳的塞族人控制该地区的大部分。而数年以来塞族占领的波斯尼亚东部和塞尔维亚之间边界也是相互渗透，但并没有引发西方的强烈反应。为了使西方减少对南联盟的经济制裁，1994 年米洛舍维奇曾经答应西方他将停止向波斯尼亚塞族提供支持，即便如此，这个地方的边界也从未封死。然而，美国和联合国借口比哈奇冲突国际化而放弃了一直坚持的不干预一国内部事务的原则。

什么力量使克罗地亚卡拉吉纳省的塞族人跨越边境进入波斯尼亚去打另外一场战争？这又一次证明了塞族建立大塞尔维亚国的"雄心壮志"，而这个国家要在波斯尼亚、克罗地亚，以及新的南斯拉夫这三个国际认可的独立国家中建立。

克林顿政府决定，根据尊重国际边境的原则，即便那些边境没有作用，一旦这些边境遭到侵犯，我们就有理由进行干预。战争进行三年之后，美国于 1995 年才下结论：鉴于一个国家族群亲属进入另一个国家支持同族的战争，波斯尼亚的族群冲突已经正式国际化。美国及其盟国第一个反应就是允许克罗地亚军队重新夺取塞族控制的卡拉吉纳。第二个行动反应是北约空军力量从 8 月 30 日到 9 月 14 日对波斯尼亚塞族军队的位置进行精准打击。

但有人并不把它视为道义上的阻止行动，认为仅仅是策略的转变。Peter Maass 认为，"西方的目标并没有改变，（干预）只不过是实现目的的手

---

① 克罗地亚独立以后，境内的塞族一度要求自治。在以塞尔维亚为首的南斯拉夫人民军资助下，克罗地亚境内的塞族便以卡拉吉纳（Krajina）为据点宣告自治。

段。西方用武力取代外交来规劝塞尔维亚人接受波斯尼亚的半壁江山。克林顿政府巴不得早日结束参与行动，甚至向波斯尼亚人和克罗地亚人施压以停止冲突。这一点显而易见。"①

二 科索沃

1997 年 12 月，贝尔格莱德和莫斯科达成军购协议，包括战机、装甲运输机、导弹和坦克等。第二年 3 月冲突升级。同月，西方国家开始使用进攻性外交手段，目的在于迫使米洛舍维奇与温和派领袖易卜拉欣·鲁戈瓦（Ibrahim Rugova）和其他穆斯林领袖在普里斯蒂纳（Pristina）进行谈判。"南斯拉夫问题联络小组"（包括每、英、法、德、意、俄）在 3 月底同意对南斯拉夫实施更严厉的制裁。小组还促使联合国通过一项决议对塞尔维亚和"科索沃解放军"（KLA）实施武器禁运。但无论从外交来看还是从军事来看，冲突正变得愈益国际化。4 月，南联盟军与科索沃解放军在科索沃和阿尔巴尼亚边境发生冲突，人们担心，波及阿尔巴尼亚和马其顿的巴尔干战争即将全面爆发。

1998 年 5 月，美国驻联合国大使霍尔布鲁克（Holbrooke）被任命为特使前往巴尔干，在他的斡旋下，安排南联盟总统米洛舍维奇与科索沃阿族政治领导人鲁戈瓦之间的首次会谈。此时，为了防止全面的大规模冲突的爆发，加强了缔造和平的努力。欧盟任命奥地利驻南斯拉夫大使为科索沃特使，开始在贝尔格莱德和普里斯蒂纳之间展开穿梭外交。

1998 年 6 月，霍尔布鲁克在科索沃一村庄会见科索沃解放军指挥官，授予该反塞尔维亚组织更多的合法性。7 月 5 日，霍尔布鲁克又与科索沃阿族政治领导人鲁戈瓦会谈，表明美国政府坚持科索沃在不独立的前提下恢复自治权的主张，未果。

此后不久，南联盟方面并没有屈服于国际压力，反而加强了武装打击和围剿，对阿族占领区发起一轮为期一月之久的进攻。由于塞族的进攻，9 月，据联合国难民署（the UN High Commissioner on Refugees，UNHCR）报道，自 1998 年 2 月战事以来，已有 20 多万科索沃人丧失家园。西方国家由

---

① Peter Maass, *Love The Neighbor*：*A Story of War*（New York：Vintage Books，1997），p. 271.

此担心会引发难民潮，要求联合国干预的呼声日益增高。联合国秘书长安南再次要求科索沃冲突双方立即停火，强调如果事态发展下去，北约将获得安理会任何局势干预的授权。9月，安理会通过第1199号决议（中国弃权），要求停止敌对，并提醒如果没有采取本决议和第1160（1998）号决议所要求的各项具体措施，则考虑为维持或恢复该区域的和平与稳定而采取进一步行动和其他措施。几乎与此同时，北约正式军事干预的第一步就是通过两个紧急行动方案：一个是空中打击，另一个是监督和维护任何停火协议的执行。

在国际社会的压力下，米洛舍维奇和霍尔布鲁克之间的会谈取得了初步成果，同意北约部队监督南斯拉夫执行遵守联合国第1199号决议。1998年10月中旬，北约秘书长索拉纳赴贝尔格莱德签署协议，同时，欧安组织（OSCE）主席布罗尼斯瓦夫·盖莱梅克（Bronislaw Geremek）也授权签署协议，同意派出2000名人员组成新的"科索沃核查团"（Kosovo Verification Mission），监督并检查执行协议情况。但是，米洛舍维奇不断要花招阻挠协议执行，北约不得以派遣欧盟军的最高司令卫斯理·克拉克（Wesley Clark）将军前往贝尔格莱德警告米洛舍维奇必须立即遵守协议。其意图很明显，就是威胁。与此同时，联合国安理会也通过1203号决议，批准了欧安组织协议并要求北约与欧安组织全面合作。这样，在联合国安理会的旗帜下，北约和欧安组织的任何行动都有了官方的合法性。10月27日，就在北约设定的最后期限到来之前数小时，米洛舍维奇从普里斯蒂纳（Pristina）撤走4000名特殊警察部队，塞尔维亚人被迫遵守各项协议。

此后不久，"科索沃核查团"（Kosovo Verification Mission）在美国大使威廉·沃克（William Walker）大使带领下在科索沃执行检查任务，并通过促成塞尔维亚人和科索沃人进行谈判来寻求阻止武装冲突。但是到了1998年底，南联盟军（VJ）和内务警察部队（MUP）在该省扩大军事行动范围，造成大量伤亡。沃克对此进行了强烈的谴责，而米洛舍维奇的回应则是要把他驱逐出境。

在六国联络小组的压力下，塞尔维亚和阿尔巴尼亚穆斯林领袖同意参加和谈。1999年2月，双方在法国巴黎附近的朗布依埃城堡（Château de Rambouillet）举行由英法两国外长联合主持的会谈。美、欧、俄以合作调停者的身份与会，美国务卿马德琳·奥尔布莱特（Madeleine Albright）出席了最后一天的和谈。谈判的基础是美国特使希尔草拟的方案。该方案的主要内容是：尊重南联盟的领土完整，科索沃享有高度自治，南联盟军队撤出科索沃，"科索沃解放军"解除武装，按当地居民人口比例组成新的警察部队维持治安，北约向科索沃派遣多国部队保障协议实施。这个方案对双方来说都难以接受，虽然阿族同意政治解决，但坚持要走向独立，并且不愿解除武装，南联盟则不同意科索沃获得自治共和国的地位，亦反对北约部队进驻科索沃。但是，主持谈判的美国和北约表示，这个方案的80%内容不许改变，必须接受，否则拒绝的一方将受到惩罚，其中对南联盟而言将遭到北约的军事打击。在谈判陷入僵局后曾一度休会，3月15日复会，阿族代表于18日签署了协议，但塞尔维亚方面仍然拒绝签字并退席。3月19日，北约向南联盟发出最后通牒，而次日，南联盟军再次向科索沃发动进攻，把数千阿族赶出村庄，其中也造成伤亡。大约有40000名军队和武装警察部队开进科索沃或在周边驻扎，这些人占南斯拉夫总武装力量的1/3。为了阻止战争，霍尔布鲁克最后一次赴贝尔格莱德警告米洛舍维奇，令人遗憾的是他没有得到任何妥协。克林顿发表声明："现在采取行动的危险已经明显被不采取行动的风险所战胜。"他既提到迫在眉睫的人道主义悲剧，也提到对风险的现实政治考量——"冲突导致的风险将给周边国家带来不稳定"。①

3月24日，以南联盟政府拒绝执行西方国家主导的和平协议为由，美国领导的北约对南联盟发起空中打击，米洛舍维奇因此立即断绝与美国、法国、德国，以及英国的外交关系。几天以后，俄罗斯杜马通过决议谴责北约的行动，并推迟批准1992年的《战略武器裁减条约二》（*Start* II *Treaty*）。

由于南联盟军并没有停止进攻科索沃，再加上北约的空袭，造成数十万阿族难民逃离家园，穿越边境进入阿尔巴尼亚和马其顿。截至1999年4月中旬，据联合国难民署估计，空袭以来大约有50万科索沃难民逃往他国。

---

① *New York Times*（March 25，1999）.

1999 年 4 月 3 日，北约发动首轮对贝尔格莱德的攻击，目标直指内政部，它控制内务警察部队（MUP）。一周以后，米洛舍维奇宣布单方面停火，承诺结束南联盟军（FRY）和警察部队在科索沃的行动。但是，法国总统希拉克代表北约拒绝米的提议，坚持更广泛的政治和安全协议。不久，北约的导弹袭击了塞尔维亚社会主义党总部大楼米和洛舍维奇的私人寓所。紧随这次攻击之后几天，又攻击了位于贝尔格莱德市中心的塞尔维亚国家电视大楼，至少有 10 人丧命，由此引发争议。正是在这种政治气候下，4 月 24 日北约在华盛顿举行了第 15 次周年峰会。

在 4 月的一次电视访谈中，南斯拉夫副总理武克·德拉什科维奇（Vuk Draskovic）呼吁塞尔维亚领袖告诉公众有关北约决心和俄罗斯不愿意提供军事援助的真相，他还请求塞尔维亚民众支持联合国维和部队进入科索沃。毫无疑问，几天以后，德拉什科维奇遭到米洛舍维奇的撤职处分。其间，联合国人权事务高级专员（UN Human Rights Commissioner）抵达贝尔格莱德，讨论南联盟军在科索沃实施种族清洗的指控，米氏拒绝会见其人以显示他的强硬态度。

1999 年 4 月末，针对北约十国的"侵略"行径，南斯拉夫向国际法院（International Court of Justice）提起诉讼，指控北约实施种族屠杀，要求国际法院下命令立即停止空袭。它还指控北约在南斯拉夫投放石墨炸弹致使发电厂短路。

1999 年 5 月 6 日，西方七国集团外长和俄罗斯外长在波恩举行了关于科索沃问题的特别会议。八国外长就政治解决科索沃危机的总原则达成共识，并发表联合声明，接受以下原则作为政治解决科索沃危机的基础：①立即结束科索沃的暴力和压制行为。②从科索沃撤走军队、警察和半军事武装。③在联合国的支持和许可下，在科索沃部署有效的国际警力和安全部队。④由安理会决定在科索沃建立一个过渡政府。⑤确保所有难民和流离失所的人安全自由地重返家园，并保障人道主义救援组织无障碍地进入科索沃。⑥建立过渡政府的政治框架协议，满足科索沃实质性的自治要求，该政治过程必须充分考虑"朗布依埃和约"和南斯拉夫联盟共和国主权和领土完整。⑦科索沃解放军去军事化。⑧采用综合办法实现危机地区的经济发展和稳定。欧盟任命芬兰总统阿赫蒂萨里（Martti Ahtisaari）为科

索沃新的高级特使。

在北约空袭的巨大压力下，经过俄罗斯、芬兰等国的斡旋调停，南联盟最终软化了立场，6月2日，南联盟总统米洛舍维奇接受了由俄罗斯特使切尔诺梅尔金、芬兰总统阿赫蒂萨里、美国副国务卿塔尔博特共同制定的和平协议（实际上其基础就是上述七国集团的原则）。6月3日，南联盟塞尔维亚共和国议会通过了接受上述协议的决议。6月9日，北约代表和塞尔维亚代表在马其顿签署了关于南联盟军队撤出科索沃的具体安排协议，南联盟军队随即开始撤离科索沃。6月10日，北约秘书长索拉纳立即命令暂停对南联盟的空袭，宣布"空中打击取得了它想要的每一个目标"。[1] 同一天，联合国安理会以14票赞成、1票弃权（中国）通过了关于政治解决科索沃问题的1244号决议，决议重申南联盟对科索沃地区拥有主权，并要求"所有联合国会员国尊重南联盟的主权与领土完整"。同时，决议还重申应给予科索沃"实质性自治"，认为该地区的形势仍然对国际和平与安全构成威胁。[2]

第五节　国际维和：太多、太迟

一　波斯尼亚

在波斯尼亚塞族接受北约停止轰炸的条件，从战略位置撤走重型大炮之后，1995年10月停火正式生效。美国提出倡议，督促波斯尼亚的穆斯林、克族、塞族各方代表坐下来立即谈判。1995年11月，在美国俄亥俄州代顿市郊举行了一系列谈判，并于12月在法国巴黎签署了协议草案。按照协议，波黑将成为穆克联邦和塞族实体分治的统一国家，萨拉热窝成为统一的波黑共和国首都。该协议规定，波黑由穆克联邦（占领土的51%）和塞族共和国（占领土的49%）两个政治实体构成，它们各自拥有自己的政府、议会、军队和警察部队；联邦一级由三大主体民族各派一名代表组成

---

① Javier Solana, "NATO's Success in Kosovo", *Foreign Affairs* (November – December 1999), p. 118.

② 联合国网站，http：//www.un.org/chinese/aboutun/prinorgs/sc/sres/99/s1244.htm。

三人轮流坐庄的主席团，下设部长会议（政府）和议会。为监督协议的执行，国际社会还向波黑派驻了拥有广泛权力的高级代表和以北约为首的驻波黑多国稳定部队。"西方推迟干预的三年期间波斯尼亚穆斯林军事表现很失败，如果从这个眼光来看，他们在代顿表现得要比预期的要好。"① 这种看法反映了大多数西方人在波斯尼亚问题上的观点：波斯尼亚国的建立总体上是一种慈善行为，因为过去的三年间它一直不能保护自己，因而它是否有能力独立值得怀疑。但是有一个因素它没有提到，那就是西方对波斯尼亚的武器禁运，在三年时间里没有给各方带来平等的竞争机会。

领土划分的背后理念是以建立一个"软分治"的波斯尼亚为开始，一旦形势稳定下来，就鼓励政治的和族裔的整合。该协议为难民重返家园打开方便之门，同时排除那些被指控为战犯的个人参与波斯尼亚政治。对塞尔维亚的经济制裁在它签署协议之后也撤销了，但是它的经济状况在战后持续恶化。

根据协议，欧安组织监督协议的遵守情况，包括1996年大选和逮捕战犯。但实际上这两个条款都没有以严格的方式强制执行。在1996年9月的地方和国家选举中，既出现了大规模的选举欺骗，又出现了基于族群的选区划分。更令人吃惊的是，有些被指控为战犯的人却大摇大摆地在各自族群区域里活动。但事物总是有其两面性，缺少强制本身就有助于维护和平。

为了缔造和平任务，波斯尼亚也曾建立过一支特殊队伍。1995年12月60000人组成的北约执行部队（NATO Implementation Force，IFOR）进入波斯尼亚。这支队伍 1/3 是美国士兵。美国的指令很明确：杜绝"任务偏离"，也就是说它可以采用任何手段在巴尔干开展维和使命。随着美国进入总统选举年，这一风险低、范围小的任务也提升了克林顿政府的利益。

战争和族裔斗争使南斯拉夫四分五裂，现在北约执行部队面对的最大的挑战是如何很快建构一个多族裔的波斯尼亚国。联邦制度（例如三人集体总统制）依然脆弱，很容易被来自各族群的民族主义政客所动摇。建立一支波斯尼亚军队的想法也缺乏有分量的支持。波斯尼亚人民由波斯尼亚各个族群构成，这一概念的唯一接受者是波斯尼亚穆斯林领袖。而其他更

① Warren Zimmerman, *Origins of a Catastrophe* （New York：Times Books，1999），p. 233.

多的穆斯林以及克族、塞族更认同于自己的族群社会。波斯尼亚的克族更喜欢把穆克联邦分解为 10 个州，并把中央权力分配到这 10 个州，而这些州是以族裔为根据划分的。对于塞尔维亚当局来说，波斯尼亚国土的一半牢牢地控制在塞尔维亚民族主义者手中。2000 年以前，把穆斯林和克族从斯普斯卡共和国（Srpska Republic）分出去的族际运动戏剧性地增加。有些公民反反复复地宣称属于其他族群的某个地方是自己的故乡所在，这些人的数量 1996 年至 2000 年之间每年都呈 2 倍增长。然而，在 200 万波斯尼亚人口中，有一半人口是战前出生的，20 世纪 90 年代他们逃离家园，截至 2000 年只有 30 万人回归。波斯尼亚的东部是最大的移民安置点，这里是塞族所属地区，而许多波斯尼亚穆斯林回归的村庄也在这里。波黑的首都萨拉热窝地处穆克联邦境内，而那里是塞族回归之地。这些信号都足以使北约执行部队（后来改为 The Stabilisation Force，SFOR 维稳部队）缩减 1/3 的规模，达到 20000 人。

目前，我们还没有探讨干预的道义问题，这是一个许多冲突观察家都强烈支持的观点。抛开国家和集团利益不说，美国军事干预波斯尼亚战争很明显有着冠冕堂皇的道义和人道主义理由。北约开始对南空袭的显而易见的借口是 1995 年 8 月塞尔维亚人炮击萨拉热窝市场，近 40 名平民死亡。与此同时，有时确凿证据表明 1995 年 7 月塞尔维亚共和国军队在斯雷布雷尼察（Srebrenica）屠杀了 5000～8000 余名穆斯林战犯。这是第二次世界大战之后发生在欧洲的最严重的一次屠杀行为。① 海牙的南斯拉夫国际刑事法庭将此次屠杀定性为种族灭绝②。其后国际法庭也确认为种族灭绝。这些情况加在一起足以构成军事干预的道义理由。1995 年 8 月，由于未能阻止大规模的侵犯人权行为的发生，联合国令人尊敬的人权特使达德兹·马佐维基（Tadeusz Mazowieki）提出辞职。这为军事干预增加了新的道义筹码。可以肯定，道义理由的制造用了三年时间，但实际上也是被忽视了三年，因而付出数万名无辜生命的代价。如此看来，在族群冲突中，唯有同其他考量联系在一起，道义的力量才能扣动军事干预的扳机。

① Institute for War and Peace Reporting, Tribunal Update: Briefly Noted (TU No 398, 18 - Mar - 05).

② ICTY, "Prosecutor vs. Krstic: Appeals chamber judgement", United Nations.

相对于中东而言，美国在巴尔干的利益应该不大，但不是没有。因此，无论在干预以前还是在干预期间，美国对波斯尼亚的外交政策都较少与关键的国家利益相联系。民意调查也显示美国绝大多数公民认为波斯尼亚冲突不是美国的事情。当时的美国总统候选人克林顿和多尔都不认为美国在巴尔干的关键利益可以成为干预的理由。有鉴于此，战争导致国际贸易中断，并可能引发国内失业问题，这种"繁荣论证"不可避免地得以再现。另外，波斯尼亚战火总让人联想起两次世界大战的恐怖阴影，美国在两次大战中的作用使人感觉，此时它应该出兵干预。

美国前国家安全事务顾问安东尼·雷克（Anthony Lake）在总结美国参与的理由时认为："波斯尼亚冲突值得美国参与：那是一个人道主义悲剧；它受族裔野蛮主义驱使；它起因于对一个独立国家的侵略；它就发生在业已建立和正在崛起的市场民主的欧洲；它极易演变成一个涉及面更为广大的巴尔干冲突。"① 这里丝毫没有明确提出美国的国家利益。

我们已分析美国管理波斯尼亚冲突的决策，用以判断这是否可以视为美国对世界族群冲突实施大干预主义政策的前兆。摧毁塞尔维亚军事资产，创造均衡的竞争平台，确保没有任何一方能赢得战争，这是美国此次军事使命的本质。从这个本质来看，很明显此次军事行动在多数冲突中是无法复制的。通常，在那些不关乎国家利益的地方，本章中反对干预的论据要胜过支持行动主义的论据。只有在特殊的情况下，例如欧洲发生种族屠杀的危险，干预主义才可能成为一个严肃的选择。在1992～1995年的波黑内战中上演了一幕幕人间悲剧，冲突不仅造成了大量人员和财产损失，而且摧毁了新独立国家的政治体系，国家治理出现了危机，甚至国家的生存也出现了问题。在代顿协议签署后，波黑虽然实现了和平，但是民族间的敌对远没有消除，民族主义政治仍主导着政治舞台，国家的治理危机尚未结束，需要国际力量的介入。

二 科索沃

在北约空袭南斯拉夫结束以后，联合国安理会授权建立一支国际"科

---

① Anthony Lake, "From Containment to Enlargement: Current Foreign Policy Debates in Perspective", *Vital Speeches* 60, No. 1（October 15, 1993）, p. 13.

索沃维和部队"（KFOR）。它由来自北约成员国的45000名士兵组成。英国派遣13000名士兵，法国、德国、美国和意大利士兵分别为5000～8000名。俄罗斯建立一支自己控制的维和部队的建议遭到反对，取而代之的是3000名俄军加入"科索沃维和部队"，服务于由德国、法国和美国维和队伍控制的部门，这是美俄之间单独达成协议。总之，这支维和队伍共有来自39个国家的士兵组成。到2000年春，维和部队的指挥权从北约中欧地面部队移交给独立于北约之外的"欧洲军团"（Eurocorps）。[①] 这一转变向人们传递一个信号，即欧洲国家认为科索沃是他们最为重要的第一位的问题。值得注意的是，在巴尔干的国际治理中发挥作用的组织不仅有联合国，而且有欧盟、北约等组织。

为了管理战后的科索沃，1999年6月10日，安全理事会第1244号决议授权秘书长在科索沃这个饱受战争蹂躏的省份，成立一个由联合国领导的临时民政管理机构——联合国科索沃临时行政当局特派团（UNMIK），自此，科索沃处在国际托管之下。科索沃特派团的职能包括：履行基本民事管理职能；促进建立科索沃的高度自治和自我管理；促进旨在决定科索沃将来地位的政治进程；协调所有国际组织的人道主义行动和救灾工作；帮助重要基础设施的重建；维持民法和秩序；促进人权；以及确保所有难民和流离失所者安全、无阻地返回科索沃的家园。为了执行任务，科索沃特派团建立了四大"支柱部门"：

第一支柱部门：政治和司法，由联合国直接领导；

第二支柱部门：民政管理，由联合国直接领导；

第三支柱部门：民主化和体制建设，由欧洲安全与合作组织（欧安组

---

① 欧洲军团是欧洲防务合作的产物，系在原法德混合旅的基础上扩建而成的一支欧洲多国部队。1992年法德首脑会晤时宣布正式成立，由法、德、比、西、卢五国分别派出部队组成，包括法德混合旅、德国机械化师、法国装甲师、西班牙机械化师等，总兵力约5万人。欧洲军团划归西欧联盟指挥，执行西欧联盟的军事使命。根据法德两国和北约组织于1993年达成的协议，欧洲军团在保持自身特性的基础上也可接受北约调遣。根据1998年赫尔辛基欧盟首脑会议的决定，在发生危机的情况下，欧洲军团将作为欧盟的军事力量接受欧盟的指挥，主要执行以下三项任务：保卫欧盟和北约成员国；参加联合国维和行动；参加人道主义援助行动。欧洲军团参加了波黑维和行动，并以欧洲军团参谋部人员为核心组成联合国科索沃维和部队参谋部。目前，欧洲军团已基本完成向欧洲快速反应部队的演变。总部设在斯特拉斯堡。

织）领导；

第四支柱部门：重建和经济发展，由欧洲联盟（欧盟）领导。

特派团的使命可谓雄心勃勃，但科索沃当时仍处于急需人道主义援助和紧急救助阶段。因此，战争结束一年以后，特派团因在建设多族裔社会方面建树甚微而受到批评。

塞尔维亚完成从科索沃撤军以后，"科索沃维和部队"（KFOR）接管了该省。下一步就是在维和部队的指导下，实现科索沃解放军去军事化。科索沃解放军虽然表示要给予特别考虑，但要在未来某个时候由国际社会做出决定。在战后的数月内，科索沃维和部队发现并没收了科索沃解放军的许多非法武装，制止了多起暴动事件。

南联盟军（FRY）和科索沃解放军（KLA）一致同意把科索沃行政管理全部移交给国际社会。许多观察家称之为"北约保护国"，这个保护国在可预见的未来将一直存在下去。然而，美国领导强调指出了一个问题：科索沃将不是一个独立的国家。2000 年 10 月，科什图尼察（Vojislav Kostunica）当选南联盟总统，这预示南斯拉夫将更有可能最终涉足科索沃政治。

科索沃临时行政当局特派团（UNMIK）并没有赋予科索沃一个合法实体，因而使该省至少在官方上还是依靠南斯拉夫联邦议会的决策。各个政党、非政府组织以及国际调停者都在这里设有办事机构，但它就是没有自己的政府。在战后的许多城镇，科索沃解放军实际控制政权。权力的强制实施依然在继续。在科索沃的国际治理过程中，科索沃地位问题一直是棘手的核心问题。特派团为此进行了艰难的探索，国际社会也积极探索解决方案。

自科索沃由联合国托管以来，南联盟及其更名后的塞尔维亚和黑山，乃至今天的塞尔维亚，都坚决主张要求遵守国际法准则，尊重国家主权和领土完整，反对科索沃成为独立国家。但科索沃的阿族人始终要求实现科索沃的完全独立。

2005 年 11 月，科索沃未来地位谈判正式启动，但因各方分歧较大，谈判未能取得实质性进展。2007 年 3 月，联合国特使阿赫蒂萨里向联合国安理会递交了科索沃在国际监督下实现独立的建议，但由于俄罗斯反对，该建议未能经安理会表决。随后，联合国秘书长潘基文授权"三驾马车"（欧盟、美国和俄罗斯）启动新一轮会谈。

2007 年 8 月，"三驾马车"特使主导的科索沃未来地位谈判启动。在 10 月 22 日第 3 轮会谈中，"三驾马车"向塞尔维亚和科索沃阿族代表提出了解决科索沃未来地位问题的 14 点方案。主要内容包括：科索沃在财政上脱离塞尔维亚，保留国际社会在科索沃的民事和军事存在，塞科双方建立一种"特殊的相互关系"，但"塞尔维亚不重建其在科索沃的事实存在"等。从已公布的内容看，14 点方案回避了科索沃是否"独立"这个问题。

按照"三驾马车"的意图，11 月 5 日的谈判仍以这 14 点方案为基础。但鉴于塞科之间分歧过大，对这 14 点方案的解释又各有不同，当天谈判失败也在意料之中。到 12 月 10 日谈判的最后期限，双方仍未能达成协议。

科索沃地位谈判久拖未果不仅是由于谈判双方立场严重对立，有关大国在此问题上的不同态度，也使问题复杂化。

美国表示只有科索沃独立才能保证巴尔干地区的稳定。美国国务卿赖斯甚至称，如果到 12 月 10 日谈判还没有结果，即使没有联合国安理会的决议，美国也会承认科索沃独立。俄罗斯则坚决反对科索沃单方面宣布独立，并主张不为谈判设置最后期限。俄方还警告，如果承认科索沃独立，可能在世界上其他存在分裂势力的地区引起连锁反应。欧盟的立场是，如果塞科双方达不成妥协，联合国前谈判特使阿赫蒂萨里的"国际监督下的科索沃独立"方案应是比较现实的，但此方案必须经安理会一致同意。

科索沃阿族已对继续谈判失去耐心，于 2008 年 2 月 17 日宣布脱离塞尔维亚独立。

科索沃单方面宣布独立，成为一个"主权国家"，在国际社会引起广泛争议。塞浦路斯、希腊、罗马尼亚、斯洛伐克、保加利亚和西班牙等欧盟成员国反对支持科索沃单方面宣布从塞尔维亚独立出去，认为此举会开创不良先例。塞尔维亚和俄罗斯坚决反对科索沃独立以及欧盟向科派遣使团，认为这是对塞尔维亚领土和主权的侵犯，也是违反联合国决议和国际法的行为。中国则表示塞尔维亚和科索沃均接受的解决方案才是最佳选择。

截至 2010 年 7 月，全世界有 69 个国家承认科索沃独立，其中包括美国和多数欧盟国家，科索沃需要得到至少 100 个国家承认才能取得真正的独立国家地位。它虽然单方面宣布独立了，但仍在寻求着国际社会的承认。

联合国设在荷兰海牙的国际法院当地时间 2010 年 7 月 22 日发布 "参考意见书"，认为科索沃于 2008 年宣布独立 "不违反任何可适用的国际法规则"。国际法院的 14 名法官以 9 票赞成、4 票反对和 1 票弃权的表决结果，就 "科索沃单方面宣布独立的合法性" 问题通过了这份并不具有法律约束力的裁定。国际法院认定，科索沃宣布独立没有违反国际法、联合国接管科索沃时颁布的《临时自治宪法框架》，以及安理会关于政治解决科索沃问题的第 1244 号决议。这一咨询意见不同于法院判决，没有任何法律约束力。

国际法院发布 "参考意见书" 后，国际社会反应不一。联合国秘书长潘基文 2010 年 7 月 22 日就此发表声明，呼吁科索沃问题各方开展建设性对话，避免任何 "挑衅性行为"。他表示将把该 "参考意见书" 转交给联合国大会，由联大决定接下来就此事将采取的步骤。

塞尔维亚总统博里斯·塔迪奇随即发表声明，称塞 "永远不会承认科索沃独立"。俄罗斯外交部也发表声明说，俄方对科索沃独立的立场没有改变，即俄不承认科独立。美国国务卿希拉里·克林顿则表示，支持国际法院发布的 "参考意见书"。但美国国务院发言人强调，美方认为有关科索沃独立的裁定 "并不适用于其他的案例"。美国副总统拜登和塔迪奇通电话，呼吁其 "通过对话解决科索沃的矛盾"。美国还拟在 2010 年 9 月份联合国大会例会之前，要逼迫 40 多个国家来承认科索沃的独立，从而为自己提出承认科索沃独立合法性的决议案，争取到足够的选票。而俄罗斯则是在多个场合对科索沃独立表示了反对。

欧盟方面目前对国际法院的裁定不置可否，但希望能够出面调处塞尔维亚和科索沃之间的关系。

对于塞尔维亚来说，裁决结果可能使其目前面临的政治困境进一步复杂化。中国则发表声明认为尊重国家主权和领土完整是当代国际法制度的一项根本性原则，是当代国际法律秩序的基础。中方尊重塞尔维亚的主权和领土完整。在科索沃问题上，我们一贯主张在联合国安理会相关决议规定的框架内，由当事方通过对话，寻求彼此均可接受的解决办法。中方认为，国际法院的咨询意见并不妨碍当事方通过谈判妥善解决问题。

法院意见归意见国家选择不会改变，从国际法院意见公布后各方的反应可以看出，支持科索沃独立的仍旧支持，比如美国，虽然说科索沃是个案，但它仍是最大和最终的得益者，它在科索沃建立一个自韩国以来的最大军事基地——柏恩斯提尔营地，这与当年英国为了控制石油把科威特从伊拉克分出来一样。而俄罗斯和中国在这一问题上的立场都没有改变。已经承认科索沃独立的 69 个国家也依旧，也未见很快有其他的国家加入进来，美国依旧还在拉拢支持者。因此，对于国际法院的判决和意见，有法律约束力的仅限于当事国，咨询意见对充满大国间政治博弈的事件而言，影响很小。

但不容忽视的是，这一意见或对其他国家地区有蝴蝶效应。对科索沃方面宣布独立的合法性的咨询意见，由于是联合国的国际法院做出，它会具有很高的威信，它会成为相关各国执行自己外交政策的依据，今后有类似的情况发生时很可能会被引用为支持某个地区独立的证据，所以很可能在更大的国际范围内产生影响，刺激北塞普勒斯、索马利亚兰、纳卡、南奥塞梯、阿布哈兹等地区的独立倾向。

科索沃在西方主要大国的鼓励下单方面宣布独立，从表面上看科索沃的地位已经解决，但是科索沃的地位问题尚存在不确定因素。由于俄罗斯的反对，联合国不会承认科索沃，因此科索沃无法参加主权国家的俱乐部即联合国，这会导致其地位的不明确。科索沃公民将继续使用联合国驻科索沃特派团签发的文件到不承认科索沃独立的国家旅行。同时，联合国特派团将继续在国际组织内代表科索沃，因为没有联合国安理会的决议，科索沃不能加入国际组织。作为科索沃母国的塞尔维亚主流的政党反对科索沃独立，塞尔维亚强调科索沃独立的非法性，塞尔维亚对科索沃的敌意意味着科索沃必须完全依赖于外部的保护。塞尔维亚对科索沃北部塞族聚居区的影响意味着即使获得独立，科索沃仍缺乏对其领土的真正控制。随着欧盟法治使团的进驻，科索沃将由联合国的保护国成为欧盟的保护国。从巴尔干的地缘政治格局看，科索沃已成为欧盟和北约的内院。欧盟将在科索沃发挥重要作用，欧盟的利益是确保其对科索沃的治理不陷入失败，避免科索沃成为巴尔干另外一个失败国家。

面临独立之争的国家和地区不止塞尔维亚和科索沃，但科索沃案例对于认识其他地区的独立问题，颇有参考价值。

第六节　结语

科什图尼察（Vojislav Kostunica）当选南联盟总统以后，欧盟解除对南的经济制裁，并提供 20 亿美元援助以帮助重建国家。欧盟还同意结束科索沃战争期间石油禁运以及商业航空运输禁令。抛开意识形态的斗争不说，这些决定成为南斯拉夫与其他欧洲国家关系的转折点，是南斯拉夫（包括以后分裂的塞尔维亚和黑山）融入欧洲的第一步。2001 年 4 月，就在美国评估塞尔维亚是否符合援助资格而强加的最后期限之前，塞尔维亚警察逮捕了米洛舍维奇。这位昔日的塞尔维亚英雄，民族利益的捍卫者最终被他所捍卫的民族拉上国际审判台。西方最终得到了在巴尔干它想要的一切。南斯拉夫最终在战火中一分为六（不包括科索沃），而且我们也不知道独立后的它们是否还会继续分裂下去，以及这种分裂给巴尔干和欧洲带来怎样的影响。

前美国驻南斯拉夫大使齐默尔曼（Warren Zimmerman）写道："在南斯拉夫病症末期，西方国家竭尽全力调养病人至健康"，这与那些想摧毁南联盟的派别形成鲜明对比，"南斯拉夫有许多掘墓人，包括那些不同寻常的怀疑对象如斯洛文尼亚、克罗地亚、塞尔维亚，但只有一个人是例外，他就是斯洛博丹·米洛舍取维奇"。我们这章想要做的事情就是质疑这种西方的官方看法和谎言（或许是）。人道主义灾难不仅未能避免，而且更加严重。这恰恰是因为把巴尔干再次巴尔干化（首先是南斯拉夫）符合美国和西欧的战略利益。东南欧地区越像低地国家（荷兰、比利时、卢森堡），它就愈发被牢牢地控制在西方手里。这里再也不会有不结盟国家，更不用说与西方的对手结盟。南斯拉夫最大的掘墓人就是西方。

第十章
美国对民族主义的反应：干预或
不干预的两难图景

第一节　"世界新秩序"构想与美国外交决策

在 20 世纪到 21 世纪的美国外交决策中，建立某种符合美国价值观，并能维持世界稳定和有利于以美国为代表的西方国家利益的世界秩序，始终是美国政府努力推行的原则和不断追求的目标。在过去的 20 世纪中，美国政府曾多次在世界性的战争或冲突结束时，或是在国际社会发展处于关键点时，提出过建立"世界新秩序"的设想。这一事实一定程度上表明，建立"世界新秩序"，实际上应当认为是美国外交政策最重要的目标。而世界新秩序在不同时期则包含着不同的内涵。

20 世纪初，即一战结束后，美国历史上以理想主义著称的伍罗德·威尔逊（Woodrow Wilson）首次提出世界新秩序概念。从此以后，建立世界新秩序就成为美国参与世界事务、谋求国际社会领导地位的指导原则。作为美国的一项重要国际战略，威尔逊的世界新秩序主要是试图建立一个美国领导的、具有防御世界性战争机制的国际体系。其具体构想是通过国际联盟来维持第一次世界大战后的国际秩序稳定，并通过促进国际社会的自由经济贸易来建立西方强国之间的合作，消除战争隐患。然而，当时的美国国会和主流社会还没有做好接受这个理想主义做法的准备。

美国第二次提出世界新秩序问题是在第二次世界大战即将结束之际。当时美国总统罗斯福提出世界新秩序的目的，同样是基于他对战后重建国际社会的设想。罗斯福认为，美国战后的外交政策必须致力于建立一种新的世界秩序。这个新秩序的主要内容就是建立一个以大国合作为基础的联合国国际实体，以确保战后世界更大范围的稳定与和平。罗斯福很幸运，他的"世界新秩序"设想得到了当时全球主义盛行的美国社会的积极支持。联合国成立以后，使得美国在二战后能够在很多场合下利用联合国的合法地位来实现其外交政策目标。然而，眨眼间冷战的爆发使美国推行的"世界新秩序"的范围只能局限于美国主导的西方世界。

美国第三次提出世界新秩序问题是在 20 世纪末的冷战结束之后，也就是 1990～1991 年的波斯湾危机时期。当时的美国总统乔治·布什（老布什）在 1990 年 8 月 2 日向国会发表关于制止伊拉克对科威特侵略的讲话，明确强调要通过制止伊拉克侵略来建立一种冷战后的"世界新秩序"。为了实现这个目标，美国声称冷战后建立的世界新秩序，将以某种形式的国际组织为基础，同时要确立美国在国际社会中的领导地位。在具体方式上，美国当局宣称将有权以维护世界新秩序的名义行事，对破坏这一秩序的国家或国家集团进行多边和单边的经济、军事干预。另外，美国作为冷战结束以后唯一的超级大国，其外交政策将在优先维护西方国家集团利益的基础上，积极参与对全球事务的干预。把建立在全球范围内的"世界新秩序"，作为美国后冷战外交政策的主要目标。此后，随着美国领导的多国部队对波斯湾危机的成功干预，布什的"世界新秩序"思想也随之被确定为美国后冷战外交政策的主要原则，并直接主导了美国外交政策自 20 世纪末到 21 世纪初的总体走向。之后的克林顿主义以及布什主义都展现出老布什时期的世界新秩序思想。

克林顿主义是一种极度崇尚人权的思想，认为人权至上，人权高于主权，人权无国界，极力将人道主义干涉合法化。克林顿本人也是一位自由国际主义的倡导者。克林顿主义并非是对美国军事干预科索沃危机政策的事后总结和概括的产物，而是在他两届执政期间美国对后冷战国际形势变化的政策反应和谋求对世界事务加以主导的未来规划。1993 年克林顿入主白宫，时日不久就抛出了带有"克林顿色彩"的对外政策构想。这一构想的中心思想是，美国作为冷战后唯一的超级大国"必须担负起领导全世界的责任"，"在全世界推进美国的价值观和促进美国的利益"。

1994 年 7 月，《国家参与扩展安全战略》报告正式出炉。这是克林顿政府上台后提出的第一份国家安全战略报告，是其后一系列战略报告和政策的"奠基石"，也是克林顿主义大体成形的重要标志。报告中明确提出冷战后美国国家安全战略的"三个基本内容"，即"保持强大军事实力"、"促进经济繁荣"和"推进全球民主化与人权"，并提出"扩大民主国家大家庭并阻止和遏制对美国、美国的盟国和美国利益的一系列威胁"。上述三点，是后冷战和跨世纪美国国家利益根本之所在及国家安全战略的基本目标。若进一步提炼该报告的核心思想，那就是美国作为唯一超级大国要积极参与国际事务，实现全球称霸，使 21 世纪成为美国的世纪。1995 年 2 月接着公布了《接触与扩大安全战略》报告，提出未来 20 年的战略时间概念并设想了 21 世纪可能成为美国的"全球性对手"国家以及对美国安全的主要威胁。接着，1997 年 5 月发表《面向新世纪的国家安全战略》报告，又提出"塑造—反应—准备"三位一体的全球战略新构想。以美国为首的北约军事干预科索沃危机，标志着"克林顿主义"正在成为世纪之交美国处理全球国际事务的"指导原则"和"基本方针"，是当前美国推行的全球霸权战略的"代名词"。"克林顿主义"有三个重要特征。第一，它的战略思想基础是"扩展民主论"，即所谓的"民主国家相互不打仗"。而"人权高于主权"、"人道干涉无国界"则是"扩展民主"论的衍生物。"扩展民主论"实质上就是要确立"美国霸权下的和平"，是建立美国主导的"世界新秩序"的"同义语"。"克林顿主义"的第二个重要特征是在全球范围内进行积极的对外干预活动。冷战后美国全球战略的制定是建立在两个重要概念和判断之上的，即美国面临的"安全威胁多样化"和应当谋求"广泛的国家利益"，为此，美国必须进行积极的对外干预。如果说加大对外干预的力度是克林顿执政后期的一个明显特点，那么科索沃战争就是"克林顿主义"对外干预政策的一次"新尝试"。之所以说"新尝试"，指的是美国以"人道主义"和反对"种族清洗"的名义大动干戈，它为美国扩大对外干预制造了新的借口和依据。克林顿本人甚至把它称之为是"一条重要原则"。加强美国"超强"军事实力，强化欧亚两翼军事同盟体系，实施经济制裁，进行积极的对外干预活动，是克林顿主义的第三个特征。在欧洲，提出"北约战略新概念"，扩大北约的防务和对外军事干预的范围；在亚洲，强化美日军事同盟体系以及美与韩、菲、澳、新（西兰）等国的双边军事关系，确保美国在该地区战略平衡中的主导作用。克林顿政府执政以来，加大了对外经济制裁力度。仅1993~1996年的4年中，美国就对34个国家实施了经济制裁。与此同时，美国对外军事干预的规模也不断扩大。如参与索马里维和行动，对苏丹和阿富汗进行导弹打击，发动"沙漠之狐"军事行动等。据统计，1990~1997年，美国对外用兵达42次之多，用兵频率高于冷战时期的一倍。

2000年小布什上台以后，推行一种新的外交理念和外交战略，而其政治哲学的基础就是"新保守主义"。新保守主义对美国全球战略的主张建立在对冷战后美国的基本实力的认知之上。他们相信，自从苏联解体之后，美国在世界上已经不会遇到任何可与之相抗衡的敌人了。"新保守主义"主张在提出之初引起了广泛争议。左翼的威尔逊主义者，他们强调用外交的手段来解决问题，诉诸多边主义来建立国际制度；右翼的新保守主义者，他们认为世界性的民主要靠美国的决心和武力来实现，必要时要采取单边行动。然而，这两派都忽视了第三种传统，那就是将国家利益放在最优先地位的现实主义。如果说小布什执政初期新保守主义外交政策取向还在犹豫之中，那么世人皆知的"9·11"事件则促使小布什政府彻底坚定了走新保守主义的路线。新保守主义抓住了机会，并且对美国的外交政策发生了影响——美国确实受到了野蛮的、非民主的、极端暴力的组织的攻击，这要求没有苏联这一竞争者的美国非但不能掉以轻心，反而更应该不断增强自己的军事实力，并将其投入使用，保护美国的自由，并按照自己的价值观念对那些"十恶不赦"、与恐怖组织有联系的政治体进行改造。

对于主张"变革"的奥巴马政府来说，其外交政策和全球战略是否会发生变化，是近期国际社会所关心的问题。与小布什政府相比，奥巴马政府在国家利益、地缘政治以及一些重大问题上的立场并没有发生根本性的太多的变化，美国仍然担心来自恐怖组织的威胁，关心能源供应、世界稳定以及人权和民主问题。但是美国处理这些问题的方式却发生了比较大的转变，美国将越来越注重通过联合国框架处理世界事务，越来越注重通过合作的方式、外交的手段解决问题。与小布什时代的外交政策相比，如果说小布什咄咄逼人的"牛仔外交"充满了傲慢与偏见，那么奥巴马的柔性外交则弥散着和解的精神；如果说小布什的单边主义造就了一个独来独往的美国，那么奥巴马则刻意放低身段，处处都展现一种谦恭自省的姿态。国际政治毕竟充满了利益纠葛，他的外交变革只是体现在策略、风格及手法等方面，美国战略的实质并没有发生根本性改变。因为无论谁当政，都必须受其国家利益支配。

曾在美国政府担任过要职的资深外交家布莱恩·阿特伍德（J. Brian Atwood）教授说：当前美国如此依靠外交手段追求国家目标是其在多年外交生涯中从未见过的。对于奥巴马政府外交方式的这种变化，布莱恩·阿特伍德教授认为这主要与奥巴马总统个人的经历有关。奥巴马总统是一个集多种文化于一身的人，受到来自非洲、欧洲还有亚洲多种文化的影响。正是这种特性，使得奥巴马总统在处理国际事务时能够比较好地理解其他国家和民族的想法。阿特伍德这样评判奥巴马："奥巴马总统既是一个国际主义者，也是一个现实主义者。"由此，奥巴马的外交政策也显得更务实。[1] 2008 年 1 月奥巴马在一次辩论中说，他不仅想结束伊拉克战争，还想结束从一开始就让美国涉入战争的那种观念。但这并不能说明他要放弃军事干预，2011 年 3 月美国对利比亚的空袭就是最好的例证。与其前任小布什形成鲜明对比的是，奥巴马政府似乎有意不过快采取行动，也不单独展开行动。在对利比亚第一轮巡航导弹发射后，奥巴马向媒体发表了三分钟的声明，他六次强调国际社会对其使用武力的支持，说攻击利比亚是"国际行动"，美国是与"广泛的联盟"共同行动，包括欧洲和阿拉伯世界的伙伴。主管白宫战略沟通的国家安全副顾问罗兹（Ben Rhodes）说，奥巴马的外交政策原则体现在他坚持寻求对军事行动的广泛支持，也体现在他对国际机构的信赖以及对人道主义援助和防止大规模暴行的关注。[2]

以上是我们本章分析美国对他国族群冲突反应的大外交政策背景。在新千年伊始，民族主义的纷争时常打乱国际政治。不管他们是出现在中非、东南欧还是出现在南亚，族裔断层线往往导致国内的民族主义动员以及外

---

[1] 2009 年 10 月 27 日布莱恩·阿特伍德以美国明尼苏达大学休伯特·汉弗莱公共事务学院院长的身份在中共中央党校发表题为"奥巴马的外交政策与美国全球战略"的主旨演讲。

[2] "利比亚攻击揭示奥巴马外交政策原则"，2011 年 3 月 20 日《华尔街日报》，中文网 http://cn.wsj.com/gb/20110320/bus131848.asp。

部第三方的干预。多数情况下，像联合国这样的国际组织不能有效地进行相互之间的协调，以防止族裔冲突的升级。

后现代世界是一个认同分裂的世界。现在看来似乎没有任何力量能够创造一个更有吸引力的共享的认同。欧洲联盟在其成员国中宣扬更广泛的后国家认同，成败参半。摩洛哥女权主义活动家法蒂玛·莫妮茜（Fatima Mernissi）尖锐地指出后现代进退两难的困境："我们所处的世纪末的时代类似于天启：界限和标准似乎不复存在；内部空间和外部空间几乎无法辨识。"①

在这个认同、同盟和隶属都在发生变化的眼花缭乱的世界里，定义一个国家在国际体系中应该发挥的作用需要一种新思维、新观念。使用过去的经验、先例、类型和公理来制定外交政策的抉择，其价值有限，因为内部和外部政治空间的区别正在消失，而且界限也日益变得可以侵蚀。可以肯定的是，大国拥有永久的利益，但是，制定一套有效的外交政策来处理民族主义带来的一系列的危机却很难。

冷战结束以后，世界唯一的超级大国美国在国际体系中负有更大的责任，任何一个国家都无法与之比拟。② 无论是在世界遥远的角落发生的某一冲突演变成一场国际危机，还是默默地留待处理，很大程度上都取决于美国对它的反应。因此，本章将分析美国外交政策，因为它近期的发展已经开始关注族群冲突。影响美国制定这类外交政策的因素有哪些？国内因素的影响可能至少与国际因素的影响同样重要，因此，我们需要回顾美国历史上采用了哪些政策来处理族群和少数民族问题。最重要的是，美国应对国际危机的外交政策是架构在美国国家利益之上的，道义理由通常都是次要的（虽然在公开的言论中，道义理由具有头等的重要位置）。美国总统经常面临的困惑是：什么时候进行干预才能使冲突的管理符合美国利益；何时选择孤立主义而置身其外，当美国认为这类冲突跟自己没有多大利害关

---

① Fatima Mernissi, *Islam and Democracy*: *Fear of the Modern World* (New York: Addison – Wesley, 1992), p. 8.
② 也有人认为其他新兴大国的崛起将平衡美国的霸权。参考 Christopher Layne, "The Unipolar Illusion: Why New Great Powers will Rise", *International Security*, 17, 4 (Spring 1993), pp. 5 – 51。

系时。在过去的十年里，干预主义与孤立主义的辩论一直是美国外交政策中最重要的主题之一。

第二节　美国经验影响外交政策

人们很容易夸大美国国家经验作为影响外交政策因素之一的重要性，但是无视两者之间的关联可能属于疏忽大意。亚伯拉罕·林肯在1861年3月发表他的第一次就职演讲时说："我相信在普通法和宪法中各州构成的联邦是永恒存在的。在所有国家政府的基本法中如果没有明确指出这种永恒性，那也暗含着这一点。可以断定，没有一个合法政府为它的基本法规定了终结的期限。"林肯反分裂的观点进一步阐述："就算合众国并不是个名副其实的政府，而只是依靠契约成立的一个各州的联盟，那既有契约的约束，若非参加这一契约的各方一致同意，我们能说取消就把它取消吗？参加订立契约的一方可以违约，或者说毁约；但如果合法地取消这一契约，岂能不需要大家一致同意吗？"这种反对现有国家分裂的推论与之后发生的内战悲剧相结合，使美国比大多数国家更加警惕分裂的危险。

美国的经验强化了国际体系对国家分裂的偏见。美国外交政策的反分裂主义倾向在巴尔干地区波斯尼亚冲突和科索沃冲突的决策中得以佐证，虽然随着事态的发展美国的政策也发生了改变。该决策确保波斯尼亚独立（即使它是一个令人绝望的多种族社会），使科索沃成为受保护的"国家"（即便那里的族群比较单一）。波斯尼亚此前就是南斯拉夫的一个共和国，或许可以独立成为国家；而科索沃以前并不是一个共和国，只是塞尔维亚的一个省。基于类似的原因，美国既不支持车臣的独立，也不支持泰米尔—伊拉姆的独立，但是赞同厄立特里亚和东帝汶的独立，因为它们早期有着与前两者截然不同的行政地位。这里我们假设：如果南北战争时期美国南部十一州在某种情况下有过联邦的历史的话，那么亚伯拉罕·林肯是否更有可能承认南部联邦（Confederate States）？我们想说的是在1815年购买路易斯安娜之后，南部联邦曾经一直是一个独特的行政实体。

一 文化差异

多元文化可共存于一个国家之中，美国的经验给这种观点增加了相当的分量。1915 年，贺瑞斯·凯伦（Horace Kallen）第一次把美国认同诠释为文化多元主义国家地位。[①] 次年，美国杰出的社会主义作家伦道夫·伯恩（Randolph Bourne）赞同其他具有个人主义色彩的资本主义社会采取文化发展道路："美国已然是世界联盟的缩影，在这片大陆上，历史上第一次实现了希望的奇迹，那就是各种不同的民族，在最大限度地保留自己的特征的情况下，一起和平地生活在同一片蓝天下。接邻而居已经不再是痛苦的温床，这在世界上独一无二。"[②]

20 世纪 60 年代，颂扬多元成为时髦，在此之前，路易斯·哈尔茨（Louis Hartz）就撰写了有关"碎片文化"（Fragment Cultures）的文章，他认为美国社会建立在移民基础之上，而移民是来自欧洲不同的民族，每个民族都代表着欧洲文化的一部分。清教徒共识早期就已明确碎片伦理[③]，这一伦理转化成民族认同的来源，并且通过联邦制使其制度化。而 19 世纪奴隶制瓦解了碎片伦理。当然，也不乏解决碎片文化与奴隶制度之间的矛盾的尝试，Hartz 就其中具有讽刺意味的方面进行了描述：由于黑人的所有活动主要是在欧洲人的社会中进行，这样冲突就发生了；奴隶关系的狂热因其不能被碎片伦理所消化，于是转移成奴隶主们自己之间的斗争。这场斗争以非洲黑人的解放而结束，拥有黑奴合法化也就此中止，但是这并没有完全将黑人带进洛克社会（即契约社会）。[④] 只是经过 20 世纪 60 年代的民权运动后，美国多元文化的经验才最终伸出援手，将长期排斥在美国碎片

[①] Horace Kallen, "Democracy Versus the Melting Pot：A Study of American Nationality", William Petersen, Michael Novak, and Gleason, eds. , *Concepts of Ethnicity* (Cambridge, MA：Belknap Press, 1982), pp. 96 – 103.

[②] Randolph Bourne, "Trans – National America," Dahbour and Ishay, *The Nationalism Reader*, p. 298.

[③] 清教徒共识是指清教徒一致认为除天堂之外没有稳定。因此，有人就此认为美国共识也并非总是怀疑的慰藉。

[④] Louis Hartz, "A Comparative Study of Fragment Cultures", J. Rogers Hollingsworth, ed. , *Nation and State Building in America：Comparative Historical Perspectives* (Boston：Little, Brown, 1971), p. 24.

文化之外的非裔少数民族纳入其中。

美国例外论是否真的含有对多样性的绝对承诺，对此几代学者进行了认真的研判。虚无缥缈的"移民民族"（Nation of Immigrants）概念不断受到挑战。一家英国期刊指出："考虑到美国是建立在对土著人民大规模清洗基础上，因此，相信那个无所不能的概念回答为什么美国有着当今世界处理民族多样性方面最成功的实验，这真是一个残酷的讽刺。"①

非裔美国人的历史经验告诫人们：多样性并不是神话。美国黑人民族主义有着自己的历史。例如，埃辛·尤盾（E. U. Essien - Udom）描述了伊斯兰运动的民族如何千方百计地去发现"储备的认同"，并利用这种认同超越看不见的同族群体社会的、心理的和精神的障碍。② 一些黑人民族主义者提出，美国黑人所遭受的歧视和剥削现在反映在美国对发展中国家的新殖民主义态度上。这种诠释不同于哈尔茨的多样性渴望，它暗示国内认可多样性有可能带来世界范围内认可多样性的好处。

社会学家西摩·马丁·李普塞特（Seymour Martin Lipset）将依然盛行的针对黑人的种族主义与"鼎盛的美国"（the United States at its best）——犹太人在美国成功的故事相提并论。③ 接着，历史学家迈克尔·林德（Michael Lind）追溯了美国从在 19 世纪中叶达到顶峰的"第一共和国"（"盎格鲁美国"，Anglo - America）到在 20 世纪中叶达到顶峰的"第二共和国"（"欧化美国"，Euro - America）文化的演变。但是两者都是建立在"白人至上"的基础上，而 20 世纪 60 年代第三共和国（"多元文化的美国"，Multicultural America）的建立则抛弃民族大熔炉的概念，应时推出"马赛克"概念："五个种族或类似社群——白人、黑人或非裔美国人，西班牙裔或拉美裔，亚洲人和太平洋岛民以及美洲印第安人……这些种族不仅是构成未来统一体的成分，而且是永久独特的群体。"更重要的是，"那些批评五种族—文化—政治单元体系的人们显然是种族主义者，希望时光倒流，

---

① "Ethnic Cleansing", *The Economist*, September 23, 1995, p. 18.

② E. U. Essien - Udom, *Black Nationalism: A Search for an Identity in America* (Chicago: University of Chicago Press, 1962 and 1971), p. 325.

③ Seymour Martin Lipset, *American Exceptionalism: A Double - Edged Sword* (New York: W. W. Norton, 1996), p. 175.

回到白人至上的时代"①。多元文化主义并没有解决族群、移民和种族主义等现实问题，因而受到批评，人们开始怀疑这个国家是否真正成功地实现了多元化。

"移民民族"（Nation of Immigrants）的观点也饱受批判的煎熬。越来越多的美国人会说"此一时彼一时"来反驳这种观点。一位移民方面的学者总结到，"最近的一些报告认为移民对国内经济的影响不再完全是积极的"。事实上，自 20 世纪 80 年代起，移民（合法移民、非法移民和无证移民）的影响可能是负面的。因此，"这些变化必然会削弱民众认为当前的移民是有利于美国自身利益的这一信念"②，并且这也会导致美国民众对保守主义的支持。

关于美国对多样性的真正承诺，一些学者持保留意见，对此我们可以接受。但可以肯定，从比较的视野来看，美国的经验确实对绝大多数群体来说都具有积极意义。美国的经验如何影响美国的外交政策？历史学家约翰·刘易斯·加迪斯（John Lewis Gaddis）在 20 世纪 90 年代的论著中证实了美国生活中的多元性与美国在国际舞台上的忍耐性之间的联系：

> 并不需要有多么高深的洞察力便能够发现，整个世界就是一个多样的世界。但是要维护一个在国内对多样性感到舒服的政治体系，同时也准备好在世界上让多数地方在最大的程度上容忍它，这一点是需要运气和技巧的非凡的结合才可以实现的。美国人完成这项任务所凭借的这种成功的结合以及他们用权力事实对自发性诉求调和的程度，可能已经成为美国人在 20 世纪对世界其他地方施加影响力的关键，而不是其他什么东西。③

伯恩（Randolph Bourne）提到的"世界上的美国思维"（the American

---

① Michael Lind, *The Next American Nation: The New Nationalism and the Fourth American Revolution* (New York: Free Press, 1995), p. 98.

② Ivan Light, "Nationalism and Anti - Immigrant Movements in Europe and North America", University of California, Centre for German and European Studies Working Paper 4. 3 (August 1995), p. 15.

③ John Lewis Gaddis, *The United States and the End of Cold War: Implications, Reconsiderations, Provocations* (New York: Oxford University Press, 1992), p. 16.

mind in the world）映射出许多国家多元文化的视野，这一点在今天仍然存有共鸣。它提出多民族国家（这在国际系统中占据绝大部分）是可行的，而不是必然会遭遇解体，这一观点令人欢欣鼓舞。美国政治家丹尼尔·帕特里克·莫尼汉（Daniel Patrick Moynihan）在总结美国 20 世纪 90 年代的外交政策时指出，"这个世界上国家会有分裂，而美国的政策有时看起来似乎不能形成这个概念"①。

美国总统伍德罗·威尔逊曾强调中欧人民的民族自决，这一点似乎与美国传统上支持多民族国家这一做法背道而驰。应该确信的一点是，他的目的是解散那些不合时代的帝国，而不是多元文化国家。一如既往地，他对波兰、意大利及其他国家以族群定义的"自然"边界的关注也是对单一民族国家的一种赞同。因为"族群冲突并不需要有很大的分歧才会引发，小的不同之处也会引发种族冲突"②。威尔逊的理想主义充满风险，令人忧虑。它有点偏离美国外交政策的正轨，并且明确宣告支持国际事务中的行动主义。正如一位政治学者所主张的："威尔逊主义的天才之处在于，为疏导这种民族主义情绪的高涨，它没有设法去做过多的挑战。"③

二 文化路径

美国政治生活的其他特点，也影响其在国际舞台上的行为方式。理查德·佩恩（Richard Payne）认为，普通美国民众所信奉的文化价值对美国如何应对国外危机有一定的影响。特别的，它把国内的暴力文化与随时准备使用暴力来解决国际问题两者联系起来。④ 从这个论断来看，几乎可以认为国内种族关系的困境会影响美国外交政策决策者对于其他地方种族冲突的理

① Daniel Patrick Moynihan, *Pandaemonium：Ethnicity in International Politics*（New York：Oxford University Press, 1994）, p. 165.

② Daniel Patrick Moynihan, *Pandaemonium：Ethnicity in International Politics*（New York：Oxford University Press, 1994）, p. 15.

③ Tony Smith, "In Defense of Intervention", *Foreign Affairs*, 73, No. 6（November/December 1994）, p. 45. On internationalism, "The Crisis of Internationalism", *World Policy Journal*, 12, 2（Summer 1995）, pp. 49－70.

④ Richard J. Payne, *The Clash with Distant Culture：Values, Interests, and Force in American Foreign Policy*（Albany, New York：SUNY Press, 1995）.

解。因此，我们应该对大卫·霍林格（David Hollinger）的警告加以注意，"如果将美国版的族裔民族与公民民族之间的战斗与发生在库尔德斯坦、波斯尼亚以及世界其他大部分地区的现在版的战斗混为一谈，那将会是何等的错误啊！这些地方的战斗常常成为有关民族主义议题的头版头条"①。美国的种族问题与世界其他国家所进行的族群类别的内战没有太多的相同之处。

我们可以在美国右翼集团的暴力文化和美国在海外实施的高压外交政策之间建立联系吗？要确定这种联系可能是很困难的，这是因为在美国，一小撮群体在政治程序之外进行操控，并且他们并不能够代表大多数美国公民所具有的价值理念。但是 1995 年发生在俄克拉荷马市的联邦大楼爆炸案，导致近 200 人死亡，这让人们开始关注在自称是"爱国者运动"（Patriot Movement）中日益发展的暴力文化。

这次运动由各种各样的群体构成，他们中的大多数都一致认为美国联邦政府共谋剥夺了公民的宪法权利。著名的诉讼案包括在 1992 年当联邦探员用枪打死一个嫌疑犯的妻子和儿子时所发生的卢比山脉围攻事件。1993 年联邦探员在得州"韦科和解"案中对大卫教派的突击，造成 80 人死亡，这也是反政府情绪的催化剂。右翼集团将这些情况视为国家恐怖行为。

美国武装极端主义分子有各类不同的来源和议程。这类集团包括三 K 党（the Ku Klux Klan）、雅利安民族（the Aryan Nations）、税赋抗议者（Tax Protester）、生存主义者（Survivalist）以及产权右翼激进主义者（Property Rights Radicals）。俄克拉荷马市爆炸案的嫌疑人之一是基督教身份运动的成员，基督教身份运动认为仅欧洲血统的白人才是上帝选择的人民。黑人左翼极端分子集团，如黑豹，组成于 20 世纪 60 年代到 70 年代，当时在美国白人至上主义者右翼集团占据了政治暴力的绝大部分，这些黑人左翼极端分子集团代表了这个一般原则的例外情况。截至 20 世纪 90 年代，秘密的、全副武装的民兵散布全国各地，在 30 个州由高达 10 万名成员组成。根据南方贫困法律中心（Southern Poverty Law Center）提供的数据，他们中大约 1/4 的成员与新纳粹主义分子或者白人至上主义者集团有联系。民兵组织不

---

① David A. Hollinger, *Postethnic America: Beyond Multiculturalism* (New York: Basic Books, 1995), p. 137.

仅在遭遇经济下滑（就像美国中西部地区和西北部地区）的封闭的白人社会中找到生长壮大的沃土，而且这些集团还巧妙地利用现代通信媒介——因特网、广播脱口秀、录影带以及短波收音机来宣传它们的观点。

这些集团与美国外交政策的相关性是非常微不足道的。一些极端主义集团相信美国政府是由外国政府或者联合国所控制的。因此，他们害怕美国将会被一些外国利益集团所颠覆。这些恐惧简直是荒谬可笑，但是一些保守派的政治家便利用他们，并倡导毫不妥协的、强硬的外交政策，旨在全世界范围内，筑就美国强权之下的世界安定和平，即一种基于美国利益至上的和平。保守党政治家更多的是奉行孤立主义（Isolationism）①，他们要求美国政府应该停止资助弱国及运行不良的国际组织，不卷入那些由于"历史仇恨"而引发的流血冲突事件中，而是由他们去。

民族建构过程、文化路径和激进政治等因素都影响美国的外交政策，但程度有多大难以估计。总的说来，美国政治传统中一直占据主导地位的多元文化的碎片模式在其外交政策取向上是有所反映的。克林顿政府时期，美国政府积极促成巴尔干半岛、中东、中非等地区的武装冲突各方进行和谈，虽然在这些行动中国家的战略利益并不容易分辨。如果硬是要说美国从这些外交活动中捞取到了什么好处的话，那只能说克林顿政府粗暴地向世界推行了美国式的多样性政治。由此，我们首先应更仔细地去审视一下美国对外政策是如何被美化或者说如何被证明其合理性，尤其是在近期的一些族群冲突中，然后我们来探讨那些反对干涉主义的论据。

第三节　美国干预族群冲突的理由

众所周知，美国应该什么时候干预族群冲突？采用怎样的方式干预——外交方式还是强制方式？是单边行动还是多边参与？应该支持冲突中的哪一方？对于这些问题的决策似乎没有任何严格的规则。爱尔兰思想家康纳·克鲁斯·奥布莱恩（Conor Cruise O'Brien）称之为"神圣民族主

---

①　从政策内容和取向来看，isolationism 翻译成汉语中的"封闭主义"更为恰当，而不是现在流行的"孤立主义"。——笔者注

义"（Holy Nationalism）的理论曾风靡一时，它使对相关的对外政策的制定更加畏首畏尾。"神圣民族主义"即宗教和民族主义的互动，它依次带来傲慢与破坏、上帝的选民、神圣民族，最后是被神化的民族，即最恶劣的、狂热的、文字版的"圣地"。[1] "对神圣民族主义的掌控是维护世界和平中最突出的问题。理想意义上，对国际事务负有责任的人们应该能够理解和缓和本国的神圣民族主义，同时也要能清楚地辨识对手国以及第三方国家中神圣民族主义的运作和范围，哪怕是在真相被掩盖的情况下。"[2] 这虽只是一个不明确的警告，但是它指出了对外政策的基石是什么，那就是积极的国际主义，它强调涉及针对不同类型的危机采取不同类型的干预。

一 倡导自由国际主义

在一个主权国家不同文化之间及承载他们的族群之间有可能发生冲突。而对于涵盖更多单元的文化，例如宗教，它们的冲突就可以超越国界。为能防止后一种文明冲突的发生，就必须大力推广自由国际主义。自由国际主义需要一个奠定在人权、宽容，尤其是民主基础之上的国际秩序。这个概念是克林顿总统在一份题为《支持古巴民主转变》的报告前言中提出的：

> 在海外倡导民主是美国当前政府的基本外交政策目标之一。这些努力一方面反映了美国的理念；另一方面也巩固了它的利益——确保美国的安全和繁荣。民主国家彼此之间发生战争以及滥用人民所赋予的权力的可能性相对较少，他们倾向于选择更好地合作。这样的国家都是美国视为同仇恨和狭隘力量做斗争的潜在盟友，美国反复宣称反对仇恨和狭隘的力量，不管它是无赖国家，那些煽动民族仇恨和宗教仇恨的国家，还是那些从事大规模杀伤性武器交易的恐怖分子。[3]

---

[1] Conor Cruise O'Brien, *God Land: Reflections on Religion and Nationalism* (Cambridge, MA: Harvard University Press, 1998), p. 41.

[2] Conor Cruise O'Brien, *God Land: Reflections on Religion and Nationalism* (Cambridge, MA: Harvard University Press, 1998), p. 80.

[3] "Support for a Democratic Transition in Cuba" (January 28, 1997), *Weekly Compilations of Presidential Documents*, 33, No. 5 (Washington D. C.: U. S. Government Printing Office, 1997), p. 111.

国际主义者主张，共同的自由民主价值可以超越冲突，而美国的作用应该是积极地促成基于自由国际主义的规范性的共识。

是不是今天的文明裂痕已经深到需要去倡导新的国际主义才能得以解决呢？过往十年，从文化视角研究冲突最著名的方法当属塞缪尔·亨廷顿的文明冲突论。他指出，世界已经改变了。冲突已经从民族国家间的冲突转移到了意识形态间的冲突，而现在则是文化间的冲突。这其中有四个方面的原因：第一，文明差异并不是冲突产生的真正原因，但它们是基本原因；第二，不同文明背景下的人们相互交往在逐步加深，这种交往的加深强化了各自的文化意识；第三，世界范围内的经济现代化和社会交换彻底改变了人们之前各自为政的狭隘局面。①

亨廷顿认为："未来世界政治的核心极有可能是西方世界与其他部分之间的冲突。"② 但是他也警告说，未来的冲突也有可能发生在印度教徒、穆斯林、斯拉夫东正教徒、西方人、日本人、儒家信徒、伊比利亚美洲人（Ibero‐American，即拉丁裔美洲人），以及非洲人之间。短期之内的外交政策必须更进一步促成西方文明更大的一体化，但是从长期来看，理解和包容非西方文化应该是对外政策的优先选择。

显然，美国应该带头搭建起文明沟通的桥梁。美国一直被指责正在实施全球化的帝国战略，美国对此很敏感。因而它对扮演这个角色通常表现得漫不经心。自冷战结束以来，美国还未主动承担这一角色，虽然在一些直接关系到欧洲的危机中，美国也曾果断地采取了行动。叶礼庭（Michael Ignatieff）在解释美国政府对其世界宪兵角色一直三缄其口时说，"美国可能是世界剩下的最后一个超级大国，但它不是一个帝国主义国家：其权力是专门用来捍卫国家利益，而不是用来维护帝国的全球秩序体系"。他所说的话无疑是对的，冷战结束以后美国对国际事务的不参与，至少其中的部分解释在于它的选择还停留在多元主义的国际秩序这一欧洲千年传统之中。

---

① Samuel P. Huntington，"The Clash of Civilizations?" *Foreign Affairs*，72，3（Summer 1993），pp. 25 – 26. Also in *The Clash of Civilizations and the Remaking of World Order*（New York：Simon and Schuster，1997）.

② Samuel P. Huntington，"The Clash of Civilizations?" *Foreign Affairs*，72，3（Summer 1993），pp. 25 – 26.

自由国际主义固然是个值得称道的提议，但是它对于非西方国家已经产生许多不利的影响。在后两极化时代里，原本处在两个超级大国影响范围之内的许多国家被边缘化了，独自停留在资源贫乏的环境里而无人问津。叶礼庭曾对此遗憾地说过："世界上绝大多数的人口都获得了'自决权'，但代价可能最为残酷：他们只能自谋生路，他们所建立的民族国家毫无疑问正走向崩溃。"美国激进主义对外政策的支持者甚至提出，只要美国对某些再分配的正义性做出承诺，世界范围内国家建立和国家消亡的大分裂才有可能得以减缓。

这就引出人道主义干预的议题。在诸多国际主义的形式中，问题最少的是人道主义干预，以国际红十字会和无国界医生等非政府组织为代表。美国能够并且已经开始为这类机构提供资金支持，同时对它们成功和失败避免承担直接的信誉和责任。从任何意义上讲，人道主义干预极少不与政治复杂性挂钩。最好的例子是美国救助索马里饥民（作为 1993 年 5 月至 1995 年 3 月联合国任务的一部分）。一些索马里军阀反对美国人的出现，并且在一次事件中，伏击了 18 个美国执行任务的人员。在这次事件中，美国发觉军事力量是通往成功的人道援助的必要手段。由于形势过于微妙，美国放弃了它的行动。这次行动后出现的摩加迪沙线（根据索马里首都命名的）强调了在复杂的族群和派系冲突中获得广泛共识的人道主义行动与零和干预之间微妙的差异，在这种冲突中，对一方的援助就被另一方视为敌对行为。①

然而，冷战结束后，人道主义干预面临着新的机遇。正如戴维·莱克（David Lake）所言："人道主义干预现在是可行的，因为政治干预被用以促进民主或停止内战。美国现在没有必要再去不断平衡国际权力，它现在完全可以基于国内政治的需要甚至出于兴致而行事，哪怕它的抱负被地区角色所反对。"② 对于美国而言，再也没有比人道主义更具说服力的方式来展示自己对自由国际主义的责任。

---

① 对于索马里干预行动比较正面的评价，参考 Chester A. Crocker, "The Lessons of Somali: Not Everything Went Wrong", *Foreign Affairs*, 74, 3, May/June 1995, pp. 2 - 8。

② David A. Lake, *Entangling Relations: American Foreign Policy in Its Century* (Princeton University Press, 1990), p. 200.

二　自身利益：为保护繁荣而阻止冲突

贫穷和边远国家的解体对于美国这个世界上唯一一个超级大国有没有影响呢？从理论层次上讲，可以认为在那些国家边界消融，内部空间和国际空间合并的地方，美国间接地受到影响。如果不对种族灭绝、种族清洗，或赤裸裸的侵占等事件做出反应，不管发生在世界上的哪个地方——都会给全球体系带来危险。可以很确定地说，北美大陆的族群不和，不管是在墨西哥的恰帕斯或是在加拿大的魁北克，给华盛顿的政策制定带来的影响要比发生在车臣和科索沃的冲突带来的影响更多、更为直接，而克什米尔，克里米亚和斯里兰卡等地方距离美国本土那就更遥远了。但是支持干预者说："后者的问题如何解决可以影响美国后院的事件。"

罗伯特·卡帕拉（Robert Kaplan）令人信服地展现了发展中国家的冲突与解决和美国之间的联系。在总结西非塞拉利昂的经验时，他认为："中央政府日益衰弱，部落和区域统治崛起，传染性疾病无限蔓延，弥漫的战争不断扩大。西非正在重返维多利亚时代的非洲。"[①]

卡帕拉引用非洲专家阿里·马兹瑞（Ali Mazrui）的话，认为非洲大陆正处在边界大动荡的边缘：

> 非洲与世界政治未来特征的相关性堪与一百年前的巴尔干（先于二次巴尔干战争和第一次世界大战）相比。其威胁是帝国的瓦解和基于单个部落的国家的诞生。现在，更为重要的威胁是：无节制地利用自然……接踵而至的动乱致使国家瓦解和外国关闭使馆，以及通过充斥疾病的危险的沿海贸易点与外面世界联系日益增多，这一系列问题在我们迈入新世纪之际一股脑迸发出来……几十年来，非洲告诉人们：什么是战争，什么是边界，什么是族群冲突。[②]

[①] Robert D. Kaplan, "The Coming Anarchy: How Scarcity, Crime, Overpopulation, Tribalism, and Disease Are Rapidly Destroying the Social Fabric of Our Planet", *The Atlantic*, 273, no. 2 (February 1994).

[②] Ali A. Mazrui, "The Blood of Experience: The Failed State and Political Collapse in Africa", *World Policy Journal*, 12, 1 (Spring 1995), pp. 28 – 34.

不仅如此，美国需要特别关注一个对美国社会产生直接影响的情况，即几个西非国家一夜之间土崩瓦解的局面可能强化美国国内糟糕的种族关系模式。克林顿总统二次造访非洲大陆以及美国参与中非的和平进程都表达了美国对非洲种族问题的关切。在某些观察家看来，乔治·布什任用 2 名非裔美国人（国务卿柯林·鲍威尔和国家安全事务助理赖斯）担当要职其意图在于维护其在非洲的利益，这一点可能被忽视了。难道这意味着与美国传统外交政策利益的背离吗？卡帕拉认为，美国痴迷于巴以冲突问题，而对土耳其库尔德人问题却缺少兴趣。何以如此，两者联系起来考虑，这是受国内族群问题困扰的体现。① 克林顿任总统期间，即使挥之不去的族群阴影确实有所改变，但就像卡帕拉（Kaplan）在《无政府的到来》（*The Coming of Anarchy*）中所言，这样做的目的只是为了淡化它们。

对于远方发生的影响美国国家利益的冲突，美国对外政策制定者只能逐一决定应该做什么。如果我们暂且不提控制油田的战略重要性，甚至认为 1991 年断然决定攻打伊拉克是经过复杂的考虑。美国支持联合国安理会的第 688 决议（1991 年），谴责伊拉克对平民的镇压，包括对库尔德人。但除了通过建立禁飞区给库尔德人开辟一块安全地带，阻止伊拉克空军进入外，没有采取任何行动来推动这一地区实现自决，也没有保护库尔德人免受萨达姆军队的地面进攻。总之，美国的军事干预仅限于捍卫自己的国家利益。

美国对曾为苏联成员的新兴独立国家的政策是第二个犹豫干预的例子。1991 年 8 月，在改变苏联命运的莫斯科政变之前，美国总统布什前往乌克兰首都就政治概念问题进行题为"自由不等同于独立"的演讲，他告诉越来越有独立思想的议会，"美国不会支持那些以当地的暴政代替远方的独裁的方式来寻求独立的人；那些从事基于族裔仇恨的自杀式的民族主义的人们，也不会得到帮助"②。有人讥讽这次演讲是"基辅鸡肋演讲"，事实上，

---

① Robert D. Kaplan, "The Coming Anarchy: How Scarcity, Crime, Overpopulation, Tribalism, and Disease Are Rapidly Destroying the Social Fabric of Our Planet", *The Atlantic*, 273, no. 2 (February 1994).

② Daniel Patrick Moynihan, *Pandaemonium: Ethnicity in International Politics* (New York: Oxford University Press, 1994), p. 166.

是年底乌克兰就取得了独立。美国对外政策对干预的过分小心谨慎可能使戈尔巴乔夫的苏维埃联盟很沮丧，即使他们也许迫切地想把苏联解散。

很多参与美国对外政策制定的专家或决策者已经强调指出，对后冷战时代的战争冲突做出干预选择的难度很大。在为丹尼尔·莫伊尼汉的《地狱：国际政治中的族群》（*Pandaemonium*：*Ethnicity in International Politics*）一书所著的前言中，亚当·罗伯茨（Adam Roberts）探寻了族群冲突、美国外交政策和道义之间的联系。"假设国际政治大部分不是由摩尼教徒式的对与错的斗争组成，而是由不可能竞争的族群认同和相互之间不和谐的民族自决的梦想组成，如果这样还不能使美国觉醒于对世界新秩序设想的痴迷，那也总能使其摆脱对那些毫无希望的蒙昧世界进行全面介入的幻想。"[①]

那些干预主义的支持者对其愿望非常谨慎。克林顿政府第一届国家安全事务总统助理安东尼·莱克（Anthony Lake）主张，当今的"冲突通常是高度复杂的，同时，他们的暴行将牵拽我们的良知……有时，我们的利益或者是人道主义关切将驱使我们进行单边或者是双边的参与"，然而，"相对而言，我们有理由进行军事干预，这样的国内族群冲突几乎不存在。因而最后，我们将不得不选择和拾起基于这种和那种人道主义需求的军事干预"[②]。同样，克林顿政府第二任国务卿奥尔布赖特，也是美国对南斯拉夫干预的强烈支持者，赞同"对国际秩序的威胁越来越不再明显，但是极其复杂"[③]。

Lake 为美国主动参与世界事务提出了一个具有说服力的理由，他回顾了这个世纪美国的行动，认为："当我们与侵略者战斗并且遏制共产主义时，我们的海外介入通过对实力的深思熟虑和借助这样的信念而生机勃勃：民主和市场经济在其他国家的影响力越大，我们自己的国家就会更加安全、繁荣和有影响，而更广阔的世界将会更加人道和和平。"克林顿总统重申这

---

①　Adam Roberts, "Foreword", in Daniel Patrick Moynihan, *Pandaemonium*：*Ethnicity in International Politics*（New York：Oxford University Press, 1994）, p. x.

②　Anthony Lake, "From Containment to Enlargement：Current Foreign Policy Debates in Perspective", *Vital Speeches*, 60, 1, October 15, 1993, pp. 13ff.

③　Madeleine K. Albright, "International Law in U. S. Foreign Policy", *The Brown Journal of World Affairs*, 2, 2, Summer 1995, p. 42.

一联系："最终，保障我们的安全与构建持久和平的最好策略是支持推进其他地方的民主。"① 作为世界主要经济强国，美国能刺激那些陷于困境中的国家的经济增长率，提高它们的经济依赖，从而消除它们内部的分裂趋势和族群动乱。Lake 总结道"遏制学说的继承必定是扩张战略——世界市场民主自由社会的扩张"②。

安全政策专家理查德·贝尔茨（Richard Betts）相信，后冷战时期的干预是不受欢迎的，除非有实施成果，就像美国在波斯尼亚和科索沃的军事行动一样。他提出一个非常有趣的"帝国公平"概念以说明对国际体系中族群和其他冲突进行有选择性的、坚定的干预。那就是：

> 像美国或者联合国等这样局外人，在面对"激情"还没有燃烧完的地区对和平的需求时，他们可以通过拒绝授权来避免因涉足冲突而招致损失和风险，这种拒绝包括远离是非，让当事人自行斗争解决；或者他们可以选择加入某一方并且帮助该方打败另一方。但是这些行动带来和平的时间会早于持久的大屠杀耗尽的时间吗？他们是否主持公正？不是用温和的、克制的公正，而是用一个主动的、严厉的公正控制双方，这就是帝国公平。③

三 行动主义促进整合

一些自由国际主义倡导者相信，国家利益并不是进行干预的主要理由，而行动起来推动世界的紧密联系，这个理由足矣。实用主义进程使国与国之间的整合日益加强，从而引发美国外交政策的行动主义，尤其是这一政策被二战结束以后的成功实践所证明。1945 年以后，联合国体系、布莱顿森林货币体系、关贸总协定（后来演化成世界贸易组织），以及北大西洋公

---

① "Excerpts from President Clinton's State of the Union Message", *New York Times* (January 26, 1994).

② Anthony Lake, "From Containment to Enlargement: Current Foreign Policy Debates in Perspective", *Vital Speeches*, 60, 1, October 15, 1993, p. 18.

③ Richard K. Betts, "The Delusion of Impartial Intervention", *Foreign Affairs*, 73, 6, November/December 1994, pp. 28 – 29.

约组织把自由国际主义制度化，这些都是美国外交政策的倡议。也是在美国的鼓励之下，西欧采用实用主义政策来刺激经济和政治整合，并成功地建立欧洲联盟。克林顿政府在 1996 年发布的题为"参与和扩张：美国国家安全战略"的外交政策宣言中，表述了整合与多边主义的精神。

并非每个人都认为支持整合过程位居当时美国总统克林顿的议程首位。国际关系专家亨利·彼安（Henry Bienen）强调，冷战时代的多米诺骨牌理论甚至在苏维埃社会主义联盟（USSR）垮台后还继续影响着美国外交政策。这个理论以"示范和传导效应"为前提条件：如果侵略者能够在波斯尼亚的强奸、谋杀、种族灭绝、暴力改变领土边界，以及对一个独立国家的有效摧毁等罪行中全身而退，那么有什么能阻止在东欧、俄罗斯，或者许多在西欧的其他人玩民族主义牌并在欧洲的心脏制造不稳定?[1] Henry Bienen 建议用实用主义的激励措施，而不是像克林顿在波斯尼亚和科索沃批准使用临时性的武装干预那样，来阻止多米诺骨牌的倾覆。这些激励措施包括市场准入、经济援助、与欧盟联系并最终加入欧盟，这些优惠条件应该提供给那些遵守宽容标准和尊重少数民族权利的国家。这就是在米洛舍维奇被驱逐后南斯拉夫所采用的方法。另一个学者查尔斯·库普钱（Charles Kupchan）也认为"国际社会可以通过多边机构和非政府组织帮助新的民主政治创立机构并且通过立法来保护少数民族"[2]。

马克斯·辛格（Max Singer）和维尔达夫斯基（Aaron Wildavsky）在他们有关 20 世纪 90 年代的真实世界秩序的研究中，总结出西方民主国家在开辟"和平地带"（Zones of Peace）方面具有重大意义的经验。这些"和平地带"是那些以"国家生存没有军事危险以及与其他民主政体不存在发生战争的政治可能性"为特征的区域。[3] 民主国家现在应该采取干预政策以减少"混乱区域"（Zones of Turmoil）里的战争。诚然，民主政体的很多整合或

① Henry Bienen, "Ethnic Nationalisms and Implications for U. S. Foreign Policy", in Charles A. Kupchan, ed., *Nationalism and Nationalities in the New Europe* (Ithaca, NY: Cornell University Press, 1995), p. 159.

② Charles A. Kupchan, "Conclusion", in Charles A. Kupchan, ed., *Nationalism and Nationalities in the New Europe* (Ithaca, NY: Cornell University Press, 1995), p. 187.

③ Max Singer and Aaron Wildavsky, *The Real World Order: Zones of Peace/Zones of Turmoil*, (Chatham, NJ: Chatham House Publishers, 1993), p. 23.

者团结原则并非那么轻而易举地移植到其他文化环境中。他们发现，在寻找解决南斯拉夫战争的方案过程中，被民主世界珍视的很多原则却相互冲突："阻止族群冲突、民族自决、维护国家边界和政府稳定、支持民主、鼓励协商解决冲突、防止或惩罚侵略行为、中立，或者维护或恢复和平。"此外，"即便我们已经在所有其他的目标中选出了一个，支持这个目标可能需要我们在危机过程中改变政策"①。当北约从中立转向对波斯尼亚和科索沃的塞尔维亚人进行打击时，这种改变的确发生了。然而，在民主共识下推动包括塞尔维亚在内的所有巴尔干国家的整合，并把它作为长期主张的目标，这一点十分重要。

冷战结束以后，对于后两极的未来持乐观态度者在很大程度上是相信实用主义的整合力量，而悲观主义者则强调分裂的影响不可避免。历史学家约翰·刘易斯·加迪斯（John Lewis Gaddis）提出理论，认为"我们在后冷战世界面对的问题更有可能来自于整合主义者和分裂主义者的竞争，而不是控制冷战的意识形态观点的竞争"②。要想确保整合的力量战胜分裂的力量，美国的行动主义至关重要！

第四节　反行动主义

谈到反行动主义，我们不得不论及美国孤立主义外交政策的演变。在美国初创时期，美国开国元勋们初步确立了孤立主义的外交原则。门罗时期，拉美独立运动以及南欧民主运动的兴起，激发了美国国内的理想主义思潮，对美国既定的孤立主义外交构成一定的挑战。拉美始料未及的新形势使美国当政者不得不表态：是卷入还是孤立。

在当时的门罗内阁中，以昆西·亚当斯为代表的传统派继承了华盛顿时期所倡导的孤立主义外交，并结合新的形势有所发展。第一，它在坚持传统孤立主义的前提下，把主要针对欧洲的孤立主义应用到美洲地区，在

---

① Max Singer and Aaron Wildavsky, *The Real World Order*：*Zones of Peace/Zones of Turmoil*（Chatham，NJ：Chatham House Publishers，1993），p. 163.

② John Lewis Gaddis, *The United States and the End of Cold War*：*Implications*，*Reconsiderations*，*Provocations*（New York：Oxford University Press，1992），p. 201.

拉美独立运动中奉行以中立为标志的孤立主义。1823 年 7 月 4 日，昆西·亚当斯在美国国庆日的演讲中阐述了自己的孤立主义思想。他认为，美国应避免介入外部的冲突，即使这种冲突是它所坚持的原则。美国目睹了欧洲世界是流血冲突之所在。"自由与独立的旗帜无论出现或展示在哪里，都会有美国人的声音、祝福与祈祷，但是美国不要到国外去寻求魔鬼以摧毁它。"① 这是因为鉴于拉美革命自身的特殊性，美国民众对其寄予了极大的同情心。但是，从现实主义的角度出发，美国承认"叛乱者"的交战国地位，在西班牙与"叛乱"政府之间采取中立立场。第二，系统地提出了"两个体系"理论，把孤立主义的范围延伸至整个美洲。1823 年 12 月，门罗总统向国会提交的国情咨文系统地阐述了美国政府对拉美地区的政策，其核心是"美洲体系"思想。从"美洲体系"理论出发，门罗要求欧洲不要干涉美洲事务，不要在美洲殖民，试图把整个美洲孤立于欧洲之外。美国早期的孤立主义仅强调避免卷入欧洲的纷争，奉行中立的外交原则。门罗在咨文中提出了以"美洲体系"为标志的新的孤立主义思想。事实上，"美洲体系"仍然是孤立主义思想的体现。"1823 年颁布的门罗宣言实际上是孤立主义在空间上的延伸。"② 它"实质上是孤立主义的变种，是越出美国本土范围而强加给其他美洲独立国家的孤立主义。"③ 从门罗咨文发表后的实际情况来看，美国并未对拉美产生什么重要的影响，美国对拉美地区在客观上仍然奉行孤立主义的外交。门罗主义作为美国外交政策的基石之一，并在排斥欧洲势力、独霸美洲方面发挥重大作用，是 19 世纪 40 年代以后的事了。④ 美国学者麦克考米克指出："在这个国家的早期历史上，两个声明——华盛顿告别辞和门罗宣言——充分地描绘出孤立主义的意义并提出了它的适用性……华盛顿的告别辞总体性地构建了美国对世界孤立主义的方向，而门罗主义则就美国在国际事务中卷入或不卷入提出了具体的指导方针。"⑤

---

① Norman A. Graebner, ed., *Ideas and Diplomacy*: *Readings in the Intellectual Tradition of American Foreign Policy* (New York, Oxford University Press, 1964), p. 80.
② 王晓德：《梦想与现实》，中国社会科学出版社，1995，第 19 页。
③ 杨生茂主编《美国外交政策史 1775～1989 年》，人民出版社，1991，第 9 页。
④ 刘绪贻、杨生茂主编《美国通史》，第 2 卷，人民出版社，2002，第 144 页。
⑤ James M. McCormick, *American Foreign Policy and American values* (F. E. Peacock Publishers, 1985), pp. 7 - 9.

可见，美国的经验一直在避免不必要的海外纠缠，所以有人主张美国最好发挥榜样的力量，不要介入其他国家的冲突。①

历史的时针转向 21 世纪。无独有偶，2000 年美国总统候选人乔治·W. 布什（小布什）和阿尔·戈尔的主要争论也在于对海外危机的介入。鉴于戈尔承诺继续克林顿政府的行动主义，布什要求重新审视美国的海外责任。小布什的国家安全助理康多莉扎·赖斯（Condoleezza Rice）曾对国际主义也不断提出批评："只有当它代表其他某人或者某事的时候，美国才是在合法地行使权力，这一信念深深根植于威尔逊主义思想，并且在克林顿政府中产生强烈的共鸣。"② 实际上，"克林顿政府开始在海外以疯狂的速度调动美国军事力量——平均每九周一次。它把国防开支占 GDP 比重削减到自珍珠港事件以来的最低点，而政府对武装力量的调动比过去五十年的任何时间都更加频繁"。赖斯质疑某些军事部署是否明智（例如，在海地的部署），同时提出"在预算持续减少的情况下，频繁执行军事任务确实不属明智之举"③。

赖斯对国际主义的批评甚至对人道主义干预也没有放过。她问道："如果我们的价值在那些认为不具备战略考量的领域受到攻击，会怎么样呢？在没有重要的战略理由的条件下，美国难道不应该设法拯救那些生命吗？……人道主义干预作为一个先决条件是不能被排除的。但如果在缺乏战略考量的条件下做出了干预决定，我们应该知道这样做的目的是什么。人道主义问题很少仅仅是人道主义问题本身；夺取生命或拒绝提供食物几乎总是政治行为。"④ 因此，我们得出赖斯反对美国行动主义的主要观点：国家利益应当高于人道主义。

对于美国在冷战结束余波中的对外政策行动主义，克里斯托弗·莱恩（Christopher Layne）和本杰明·史华兹（Benjamin Schwarz）也提出详细评论。他们对参与政策赖以存在的很多假设进行抨击，提出：冷战结束的确

① 转引自 George F. Kennan, "On American Principles", *Foreign Affairs*, 74, 2, March/April 1995, p. 118。

② Condoleezza Rice, "Promoting the National Interest", *Foreign Affairs*, January/February 2000, p. 47.

③ Condoleezza Rice, "Promoting the National Interest", *Foreign Affairs*, January/February 2000, p. 47.

④ Condoleezza Rice, "Promoting the National Interest", *Foreign Affairs*, January/February 2000, p. 47.

使美国的干预主义变得没那么紧迫。可以肯定，南斯拉夫危机的形成是有先决条件的："克林顿政府和外交政策群体一般将巴尔干危机视为美国在建立后冷战世界秩序中的领导能力的重要测试。"① 他俩引用克林顿的话，巴尔干将建立"解决其他族群冲突以及检验重要国际机构的有效性（包括欧共体、大西洋联盟和联合国）的标准。"② 意志战斗、领导能力测试，以及道义争辩，Layen 和 Schwarz 把这些昙花一现的概念的形成归咎于政府中的干预主义集团的推动。

干预主义者认为后冷战时期的最大危险源于"帝国扩张不足"，即美国全球责任的收缩，而不是帝国扩张过度。Layen 和 Schwarz 对干预主义者的逻辑进行了分析："由于美国不鼓励其他国家拥有更大的国际责任，美国经常发现自己在安全干预方面起到领导作用——虽然它不断声称自己不是'世界'的警察。"③ 但是，如果我们用相反的逻辑分析，情况就更加有意思："美国的保护伞一旦撤走，保护的需要将迫使其他国家再度将其'对外政策和安全政策'进行国家化。"④

干预主义者提出的其他不确切的假设也受到了抨击，特别是"世界秩序思维模式"（World Order Mindset），其假设是"美国的繁荣取决于国际经济相互依存，而经济相互依存的前提条件是地理政治稳定和保证美国安全责任的持续供应"⑤。不管是布什政府国防部长迪克·切尼（Dick Cheney）声称的"如果地区暴动、不稳定和侵略将全球市场置于危险的境地，那么全球市场（我们也是其中的一员）就不能得到发展"，⑥ 还是克林顿总统的

---

① Christopher Layne and Benjamin Schwarz, "American Hegemony – Without an Enemy", *Foreign Policy*, 92, Fall 1993, p. 6.
② 转引自 Christopher Layne and Benjamin Schwarz, "American Hegemony – Without an Enemy", *Foreign Policy*, 92, Fall 1993, pp. 6 – 7。
③ Christopher Layne and Benjamin Schwarz, "American Hegemony – Without an Enemy", *Foreign Policy*, 92, Fall 1993, pp. 19 – 20.
④ Christopher Layne and Benjamin Schwarz, "American Hegemony – Without an Enemy", *Foreign Policy*, 92, Fall 1993, pp. 6 – 7.
⑤ Christopher Layne and Benjamin Schwarz, "American Hegemony – Without an Enemy", *Foreign Policy*, 92, Fall 1993, pp. 10 – 11.
⑥ 转引自 Christopher Layne and Benjamin Schwarz, "American Hegemony – Without an Enemy", *Foreign Policy*, 92, Fall 1993, p. 11。

第一任国防部长威廉·佩里（William Perry）将美国安全利益与经济相互依存联系在一起，世界秩序思维模式的结果都是适得其反。

"今天，美国的不安全是将国家利益与世界秩序维护同等对待的外交政策加于自身的结果。"① 多米诺骨牌理论认为政治事件具有连锁反应性，而莱恩和史华兹否认这种理论的有效性："在治术世界，危机常常是独立发生，并非紧密联系的事件。像纳戈尔诺—卡拉巴赫、摩尔多瓦、波罗的海诸国、乌克兰、特兰西瓦尼亚和斯洛伐克等这些潜在的热点事件，其结果将由当地条件而决定，而并非由美国在巴尔干做什么或者没有做什么来决定。"②

反对干预远方民族主义冲突的另一个理由看似有悖常理：美国的力量对解决这样的冲突基本上无济于事。美国军队的结构、军队的训练和武器装配以及常规的军事理论不适合于处理民族冲突，民族冲突通常是用非常规方法解决的。科索沃空袭将不足以驱使米洛舍维奇来到谈判桌前进行谈判；或者甚至更为糟糕的是，将会要求美国地面部队来保护和平。这些担心都是反干预主义态度的例子，其考量的基础是军事因素。③ 美国安全思想仅在压倒性的军事优势或接近不受到伤害的条件下才赞同干预，这一事实使得干预的门槛非常高。而不管是在塞拉利昂、斯里兰卡或者其他发生战争的地方，美国要估算对在其自己地盘上活动的叛军的压倒性军事优势有多少，以及由此美国能否成功进行干预，这简直是不可能的。

构建北大西洋公约组织联盟的目的，不是用于应对局部战争或者干脆称之为"不对称战争"，而这些对手通常都是野路子，包括非正规军队和使用游击战术或焦土策略的民兵组织。军事历史学家马丁·范·克里费德（Martin L. Van Creveld）描述了武装冲突将来会如何的不同。他为我们描述了未来世界范围内低强度冲突的情形。战争制造者将不会局限在一个特定

---

① Christopher Layne and Benjamin Schwarz, "American Hegemony – Without an Enemy", *Foreign Policy*, 92, Fall 1993, p. 22.

② Christopher Layne and Benjamin Schwarz, "American Hegemony – Without an Enemy", *Foreign Policy*, 92, Fall 1993, p. 16.

③ 关于重构美国军队的建议，参考 Colin Powell, "U. S. Forces: Challenges Ahead", *Foreign Affairs*, 71, 5, (Winter 1992/93), pp. 32 – 45。

的地区，而部落主义认同和控制的意义将更为重大。进一步说，"国家曾长期宣称的对武装力量的合法垄断一旦被从手上夺走，战争和犯罪之间的当下区别将会消失"。如果犯罪和战争之间变得无法区别，国防也将更加类似于一个局部概念。未来的战争将会是那些群体生存的战争。[①] 联合国和西方大国的教训是非常明确的。在对局部战争进行有效干预之前，冷战时期的军队必须转变成"新时代"的军队，这些新军以具备多面的、灵活的反应能力为特征。[②]

当然，也有一些其他逻辑理由来反对干预。例如，劝说各方签署和平协议、停止暴力、培养相互理解，但是在第四章表 4-1 所列的各项目标中，这些没有一个是可以实现的。然而，对于美国来说，该表中列出的自身利益目标通常会削弱美国的国际主义。

第五节　结语

美国是一个多元族群和多元文化的国家，其外交理念和全球战略历来丰富多彩，归结起来，主要有三种传统。第一个是自由主义的，持这派观点的人重视国际机制和多边外交的作用，认为国际合作是人类走向和平的必经之路。"9·11"事件之后，他们认为，这个世界最大的罪恶主要源于贫穷，如果不是因为中东地区落后的状况，这里就不会成为恐怖主义的温床。第二个是现实主义的保守主义，这些人对国际关系的现状持有悲观态度，认为国际政治的实质就是争夺权力与利益。因此，他们明确反对从意识形态和国家特性的角度来制定外交政策，而是认为必须坚守本国的国家利益，从利益关系和力量格局出发寻求外交利益的最大化。"9·11"事件之后，他们对伊拉克战争持有谨慎态度，认为在遏制依然有效的情况下，就没有必要进行武力干涉推翻萨达姆政权。而第三个，也就是在"9·11"事件之后"抢尽风头"的新保守主义者，他们认为世界性的民主要靠美国的决心和武力来实现，

---

① Martin L. van Creveld, *The Transformation of War* (New York: Free Press, 1991).

② Robert L. Pfaltzgraff, Jr., and Richard H. Shultz, Jr., *Ethnic Conflict and Regional Instability: Implications for U. S. Policy and Army Roles and Missions* (Carlisle, PA: U. S. Army War College, 1994).

必要时要采取单边行动。他们的观点与现实主义的保守主义者有着很大的区别。这些理论在不同时期为美国对海外族群冲突的反应带来了影响。

本书中，我们强调民族冲突的方式不一。那么，美国应对这样的冲突在思想上和行动上一直以来均有所区别。这是因为族裔民族主义的现象难以捉摸，有时容易给人错觉，并且经常瞬息万变。在制定外交政策时，重要的是根据确定的国际原则行事，比如国家主权、尊重人权和除在保卫一国利益的情况下拒绝使用武力等。就美国而言，继续保持与自身文化经验的相符合性是额外的考虑。支持民族和谐、避免不必要的纠缠和建立在共识基础上的领导地位是其主要的特征。

如果对其他国家的干预是出于美国人和其他人珍视和支持的原则——自由、民主和民族和谐，那么这样的干预是最可接受的。问题是，美国干预主义用于经济和战略利益方面比用于公共目的（促进民主和人权）方面似乎更卖力，这种现象一直存在。在 20 世纪 90 年代早期，不少人相信美国领导下的自由形式的霸权主义具有可取性，这种想法很普遍。"最乐观的自由主义者希望后冷战世界将会是一个这样的世界：相互构成威胁的国家之间的平衡将会被单个自由政权领导下的正义追求所取代。"① 现在，许多乐观主义者已经对自由主义和霸权主义的明显误用而感到困惑。

今天，孤立主义的政策在国际政治中是不可行的。那么，摆在美国政策制定者面前的真实问题是：国际主义服务于各个国家的群体利益与服务于美国自身的利益是否应该一样多。

---

① Geoffrey Hawthorn, "Liberalism since the Cold War: an Enemy to Itself?" Michael Cox, Ken Booth, and Tim Dunne, eds. , *The Interregnum: Controversies in World Politics* 1989 – 1999 (Cambridge: Cambridge University Press, 1999), p. 156.

参考文献

中文著作

陈黎阳：《苏联解体后的俄罗斯民族主义》，重庆出版社，2006。

郝时远：《帝国霸权与巴尔干火药桶——从南斯拉夫的历史解读科索沃的现实》，社会科学文献出版社，1999。

郝时远：《南斯拉夫联邦解体中的民族危机》，四川民族出版社，1993。

郝时远：《苏联民族危机与联盟解体》，民族出版社，1993。

李德洙、叶小文主编《当代世界民族宗教》，中共中央党校出版社，2003。

李志东：《新保守主义与冷战后的美国外交政策》，河南大学出版社，2006。

马戎：《民族与社会发展》，民族出版社，2008。

马戎：《西方民族社会学的理论与方法》，天津人民出版社，1997。

汪波：《美国冷战后世界秩序新秩序的理论与实践》，时事出版社，2005。

王剑峰：《多维视野中的族群冲突》，民族出版社，2005。

王军、王逸舟：《民族主义与国际关系》，浙江人民出版社，2009。

王联：《世界民族主义论》，北京大学出版社，2002。

王希恩：《民族过程与国家》，甘肃人民出版社，1998。

王逸舟：《恐怖主义溯源》，社会科学文献出版社，2002。

余建华：《民族主义：历史遗产与时代风云的交汇》，学林出版社，1999。

赵常庆等：《苏联民族问题研究》，社会科学文献出版社，1996。

中国现代国际关系研究所:《国际战略与安全形势评估 2002/2003》, 时事出版社, 2003。

中国现代国际关系研究所:《国际战略与安全形势评估 2001/2002》, 时事出版社, 2002。

中国现代国际关系研究院:《国际战略与安全形势评估 2009/2010》, 时事出版社, 2010。

中国现代国际关系研究院:《国际战略与安全形势评估 2006/2007》, 时事出版社, 2007。

中国现代国际关系研究院:《国际战略与安全形势评估 2004/2005》, 时事出版社, 2005。

中文译著

〔德〕马克思:《资本论》(第 1 卷), 人民出版社, 1975。

〔德〕尤尔根·哈贝马斯著《后民族结构》, 曹卫东等译, 上海人民出版社, 2002。

〔法〕埃德加·莫林、安娜·布里吉特·凯恩著《地球·祖国》, 马胜利译, 生活·读书·新知三联书店, 2003。

〔法〕基佐著《欧洲文明史》, 程远迢、阮芷译, 商务印书馆, 1998。

〔美〕Guibernau, M. 著《无国家的民族》, 周志杰译, 韦伯文化, 2002。

〔美〕Gurr, T. R. 著《国际政治中的族群冲突》, 郑又平、王贺白、蓝于琛译, 韦伯文化, 2002。

〔美〕艾尔东·莫里斯和卡洛尔·麦克拉吉·缪勒主编《社会运动理论的前沿领域》, 刘能译, 北京大学出版社, 2002。

〔美〕爱德华·W. 萨义德著《文化与帝国主义》, 李琨译, 生活·读书·新知, 三联书店, 2003。

〔美〕班纳迪克·安德森:《想象的共同体:民族主义的起源与散布》, 吴睿人译, 时报出版公司, 1999。

〔美〕弗朗西斯·福山著《历史的终结及最后之人》, 黄胜强、许铭原译, 中国社会科学出版社, 2003。

〔美〕贾蒙德·戴蒙德著《枪炮、病菌与玫瑰:人类社会的命运》, 谢延光译，上海世纪出版集团，2006。

〔美〕里亚·格林菲尔德著《资本主义精神：民族主义与经济增长》，张京生、刘新义译，上海世纪出版，2004。

〔美〕罗伯特·康奎斯特主编《最后的帝国：民族问题与苏联前途》，刘靖北等译，华东师大，1993。

〔美〕佩西·列林著《分离主义的理论》，许云翔等译，韦伯文化，2002。

〔美〕乔纳森·弗里德曼著《文化认同与全球性过程》，郭建如译，高丙中校，商务印书馆，2004。

〔美〕塞缪尔·亨廷顿著《文明的冲突与世界秩序的重建》，周琪、刘绯、张立平、王圆等译，新华出版社，1999。

〔美〕沃勒斯坦著《现代世界体系》，罗荣渠译，高等教育出版社，2000。

〔美〕小约瑟夫·奈著《理解国际冲突：理论与历史》（第5版），张小明译，上海世纪出版集团，2006。

〔美〕约翰·米尔斯海默著《大国政治的悲剧》，王义桅、唐小松译，上海世纪出版集团，2004。

〔西〕胡安·诺格著《民族主义与领土》，徐鹤林、朱伦译，中央民族大学出版社，2009。

〔英〕埃里·凯杜里著《民族主义》，张明明译，中央编译出版社，2002。

〔英〕埃里克·霍布斯鲍姆著《民族与民族主义》，李金梅译，上海人民出版社，2000。

〔英〕爱德华·莫迪默、罗伯特·法恩著《人民·民族·国家》，刘泓、黄海慧译，中央民族大学出版社，2009。

〔英〕安东尼·吉登斯著《民族国家与暴力》，胡宗泽、赵力涛译，三联书店，1998。

〔英〕安东尼·史密斯著《民族主义：理论、意识形态、历史》，叶江译，上海世纪出版集团，2006。

〔英〕安东尼·史密斯著《全球化时代的民族与民族主义》，龚维斌、良警宇译，中央编译出版社，2002。

〔英〕波特主编《新编剑桥世界近代史》（第 1 卷），中国社会科学出版社，1987。

〔英〕戴维·赫尔德著《民主与全球秩序》，胡伟等译，上海世纪出版集团，2003。

〔英〕厄内斯特·盖尔纳著《民族与民族主义》，韩红译，中央编译出版社，2002。

〔英〕休·希顿－沃森著《民族与国家：对民族起源与民族主义政治的探讨》，吴洪英、黄群译，中央民族大学出版社，2009。

中文期刊论文

东方晓：《中东：美国霸权的陷阱》，《西亚非洲》2003 年第 6 期。

东方晓：《中东民主变革与美国的大中东倡议》，《西亚非洲》2004 年第 6 期。

郝时远：《Ethnos（民族）和 Ethnic Group（族群）的早期含义与应用》，《民族研究》2002 年第 4 期。

郝时远：《对西方学界有关族群（Ethnic Group）释义的辨析》，《广西民族学院学报》2002 年第 4 期。

郝时远：《美国等西方国家社会裂变中的"认同群体"与 Ethnic Group》，《世界民族》2002 年第 4 期。

郝时远：《美国等西方国家应用 Ethnic Group 的实证分析》，《中南民族大学学报》2002 年第 4 期。

郝时远：《民族分裂主义与恐怖主义》，《民族研究》2002 年第 1 期。

郝时远：《21 世纪世界民族问题的基本走向》，《国外社会科学》2001 年第 1 期。

郝时远：《种族主义与暴力恐怖活动》，《世界民族》2002 年第 1 期。

何曜：《联合国维和行动：冲突管理的理论框架分析》，《欧洲》2000 年第 2 期。

贺文萍：《达尔富尔问题：中国非洲政策的新考验》，《国际展望》2010 年第 2 期。

贺文萍：《美国在非洲的"人权外交"》，《西亚非洲》2001 年第 4 期。

贺文萍：《试论中国在非洲内部冲突处理中的作用——从"保护的责任"理论谈起》，《西亚非洲》2008 年第 10 期。

孔田平：《巴尔干国际治理：科索沃案例》，《俄罗斯中亚东欧研究》2009 年第 2 期。

蓝建学《民族主义视角中的南亚国际关系》，《当代亚太》2005 年第 9 期。

李斌：《评析保护责任》，《政治与法律》2006 年第 3 期。

刘卫东：《"东突"问题中的美国因素》，《江南社会学院学报》2007 年第 4 期。

马勇、王建平：《中亚的恐怖主义探源》，《世界经济与政治》2003 年第 2 期。

门洪华：《对国际机制理论主要流派的批评》，《世界经济与政治》2000 年第 3 期。

门洪华：《国际机制理论的批评与前瞻》，《世界经济与政治》1999 年第 11 期。

门洪华：《国际机制与美国霸权》，《美国研究》2001 年第 1 期。

门洪华：《联合国维和机制的创新》，《国际问题研究》2002 年第 6 期。

倪峰：《美国大战略的历史沿革及思考》，《当代世界》2008 年第 11 期。

庞大鹏：《俄美关系中的车臣问题》，《俄罗斯中亚东欧研究》2006 年第 2 期。

苏畅：《九一一事件后中亚宗教极端势力的重组》，《俄罗斯中亚东欧研究》2005 年第 2 期。

陶文钊：《透视"9·11"事件对美国外交政策的影响》，《领导之友》2002 年第 1 期。

陶文钊：《"9·11"以来的美国外交》，《领导文萃》2007 年第 3 期。

王缉思：《美国霸权的逻辑》，《美国研究》2003 年第 3 期。

王缉思：《民族与民族主义》，《欧洲》1993 年第 5 期。

王缉思、朱文莉：《冷战后的美国》，《美国研究》1994 年第 3 期。

王剑峰：《全球化、国家能力分化与民族冲突》，《中央民族大学学报》2005 年第 6 期。

王京烈：《巴以冲突：主要影响因素及预测分析》，《西亚非洲》2003 年第 5 期。

王林聪：《民主化还是美国化——解析美国对中东地区的政治整合与"民主改造"》，《世界经济与政治》2004 年第 9 期。

王希：《多元文化主义的起源、实践与局限性》，《美国研究》2000 年第 2 期。

王希恩：《"民族主义"的主要类别及内容》，《中国民族报》2009 年 1 月 2 日、2009 年 1 月 9 日、2009 年 1 月 16 日。

王希：《美国历史上的"国家利益"问题》，《美国研究》，2003 年第 2 期。

余功德：《第四点计划与美国对非政府组织的政策——兼论对理解全球治理理论的启示》，《国际政治研究》2011 年第 1 期。

余国庆：《巴以关系"两国论"：历史溯源和前景分析》，《西亚非洲》2009 年第 10 期。

余万里：《解析美国外交中的"新孤立主义"现象》，《国际论坛》2001 年第 2 期。

袁武：《现实与理想的落差——解读冷战后联合国在非洲危机和冲突处理中的作用》，《西亚非洲》2009 年第 4 期。

张宏明：《西方同中国在非洲利益冲突与中国的应对策略》，《西亚非洲》2010 年第 7 期。

郑羽：《苏联解体以来美国对中亚政策的演变（1991～2006）》，《俄罗斯中亚东欧研究》2007 年第 4 期。

周琪：《"奥巴马主义"及其在国内外的制约》，《国际经济评论》2010 年第 3 期。

周琪：《"布什主义"与美国新保守主义》，《美国研究》2007 年第 2 期。

周琪：《美国人权外交及有关争论》，《美国研究》1998 年第 1 期。

周琪：《中美对美国人权外交的不同看法及其根源》，《太平洋学报》

1999 年第 1 期。

朱伦：《关于民族自治的历史考察与理论思考——为促进现代国家和公民社会条件下的民族政治理性化而作》，《民族研究》2009 年第 6 期。

朱伦：《民族共治论——对当代多民族国家族际政治事实的认识》，《中国社会科学》2001 年第 2 期。

朱伦：《西方的"族体"概念系统——从"族群"概念在中国的应用错位说起》，《中国社会科学》2005 年第 4 期。

朱伦：《走出西方民族主义古典理论的误区》，《中国社会科学》（英文版），2001 年第 4 期。

朱晓中：《从南斯拉夫联邦到塞尔维亚——析南斯拉夫的不断"裂变"》，《当代世界》2008 年第 4 期。

朱行巧：《波黑战争与美俄欧关系》，《东欧中亚研究》1997 年第 4 期。

朱行巧：《从世界热点——前南危机及波黑战争看大国关系》，《世界经济与政治》1996 年第 10 期。

朱毓朝、茹东燕：《当代国际关系中的民族问题》，《世界民族》2004 年第 5 期。

英文文献（不含英文期刊文献）

Agnew, John, 1995, *Mastering Space：Hegemony, Territory and International Political Economy*, New York：Routledge.

Amalrik, Andrei, 1970, *Will the Soviet Union Survive until 1984？* New York：Harper and Row.

Ambrosio, Thomas, 2001, *Irredentism：Ethnic Conflict and International Politics*, Praeger.

Anderson, Benedict, 1993, *Imagined Communities：Reflections and Origin and Spread of Nationalism*. New York：Verso.

Anthony Smith, 1988, *The Ethnic Origins of Nations*, Oxford：Basil Blackwell.

Apter, David E. （ed）, 1997, *The Legitimacy of Violence*, London：United Nations Research Institute for Social Development.

Azar, E. and Burton, J., 1986, *International Conflict Resolution：Theory and*

Practice, Sussex: Wheatsheaf Books.

Balakrishnan, Gopal (ed.), 1996, *Mapping the Nation*, New York: Verso.

Banac, Ivo, 1993, *The national Question in Yugoslavia: Origins, History, Politics.* Ithaca, NY: Cornell University Press.

Banton, Michael, 1983, *Racial and Ethnic Competition*, Cambridge: Cambridge University Press.

Barth, Frederick, 1970, *Ethnic Groups and Boundaries: the Social Organization of Cultural Differences*, London: Allen and Unwin.

Beiner, Ronald (ed.), 1999, *Theorizing Nationalism.* Albany, NY: SUNY Press.

Bertelsen, Judy S., ed., 1977, *Nonstate Nations in International Politics: Comparative System Analyses*, New York: Praeger.

Binder, Leonard (ed.), 1999, *Ethnic Conflict and International Politics in the Middle East*, the University Press of Florida.

Bloom, William, 1990, *Personal Identity, National Identity and International Relations*, Cambridge: Cambridge University Press.

Brass, Paul, 1991, *Ethnic and Nationalism: Theory and Comparison*, Sage Publication.

Burg, Steven L. and Shoup, Paul S., 2000, *The War in Bosnia – Herzegovina: Ethnic Conflict and International Intervention*, M. E. Sharpe.

Carmack, Robert M. (ed.), 1988, *Harvest of Violence: the Maya Indians and the Guatemalan Crisis*, Norman: University of Oklahoma Press.

Carment, James, Taydas, 2006, *Who Intervenes? Ethnic Conflict and Interstate Crisis*, Ohio State University Press.

Clark, Ian, 1997, *Globalization and Fragmentation: International Relations in the Twentieth Century*, New York: Oxford University Press.

Cordell, Karl and Wolff, Stefan, 2010, *Ethnic Conflict: Causes, Consequences, and Responses*, Polity press.

Darby, John, ed., 1983, Northern Ireland, *The Background to the Conflict*,

Belfast: Appletree Press.

Edwards, Michael and Hulme, David (eds.), 1996, *Beyond the Magic Bullet: NGO Performance and Accountability in the Post - Cold War World*, West Hartford, CT: Kumarian Press.

Epstein, A. L., 1978, *Ethos and Identity: Three Studies in Ethnicity*, London: Tavistock Publications.

Esman, Milton (ed.), 1977, *Ethnic Conflict in the Western World*, Ithaca, NY: Cornell University Press.

Evans, Peter, 1995, *Embedded Autonomy: States and Industrial Transformation*, Princeton, NJ: Princeton University Press.

Fox, Jonathan A. and Brown, L. David (eds.), 1998, *The Struggle for Accountability: The World Bank, NGOs, and Grassroots Movements*, Cambridge, MA: MIT Press.

Fukuyama, Francis, 1992, *The End of History and the Last Man*, New York: Avon Books.

Gilman, Sander L., 1986, *Jewish Self - Hatred: Anti - Semitismand the Hidden Language of the Jews*, Baltimore: The Johns Hopkins University Press.

Gilroy, Paul, 1987, *"There Ain't No Black in the Union Jack"*? The Cultural Politics of Race and Nation, Chicago: The University of Chicago Press.

Glazer, N. and Moynihan, D. P. ed., 1975, *Ethnicity, Theory and Experience*, Cambridge: Harvard University Press.

Glazer, Nathan and Moynihan, Daniel P. (ed.) 1975, *Ethnicity, Theory and Experience*, Cambridge, MA.: Harvard University Press.

Graham, Caro, 1998, *Private Markets for Public Goods: Raising the Stakes in Economic Reform Washington*, DC: Brookings Institution Press.

Gummett, Philip (ed.), 1996, *Globalization and Public Policy*, Cheltenham, UK: Edward Elgar Publishing.

Gurr, Ted Robert and Harff, Barbara, 1994, *Ethnic Conflict in World Politics*, Boulder, CO: Westview Press.

Gurr, Ted Robert, 1993, *Minorities at Risk: A Global View of Ethnopolitical*

Conflicts, Washington, D. C. : United States Institute of Peace Press.

Harold H. Saunders, 1999, *A Public Peace Process: Sustained Dialogue to Transform Racial and Ethnic Conflicts*, New York: St. Martin's Press.

Hechter, Michael, 1975, Internal Colonialism, Routledge & Kegan Paul.

Hechter, Michael, 1987, *Principles of Group Solidarity*, Berkeley: University of California Press.

Heraclides, Alexis, 1991, *The Self – determination of Minorities in International Politics*, London: Frank Cass.

Hill, Hal, 1994, *Indonesia's New Order: The Dynamics of Socio – Economic Transformation*, Honolulu: University of Hawaii Press.

Hill, Hal, 1989, *Unity and Diversity: Regional Economic Development in Indonesia Since 1970*, New York: Oxford University Press.

Hirst, Paul and Thompson, Grahame, 1999, *Globalization in Question: the International Economy and Possibilities of Governance*, Maiden, MA: Blackwell Publishers.

Holm, Hans – Henrik and Sorensen, George (eds.), 1995, *Whose World Order? Uneven Globalization and the End of the Cold War*, Boulder, CO: Westview Press.

Horowitz, Donald, 2002, *Ethnic Groups in Conflict*, University of California Press.

Horowitz, Donald L. , 1985, *Ethnic Groups in Conflicts*, Berkeley : University of California Press.

Horowitz, Irving Louis, 1980, *Taking Lives: Genocide and State Power*, New Brunswick, Transaction Books.

Huntington, Samuel, 1991, *The Third Wave of Democratization*, Norman: University of Oklahoma Press.

Ian Clark, 1997, *Globalization and Fragmentation: International Relations in the Twentieth Century*, New York: Oxford University Press.

Isaacs, Harold R. , 1975, *Idols of the Tribe*, New York: Harper & Row.

Jesse, Neal G. and Williams, Kristen P. , 2010, *Ethnic Conflict: A System-*

atic Approach to Cases of Conflict, Cq Press.

Jiobu, Robert M., 1988, *Ethnicity and Assimilation*, Albany: SUNY Press.

Joel Migdal, 1994, *State Power and Social Forces: Domination and Transformation in the Third World*, New York: Cambridge University Press.

Jonas, Susanne, 1991, *The Battle for Guatemala: Rebels, Death Squads and US Power*, Boulder: Westview Press.

Keck, Margaret E. and Sikkink, Kathryn, 1998, *Activists beyond Borders*, Ithaca, NY: Cornell University Press.

Kegley, Charles W. and Raymond, Gregory A., 1999, *How Nations Make Peace*, New York: St. Martin's Press.

Kenichi Ohmae, 1985, *The End of the Nation State: The Rise of the National Economies*, New York: Free Press.

Kressel, Neil J., 2002, *Mass Hate*, Westview Press.

Kuper, Leo and M. G. Smith (eds.). 1969, *Pluralism in Africa*, Berkeley: University of California Press.

Kuper, Leo, 1981, *Genocide: Its Political Use in the Twentieth Century*, New York: Penguin Books.

Laqueur, Walter, 1977, *Terrorism*, Boston, MA: little, Brown.

Laura Neack, Jeanne A. K. and Patrick J. Haney (eds.), 1995, *Foreign Policy Analysis: Continuity and Change in its Second Generation*, Englewood Cliffs, NJ: Prentice Hall.

Lemarchand, Rene, 1996, *Burundi: Ethnic Conflict and Genocide*, New York: Woodrow Wilson Center and Cambridge University Press.

Lijphart, Arend, 1977, *Democracy in Plural Societies: A Comparative Exploration*, New Haven & London: Yale University Press

Little, Richard, 1975, *Intervention: External Involvement in Civil Wars*, London: Martin Robertson.

Lobell, Steven E. and Mauceri, Philip (eds.), *Ethnic Conflict and International Politics: Explaining Diffusion and Escalation*, Palgrave Macmillan, 2004.

Louis Kriesberg, T. A. Northrup and S. J. Thorson, Eds. , 1989, *Intractable Conflicts and their Transformation*, Syracuse, NY: Syracuse University Press.

Mernissi, Fatima, 1992, *Islam and Democracy: Fear of the Modern World*, New York: Aaddison – Wesley.

Miles, Robert, 1982, *Racism and Migrant Labor*, London: Routledge & Kegan Paul.

Miles, Robert, 1989, *Racism*, London: Routledge.

Milne, R. S. , 1981, *Politics in Ethnically Bipolar States*, Vancouver: University of British Columbia Press.

Montville, J. V. (ed.), 1990, *Conflict and Peacemaking in Multi – ethnic Societies*, Lexington, MA: D. C. Health.

Nnoli, Okwudiba, 1989, *Ethnic Politics in Africa*, Ibadan: Vantage Publishers.

Ohmae, Kenichi, 1985, *The End of the Nation State: The Rise of the National Economies*, New York: Free Press) .

Ohmae, Kenichi, 1985, *Triad Power: The Coming Shape of Global Competition*, New York: Free Press.

Reinicke, Wolfgang and Deng, Francis, 2000, *Critical Choices: The United Nations, Networks, and the Future of Global Governance*, Ottawa, Canada: International Development Research Centre.

Rex, J. & Mason, D. (ed.), 1986, *Theories of race and ethnic relations*, Cambridge.

Rodrik, Dani, 1997, *Has Globalization Gone too Far?* Washington, DC: Institute for International Economics.

Roff, William R. , 1974, *The Origins of Malay Nationalism*, Kuala Lumpur: Oxford University Press.

Rosenau, Jmaes N. ed. , 1964, *International Aspects of Civil Strife*, Princeton, Princeton University Press.

Rosenau, Pauline Marie, 1992, *Post – Modernism and the Social Sciences*, Princeton, NJ: Princeton University Press.

Rothschild, Josetph, 1981, *Ethnopolitics: A Conceptual Framing work*, New York: Columbia University Press.

Ryan, Stephen, 1990, *Ethnic Conflict and International Relations*, Aldeshot: Dartmouth.

Sadowski, Yahya, 1997, *The Myth of Global Chaos*, Washington, DC: The Brookings Institution Press.

Said, Abdul A. and Simmons, Luiz R., eds., 1976, *Ethnicity in an International Context*, New Brunswick, NJ: Transaction Books.

Salamon, Lester, 1995, *Partners in Public Service: Government – Nonprofit Relations in the Modern Welfare State*, Baltimore, MD: Johns Hopkins University Press.

Samarasinghe, S. W. R. de A. And Reed Coughlan, eds. 1991, *Economic Dimensions of Ethnic Conflict: International Perspectives*, London: Pinter publishers and New York: St. Martin's Press.

Saunders, Harold H., 1999, *A Public Peace Process: Sustained Dialogue to Transform Racial and Ethnic Conflicts*, New York: St. Martin's Press.

Savas, Emanuel S., 2000, *Privatization and Public – Private Partnerships*, New York: Chatham House Publishers.

Schermerhorn, RA, 1970, *Comparative Ethnic Relations: A Framing work for Theory and Research*, New York: Random House.

Shaw, R. Paul and Wong, Yuwa, 1989, *Genetic Seeds of Warfare: Evolution, Nationalism, and Patriotism*, Boston: Unwin Hyman.

Shields, Frederick L., ed., 1984, *Ethnic Separatism and World Politics*, Lanham, MD: University Press of America.

Sisk, Timothy D., *Power Sharing and International Mediation in Ethnic Conflicts*, USIP Press Books, 1996.

Smith, Anthony, 1986, *The Ethnic Origins of Nations*, Oxford: Basil Blackwell.

Stack, Jr., ed., 1981, *Ethnic Identities in a Transnational World*, Westport, CT: Greenwood Press.

Stavenhagen, Rodolfo 1996, *Ethnic Conflicts and the Nation – State*, London: Macmillan Press Ltd.

Stavenhagen, Rodolfo, 1990, *The Ethnic Question: Conflicts, Development and Human Rights*, Tokyo: United Nations University Press.

Strange, Susan, 1996, *The Retreat of the State: The Diffusion of Power in the World Economy*, New York: Cambridge University Press.

Suhrke, Astri and Noble, Lela Garner, eds. , 1997, *Ethnic Conflict and International Relations*, New York: Praeger.

Tishkov, Valery, 1997, *Ethnicity, Nationalism and Conflict in and after the Soviet Union: The Mind Aflame*, Sage Publications Ltd.

Van den Berghe, Pierre L. , 1981, *The Ethnic Phenomenon*, New York, NY: Elsevier.

Waltz, Kenneth, 1979, *Theory of International Politics*, New York: Random House.

Zdravko, Mlinar (ed.), 1992, *Globalization and Territorial Identities*, Brookfield: Avebury.

后　记

　　2005 年出版的笔者拙著《多维视野中的族群冲突》，主要研究族群冲突的国内因素，包括历史、认同、经济开发、族群政策以及冲突的促发因素和冲突管理，意在揭示并帮助人们更好地理解不同条件下冲突的动因、变化和发展。本书则着重研究族群冲突的国际层面问题：族群冲突的外部因素是什么？国际体系（包括国际社会、国际组织、民族国家）对此类冲突做出何种反应？为什么有的冲突会变得国际化，而有些则不会？是否需要外部干预？干预的性质和样态如何？何时干预？怎样干预？干预的后果是什么？等等。后冷战时代国际政治格局和国际准则框架的变化、族群冲突与国际政治的互动以及全球化的影响，都在发生变化。分析这些变化趋势，关注这些变化动态，解释这些变化现象，无疑对增强不同政治共同体关于此类问题的认知，特别是在正确认知基础上所实施的族群关系治理、族群政策和外交政策的制定具有重要的基础作用。

　　本书是在国家社科基金课题"冷战结束以来民族冲突的国际层面"成果基础上深度修订而成。初稿成于 2009 年，2010 年做了二次修订。2011 年8 月至 2012 年 8 月，笔者在美国哥伦比亚大学国际和公共事务学院学习交流期间，利用那里的学术资源，对书稿进行了三次修订，补充了国外相关的前沿理论和研究成果。

　　站在巨人的肩膀上无疑会看得更远。前人的成果是笔者形成许多创新思想的源泉和动力。本书借鉴了已有的研究成果，所以，细心的读者会发现正文之后所附的一系列中外文参考文献，尤其是众多的海外参考文献。

　　族群冲突的国际层面研究特别需要多学科的视野，既要有比较政治和国际政治的视野，同时也需要民族学和社会学的洞察，本书试图反映这种多学科的维度，并在此维度基础上深入揭示族群冲突的历史与现实。但囿于作者知识结构的局限，这种多学科相结合的研究，效果可能并不都是好的，甚至或许会有偏差，笔者期待以后进一步深化研究，并加以完善。

本书的出版首先感谢笔者单位中国社会科学院民族学与人类学研究所领导和同事们的关心和支持，同时感谢中国社会科学院创新工程学术出版资助项目对本书的厚爱。感谢社会科学文献出版社皮书出版分社社长邓泳红老师、责任编辑陈晴钰老师及其他编审老师付出的辛勤劳动，他们的字斟句酌使本书大增光彩。中央党校校刊社副总编、《中共中央党校学报》主编包驰教授对本书的写作提出睿智建议，这里一并感谢。借此机会，笔者还要特别感谢美国哥伦比亚大学东亚研究所 Xiaobo Lü 教授、Andrew J. Nathan 教授、Robert J. Barnett 教授。在哥大学习期间，笔者就相关的国际关系理论和外交政策实践等方面请教了几位学者，对族群冲突治理理论有了新的认知，也使本书的论述更具前沿性和时代性，受益匪浅。

图书在版编目（CIP）数据

族群冲突与治理：基于冷战后国际政治的视角／王剑峰著.
-- 北京：社会科学文献出版社，2014.4（2020.5 重印）
ISBN 978 - 7 - 5097 - 5869 - 4

Ⅰ.①族…　Ⅱ.①王…　Ⅲ.①民族主义 - 研究 - 世界 - 现代
Ⅳ.①D091.5

中国版本图书馆 CIP 数据核字（2014）第 064164 号

族群冲突与治理
——基于冷战后国际政治的视角

著　　者／王剑峰

出 版 人／谢寿光
责任编辑／陈晴钰　周映希

出　　版／社会科学文献出版社·皮书出版分社（010）59367127
　　　　　　地址：北京市北三环中路甲 29 号院华龙大厦　邮编：100029
　　　　　　网址：www. ssap. com. cn
发　　行／市场营销中心（010）59367081　59367083
印　　装／三河市东方印刷有限公司

规　　格／开 本：787mm × 1092mm　1/16
　　　　　　印 张：24.25　字 数：383 千字
版　　次／2014 年 4 月第 1 版　2020 年 5 月第 2 次印刷
书　　号／ISBN 978 - 7 - 5097 - 5869 - 4
定　　价／89.00 元

本书如有印装质量问题，请与读者服务中心（010 - 59367028）联系